长江经济带
创新空间及驱动模式研究

史安娜　周　瓅　刘永进◎著

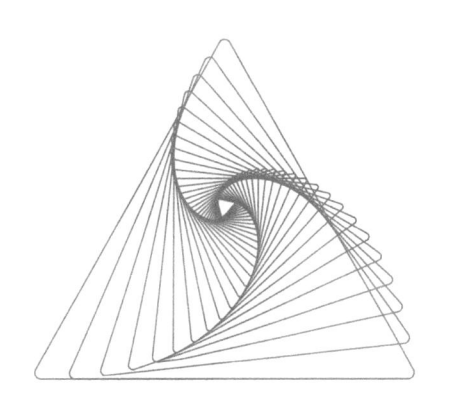

河海大学出版社
HOHAI UNIVERSITY PRESS
·南京·

图书在版编目(CIP)数据

长江经济带创新空间及驱动模式研究 / 史安娜,周璨,刘永进著. -- 南京：河海大学出版社,2023.7
ISBN 978-7-5630-8264-3

Ⅰ.①长… Ⅱ.①史…②周…③刘… Ⅲ.①长江经济带－区域经济发展－研究 Ⅳ.①F127.5

中国国家版本馆CIP数据核字(2023)第119042号

书　　名	长江经济带创新空间及驱动模式研究 CHANGJIANG JINGJIDAI CHUANGXIN KONGJIAN JI QUDONG MOSHI YANJIU
书　　号	ISBN 978-7-5630-8264-3
责任编辑	陈丽茹
特约校对	李春英
装帧设计	徐娟娟
出版发行	河海大学出版社
地　　址	南京市西康路1号(邮编：210098)
网　　址	http://www.hhup.com
电　　话	(025)83737852(总编室) (025)83722833(营销部)
经　　销	江苏省新华发行集团有限公司
排　　版	南京布克文化发展有限公司
印　　刷	苏州市古得堡数码印刷有限公司
开　　本	787毫米×1092毫米　1/16
印　　张	19.25
字　　数	417千字
版　　次	2023年7月第1版
印　　次	2023年7月第1次印刷
定　　价	98.00元

前言
Preface

伴随着知识经济日新月异的高速发展,科技创新行为本身愈加成为发展生产力的重要基础,成为引领经济发展的第一动力。在新兴技术大发展与科技革命背景下,工业智能化4.0、大数据信息技术、基因修饰技术等一系列科技突破冲击着传统产业结构与经济发展方式。与此同时,金融危机对世界经济发展带来冲击,影响着国际贸易格局,使得全球经济发展有所放缓,贸易保护主义逐渐抬头,各国政府部门都在寻找驱动国家经济发展与产业科技提升的新动力。总结国际创新发展形势,立足科技创新产业,结合区域创新特点的国家发展战略成为驱动经济长效增长的关键。

党的十八大以来,习近平总书记高度重视创新发展,在多次讲话和论述中反复强调"创新",并指出要在理论、制度、实践上多维度把握创新,把创新放在发展的首要位置。由于我国经济长期以来的粗放型外延型驱动模式,产生了巨大的资源和环境压力,传统的要素驱动已难以为继,投资驱动日显艰难;同时,在国际经济环境发生深刻变化,国内经济发展面临资源环境双重压力的情况下,从要素驱动、投资驱动转向创新驱动,走可持续发展之路,走绿色发展之路成为国家战略发展的必然选择。在新的经济形势下,摒弃高耗能、高投资、高污染的发展模式,延伸产业价值链,实现资源集约的绿色创新、生态创新,以经济发展的现实情境为依托,将创新延伸到创新成果的产业化阶段,实现科技创新和区域发展、产业发展的融合,实现科学技术的产业化应用,推进区域协调发展,打造多城市群多点支撑的创新经济格局,是经济发展新旧动能转换的新要求。

长江经济带创新经济建设正是应对新时代变化,实现可持续发展,实现绿色发展,推进区域协调发展与生态文明建设的重要驱动方式,长江经济带的建设将成为支撑国家产业升级转型与可持续发展的重要引擎。世界各国经济发展史显示,围绕着大江大河流域的经济发展会对所在国家、地区的竞争力与经济实力产生决定性影响。20世纪密西西比河流域的振兴,推动了美国的崛起;莱茵河流域的发展,促进了法国、德国和荷兰的繁荣。长江是我国第一大河,是连接我国内陆地区与环太平洋经济圈的重要通道,长江经济带作为围绕长江沿岸串联起的高密度经济走廊,腹地辽阔、资源丰富,涉及11个重要省市,占国内总人口和国内生产总值的40%以上。长江经济带是我国重大国家战略发展区域之一，长江经济带创新经济建设对推动长江保护与高质量发展，对于实现"两个一百年"奋斗目标和中华民族伟大复兴的中国梦，具有重大历史意义和现实意义。

本书以技术创新理论、区域经济空间理论、生态经济理论为基础，追溯国外典型流域经济带产业发展，从创新要素、创新产业、创新生态三个维度，从长江经济带的核心省市、城市群、经济带多个层面，对长江经济带创新空间分异及创新驱动模式进行系统深入的研究。研究不仅对于长江经济带创新发展具有重要的理论与应用意义，而且为创新型经济的研究开拓了一个新的研究视角。

一、基本框架和内容概要

全书主要由五个部分组成。

第一部分：基础篇，梳理了相关领域的国内外相关研究进展，阐述我国长江经济带的经济发展与创新发展现状和存在问题；比较和分析了国外典型流域经济带的产业发展。

第二部分：创新要素篇，剖析长江经济带创新要素集聚的形成机理，分析高技术产业创新要素集聚的极化效应、扩散效应及空间溢出效应。

第三部分：创新产业篇，分析高技术制造业和知识密集型服务业共生发展对产业结构优化升级与调整影响特征及规律，从省域和城市群两个层面，分析长江经济带内两大创新产业的空间差异性及共生发展。

第四部分：创新生态篇，系统研究长江经济带创新生态群落的结构特征、内在作用、演化动力机制、分异特征、发展趋势。

第五部分：创新模式篇，从创新要素、创新产业和创新生态的发展特征，提出长江经济带创新的六大驱动模式与政策建议。

二、主要学术观点和结论

通过理论与实证研究，形成以下观点和结论：

（1）长江经济带的创新要素集聚度差异较大，但不均衡分布现象有所缓解。长三角地区经济结构的转型升级使高技术产业的创新资源呈现出对外扩散的趋势，而云南和贵州的创新资源集聚能力较弱，产业结构还处于初级发展阶段，目前并不适合高技术产业的规模发展。

（2）从长江经济带的核心城市来看，上海的创新要素集聚能力最强，南京次之，武汉和重庆的集聚水平相当，创新要素集聚的差异度逐渐缩小。上海的集聚水平不断下降，南京、武汉和重庆的集聚水平还处在波动上升期，对外围城市的辐射效应还不是很强。

（3）长三角城市群的高技术产业发展已趋于成熟发展阶段，长江中游的高技术产业得到了更多创新资源的支撑，创新要素集聚水平在长三角和长江中游城市群的差异性逐渐减小；而成渝城市群仍有待创新资源的进一步积累，黔中和滇中城市群的产业发展仍需与当地的资源禀赋相结合。

（4）从长江经济带创新要素集聚的极化效应看，长三角省份极化水平最高，并且上海、江苏的扩散效应在逐渐增大；长江中游及成渝地区，极化水平处于中期阶段，主要得益于长三角地区的扩散效应,周边省份如安徽、江西、湖北的极化效应要略微高于其他长江中游省份;贵州和云南,极化效应较弱,产业发展以当地的资源禀赋为主,创新资源相对匮乏。

(5)创新要素集聚的辐射效应与集聚水平成正比,创新资源集聚的辐射效应越大,越能对高技术产业的发展形成溢出效应;长三角的上海、江苏与浙江的辐射范围较广,辐射效应显著,共同形成了创新要素集聚的高度辐射区,带动长江中部安徽、江西、湖南等省份的创新资源的集聚;湖北的辐射效应要弱于长三角地区的省市,四川对周边地区的辐射带动作用要强于湖北,湖北和四川的创新要素集聚对西部省份如贵州、云南形成了辐射效应。

(6)高技术产业发展和创新要素集聚在长江经济带呈现出高-高集聚和低-低集聚的分布特征。长三角地区呈现高-高集聚,长江中上游地区呈现低-低集聚,创新资源集聚的空间辐射效应和空间阻滞效应均显著存在,如何充分发挥空间辐射效应以及化解空间阻滞效应成为长江经济带高技术产业一体化发展的关键。

(7)创新要素集聚是高技术产业发展的核心驱动力,并且对高技术产业形成了显著的空间溢出效应。空间杜宾模型的结果显示,高技术产业的资本投入、劳动力投入以及创新要素集聚均对高技术产业产生正向的促进作用,并且创新要素集聚的影响最为显著。

(8)从国外典型流域经济带产业发展与变革中,可以看出大多流域走了先污染后治理的道路,很大程度上对人们的生产生活造成不良影响。此外,大部分经济带是从沿海流域优先集聚发展,而后沿江、内河顺流直上,逐渐构成规模更为宏大、工业水平更为高级的经济带发展新格局。

(9)长江经济带产业空间差异性随时间演变,高技术制造业和知识密集型服务业在整个流域的空间差异逐渐变小,产业区域发展协调度提高,在一定范围内形成产业集聚,并对周边区域产业结构调整产生辐射效应。但长江上、中、下游的9省2市间产业空间差异明显,区域间的差距也是未来长江经济带产业协同发展的基础条件。

(10)长江经济带核心城市创新产业呈共生发展,高技术制造业和知识密集型服务业间存在共生关系,南京和重庆高技术制造业对周边区域的辐射作用还未达到城市定位的发展要求,上海和武汉知识密集型服务业已经逐渐带动周边区域制造业结构转型。

(11)长江经济带各省(市)的高技术制造业和知识密集型服务业均处于上升阶段,上海、江苏、重庆、四川和湖北等省市形成以核心城市为中心的高端产业集聚区,二者呈现良好的共生发展态势。其他省份还需依靠经济发达的地区,进一步加快产业结构调整,形成具有自身区域特色的高端产业链。

(12)长江经济带三大城市群产业的共生效益不断增大,长江三角洲城市群种群间产生的共生经济效益远高于长江中游城市群和成渝城市群,但高技术制造业还未对城市群周边区域形成良好的辐射作用。成渝城市群依靠目前国家及地方政府的政策支持,产业的辐射效应明显,带动了长江经济带上游其他区域协调发展。

（13）从高技术制造业的角度看，上海和武汉对周边城市和城市群的辐射带动作用显著，长三角城市群、成渝城市群的高技术产业发展迅速，并形成了一系列高技术产业园、软件谷、创新示范区，构建了相关产业链协同创新模式，提高了整体创新水平。但城市群内产业发展水平不一，对周边区域的扩散作用不明显，进一步加强集聚与辐射能力，构建"点—线—面"的战略部署规划十分必要。

（14）从知识密集型服务业的角度看，除浙江、安徽和贵州外，其他省域和城市自身高技术制造业能够有效支撑本区域知识密集型服务业的发展。以杭州电子商务、金融、贸易为主的服务业带动本省高端服务业进步，但对周边区域的辐射作用较弱，在形成集聚效应的同时应加强与周边省份、城市的合作，打破行政壁垒，加快技术、知识要素的快速流动，推动长三角城市群知识密集型服务业聚集。同时，注重南京、武汉、重庆的城市更新和产业辐射，在产业结构调整的同时，完善城市知识密集型服务业建设，并以此为核心加快城镇化脚步，从而推动整个长江经济带的高端发展。

（15）从创新生态群落的整体分异特征来看，长江经济带呈现出"一轴、三极、多点"，创新生态水平东高西低的发展态势；长三角城市群、长江中游城市群、成渝城市群则依次表现出东部较优、高低混杂、东南较优的分异特征。

（16）从创新生态群落的空间关联分异特征来看，长江经济带创新生态群落的空间关联紧密，整体处于互利共生状态；长三角城市群、长江中游城市群、成渝城市群分别由变异、遗传、协同演化主导，由此形成了不同的分异特征。

（17）长江经济带创新生态群落的演化发展整体稳中有进，处于增长周期中，需要因地制宜地促进创新发展。长三角城市群需要改进竞争态势，突破最大生态容量的约束；长江中游城市群需要调节空间关联作用，促进群落协同；成渝城市群需要改善创新生态资源投入。

（18）根据"一轴、三极、多点"的政策规划，以及长江经济带创新生态群落的分异特征演化分析，可以从重点城市的多属性生态改进、核心城市群的差异化综合治理和经济带的一体化协同发展等方面，来优化长江经济带的创新生态发展模式。

三、学术探索和创新

主要表现在以下几方面：

（1）形成了一个较为系统的分析框架。围绕长江经济带创新的研究，以长江经济带省域、核心城市以及城市群为对象，从创新要素、创新产业、创新生态三个层次，有机构成了一个系统分析体系。

（2）在创新要素分析中，构建高技术产业创新要素指标体系，运用集中度指标测算长江经济带各省市、核心城市以及城市群的创新要素集聚度，并通过空间基尼系数分析创新要素集聚在各地区间的差异度；提出从极化效应、辐射效应和溢出效应三方面研究创新要素空间集聚效应的测度方法；构建ER极化指数分析长江经济带各省市创新要素聚集的极化效应；运用断裂点模型分析创新要素集聚的辐射效应；结合空间杜宾模型，研究创新要素集聚对高技术产业增长的溢出效应。

（3）在创新产业分析中，构建高技术制造业和知识密集型服务业的共生模型，探究两大创新产业间的共生发展阶段，揭示长江经济带两大产业间的共生发展特征及城市—城市群、城市—省域的创新产业间关系；提出分析创新生态群落整体分异特征的创新生态位评价模型。

（4）在创新生态学相关文献研究的基础上，根据创新生态群落特点和生态位理论，从生态适应性、生态多样性、生态持续性等维度，构建创新生态群落的创新生态位指数评价体系，结合创新生态位、创新生态位宽度、创新生态位重叠的计算，描述城市、城市群、经济带的整体分异特征，揭示不同层级的创新发展态势。

（5）区别于以往研究对区域层级结构和空间关联的重视不足，构建创新生态群落的空间关联特征分析模型。运用空间计量分析方法，以创新生态群落作为研究对象，分析长江经济带的空间分异和关联作用，揭示核心城市群、经济带的空间作用程度、创新生态群落的高低分布与相互影响情况；运用空间滞后模型、空间误差模型，辨析驱动核心城市群与经济带创新生态发展的关键因素，识别不同群落从属的差异化的遗传、变异、协同演化动力机制，解析长江经济带创新生态群落的分异成因及规律。

（6）改进一般 Logistic 模型，构建包含时空多因素作用的群落演化模型。针对创新生态群落的相互作用，在 Logistic 阻滞增长模型中引入空间因素，对原有研究偏重于时序分析，而忽视空间因素的问题进行了完善。根据创新生态位指数和空间关联指数，结合指数的时序变化，分析长江经济带创新生态群落的演化，通过分时段叠加的 Logistic 综合指数模型，仿真创新生态水平变化、空间关联指数、最大创新生态容量等不同情境，研究不同情况下的核心城市群和经济带发展趋势，揭示长江经济带创新生态群落的变化规律。

（7）提出长江经济带创新驱动的六大模式，根据创新要素、创新产业、创新生态的发展特点，提出长江经济带创新要素梯度驱动模式、长江经济带创新产业共生驱动模式、长江经济带创新要素及产业的协同发展驱动模式、长江经济带创新生态群落的重点城市多属性生态优化驱动模式、长江经济带创新生态群落的核心区域差异化驱动模式、长江经济带创新生态群落的经济带一体化协同驱动模式。

本书受国家社会科学基金重点项目（项目编号：15AGL011）资助。本书在编写过程中，潘志慧、王绕娟分别参与了第二篇、第三篇的部分资料收集和撰写工作。写作过程中引用了源于各级政府网站和统计年鉴的统计数据、相关企业的调研资料，并参考了国内外相关领域学者的研究成果，在此一并致谢。由于资料较多，来源不同，可能存在疏漏之处，在此向所有文献资料作者及机构表示衷心的感谢！由于作者研究水平有限，书中可能存在一些不足之处，恳请读者批评指正。

史安娜　周瓅　刘永进
2022 年 5 月

目录
Contents

第一篇 基础篇

第1章 绪论 ……………………………………………………………… 003
  1.1 研究背景与意义 …………………………………………………… 003
    1.1.1 研究背景 ………………………………………………… 003
    1.1.2 研究意义 ………………………………………………… 004
  1.2 研究内容与方法 …………………………………………………… 004
    1.2.1 研究内容 ………………………………………………… 004
    1.2.2 研究方法 ………………………………………………… 007
  1.3 技术路线及框架 …………………………………………………… 008

第2章 理论前沿与国内外发展状况 ……………………………………… 010
  2.1 国内外研究综述 …………………………………………………… 010
    2.1.1 技术创新相关研究综述 ………………………………… 010
    2.1.2 空间经济相关研究综述 ………………………………… 013
    2.1.3 创新要素相关研究综述 ………………………………… 016
    2.1.4 创新产业相关研究综述 ………………………………… 020
    2.1.5 创新生态相关研究综述 ………………………………… 023
  2.2 我国的经济及创新发展机遇与挑战 ……………………………… 026
    2.2.1 经济及创新发展的机遇 ………………………………… 026
    2.2.2 经济及创新发展的挑战 ………………………………… 027
  2.3 长江经济带的经济及创新发展现状 ……………………………… 028
    2.3.1 长江经济带的经济发展现状 …………………………… 028
    2.3.2 长江经济带创新发展的障碍 …………………………… 028
    2.3.3 长江经济带创新发展的需求 …………………………… 029

第 3 章　国外典型流域经济带产业发展分析 ················ 030
3.1　密西西比河流域的产业发展 ················ 030
3.1.1　流域自然状况 ················ 030
3.1.2　产业发展状况 ················ 031
3.2　田纳西河流域的产业发展 ················ 031
3.2.1　流域自然状况 ················ 031
3.2.2　产业发展状况 ················ 032
3.3　莱茵河流域的产业发展 ················ 033
3.3.1　流域自然状况 ················ 033
3.3.2　产业发展状况 ················ 034
3.4　泰晤士河流域的产业发展 ················ 035
3.4.1　流域自然状况 ················ 035
3.4.2　产业发展状况 ················ 036
3.5　亚马孙河流域的产业发展 ················ 037
3.5.1　流域自然状况 ················ 037
3.5.2　产业发展状况 ················ 037

第二篇　创新要素

第 4 章　高技术产业创新要素集聚与空间效应的相关理论 ················ 041
4.1　创新要素及其集聚的相关理论 ················ 041
4.1.1　创新要素的内涵 ················ 041
4.1.2　创新要素集聚的理论基础 ················ 042
4.1.3　创新要素集聚的形成机理 ················ 044
4.1.4　创新要素的空间集聚模式与空间效应 ················ 045
4.2　高技术产业及其创新的相关理论 ················ 046
4.2.1　高技术产业的内涵界定 ················ 046
4.2.2　高技术产业的特征 ················ 047
4.2.3　高技术产业创新的界定与构成 ················ 047
4.3　高技术产业创新要素集聚的空间效应理论 ················ 048
4.3.1　内生增长与技术溢出 ················ 048
4.3.2　高技术产业创新要素集聚的极化和扩散效应 ················ 049
4.3.3　高技术产业技术创新的溢出效应 ················ 050

第 5 章　长江经济带高技术产业创新要素集聚度及差异度分析 ················ 052
5.1　创新要素集聚度及差异度的度量 ················ 052
5.1.1　高技术产业创新要素指标描述 ················ 052

           5.1.2 创新要素集聚度的度量方法 ………………………………… 053
           5.1.3 创新要素集聚差异度的度量方法 ……………………………… 055
     5.2 各省市创新要素集聚度及差异度的测算 …………………………………… 056
           5.2.1 各省市经济和高技术产业的发展现状分析 …………………… 056
           5.2.2 各省市创新要素集聚度分析 …………………………………… 060
           5.2.3 各省市创新要素集聚差异度分析 ……………………………… 061
     5.3 核心城市创新要素集聚度及差异度的测算 ………………………………… 062
           5.3.1 核心城市经济和高技术产业的发展现状分析 ………………… 062
           5.3.2 核心城市创新要素集聚度分析 ………………………………… 064
           5.3.3 核心城市创新要素集聚差异度分析 …………………………… 065
     5.4 城市群创新要素集聚度及差异度的测算 …………………………………… 066
           5.4.1 城市群经济和高技术产业的发展现状分析 …………………… 066
           5.4.2 城市群创新要素集聚度分析 …………………………………… 069
           5.4.3 城市群创新要素集聚差异度分析 ……………………………… 070

第 6 章　长江经济带创新要素集聚的空间效应分析 ………………………………… 072
     6.1 创新要素集聚的极化效应分析 ……………………………………………… 072
           6.1.1 创新要素集聚的极化指数模型构建 …………………………… 072
           6.1.2 创新要素集聚的极化水平分析 ………………………………… 073
     6.2 创新要素集聚的辐射效应分析 ……………………………………………… 076
           6.2.1 辐射效应的断裂点模型构建 …………………………………… 076
           6.2.2 创新要素集聚的辐射范围分析 ………………………………… 076
     6.3 创新要素集聚的溢出效应分析 ……………………………………………… 078
           6.3.1 空间计量理论与空间杜宾模型构建 …………………………… 079
           6.3.2 创新要素的空间特征分析 ……………………………………… 081
           6.3.3 创新要素集聚的空间溢出分析 ………………………………… 084

第三篇　创新产业

第 7 章　创新产业相关理论基础 ……………………………………………………… 089
     7.1 创新产业相关理论 …………………………………………………………… 089
           7.1.1 内涵与外延 ……………………………………………………… 089
           7.1.2 特征与分类 ……………………………………………………… 091
     7.2 产业升级相关理论 …………………………………………………………… 092
           7.2.1 产业价值链 ……………………………………………………… 092
           7.2.2 创新产业集聚与产业升级 ……………………………………… 092
           7.2.3 高技术产业、高技术制造业和知识密集型服务业的联系 ………… 093

7.3 高技术制造业和知识密集型服务业相关理论 094
7.3.1 高技术制造业相关理论 094
7.3.2 知识密集型服务业相关理论 096
7.4 共生理论与产业经济理论 097
7.4.1 共生理论 097
7.4.2 产业经济理论 100

第8章 长江经济带创新产业发展空间差异性分析 104
8.1 产业现状分析 104
8.1.1 长江经济带整体产业发展状况 104
8.1.2 高技术制造业现状 106
8.1.3 知识密集型服务业现状 110
8.2 产业空间差异性分析模型 113
8.2.1 差异性模型 113
8.2.2 一阶嵌套锡尔指数 114
8.3 空间差异性指标计算及分析 115
8.3.1 数据来源与计算 115
8.3.2 省域产业发展空间差异性分析 117
8.3.3 城市群产业发展空间差异性分析 119

第9章 长江经济带高技术制造业和知识密集型服务业共生分析 122
9.1 高技术制造业和知识密集型服务业共生分析原理与方法 122
9.1.1 种群密度量化 122
9.1.2 共生模型构建 123
9.2 长江经济带四大核心城市创新产业共生分析 124
9.2.1 共生参数计算 124
9.2.2 高技术制造业与知识密集型服务业共生关系 126
9.2.3 高技术制造业与知识密集型服务业共生强度分析 127
9.2.4 高技术制造业与知识密集型服务业的共生作用分析 128
9.3 长江经济带省域两大创新产业共生分析 130
9.3.1 共生参数计算 130
9.3.2 高技术制造业与知识密集型服务业共生关系 134
9.3.3 高技术制造业与知识密集型服务业共生强度分析 137
9.3.4 高技术制造业与知识密集型服务业的共生作用分析 137
9.4 长江经济带三大城市群两大创新产业共生分析 142
9.4.1 共生参数计算 142
9.4.2 高技术制造业与知识密集型服务业共生关系 144
9.4.3 高技术制造业与知识密集型服务业共生强度分析 145
9.4.4 高技术制造业与知识密集型服务业的共生作用分析 145

第四篇　创新生态

第 10 章　长江经济带创新生态群落的演化理论基础分析 ········ 151
10.1　长江经济带创新生态群落的相关概念概述 ········ 151
10.1.1　创新生态群落的一般概念与内涵 ········ 151
10.1.2　长江经济带的经济社会发展概况 ········ 155
10.1.3　长江经济带的创新生态群落及特点 ········ 159
10.2　长江经济带创新生态群落的结构特征分析 ········ 161
10.2.1　创新生态群落的空间结构与层级结构 ········ 161
10.2.2　长江经济带的创新生态群落空间结构特征 ········ 163
10.2.3　长江经济带的创新生态群落层级结构特征 ········ 164
10.3　长江经济带创新生态群落的内在功能作用分析 ········ 164
10.3.1　创新生态群落的增殖扩张作用 ········ 164
10.3.2　创新生态群落的环境调节作用 ········ 165
10.3.3　创新生态群落的生态稳定作用 ········ 166
10.4　长江经济带创新生态群落的演化动力机制分析 ········ 168
10.4.1　创新生态群落的遗传演化机制 ········ 168
10.4.2　创新生态群落的变异演化机制 ········ 172
10.4.3　创新生态群落的协同演化机制 ········ 174

第 11 章　长江经济带创新生态群落整体分异特征分析 ········ 177
11.1　创新生态群落整体分异特征的创新生态位分析方法 ········ 177
11.1.1　创新生态群落整体分异特征的创新生态位分析原理 ········ 177
11.1.2　创新生态群落的创新生态位指标体系构建 ········ 178
11.1.3　创新生态群落的创新生态位指数测度方法 ········ 181
11.2　核心城市群的创新生态群落整体分异特征测度分析 ········ 185
11.2.1　长三角城市群的创新生态群落整体分异特征分析 ········ 185
11.2.2　长江中游城市群的创新生态群落整体分异特征分析 ········ 187
11.2.3　成渝城市群的创新生态群落整体分异特征分析 ········ 189
11.3　经济带的创新生态群落整体分异特征分析 ········ 191
11.3.1　创新生态群落的创新生态位指数计算 ········ 191
11.3.2　创新生态群落的创新生态位属性分异特征分析 ········ 192
11.3.3　创新生态群落的创新生态位整体分异特征分析 ········ 194
11.4　创新生态群落分异特征的创新生态位宽度与重叠度分析 ········ 195
11.4.1　创新生态位的宽度与重叠度测度方法 ········ 195
11.4.2　创新生态群落的创新生态位宽度分析 ········ 197

	11.4.3	创新生态群落的创新生态位重叠度分析 …………………………	199
第12章		**长江经济带创新生态群落空间关联分异特征分析** ……………	**203**
12.1		长江经济带创新生态群落的空间关联指数分析方法 ……………	203
	12.1.1	创新生态群落的空间关联特征分析原理 …………………………	203
	12.1.2	创新生态群落的空间相关度测量方法及步骤 ……………………	205
	12.1.3	创新生态群落的空间关联指数计量方法及步骤 …………………	208
12.2		核心城市群的创新生态群落空间关联分异特征分析 ……………	210
	12.2.1	长三角城市群的创新生态群落空间关联分异特征分析 …………	210
	12.2.2	长江中游城市群的创新生态群落空间关联分异特征分析 ………	215
	12.2.3	成渝城市群的创新生态群落空间关联分异特征分析 ……………	220
12.3		经济带的创新生态群落空间关联分异特征分析 …………………	224
	12.3.1	经济带创新生态群落的全局Moran'I空间相关度分析 …………	224
	12.3.2	经济带创新生态群落的局部Moran'I空间相关度分析 …………	225
	12.3.3	经济带创新生态群落的空间关联指数分析 ………………………	231
第13章		**长江经济带创新生态群落分异特征演化分析** ……………………	**235**
13.1		创新生态群落的分异特征演化模型构建与分析 …………………	235
	13.1.1	分时段叠加的Logistic综合指数模型构建 ………………………	235
	13.1.2	演化模型的参数估计与数据处理 …………………………………	238
	13.1.3	演化模型的拟合效果检验 …………………………………………	239
13.2		核心城市群的创新生态群落分异特征演化分析 …………………	242
	13.2.1	长三角城市群创新生态群落分异特征演化分析 …………………	242
	13.2.2	长江中游城市群创新生态群落分异特征演化分析 ………………	246
	13.2.3	成渝城市群创新生态群落分异特征演化分析 ……………………	250
13.3		经济带的创新生态群落分异特征演化分析 ………………………	253
	13.3.1	分时段叠加的Logistic综合指数模型计量分析 …………………	253
	13.3.2	单一参数变动的分异特征演化趋势预测分析 ……………………	255
	13.3.3	多参数变动的分异特征演化趋势预测分析 ………………………	257

第五篇　创新模式

第14章	**长江经济带创新驱动模式** ……………………………………………	**263**
14.1	长江经济带创新要素梯度驱动模式 …………………………………	263
14.2	长江经济带创新产业共生驱动模式 …………………………………	264
14.3	长江经济带创新要素及产业的协同发展驱动模式 …………………	264
14.4	长江经济带创新生态重点城市多属性优化驱动模式 ………………	264
14.5	长江经济带创新生态核心区域差异化驱动模式 ……………………	265

14.6　长江经济带创新生态经济带一体化协同驱动模式 ················· 265
第 15 章　长江经济带创新驱动政策建议 ································ 267
　　15.1　长江经济带创新要素及产业发展政策建议 ······················· 267
　　15.2　长江经济带创新生态群落优化政策建议 ························· 269

参考文献 ·· 272

第一篇

基础篇

第1章
绪论

1.1 研究背景与意义

1.1.1 研究背景

随着知识化和信息化的深入发展,经济增长方式发生转变,全球产业格局发生深刻变革,知识与技术密集型产业已成为世界经济的主要增长动力。发达国家摒弃高能耗、低价值的制造行业,逐步将低端及劳动密集型产业进行升级转型,并积极进行本土产业结构软化,一方面大力发展以信息技术为核心的高技术制造业,加快制造业转型,提高制造业的知识含量和产品附加值,增强国际竞争力;另一方面提高自主创新能力,让知识密集型服务业参与制造业的生产环节,极大地提高了制造业的生产效率和经济效益。同时,世界经济强国纷纷将创新战略和制造业回归战略放在首位,如美国制定了2015年创新战略,以加快发展低碳经济;德国大力推行了工业4.0战略,对教育和科研追加资金以推进德国的高技术战略;欧盟在2014年启动了"地平线2020"计划,以整合欧盟各国的科研资源、促进科技创新,进一步推动未来高技术产业的发展。由此可见,大力推进以创新驱动为主导的经济发展模式,大力发展高新技术产业,成为世界发达国家新的经济增长点。

改革开放以来,我国制造业飞速发展,制造业产值居世界首位。但是,由于经济发展方式粗放,制造业逐渐暴露出产能过剩、潜在增长率下降、内部结构不合理、产品附加值和资源利用率低等问题。在世界范围新一轮产业结构调整和创新驱动战略背景下,美国、日本和欧洲发达国家的高技术制造业在向我国扩散,并对我国社会经济转型产生了重大的影响。为了实现经济的高质量发展,国家已经确定将高端技术产业打造成国民经济的先导产业,加大创新投入力度,推动高技术产业蓬勃发展态势,走新型工业化道路,从"中国制造"走向"中国创造",坚持创新、协调、绿色、开放、共享的新发展理念,加强高技术制造业与知识密集型服务业的融合,构筑技术创新化、产业集群化、制造信息化、标准国际化的高技术制造业体系,使我国产业发展向价值链高端攀升,成为我国经济发展的重点。

长江经济带横跨我国东、中、西三大经济腹地,是我国经济实力最强、战略支撑作用最大的区域,对国家经济的可持续增长有至关重要的作用。2014年9月,国务院颁布了《关于依托黄金水道推动长江经济带发展的指导意见》,以长江黄金水道为依托,围绕生态文明、绿色发展,打造长江绿色发展轴是国家赋予长江经济带新的战略定位。2016年3月,国家发改委、科技部、工业和信息化部联合发布了《长江经济带创新驱动产业转型升级方案》,提出加快推动长江经济带创新资源引进和整合、完善区域创新体系,到2030年实现创新驱动型产业体系全面建成的建设目标;加强长江经济带建设,优化经济结构,缩小我国东、中、西部地区间经济水平差距,逐渐形成东部沿海外的新经济支撑带,优化"两横三纵"主体功能区布局,对接"一带一路"建设,进而形成我国经济一体化发展新格局。研究长江经济带的创新要素、创新产业、创新生态,分析经济带内的区域发展特点,促进创新要素在经济带内的流动和整合,最终实现区域一体化创新发展格局,是长江经济带乃至我国为促进产业结构调整和升级的迫切需要,也是当前重要的战略任务和现实课题。

1.1.2 研究意义

始于1978年的改革开放启动了沿海开放战略,形成了经济实力雄厚的沿海经济带,创造了我国经济增长奇迹,支撑了我国经济的高速发展。然而,在国际环境发生深刻变化的大背景和我国经济新形势下,这种模式的优势正在逐渐"钝化",因此,长江经济带建设的起步,将会使我国区域经济发展格局由目前的"T"型结构转变为"π"型结构,我国经济发展的新的开放格局和体系也将由此形成。长江是中国第一大河、世界第三大河流,世界各国经济发展史显示,大江大河流域经济的发展往往对所在国家、地区的竞争力和经济实力有着决定性影响:20世纪密西西比河流域的振兴,推动了美国的强势崛起;而莱茵河流域的发展,促进了法国、德国和荷兰的长期繁荣。

我国经济发展在资源、环境约束的双重压力下,依靠传统低要素成本驱动长江经济带的经济发展已难以为继,必须走可持续发展之路,以创新驱动替代传统要素,驱动长江经济带的生态经济发展。长江经济带战略明确将长江经济带定位为具有全球影响力的内河经济带、东中西互动合作的协调发展带、沿海沿江沿边全面推进的对内对外开放带和生态文明建设的先行示范带。因此,分析长江经济带发展的新引擎,以及创新驱动形成的成因、势能、敛散,研究全球产业空间调整趋势下的长江经济带创新特质,设计长江经济带创新驱动的适合模式与政策路径,具有重要的理论与现实意义。

1.2 研究内容与方法

1.2.1 研究内容

研究主要由五个部分所组成:

第一部分为第1~3章,主要涉及本项目的研究背景及意义、研究内容和方法以及研究框架;分析项目涉及的国内外相关研究进展,论述国家整体和长江经济带的经济发展与创新发展现状和存在问题;比较国外典型流域经济带的产业发展。

第1章为绪论。本章阐述项目的研究背景及意义,明确研究思路、内容及方法,提出创新点。

第2章为理论前沿与国内外发展状况。综述技术创新、创新要素集聚、产业创新、创新生态系统、创新及空间效应等相关领域国内外研究,系统梳理我国长江经济带经济发展和创新发展过程中的现状与问题。

第3章为国外典型流域经济带产业发展分析。梳理并分析国外典型流域——密西西比河流域、田纳西河流域、莱茵河流域、泰晤士河流域及亚马孙河流域的自然状况和产业发展规律。

第二部分,即"创新要素"篇,为第4~6章,主要涉及长江经济带高技术产业的创新要素集聚、分异和空间效应分析。针对长江经济带创新生态经济转型过程中,创新要素资源的配置与优化问题,综合运用技术创新理论、空间溢出理论、空间效应分析、空间杜宾模型等理论与方法,进行高技术产业创新要素集聚与空间效应的相关理论分析。

第4章为高技术产业创新要素集聚与空间效应的相关理论分析。首先界定高技术产业的内涵;其次分析创新要素集聚的相关理论,归纳创新要素的内涵、创新要素集聚的理论基础(包括产业区和工业区理论、增长极理论、累积循环因果理论和新经济地理理论)、创新要素集聚的形成机理,为后续创新要素集聚的度量提供理论支撑;对高技术产业下创新要素集聚的空间效应进行理论分析,分析内生增长与技术溢出理论、创新要素的空间集聚模式与空间效应、高技术产业创新要素集聚的极化和扩散效应、高技术产业技术创新的空间溢出。

第5章为长江经济带高技术产业创新要素集聚度及差异度分析。分析创新要素集聚度及差异度的度量,归纳高技术产业创新要素的指标描述、创新要素集聚度的度量方法以及创新要素集聚差异度的度量方法;分析长江经济带各省市经济和高技术产业的发展现状、核心城市经济和高技术产业的发展现状以及城市群经济和高技术产业的发展现状;解析长江经济带不同地区间的创新要素集聚度和集聚差异度。

第6章为长江经济带创新要素集聚的空间效应研究。研究创新要素集聚的极化效应,构建极化指数,分析各省市创新要素集聚的极化水平;解析创新要素集聚的辐射效应,构建断裂点模型,测度各省市创新要素集聚的辐射范围及辐射效应;对创新要素集聚的溢出效应进行实证分析,运用空间计量理论,构建空间杜宾模型,进行空间权重矩阵的设定以及空间相关性的检验,分析创新要素的空间特征及空间溢出。

第三部分,即"创新产业"篇,为第7~9章,主要针对长江经济带创新生态经济转型过程中,不同区域创新产业发展的再平衡,综合运用共生理论、产业差异性模型、锡尔指数模型、群种共生模型等理论与方法,以高技术制造业、知识密集型服务业为主要研究对象,对长江经济带的创新产业发展进行深入系统的分析。

第7章为长江经济带产业创新及共生关系的相关理论。首先,对创新产业、高技术

产业、高技术制造业、知识密集型服务业的内涵、特征和分类等进行梳理,分析产业的不同。其次,基于产业价值链研究不同产业间的联系和区别。分析目前创新驱动背景下经济产业的发展趋势,指出高技术制造业和知识密集型服务业共生发展将成为产业结构优化升级与调整的显著特征及必然规律,介绍共生理论与模型,概述理论框架与计算模型,为后文的实证奠定基础。

第8章为长江经济带创新产业发展空间差异性分析。首先对长江经济带当下的整体产业、高技术制造业和知识密集型服务业等发展现状进行分析;然后运用一阶锡尔指数,从省域和城市群两个角度对该区域两大产业的空间差异性进行分析,深入探究其发展水平差异。

第9章为长江经济带高技术制造业和知识密集型服务业共生分析。从共生关系、共生强度和产业间的促进作用三个维度,对长江经济带核心城市、省域和三大城市群两大产业的共生发展进行分析。

第四部分,即"创新生态"篇,为第10~13章,主要针对长江经济带创新生态经济转型过程中,不同区域发展的再平衡,以及创新生态能力的提升和资源配置优化改进等问题,综合运用创新生态群落理论、生态位理论、群种演化理论、阻滞增长模型、空间回归模型等理论与方法,对长江经济带创新生态群落的结构特征、内在作用、演化动力机制、分异特征、发展趋势进行深入系统的研究。

第10章为长江经济带创新生态群落的演化理论基础分析。通过文献梳理,总结长江经济带创新生态群落的相关概念内涵,分析长江经济带创新生态群落的结构特征、内在功能作用及演化动力机制,为创新生态群落的计量分析提供理论支持。

第11章为长江经济带创新生态群落整体分异特征分析。运用生态位理论,构建整体分异特征测度模型,结合数据进行计量分析。重点从核心城市群和经济带两个层次,分析长江经济带创新生态群落的整体分异特征变化和发展态势,并进一步计算创新生态位的宽度和重叠度,分析经济带中重点城市群落的影响。

第12章为长江经济带创新生态群落空间关联分异特征分析。利用空间计量分析模型量化分析长江经济带的创新群落关联作用。重点从核心城市群和经济带两个层次,分析长江经济带创新生态群落的空间关联分异特征,分析影响分异特征的关键因素和演化动力机制。

第13章为长江经济带创新生态群落分异特征演化分析。改进Logistic种群演化模型,结合创新生态位和空间关联指数,构建分时段叠加的Logistic综合指数模型。利用改进后的演化模型从核心城市群和经济带两个层次对长江经济带的创新发展态势进行分析,并调节参数条件进行演化模拟,分析长江经济带创新生态群落的发展趋势。

第五部分,即"创新模式"篇,为第14~15章,主要是对长江经济带创新空间分异的总结,以及对长江经济带及创新驱动模式的构建与讨论。该部分分析了长江经济带创新要素及产业驱动模式和长江经济带创新生态群落优化驱动模式,给出相应的模式发展建议。该部分是对本项目研究的主要观点、重要发现、理论与方法创新、存在问题等方面所做出的提炼与总结,并为后人研究这一领域提供有益的启示及参考。

第 14 章为长江经济带创新驱动模式。根据长江经济带创新要素、创新产业的发展特点,提出长江经济带的创新要素梯度驱动模式、创新产业共生驱动模式、创新要素及产业的协同发展驱动模式、创新生态重点城市多属性优化驱动模式、创新生态核心区域差异化驱动模式、创新生态经济带一体化协同驱动模式等,归纳创新发展模式,展望创新发展路径。

第 15 章为长江经济带创新驱动政策建议。根据长江经济带创新要素、创新产业及创新生态的发展规律和模式归纳,提出与发展模式相适应的政策建议,促进长江经济带的经济转型升级,优化长江经济带的创新生态水平。

1.2.2 研究方法

(1) 辩证分析与系统分析相结合,突出关联性分析。运用空间经济学方法剖析长江经济带的创新要素、创新产业、创新生态系统的空间分异、演进、相互关系,分析长江经济带各省市、核心城市以及城市群的创新要素集聚度,解构创新要素的极化效应、辐射效应和溢出效应;分析长江经济带各省市的创新产业特点,探究高技术制造业和知识密集型服务业的共生发展动因和机制;分析长江经济带创新生态群落的概念内涵、结构特征、功能作用及演化动力机制。综合创新要素、创新产业、创新生态的发展规律及变化趋势,提出合理的发展模式。

(2) 理论研究与典型区域分析相结合,突出可行性分析。梳理创新要素、创新生态系统理论的同时,联系全球产业空间调整,把握长江经济带中心城市创新特质,深化与提升理论研究。对国外典型流域经济带产业发展进行分析,并与我国长江经济带两大产业的发展进行比较,分析不同区域的发展水平与进阶方向;以长江经济带两大产业为研究对象,对比分析核心城市、省域和城市群产业共生发展差异,判断核心城市、省域和城市群之间是否存在产业空间集聚与外溢效应,进一步分析高技术制造业和知识密集型服务业共生发展程度,从多个层面找出流域产业融合、互动、共生发展的方向。分层次、分重点地分析长江经济带的创新生态发展。

(3) 定性研究与定量分析相结合,突出针对性分析。综合运用空间经济学、创新经济学、计量经济学等方法,在长江经济带空间分异视角下,定性与定量相结合,有针对性地分析创新发展过程中的相互作用、演化趋势和驱动模式选择问题。构建 ER 极化指数以分析各省市创新要素集聚的极化效应,构建断裂点模型研究各省市创新要素集聚的辐射效应,构建空间杜宾模型,采用探索性空间数据分析法(ESDA)对创新要素集聚的空间分布情况以及是否存在空间相关性进行考查,并研究创新要素集聚对高技术产业增长的溢出效应。运用数理统计与计算分析,根据生态学中的共生理论,分析长江经济带高技术制造业和知识密集型服务业共生现状,对两大创新产业的空间差异水平以及共生关系强弱进行测度分析。在对创新生态群落的分析中,综合应用描述性统计分析、时间序列、空间回归等方法,采用统计软件包 Stata、空间计量程序 GeoDa 与数据分析软件 MATLAB

作为分析工具,既考虑时间维度又考虑空间维度,综合考虑创新生态群落的属性特征、层级作用、演化动力机制,从多个维度将定性分析与定量分析结合展开实证研究。

(4)文献研究与流域研究相结合,突出全面性分析。收集整理国内外相关典型流域的创新驱动发展、创新要素空间分异的变迁演进相关资料,对重点流域案例、典型创新驱动模式进行归纳总结,全面把握创新发展经验;运用新经济增长理论、生态经济学理论及空间计量分析方法等理论,从创新要素、创新产业、创新生态三个维度分析长江经济带创新生态群落的结构特征、内在功能作用、演化动力机制。从"核心城市—省市""核心城市—城市群—经济带"等不同层面深入研究长江经济带的创新要素、创新产业、创新生态。

1.3 技术路线及框架

研究思路:国外流域典型经济带的空间分异演进与创新经验借鉴→长江经济带创新要素集聚与空间效应分析→长江经济带产业创新及产业共生分析→长江经济带创新生态群落演化分析→长江经济带创新要素及产业驱动模式→长江经济带创新生态群落驱动模式,具体研究技术路线如图1-1所示。

第一篇 基础篇

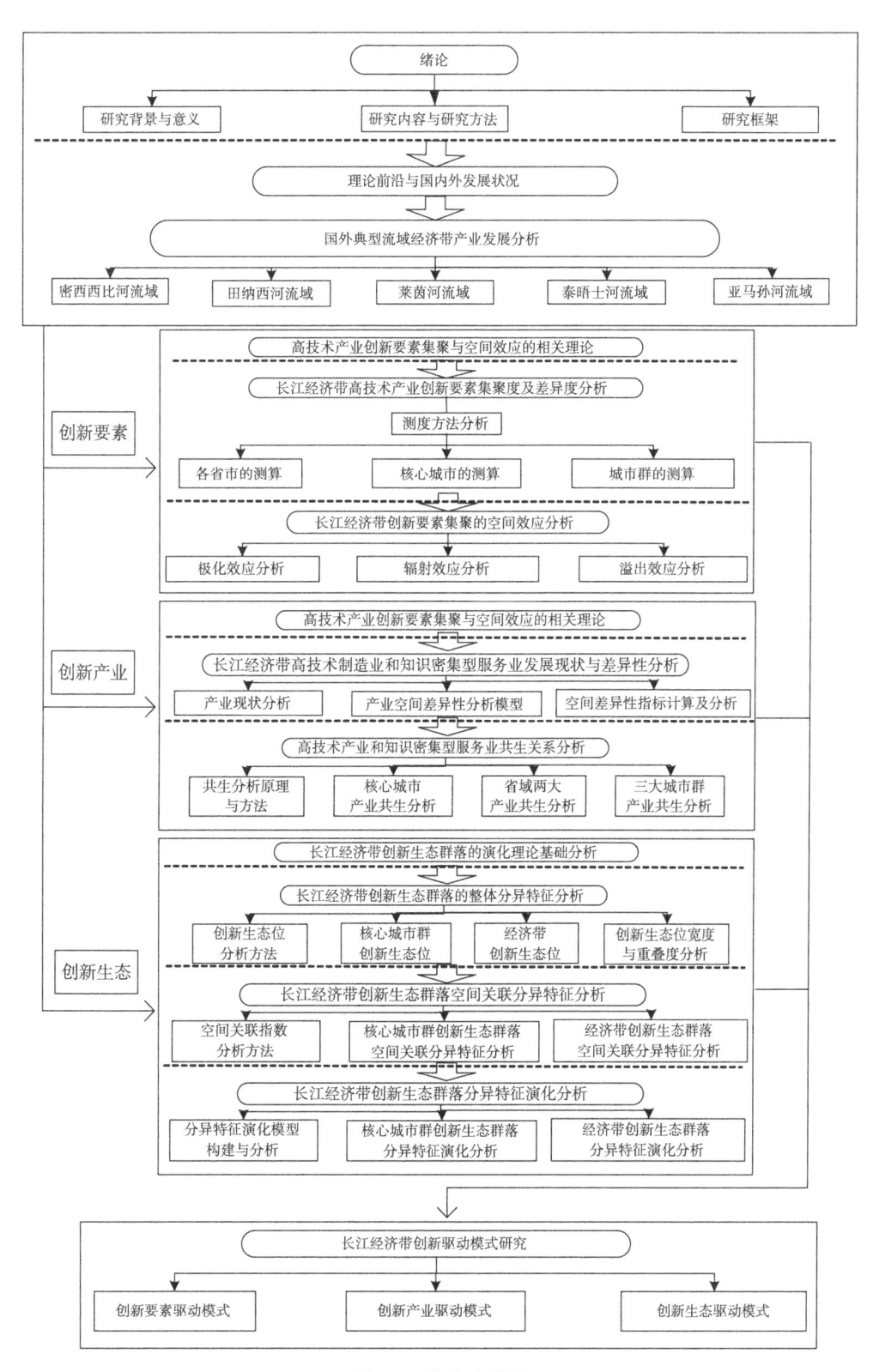

图 1-1 技术路线图

第 2 章
理论前沿与国内外发展状况

2.1 国内外研究综述

2.1.1 技术创新相关研究综述

1. 技术创新理论基础及发展

"创新"一词最早由熊彼特(Schumpeter)提出,狭义的创新即一种工艺突破与技术创新;而广义的创新包括五个方面:引入新产品、采用新的生产方法、开辟新市场、使用新的材料供应、实现新的工业组合。

自熊彼特提出创新学说以来,创新的研究主要分为突破性创新、渐进式创新两大流派。突破性创新理论认为创新通过生产要素的新组合从经济结构内部进行革新,是一种富有创造性的破坏。这种创造性的破坏不仅限于企业或经济层面,也推动着科学与人文领域的进步。托马斯·库恩强调突破性创新范式意味着对一种主流范式的背离与革命,用新体系替代旧有范式,是一个不断破坏旧的生产关系与产业结构的过程。渐进式创新理论认为创新是对经济组织、经济环境的适应性演化与渐进式进化。渐进式创新的研究相对来说更多地关注宏观创新的投入与经济增长的关系,学者先后提出了线性假说、复杂系统假说。罗伯特·索洛认为"技术的进步以及工人技能提高"是渐进式经济增长的重要驱动力,而卢卡斯则更强调人力资本在经济增长中的作用;与此同时,保罗·罗默强调了知识积累对创新与经济的影响,将公共知识和企业拥有的专门知识作为内生变量引入经济增长模型中,把知识因素纳入经济与技术体系内。然而,突破性与渐进性在创新实践中很难割裂,随着理论研究的深入,越来越多的学者认为创新是突破性与渐进性交织的复杂系统过程。弗里曼等从系统性的角度认为创新是一种持续积累的过程,提出了国家创新体系的概念,提倡以系统分析的视角从国家层面理解创新的经济效应。迈克尔·波特在价值链的基础上,提出了钻石模型(Michael Porter Diamond Model),认为一个国家的国际竞争力在于其产业创新与升级的能力。纳尔逊从科技政策的角度强调通过调节创新体系内部各机构的相互关系,来影响国家的整体创新性能。郎德威尔认为突破式创新、渐进式创新都是国家创新体系的重要表征,背后是知识积累、知识经济。

伴随着信息技术与工业智能化的突破,科学成果转化为现实生产力的时间愈加缩短,新旧技术的交替使得市场的不确定性和动态变化加剧。为了适应新时代的技术创新变化,熊彼特的创新思想被进一步拓展为"新熊彼特主义",新熊彼特主义关注在不确定状态下创新的管理,不再局限于对微观企业的研究,将创新的研究对象延伸到产业、科技金融、公共管理等方面。在新熊彼特主义的基础上,创新型经济被学者提出。创新型经济(innovation-based economy)指的是以创新为经济运行、发展导向和着力点的经济。它强调从发明到技术产业化的全过程,首先关注源创新,从创新源头提升效率,加速知识创新与技术创新的衔接,实现科技创新的产业化;其次关注创新成果转化,理论研究与前沿专利的商业化、市场化,创新企业的孵化;同时关注创新的协同,新制度经济学视角下的政策设置、配套的科技金融、创新生境。Swann强调创新型经济通过资本、劳动力、物质资源等有形要素的新组合、新创造,突破资源和环境的约束,实现经济的持续内生增长。创新型经济是对创新理论的继承与发展。而创新型经济的研究主要集中于企业创新、产业创新、科技资本、公共政策等领域。

2. 企业技术创新相关研究

Utterback指出每次新的创新潮流都有其流动阶段、转换阶段和特性阶段,不同阶段对产品创新和工艺创新的诉求有所不同。芮明杰等指出企业频繁、双向的交流和合作形成了知识的场域,对知识创新的效果有放大作用。Teece强调在适应新的商业生态过程中,企业需要具有较强动态能力和创业精神,以通过和其他企业或机构的合作与创新,塑造竞争优势。冯根福和温军基于实证分析指出对于上市公司,内部的股权比例与创新绩效有着显著关系,适度集中的股权结构、投资机构持股有助于企业技术创新。曾萍和蓝海林指出知识创新对动态能力有直接正向影响,而组织学习需要依次通过知识创新和动态能力作为中介变量才能间接提高企业绩效水平。钱锡红等指出对于一般企业,位于网络中心并占有丰富结构洞的企业更具创新优势,企业获取并消化知识的能力越强,通过改善网络位置而获得的创新收益越大。Arora和Nandkumar通过模拟现金流与创业失败研究,发现企业的生存能力并不能很好地反映其创新水平,而资本水平与机会成本会影响企业创新的风险偏好。Egger与Keuschnigg指出异质性企业的研发投资和扩张决策受金融环境影响,边缘公司更倾向寻求风投,而债务能力强的企业则会通过银行贷款,现金流的充沛与否会限制研发选择与创新偏好。Epstein认为大企业中,对创新的追求,可能让位于通过节约成本与组织改进带来的盈利目标,导致对突破性创新的抑制,需要通过自上而下和自下而上的双向组织设计,促进技术发展与二次创新。

3. 产业技术创新相关研究

Fisher指出对与国家可持续发展密切相关、覆盖重大技术创新与新兴技术的产业,其领域内的创新影响重大,需要完善责任式创新政策机制引导技术发展。官建成和陈凯华从产业效率的视角,运用数据包络发现中国高技术产业的纯技术效率逐年提升,但规模效益有递减趋势。洪银兴强调科技创新与产业创新的互动性结合是发展创新型经济的基本特征。闫海洲指出科技创新对于产业结构升级有着显著的正向作用。Delgado等认为创业公司的收敛和聚集,与这些新公司在一个给定的区域产业的就业增长有显著相关性,强大的产业集群有助于创业企业的生存。李邃和江可申认为科技创新资源投入及研发能力、科技创新转化和波及能力、科技创新经济支撑能力都与产业结构优化升级有正相关关系。Williams等指出不同产业之间存在技术差异,因此不同产业的技术路径特征也有所不同,技术创新管理需要设计不同的脚本来进行创新路径研究。Christensen指出创新尤其是突破性的创新会打破原有产业格局,能够创造更广泛的市场机会。Chesbrough强调针对技术与产品周期缩短带来的竞争激烈化,有必要进行"开放式创新",通过产业链上的开放式合作加速创新进程,实现共赢。王伟光等指出产业创新网络中存在核心企业,核心企业控制力主导着知识溢出水平,而关系质量和知识转移是核心企业控制力与知识溢出的中介变量。Sayegh等指出在智慧城市、再生能源与智能化等产业升级的过程中,最好使用微改进的当代技术实现创新的平稳过渡。

4. 科技资本技术创新相关研究

Dosi通过实证研究指出由于创新的巨大机会成本,金融资本、金融体系会极大影响创新主体对新技术的期望和创新发展水平。Subramaniam与Youndt强调社会资本与人力资本对渐进式创新与突破式创新的选择以及创新绩效有着显著影响。邹艳和张雪花指出智力资本水平对企业技术创新绩效的提升有着显著影响,同时对人力资本的持续投入是技术创新取得优异成绩的关键。蒋天颖与王俊江强调人力资本对企业创新绩效存在着直接影响,而结构资本、关系资本对企业创新绩效存在着间接影响。房汉廷指出科技发展离不开资本支持,科技金融在创新流程、创新模式、创新孵化以及技术资本结合等方面有重要作用。洪银兴指出风险投资者参与到双创股权投资中,虽受高风险高收益诱因驱使,但受益的基本条件是得到科技金融支持,科技金融对商业领域创新有着极为重要的影响。Nanda与Rhodes-Kropf认为资本介入会加剧创新市场的竞争,使得投资转向风险更高、产品更新颖的市场,而风险投资相应地承受着更多的风险。Scaringella等分析了欧盟对基础研究设施的大规模投资情况,指出综合社会、经济与创业因素,长期的科技金融投资具有正向收益,而决策者在确定投资前应做好预期回报时间的预期。

5. 公共政策技术创新相关研究

Mothe认为基于环境变化的制度设置、政策调整与行政调节,是创新管理、国家创新体系的重要环节。Acemoglu等指出审慎的政策有助于平衡资本市场的短期逐利与创新发展长期的机会成本。Bergek等研究建立了系统动力学的创新转化、政策制定范式,通过系统框架识别核心问题,帮助政策制定者定义过程的目标,并通过对风险诱因的阻断机制优化均衡结果。陈勇江指出创新的公共物品特点、路径依赖属性以及市场失灵等现实因素,使得政策支持下的责任式管理成为创新的重要一环。张来武指出在由传统生产要素驱动增长到科技创新驱动经济发展的转变中,政府有着重要作用,尤其体现在科技创新中的职能定位中。Soete 强调破坏性创造有时会牺牲大部分人的利益而使小部分人受益，因此有必要通过有力的政策来保护公共利益。Gianni 与 Goujon 主张建立自省式的科技创新预警机制与响应系统，完善制度、政策，通过对创新的科学反思，使创新更加具有社会响应性，满足社会的期望与道德伦理要求。Grunwald 认为政策的制定者及民众有必要了解新技术的未来意义，保证创新对社会需求与伦理价值的满足。Reichardt 等通过回溯研究和专家访谈的数据，分析政策组合对交互创新的影响，不拘于传统的障碍识别分析，通过对高度动态的相互依存关系把握与反复出现的系统性问题模式总结，进行有效的政策组合调整。

总结技术创新相关研究的国内外文献综述可知，以创新驱动经济发展的思潮愈来愈成为学界共识，由于信息技术与工业智能化的突破，科学成果转化为现实生产力的时间愈加缩短；同时需求的变化与市场格局的不稳定，也加剧了产业创新的变化更新。技术创新的前沿研究主要围绕对不确定性的应对展开，在后续研究中要注意技术创新的复杂性、非线性特征。

2.1.2 空间经济相关研究综述

1. 空间经济理论基础及发展

空间计量是空间经济学研究的重要手段。空间经济学是根据空间性质并结合区域的时空演化特点以研究经济发展规律，对经济发展趋势进行预测分析的经济学。在新古典经济学的基础上引入空间特征与空间效应的分析，以实现有效的结构调整，从而进行经济空间布局来取得规模效益，并实现可持续发展。空间经济学作为一门前沿热点学科，奠基于藤田昌元(Masahisa Fujita)、保罗·克鲁格曼(Paul Krugman)与安东尼·维纳伯尔斯(Anthony Venables)合著的《空间经济学：城市、区域与国际贸易》一书。由于数理模型和测度水平的局限，新古典经济学的研究仅聚焦与时间有关的问题，没有引入空间这个概念，因此在城市、区域、国际贸易方面存在理论无法充分解释的问题，而空间经济学的发展对新古典经济学进行了很好的理论拓展与补充。

经济的发展与增长发生于具体空间，必然要受到空间要素的影响，并反馈于经济增长。空间经济学的发展可以追溯至古典经济学时期。亚当·斯密(Adam Smith)的绝对优势理论、大卫·李嘉图(David Ricardo)的比较优势理论都注意到了由国别、区域差异带来的劳动生产率不同。Bertil 认为是各国拥有要素禀赋和生产要素组合的不同导致了区域差异的形成。Walter Christaller 提出了中心地理论，从村落与市场的关系分析了空间差异和中心市场的影响。August Losch 认为空间布局问题是一个经济单位互动过程，企业单元受到利润的影响由距离成本形成了空间上的变化。François Perroux 提出区域经济增长极理论，阐述了核心—边缘的空间分异演进结构，认为增长快的极点区位可以带动周围空间发展。Alonso 提出了 Central Business District(CBD)的概念，用商业中心细化了空间研究的范围，并建构了城市内部的中心模型。Arnott 认为城市规模区域经济有着显著影响，将空间约束纳入效用分析中。Button 通过对英国经济的实证分析，指出经济波动在空间上具有差异。Paul Krugman 提出了空间经济的两个"自然(nature)",以区域自然禀赋为主体的"第一自然"力量对经济空间产生分异,导致区域经济发展的起点不平衡;而由人类活动形成的交通条件、人口与资本聚集区位等"第二自然"因素产生空间差异性,使得区域发展的过程呈现不平衡特征。

近年来,空间效应的研究不断发展,主要聚焦于经济要素及空间属性造成的区域间的空间关联性,其起源思想及演变来自区域经济学理论、新经济地理理论和以 Anselin 为代表的空间经济学理论。目前,国内外文献对空间效应的研究主要集中在溢出效应方面。空间溢出效应的研究起源于赫希曼的极化-涓滴效应学说,该学说阐述了不同经济发展水平的地区之间存在的交互作用和相互影响。Lucas 认为空间溢出效应是某一地区在经济发展中对其他周边地区经济增长的影响程度,其经济学本质是一种外部性。Richardson 在此基础上将地区间的扩散作用(涓滴作用)定义为正溢出效应,极化作用(回流作用)定义为负溢出效应。围绕溢出效应,国内外学者主要结合空间计量模型,从经济溢出效应、知识溢出效应和技术溢出效应三方面进行分析研究。

2. 经济溢出效应相关研究

Englman 和 Walz 指出,经济增长的空间溢出效应是在生产过程中产生的,影响着区域周围其他企业的正的知识外部效应,主要由某些特定区位的企业所产生。Ying、Brun 围绕中心外围关系进行空间数据分析,研究了内核地区对外围地区、沿海地区对内陆地区的空间相互溢出作用。Zhang 和 Felmingham 在引入相关产出变量的基础上,研究中国区域间的溢出效应,结果发现东部地区的经济发展对中西部地区存在正的溢出效应。王铮等在空间相互作用的基础上分析了中国省域间的溢出效应,研究表明大部分省份的经济发展都具有正的溢出效应,上海对外的 GDP 溢出最大,其次是长三角地区;另外中部地区的湖北省也对周边地区产生了溢出效应。李小建等对 1990—2000 年河南省县域的经济增长进行了探索性数据分析,发现只有在高水平的县域集聚区,县域的经济增长与相邻县域之间呈现正相关关系,并且存在显著的经济溢出效应。吴玉鸣基于新增长理论和新经济地理学理论,在县域层级以中国为研究对象,实证分析了中国县域经济增长的集聚与空间差异,研究结果表明中国县域之间存在着较强的空间集聚,并且经济增长在县域间存在显著的溢出效应。Ramajo 对 1981—1996 年欧盟的经济增长数据进行空间计量分析,发现欧洲的经济增长过程中存在显著的溢出效应。潘文卿利用新经济地理模型研究了中国区域经济发展的空间溢出效应,发现空间溢出在中国经济发展过程中是普遍存在的,并且这种溢出效应会随着地区间距离的增加而减少。高新才、白丽飞基于改进的 Mundell-Fleming 模型,对省域间经济增长的溢出效应进行研究,发现各省份之间的溢出效应差异明显,主要表现在相邻省份的溢出效应大于跨省份的溢出效应。

3. 知识溢出效应相关研究

Romer 认为知识具有溢出效应,全社会全要素生产率的提高很大程度上得益于单个厂商所生产的知识,在此基础上率先提出了知识溢出模型,在理论上第一次将技术进步作为内生变量添加到经济增长模型中,形成了知识溢出相关研究模型的基础。徐盈之等基于空间模型的扩展,考察了中国省域间知识溢出对区域经济增长的影响,研究发现知识存量对区域经济增长具有促进作用,省域间存在知识溢出,同时知识溢出显著促进了区域经济增长。李志宏等在知识生产函数的框架下,利用空间计量模型对我国省份间创新行为的知识溢出进行了研究,结果表明我国区域创新活动的空间集聚趋势越来越明显,本地知识存量具有正效应,而其他地区的知识存量具有负效应。金刚等基于地理距离实证研究了中国各省之间的外显、内隐知识空间溢出效应及地理边界,结果表明中国省际外显知识和内隐知识的空间溢出效应均显著存在,并且这种空间效应随着地理距离的增加均呈现下降趋势。白俊红基于多种空间计量分析法,研究发现研发要素的区际流动产生了明显的知识溢出效应,且这种溢出效应显著促进了中国的经济增长。

4. 技术溢出效应相关研究

司春林考虑了知识产权保护存在与否的情况下技术溢出的不同,认为在知识产权保护不存在的情况下,技术溢出是新技术的一种广泛使用;而在知识产权保护存在的情况下,技术溢出是新技术所产生的示范和激励作用。吴永林等基于面板数据模型,对北京的高技术产业进行实证研究,发现研发投入强度对技术进步有关键性作用,研发投入能够正向影响行业间产品创新的技术溢出,从行业关系看,偏基础性行业的技术溢出效应较大。王家庭基于空间计量模型,研究了技术创新的空间溢出作用对我国工业经济增长的影响,结果表明当前技术创新的空间溢出对我国区域工业增长具有明显的推动效应,但研发经费和研发人员具有微弱的负的空间溢出效应。刘和东从地理特征和经济特征两个角度,分析中国大陆多个省市创新的产学研合作内溢、国际直接投资(FDI)外溢及空间溢出效应,研究表明地理特征和社会经济特征对区域创新溢出的影响为正,FDI技术的外溢效应为正,并且外在环境也是影响创新溢出的重要因素。姚丽等基于空间计量模型,分析了高技术产业技术创新的空间溢出效应,结果表明区域的技术创新水平对高技术产业发展的影响显著,并且这种技术溢出会随着地区间距离的增大而减小。李文亮等综合空间依赖性和空间异质性,对高技术企业创新溢出的空间效应进行了实证分析,发现创新投入存在显著的空间溢出效应,并且这种溢出效应呈现MAR外部性。吕新军等将研发投入来源进行细化,分为政府、企业和外资三种类型,采用空间计量模型考察了研发投入对创新产出的空间溢出效应,发现不同性质的研发投入具有不同的溢出机制。

5. 创新要素的溢出效应相关研究

区域经济学理论认为,空间溢出是各种生产要素在区域空间内的相互流动和交互作用,不仅能跨越一个或多个区域,还能对周边区域的发展产生辐射带动效应。Carlstein指出创新要素的配置即创新要素投入一定空间内并被经济主体利用的过程,要发挥创新对经济增长的溢出效应就要加强创新要素的优化配置。20世纪90年代以来,以Krugman为代表的新经济地理理论把空间要素融合到经济学理论中,研究创新要素在地理空间视角下对创新产出的影响及其对创新产出的溢出作用。在此基础上,国内外学者从创新要素的角度分析其溢出效应。Grossman和Helpman首次把地理空间因素放入知识溢出模型,创新研究的重点由区域内部转向区域之间的研究。Anselin和Varga在经典生产函数模型的扩展基础上,引入了影响技术创新的要素,建立空间计量模型,分析了研发和技术创新相关的空间溢出。Audretsch 和 Caragliu 基于创新要素的角度分析创新集聚现象,研究表明创新的空间集聚和产业的空间集聚均显著存在,并且创新知识的空间溢出效应产生了创新集群。Tappeiner 基于空间数据探索分析,发现创新要素在空间上呈现出显著的自相关现象,并且通过分析创新要素的空间分布来阐释空间溢出效应的扩散机制和途径。陈良文、杨开忠基于新经济地理学模型,将城市内部通勤成本和外部规模经济效应通过变量形式引入经济模型,研究表明经济发达地区相对于落后地区的经济效率更高,创新的空间报酬递增效果显著。孙建和齐建国基于扩展的知识生产函数,研究了我国区域知识溢出的空间距离,结果表明我国区域创新的空间集聚特征已经形成且这种集聚特征呈逐年增强趋势,同时区域创新的知识溢出现象明显。

6. 创新扩散的溢出效应相关研究

创新扩散是一个基于地理空间层面的扩散,是创新成果在空间单元之间的传播和转移,是区域内的经济主体之间不断进行创新互动的过程。众多学者从创新扩散的角度对其溢出效应进行了相关研究。Morrill 指出创新扩散会随着地理空间距离的扩大而衰减,Darwent 和 Beckmann 的研究也表明创新活动由中心集聚地区向外围地区不断扩散和流动。国内学者专注研究创新的扩散和溢出之间的联系,苏方林基于空间滞后模型,研究了中国省域研发(R&D)溢出的空间模型,结果表明创新的知识存量存在空间依赖性和空间溢出作用,本地区专利的增加随着邻近地区专利的增加而增加,且 R&D 的知识溢出是有界的,随着距离增加而衰减。崔玉英等指出创新知识的空间依赖性在中国的各省之间是普遍存在的,本地知识存量的增加对该地区知识存量的累积具有重要作用,邻近区域的知识存量也会在空间溢出机制的作用下不断增加。杨凡等基于探索性和确认性空间数据分析,围绕空间格局与空间溢出效应,研究了中国省域创新产出情况,发现地理邻近是省域创新产出集聚的主要空间关联模式,各创新投入变量空间溢出的传导机制是不同的。

总结空间经济的相关研究,可以发现国外学者侧重空间溢出效应的理论研究,并通过不断深化空间计量经济学等工具分析空间溢出;而国内学者更注重从宏观层面实证分析我国省域或城市间在经济增长、技术创新等过程中产生的空间溢出效应。本研究聚焦于高技术产业在技术创新过程中产生的空间溢出,而技术创新的产生离不开创新资源的集聚,从创新要素和创新扩散两个角度分析创新产生的空间效应,同时将创新要素集聚产生的极化效应、辐射效应和溢出效应相结合,这样多层次、多角度相结合的空间效应研究是对前人研究的补充和拓展,具有很强的理论意义。

2.1.3 创新要素相关研究综述

1. 创新要素的形成及聚集

20 世纪 90 年代以来,创新要素及创新要素集聚成为学术界重要的研究课题。一方面,国内外学者对创新要素集聚的形成机理进行了相关研究,认为创新要素集聚是基于地理集中的创新要素间相互依存的过程。另一方面,国内外学者提出了空间分布的测度框架,利用空间集聚指数和探索性数据分析法对创新要素的空间分布和集聚情况进行了测度和实证研究。Jaffe指出创新活动易于产生空间集聚的原因是因为其本身的产业知识结构也易于发生集聚,同时创新活动的集聚导致了创新产出的集群现象。何雄浪、李国平等分析了我国创新活动空间集聚模式与产业联合作用,并在此基础上考察了创新的产业空间分布随时间变化而形成的演变态势。杨晨、周海林指出,创新要素的集聚是人才、资金、技术等创新要素在地理空间上围绕企业主体不断集中的过程,这种集聚是通过企业、研究机构等创新主体来实现的,创新要素在创新主体的地理集中过程中不断集聚,有效地促进了产业和经济的发展。陆立军和于斌斌指出创新要素集伴随着产业主体的集聚形成,产业集聚和创新网络通过在空间上的集中构成平台网络,能够促进企业技术能力,改进创新要素的投入数量和质量,提升区域创新资源效率和竞争力。余泳泽指出,在经济转型期大量低级要素不断向中西部地区流动,而东部沿海发达地区逐渐吸引了大量创新要素,形成了创新要素的集聚。池仁勇等认为,创新要素集聚中的人才与技术,以及空间集聚衍生出中小企业的技术锁定,对发挥集聚效益有着重要影响,有效的要素流动有助于区域自主创新能力的提升和经济水平的发展。

2. 创新要素集聚的评价方法

围绕不同的创新理论研究视角,创新要素分析与评价体系也有所不同。创新理论的研究经历了从微观到宏观再聚焦于中观的研究视角变迁。微观的创新研究从创新能力的视角切入,主要以企业为主体围绕技术创新展开;宏观的创新研究从国家创新体系视角展开,研究多个创新主体的互动;中观的创新研究站在区域创新视角,围绕城市、区域的产业升级、技术扩散与辐射展开,随着研究的深入创新生态群落视角被进一步完善,以产业集群、企业群落为主体,将创新生境、创新生态适宜度等纳入分析中,相关文献总结如表2-1所示。

表2-1 不同创新研究视角下的评价体系对比分析

分析角度	作者/机构	要素/指标提炼	主要观点/特点
创新能力	傅家骥等	创新资源能力、创新管理能力、创新倾向、研发能力、制造能力和营销能力	从技术创新的流程视角,将创新的要素解构为一系列定性指标
	贾蔚文	决策能力、技术获取能力、工程化能力、生产能力、市场开拓能力	以企业为创新主体,将创新的要素能力归纳为一种综合能力,融于技术企业的经营流程中
	关士续	技术创新决策能力、R&D能力、实施能力、实现能力与组织管理能力	基于技术创新运行机制,在创新过程中将技术创新的要素能力进行解构
	魏江、许庆瑞	创新决策能力、R&D能力、生产能力、市场营销能力、组织能力	以技术创新过程为切入点,从职能视角划分创新能力
	曹崇延、王淮学	R&D能力、生产能力、组织管理能力、投入能力、营销能力、财务能力、产出能力	认为技术创新的能力要素实际反映于企业整体系统,以产品创新、生产技术创新以及管理技术创新为主体

续表

分析角度	作者/机构	要素/指标提炼	主要观点/特点
国家创新体系	欧盟委员会	创新联盟记分牌：包括创新动力、企业行为、创新产出3大一级指标，8个二级指标以及25个三级指标	它是与创新有关的统计指标体系，侧重于创新的人力资源要素以及中小企业创新活动
	世界知识产权组织、康奈尔大学	全球创新指数：以创新投入、创新产出为一级指标，包含7个二级指标，下分三级指标21项和四级指标84个。其中，创新投入指标包括体制机制、人力资本与研究、基础设施、市场成熟度和企业成熟度；创新产出包含知识和技术产出、创意产出	评价范围较广，包括统计指标与价值指标，具有一定的政治倾向性，侧重于西方发达国家
	世界经济论坛	全球竞争力报告：包括制度、基础设施、技术准备度、创新等12部分。有16个与创新直接相关的基本指标，73个与创新环境关联的间接指标。	调查指标与统计指标三七开，定性指标比重大，主要反映中长期取得经济持续增长的能力
	瑞士洛桑国际管理学院	世界竞争力年度报告：包括经济表现、政府效率、企业效率和基础设施四个模块，总计300多个指标，其中直接用于衡量各国的科技竞争力有近50项指标	在创新要素方面，主要聚焦技术基础设施和科学基础设施，构建了科技投入与产出的一般范式指标体系
	中国科学技术发展战略研究院	国家创新指数：包括创新资源、知识创造、企业创新、创新绩效和创新环境，5大一级指标下设30个二级指标	指标基本涵盖了创新活动全过程，关注创新对经济发展方式转变的作用
	贺德方	以创新环境、科技创新、经济发展、社会民生、资源生态为一级指标，构建了一个含36个指标的评价系统	指标以直接统计指标为主，同时包含一些如生态足迹的复合指标，聚焦于创新型国家建设
	张继宏、罗玉中	以创新投入、创新网络和知识扩散、创新产出三方面为主指标，下含12个二级指标、49个三级指标	从国家集成创新能力与创新效率评价的视角，将创新要素评价指标转化为统计量
区域创新	上海科技创新中心	2016上海科技创新指数：包括创新资源集聚力、科技成果影响力、创新创业环境吸引力、新兴产业引领力和区域创新辐射力，有5项一级指标，下设30个二级指标	合成了2010年以来各年度的上海科技创新中心指数。调查指标与统计指标并重，结合了创新增长极与创新生态视角
	柳卸林、胡志坚	知识创造、知识的流动、企业的创新能力、创新的基础设施、创新的产出，下设23个二级指标	以区域创新能力视角为切入点，将创新要素转化为一个复合指标评价体系
	甄峰等	知识创新、技术创新、管理与制度创新、宏观经济与社会环境，有13个二级指标，49个三级指标	从创新体系建设的科学视角出发，以统计指标为主体，建立动态连续性指标体系
	方创琳等	由科技发展与自主创新、发展方式转变与产业创新、节能减排与人居环境创新、体制改革与机制创新四大指标和55个细节指标组成	按科学评估主线，突出自主创新模式、企业主体地位，强调经济结构转型、增长方式创新、体制机制创新
	蒋天颖等	创新投入、创新产出、创新环境，含11个细节指标	运用多指标综合评价方法将区域创新与城市化耦合因素统筹考虑

续表

分析角度	作者/机构	要素/指标提炼	主要观点/特点
区域创新	白嘉	以创新环境、知识创造、知识获取、企业创新、创新效益为一级指标构造含21个指标的体系，并通过主成分分析，提炼企业创新、创新绩效、创新支持三大主要因子	用主成分和因子分析确定核心创新要素，归纳为企业创新、创新绩效、创新支持
	范斐等	知识创新能力、技术创新能力、产业创新能力、服务创新能力与创新环境能力，含5个方面12个细节指标	将区域视为一个综合创新体系，从区域协同的视角分解创新要素
	王元地、陈禹	以创新创业主体、创新创业环境、创新创业绩效为一级指标，下设7个二级指标及28个三级指标	以创新创业为切入点，通过因子分析，将创新相关的诸如人口要素、基础设施要素、资本要素归纳为三大类
创新生态群落	苗红、黄鲁成	系统自组织健康程度、系统整体功能、系统外部胁迫，下设8个二级指标及22个三级指标	从生态系统健康度的视角出发，在建立指标体系的同时，划分五级创新健康状态
	黎鹏等	创新主体、创新资源、经济环境、创新绩效，下设14个测量指标	引入创新生态位的"态""势"，考察创新要素的同时纳入创新生境
	徐建中、王纯旭	在结构维度、技术维度、外部维度下，以群落关键种的企业创新能力、创新政策支持和技术创新推动为核心，含45个统计指标	关注创新生态系统的协同演进，通过因子分析，确认影响较强的创新要素
	万立军等	技术创新环境、技术创新主体、技术创新资源、技术创新绩效，细分29个统计指标	结合生态理论与区域技术创新系统，考虑空间范围内技术创新复合组织与技术创新复合环境，指标涉及创新物质、能量和信息流动
	孙丽文、李跃	创新群体、创新资源、创新效率、创新活力、创新潜力、创新环境，包含22个实测指标	侧重对创新生态适宜的测度，主要反映系统进行创新所需要消耗的资源要素

3. 创新要素集聚的测度

Audretsch 和 Feldman 基于区位基尼系数衡量了美国各州的创新空间分布情况，结果表明创新的空间集聚是普遍存在的。Bernardi 通过对西班牙的创新要素投入分布进行研究，较早地发现了创新要素的空间集聚情况。Fornahl 和 Brenner 分别构建了赫芬达尔指数、E-G 指数来衡量德国规划区的创新集聚情况，并根据不同指标下的测度结果分析其空间差异分布的原因。赵建吉和曾刚通过构建区位熵、水平区位熵以及地理集中指数来测度创新的空间分布和空间集聚情况。梁洁鸣基于探索性空间数据分析，研究了广东省 21 个地级市的 R&D 与经济增长，发现创新活动具有空间集聚现象和空间差异性，总体呈现中心—外围的模型结构状态，并且创新活动存在显著的知识溢出效应。方远平、谢蔓基于全局自相关分析和地理加权回归模型，研究发现创新要素在不同省域间存在着空间相关性和不同的集聚模式，并且创新要素对创新产出存在溢出效应。王春杨和张超基于探索性空间数据分析（ESDA），研究了我国区域创新的空间差异情况，结果表明地理集聚是我国区域创新存在的显著特征，且集聚程度呈现出递增的趋势。朱辉基于 GPCA 模型和 Moran's I 统计方法，综合评价了我国省域的科技创新水平的空间分布情况,发现我国的科技创新呈空间梯度分布,且科技投入的空间分布存在明显的空间自相关性和集聚效应。郭泉恩、孙斌栋基于地理统计法,利用 2003—2012 年省域的面板数据,研究我国高技术产业创新的空间分布,发现创新分布的空间差异显著存在。

总结创新要素方面的研究成果,可以发现国内外学者对这一领域的研究进行了不断的丰富和完善,不同学者对创新要素的界定虽有不同,但更多来自切入点的差异。同时,国内外学者利用各种指标与计量工具测度创新集聚情况以及分析创新要素在空间上的分布规律,理论的发展还在继续深入中。

2.1.4 创新产业相关研究综述

1. 高技术制造业的创新产业研究

高技术制造业的投入对象是知识、技术和创新等高端要素,本身属于高投入、高产出以及高创新水平的产业,是产业转型尤其是制造业升级的重要力量。Goss 等解释了高技术制造业在工业活动中的地位与作用,认为平均行业规模、企业规模和市场规模影响其发展水平,并与非高技术产业进行了对比。Amato 等人考察了高技术产业对多因素生产率和边际价格成本的影响,认为当行业影响因素被排除时,边际价格成本和高技术制造业间存在明显的负相关关系。Okamuro 分析了日本制造业区位选择的决定因素,以 253 个工业区为研究对象,证明了除企业规模等因素,人力资本也会很大程度上影响高技术制造业的发展。刘志迎等人基于经济增长和产业发展理论,阐述了高技术产业作用于经济增长的运行机制,并运用菲德模型对我国多个省份的高技术产业进行实证分析,提出相应对策。李尽法等人运用 Malmquist 指数,考察了我国高技术制造业的研发效率变动情况,分析了影响其产业研发效率提高的内在动力,认为只有不断提高研发技术水平才能提升高技术制造业的研发效率。李艳等人运用高技术制造业面板数据,基于 Sleuwaegen 和 Dehandschulter 的研究,对测算市场集中度的 Herfindahl-Hirschman 指数进行修正,并对我国高技术制造业市场集中度进行计算,认为我国高技术制造业产业组织结构较为分散,市场集中度偏低。郭晶等人基于 Hausmann 模型,以技术创新水平、经济增长和高技术制造业的出口复杂度为研究对象,测算三者间的投入产出关系。姜凌基于服务外包可以有力推动现代制造业种类及规模的升级作用机理,鼓励我国制造业加快转型升级,实现低端向高端跨越,同时注意相关行业发展的锁定效应,避免被跨国公司制约,应突破产业自身价值,破除低端价值链的障碍,并削减恶性竞争引发的负面效应。Coad 等人利用主成分分析法和加权最小二乘法,构建针对企业层面的"创新指数",对美国高技术制造企业的技术创新活动和就业机会间的关系进行实证测算,认为过去传统的指标低估了高技术制造业的创新能力。喻春娇等人运用计量模型,对武汉城市圈内所属的 9 个城市 2000—2009 年制造业效率的作用经济变量进行分析,进一步证实该区域内生产性服务业对本身的制造业效率的提高具有正向促进作用。李文等人采用随机前沿生产函数对 OECD 国家 1989—2008 年面板数据进行统计、计算分析,数据证实生产性服务业的质量可显著解释为无效率项,但数量不能;生产性服务行业通过以技术、知识等为代表的要素对制造业产生溢出效应。黄伟麟等人总结了不同类型企业的生命周期划分，选定主营业务收入增长率、资产规模和现金流等指标，运用生命周期理论对我国已上市的高技术制造业企业进行划分，证明不同层级的资本市场与该产业生命周期间存在对接关系。伦蕊从微观企业的角度，构建动态 SYS-GMM 模型，对高技术制造业在企业规模中结构演化的原因进行解析，证明了政府偏好、市场容量、分工深化等会影响企业规模，而外资导入不会。武玉英等人利用协同思想，基于目标规划评价模型，构建了高技术制造业子系统和相关要素间的发展指标体系，运用 TOPSIS（优劣解距离法）、熵理论、距离协同理论和灰色关联模型，对京津冀三个区域进行分析，认为北京的产业发展增速高于天津和河北。王正新等人应用 CMS 模型，基于英国 Comtrade 数据对影响我国高技术制造业的出口贸易因素进行分析，发现竞争力效应是导致出口贸易波动的主因。Wang、Lestari 等认为高技术制造业企业需要加强对高风险的识别、管控能力，基于模糊分析网络和区位选择理论，结合台湾高科技企业在大陆的地区选址实例，认为产业区位选择需综合考虑成本和社区自身。

2. 知识密集型服务业的创新产业研究

知识密集型服务业是一种以知识要素创造为特征的产业，也是当今附加值最高、发展最快的产业之一，对经济增长的作用愈加显著，已成为经济增长的主要动力。Stigler 认为随着制造业产品质量与效率的提高，与之密切相关的生产性服务业将从制造业中逐渐剥离出来，形成独立的提供服务的部门，而制造业要求的提高也会促进生产性服务业水平提升。Pavitt 先后于 1976 年、1984 年提出了创新存在于服务业、服务业必须依托于制造业进行技术创新等理论，但未将服务业作为单独的创新主体。Gershuny 正式提出"自助服务经济"的概念，Barras 在前者的研究成果下，首次将服务业视为独立创新主体，并对其展开相关研究。Shugan 发现在经济规模不断扩大、地区经济水平提高背景下，制造业与服务业间彼此会形成依赖并随之加深。Wirtz 将产业融合过程分解为价值链与价值链重构这两个阶段，在此基础上分析制造业对服务业的影响。刘顺忠认为知识密集型服务业不仅是高研发投入和创新绩效的产业，还是创新过程中的重要中介与节点，从创新系统角度分析了该产业的成长机制、知识生成和创新机理。魏江等人提出了目前我国尚未形成知识密集型服务业的创新范式，并对其进行深入研究，发现知识密集型产业的创新范式更具创新先导功能，以顾客为导向的服务业和制造业间的界限愈加模糊。魏江、陶颜等人认识到知识密集型服务业的重要性，对相关理论进行梳理，界定了知识密集型服务的含义，并基于国内外学者研究提出了分类细则；此外，从集群创新的视角讨论了该产业的功能，基于长三角区域分析了我国知识密集型服务业再发展过程中遇到的创新障碍。陈劲构建了知识密集型服务业的创新能力评价指标体系，为我国相关领域的研究提供可行性指南。熊励等人总结并分析了影响知识密集型服务业创新活动的要素，发现组织、技术、文化和人才资源等内部要素和顾客、供应商等外部机构会作用于其运行过程。Mas Verdú F 等人基于投入产出框架对中国和欧洲地区的知识密集型服务业的创新系统贡献能力进行测算，认为其对创新的创造和传播至关重要。Auzina-Emsina 将知识密集型服务业分为两组：较少知识密集型服务业和知识密集型服务业，并针对不同行业的附加值、效率和生产力水平进行评估。范钧等人以长三角为研究对象，构建结构方程，研究了顾客参与度对知识密集型服务业创新绩效的影响和作用过程。方远平等人运用空间常系数模型，基于探索性空间数据方法，从地区差异、动力机制和空间关联等维度对广东省知识密集型服务业进行分析。周麟等人、郑长娟等人分别基于经济普查数据、浙江省有关产业数据，利用核密度估计法、空间距法和层次聚类等研究了我国城市内和浙江省69个县的KIBS时空格局，认为该产业沿京广铁路呈现空间差异，制造业集聚程度、政府保护力度、信息化水平和城镇化水平等都会影响知识密集型服务业的发展程度。Ciriaci和Palma使用子系统分析法对知识密集型服务业进行投入产出分析，正确评估四个主要欧洲国家即法国、德国、意大利和英国的KIBS的结构变化，认为价值链、产业集聚及绩效均会影响其发展。

3. 制造业和服务业的创新产业联系

经济增长率会在制造业和服务业中表现出差异，从而带动经济结构发展转变，主要表现为产业向高端化、技术型、知识型产业调整，使得高技术制造业和知识密集型服务业呈现融合互动发展态势。Cohen、Zysman、Kathawala从服务业与制造业的价值链隶属及需求关联角度，指出制造业对引导服务业发展的正向作用。Tordoir根据制造业与服务业在联系过程中的知识及技术的融合互动程度，总结出三种制造业企业与知识密集型服务企业服务互动方式，认为联系方式中的短期合同式及长期竞合式有效促进二者互动，并产生显著效果。Macpherson、Francois和Woerz等从生产效率的角度分析了服务业对制造业的支撑与推动作用。Hertog和Bilderbeek认为知识密集型服务业的主要任务是为制造业创新升级过程提供知识服务。Windrum和Tomlinson基于前者研究，提出知识密集型服务企业作为有效单元为制造业提供服务，这个过程本身即服务的供需方彼此间经历的互动学习方式，肯定了短期与长期合同及竞合方式均是对最终产品或服务质量的决定因素。Eswaran和Kotwal认为发展生产性服务业可以有效促进高技术制造业的转型分化发展，使之向专业化方向进步，降低生产成本。Jenkins和Leicht考察了美国州际的高技术制造业和服务业的发展状况与差异，以及产业区位选择与集聚情况，认为前者可以促进服务业的发展。唐强荣、孙久文、徐学军等学者基于生态学中的共生理论，构建了生产性服务业与制造业间的共生模型，对全国及长三角区域进行实证分析，结果表明二者之间存在大小不等的共生作用关系，彼此相互促进，和谐发展。梁红艳等基于Venables的理论构建了以生产成本、消费支出和贸易成本为核心三要素的产业区位模型，对制造业与生产性服务业的空间关系进行研究，结果表明二者间空间关系会随铁路、公路等交通基础设施建设改变，彼此间排斥作用减弱。于斌斌等人基于服务业与制造业的互动理论构建共生演化模型，以"柯桥商圈"和"义乌商圈"为研究对象，分析了两个产业间相互作用的"挤出"、"偏利"与"互惠"关系及效应作用机制。陈晓峰等人构建了制造业与生产性服务业间协同集聚指数模型，对我国东部沿海地区进行实证分析，结果显示该区域各省域间存在显著差异，产业自身集聚存在明显依赖，并对彼此产生一定阻力。

刘川通过构建灰色关联度模型,从先进制造业和现代服务业间融合深度、融合硬度与融合软度三个维度研究了珠三角区域两大产业的融合水平。研究说明以深圳、广州为代表的核心城市形成该区域发展的增长极。华广敏基于OECD跨国面板数据分析了高技术服务业和制造业的相互作用,通过联立二者方程进行计算得知服务业对制造业的促进作用更大,但两大产业间尚未形成良好的合作共赢关系及模式。张川川从微观的就业人口的角度考察了制造业对服务业的影响,基于人口调查数据,研究在对外贸易冲击下就业弹性比。结果显示制造业行业就业数量每增加1个岗位,其他条件不变下可为服务业创造0.4~0.6个岗位;细分行业中,制造业对房地产、批发与零售等部门的带动促进作用显著。朱有明等人基于自主创新、创新绩效、合作创新及外部环境假设关系,构建影响因素概念模型,测算了自主创新等要素对高级服务业即知识密集型服务业的创新绩效产出。研究表明企业自身拥有的资源、能力及政府扶持等对知识密集型服务业的绩效提升有显著作用。汤菲利用DEA方法与投入产出延长表对制造业和生产性服务业融合度影响进行了分析,基于浙江省两大产业相关数据进行实证研究,结果表明制造业行业人均资本、利润率、外商投资与生产性服务业使用量这四大要素影响二者的融合程度。刘沛罡等人运用空间关联、赫芬达尔-赫希曼指数、K-L散度测度及香农-威纳指数等对高技术制造业、高技术服务业的规模与结构进行分析,并对其协同定位、产业结构进行探讨。研究发现产业内结构与经济增长水平存在不同形状的非线性关系,寻找最优结构才能充分发挥彼此的协同作用。朱永虹等人基于向量自回归模型,分析高技术产业和知识密集型服务业间的动态作用关系与机制。研究结果说明,高技术产业对服务业的促进作用明显且快速,反之驱动作用较微弱且存在滞后性,长远看来二者间的关系在不断改善,存在某一均衡趋势。任皓等人运用EC3SLS法对两个产业的协同作用机理及增长效应进行分析与计算。研究认为在制造业结构及收入水平均较低的区域,知识密集型服务业对高技术制造业的产出弹性相对更高。反之,发展知识密集型服务业在中等收入国家有助于帮助人民跨越中等收入陷阱。

总结产业创新相关研究,对于知识密集型服务业的分析,主要侧重于知识密集型服务业和服务创新、知识密集型服务业和知识生产与传播、知识密集型服务业和制造业间的关系、知识密集型服务业和空间布局以及对城市、区域发展的促进等方面。而对于高技术制造业的分析,侧重对高技术制造业的区位选择、影响企业创新能力的因素等方面进行分析。领域内的研究往往采用比较分析和理论分析法,从计量模型角度对经济变量的作用强弱进行计算。在制造业和服务业间存在明显的互动融合关系上,研究侧重于分工、价值链等理论的作用机制研究,要认识到随着知识信息时代的深化,只有加强产业间融合,推动一体化共生,才能实现产业结构调整,使经济呈现绿色、可持续健康发展。

2.1.5 创新生态相关研究综述

1. 创新生态群落相关研究

创新生态学的相关概念是达尔文生物进化论的观点与生态学理论在经济领域与创

新管理方面的延伸,其理论根基可以追溯至20世纪。Odum在 Fundamentals of Ecology 中将生态学定义为研究生态系统结构与功能的科学,并提出了生态研究的基本范式。自20世纪70年代,随着国际经济的专业化、一体化发展,驱动经济的产业竞争形势发生了根本的转变,由有限资源下的零和博弈转变为追求互利互惠的合作共赢、合作创新,并逐步形成一个明确分工、彼此合作的系统。以新古典经济学为特征的均衡研究、边际分析开始陷入了学术发展瓶颈,技术更新的不确定性和产业间的密切合作,使得原有的经济学假设和模型受到冲击。为了应对变化的新经济环境,Nelson和Winter提出借鉴生物演化的研究来剖析经济现象,在其著作 An Evolutionary Theory of Economic Change (《经济变迁的演化理论》)中吸收了达尔文的物竞天择思想,提出了"经济自然选择"的观点,不同的企业在发展过程中并没有预设,其治理结构将伴随制度环境不断适应,形成路径依赖性。Moore首次提出并构建了商业生态周期模型,通过系统解构,将商业生态的演化划分为诞生、扩张、发展、更新或消亡的阶段。Astley与Fombrun提出了"组织群落",用该词来表示一组在功能上一体化和相互依赖的组织。Barnett和Carroll将组织之间直接和间接的互惠关系整合到群落概念中,并应用于电话产业的分析中。Wiig和Wood分析了创新系统具有的区域特点。在世界范围内,创新行为也不再仅是个体之间的投入产出的均衡移动与机械比较,而演化为生态体系的优胜劣汰。

创新生态群落理论认为创新组织与生物组织类似,创新系统是创新要素的有机集合体,它服从于生物学规律,以创新生态视角切入,结合创新经济学与仿生学,以创新生态组织和创新生态系统的演化作为研究重点。Lynn、Reddy、Aram基于组织理论和组织生态学理论首次提出"创新生态群落"(innovation community)概念,分析了技术商业化的一般范式。Asheim与Isaksen认为地理的接近性促进着组织间的交互学习,由此形成了局域性的创新生态环境。美国总统科技顾问委员会(President's Council of Advisors on Science and Technology)在2008年的创新生态研究报告中认为:创新生态系统不仅包括经济组织、政府,还包括学术界、基金会、科学组织等一系列的行动者;创新生态系统并非按照明确定义严格规划,每个创新活动的参与者所处的地位及所产生的相对作用,以及创新过程的促进条件,都会随着市场发展与科技进步不断变化。从理论的发展来看,可以透过系统论、生态演化、协同耦合等视角来分析创新生态系统中不同群落伴随技术环境的变化。

2. 创新生态体系相关研究

顾新从知识流动、产业集聚、空间集聚三个方面分析了区域创新系统的运行机理,强调关联企业的专业化协作导致了产业簇群的形成。Viotti强调了"技术扩散"和"学习"在技术创新中的作用,以巴西和韩国的案例指出创新系统的演化是渐进性技术学习的结果。马松尧指出创新系统中的中介机构起到了系统内部效率的调节作用。张治河等以产业创新为切入点,指出产业创新系统包括产业创新的政策系统、技术系统、环境系统以及创新评价系统,以需求拉动为驱动机制形成系统的演化状态。Delgado等认为创业公司的收敛和聚集,与这些新公司在一个给定的区域产业的就业增长有显著相关性,强大的产业集群有助于创业企业的生存。Edquist 从供给与需求的视角分析了创新系统的政策设计,强调从绩效、分工、公共干预的特点上分析创新政策管理。Govindarajan 与 Ramamurti 指出发展中国家的技术向发达国家的技术反向流动,拓展了 FDI 的溢出效应,形成反向创新,带来了世界范围的创新系统交互融合。Govindarajan 与 Euchner 进一步指出创新系统差异带来的反向创新具有标准化技术的区域化延伸改进的特点,通过区域市场推动持续技术进步,对企业的全球化创新实践有着重要意义。Lau 与 Lo 认为在创新系统中,创新企业的吸收能力和政策制定者对企业间的交流促进会为系统带来正效应,价值链上的信息传递有利于提高区域创新系统与技术水平同化过程。Petralia 等通过对 65 个国家的专利数据分析,指出国家创新视角下,新技术的发展是一个高度累积和路径依赖的过程;从国家视角来看,创新系统往往遵循明确的专业化模式,沿着发展道路,选择更加复杂和有价值的技术。

3. 创新生态演化相关研究

黄鲁成认为技术生态学的产生最初源于研究对象与生态环境的密切关系,而知识生态学和信息生态学发端于自身结构与生态系统的相似性,创新生态系统建立于以上学术之上兼具环境密切性和生态系统相似性特征。Adner 认为企业创新离不开创新环境、创新生态系统的协调和配合,在战略设计上需要灵活协调以应对不确定性与风险。张运生认为高科技企业创新生态系统具有自然生态系统的生态特性,强调创新生态系统的边界具有开放性、模糊性和变动性等特征,而内部由技术结构或中心企业聚集形成不同的生态结构。沈满洪分析了生态经济学的定义、范畴与规律,将生态经济定义为一门研究和解决生态经济问题、探究生态经济系统运行规律的经济科学,强调了生态经济演化具有的规律性。冯之浚与周荣认为全球气候变化和保障能源安全是世界各国共同面对的时代挑战,中国在发展经济的过程中必须注意低碳减排,实现生态经济的绿色发展。张运生、邹思明指出高科技企业创新生态系统要建立内部治理机制来防止系统因信息不对称导致的机会主义行为,可以通过共享决策权、专用性资产投资锁定、平台定价协调机制等措施实现内部约束。孙冰和周大铭从核心企业视角分析了企业技术创新生态系统构建,认为创新生态系统内部的主体包括:核心企业、创新生境、创新平台以及技术研发与产品应用。Zygiaris 指出以城市为范围的创新生态系统受其地域、生态技术和内生经济水平约束。张长江和赵成国提出了生态-经济互动视角下的企业生态经济效益会计核算理论与测度方法研究框架。梅亮等认为创新生态系统研究主要以商业生态系统、价值创造、开放式创新、创新生境四大聚类展开。Hanelt 等认为可以通过信息系统与绿色技术的协同,形成混合物理-数字解决方案,促进企业转型和国家经济的可持续发展。Ociepa-Kubicka 与 Pachura 从系统约束的角度,指出市场需求与投资回报率的不确定、过长的投资回收期、企业内部资金不足与有限的财政激励,是限制生态的重要因素。

4. 创新生态协同相关研究

Gloor 指出创新企业可以通过竞合关系的互动构建有利于整体发展协同创新网络,促进创新的发展。Rejeb 等从企业视角分析了创新的阈值效应与协同效应,认为创新的协同对创新过程的参与者有显著作用。张运生认为高科技产业创新生态系统的耦合由专利许可、协作科研、技术标准推广合作等构成,在创新体系中存在知识异化、协同配套、共存共生、共同进化的多种组合。Lewin等认为早期创新的成功很大程度上取决于对外部成功的模仿与吸收,组织间的互动可以产生创新的正向协同效应。而Lengyel与Leydesdorff通过对匈牙利区域创新系统熵的统计与实证研究,认为从国家这一宏观层面来看创新体系的整体协同效应产生的影响是有限的。Blind指出创新的系统构架对创新活动有着显著影响,确保区域高水平的竞争力可能会增加对创新的激励,但如果竞争强度太高,原来的积极关系有可能变为负。喻登科等认为创新主体通过价值链、知识链和物联网等媒介形成了不同的协同发展路径,由此产生单一中心或多中心的生态聚集。吴绍波则强调战略性新兴产业中企业组织在产业链上具有非对称的依赖关系,产业合作中产生的伙伴关系是实现协同创新的重要途径,并需要通过共享信息加以维护。刘丹、闫长乐认为"政府的主导与制度安排"和"自组织的协同机制"是协同创新网络健康发展的核心要素,两者的共同作用是创新生态系统实现自增益和循环生态的关键因素。李煜华等通过Logistic建模分析了创新生态系统内企业和科研院所协同创新的稳定性及条件,强调创新的协同效应对提高创新成果效率有着重要影响。Doran与Ryan通过对2 181家爱尔兰公司的实证研究,指出某些形式的创新生态可能会导致双赢的局面,企业和社会都得益,而一些创新实际上以牺牲部分企业的生产力为代价,存在收益的非协同与不对称。Yenipazarli认为供应链上游的生态创新投入可以降低单位生产成本,提高每单位产品的环境性能与产品附加值,改进内部链式协同状态。

总结创新生态的相关研究,国内外学者关注于创新要素有机集合体所具有的生物学组织特点和发展规律,前沿研究围绕系统论、生态演化、组织协同等视角展开,而研究对象集中于企业集群,以流域或经济带作为分析对象的研究相对较少。本研究侧重长江经济带创新生态群落系统的层级结构和分异特征,通过合理的量化评价,结合系统论视角、演化视角与创新协同,以区域为切入点拓展创新理论。

2.2 我国的经济及创新发展机遇与挑战

胡志坚的《"中国式创新":现状及挑战》《"中国式创新"的最大短板》,宁吉喆的《我国经济社会发展成就辉煌》《深入学习贯彻党的十九大精神 加快推进现代化经济体系建设》等研究了中国经济创新发展挑战和机遇。

2.2.1 经济及创新发展的机遇

近些年,我国的国家创新能力在不断提高,在全球的产业竞争、产品国际贸易中的影响越来越大。根据中国科学技术发展战略研究院发布的《国家创新指数报告(2015)》,中国的创新指数排名已经由2000年的第38位上升到2014年的第18位。世界知识产权组织等机构联合发布的《全球创新指数报告(2016)》中我国排名也脱颖而出,在全球128个主要国家中居第 25 位,是第一个跻身 25 强的中等收入经济体国家。同时,中国科技投入快速增长,目前投入总量已经是世界第二,引起了世界关注。科技经费投入不断增长,企业科技投入的经费不断增加。除了投入之外,我国的创新产出近年来也在不断提升,每年新增的专利授权量三分之一在中国,每年专利申请量的三分之二左右在中国。

我国的大众创业、万众创新正蓬勃发展。近年来,我国提出了创新驱动的发展战略,并出台了扶持大众创业、万众创新的政策体系,初步建立"双创"扶持政策体系,众创、众包、众扶、众筹等"双创"服务支撑平台高速发展,以市场为主体,开办新企业、开发新产品、开拓新市场的速度加快。依托国内互联网规模优势和应用优势、活跃的互联网经济,以及快速成长的互联网骨干企业,各行各业商业模式创新层出不穷,线上与线下结合的"双创"活动迅猛发展。

我国的科技创新正在转化为驱动发展的内生动力。科技创新投入大幅增长,企业的创新主体作用日趋明显。科技成果产出增长势头不减,每万人口发明专利拥有量达到 4.85 件,核心关键共性技术有所突破,特别在探月工程、卫星应用等重大科研项目方面取得了巨大进步。

我国的创新人才队伍正在不断壮大。科技领军人才、企业家人才、高层次人才、高技能人才规模快速扩大,科技人才规模位居世界第一。市场配置人才资源的作用逐渐增强,人才流动制度障碍逐步破除。保障人才以知识、技术、管理、技能等创新要素参与利益分配,以市场价值回报人才价值。

2.2.2 经济及创新发展的挑战

目前世界经济依旧处于国际金融危机后的深度调整期,但总体复苏疲弱态势难有明显改观,国际金融市场难以平静,国际大宗商品价格波动剧烈,地缘政治等非经济因素影响加大。世界经济格局中不确定性、不稳定性因素很多,争取趋利避害、顺势而为,防范各类风险的难度有增无减。自 2013 年以来,经济下行压力持续加大,多重困难和挑战相互交织。2015 年上半年全国 GDP 增长速度和工业增加值的增长速度分别为 7.0% 和 6.3%,与 2013 年和 2014 年相比都出现了不同程度的减慢。在经济结构方面存在的主要问题是"发展方式比较粗放,创新能力不足,产能过剩问题突出"。产能过剩是发展方式粗放、过度依赖投资和外需、经济结构失调的产物。国际金融危机后产能过剩矛盾日益突出,是经济面临下行压力的根源之一。

近几年由于国内外市场需求的疲软,消化过剩产能问题日益突出,经济结构的转型升级迫在眉睫。不仅许多传统产业中产能过剩矛盾尤甚,而且一些新兴产业也出现了产能过剩现象。从产业领域来看,重化工业曾主导过去十年的产能扩张,也是当前产能过剩的重点领域。从地区结构来看,东部地区的产能利用率受外需大幅萎缩的影响较大,出口企业产能过剩较严重影响了总体产能利用水平。受危机后国际大宗商品价格下降的影响,西部地区的很多资源型、重化工行业的产能利用率也在下降。

从全球发展态势看,伴随着新一轮科技革命的孕育待发,未来的产业竞争将重新确立各国竞争优势,影响世界经济格局的调整及全球利益的再分配,科技发展为后发国家实现赶超提供了重大机遇。第三次全球工业革命同我国的创新驱动发展战略实现历史性交汇,为建立创新型国家提供了难得时机;同时,发达国家如美国、日本等,为保持全球竞争力制定了各自的创新战略,加大研发投入,抢占高新技术产业和战略性新兴产业制高点。世界各国创新发展战略对我国竞争新优势的形成来说,既是机遇又是挑战。

我国正处在经济转型的关键时期,面临着全球科技革命和产业变革的冲击。粗放式经济发展带来了产业结构不合理、经济可持续发展缺乏创新要素支撑等问题。因此,创新驱动发展战略成为加快建设创新型国家的迫切需要,加快新兴产业关键领域高新技术的开发,努力在一些高新技术领域培育先发优势,提升国际竞争力,形成以创新为驱动力、推动经济社会全面发展的新优势,力争在第三次世界工业革命的竞争中赢得主动、赢得未来,成为新时期的重要任务。目前,中国式创新整体仍处于渐进式追赶过程中,跟跑、并跑、领跑并存,在少数领域处于领跑状态。德、美、日等国家的历史经验表明,从引进模仿到自主创新是一个国家科技创新能力升级、实现赶超必经的过程,很难逾越。我国的创新还面临着许多重要的挑战。

2.3 长江经济带的经济及创新发展现状

2.3.1 长江经济带的经济发展现状

长江水道所连接的东西轴线横跨我国东、中、西三大地带,是我国国土空间开发最重要的战略发展区域,推动长江经济带发展,是党中央、国务院主动适应把握引领经济发展新常态,科学谋划中国经济新棋局,作出的既利于当前又惠及长远的重大决策举措。党的十九大报告强调"以共抓大保护、不搞大开发为导向推动长江经济带发展"。目前,长江经济带地域广阔,区域间产业发展差异较大。有效的产业协调合作机制尚未建立,相关省市沿江开发战略规划的主导产业极为相似,经济互补性不强。2016年颁布实施的《长江经济带发展规划纲要》明确了长江经济带发展的方向,要建设生态文明建设的先行示范带,引领全国转型发展的创新驱动带,具有全球影响力的内河经济带,东、中、西互动合作的协调发展带。因此,有必要大力发展长江经济带战略性新兴产业,改造提升传统产业,大幅提高服务业比重。上中下游要素合理流动、产业分工协作,培育形成具有国际水平的产业集群。加强长江经济带东部地区区域创新成效显著,提升上海自主创新能力和金融聚集效应;发挥江苏科技资源优势排头兵的创新支撑作用;培育浙江民营企业为主的自主创新主力军。促进长江经济带中部的持续创新,在安徽、江西、湖北、湖南形成全球有特色的新型材料产业、光电通信产业、高端装备制造产业。有效发挥长江经济带西部地区独特的资源优势,打造特色农业,发展冶炼、军工、军转民技术及航空航天技术。

2.3.2 长江经济带创新发展的障碍

长江经济带产业发展自成体系,缺乏合理有效的分工协作,各地区产业结构趋同情况日渐严重。一方面,长江经济带内主导产业呈现出趋同化发展态势,缺乏经济互补性,往往几个城市都将同一个产业或几个产业列为重点发展产业,在承接相关产业梯度转移、产业同质化、产业资源争夺等方面存在着较强的竞争关系。另一方面,产业发展特色不明显。"小而全,大而全"的产业和基础设施服务体系,使得长江经济带上下游之间产业分工联系的网络体系也远未建立起来。由于缺乏系统化的、有效的协调合作机制,区域间各自为政、恶性竞争,严重影响了长江经济带整体市场竞争力的提高,区域创新资源聚集程度呈现出巨大的鸿沟,也使得协同发展道路维艰。

2.3.3 长江经济带创新发展的需求

根据《长江经济带产业发展报告(2017)》的研究,促进长江经济带建成先进装备制造业中心,必须以供给侧结构性改革为主线,坚持创新、协调、绿色、开放、共享的新发展理念,在巩固原有装备制造业基地、现代装备制造和高技术产业基地的基础上,推进长江经济带装备制造业"五化"(高端化、智能化、集聚化、绿色化、服务化)融合发展。要找准创新驱动发展突破口,积极推进长江经济带传统优势装备制造业走向中高端,打造长江经济带战略性新兴产业高地。要推动工业化与信息化深度融合,促进长江经济带装备制造业全面实施智能制造工程。依托长江经济带装备制造业基础优势,优化资源要素配置,打造绿色化装备制造业体系。

第3章
国外典型流域经济带产业发展分析

3.1 密西西比河流域的产业发展

3.1.1 流域自然状况

密西西比河(Mississippi River),全长达到6 021 km(含以红石溪为河源的支流),干流长度为3 767 km,位于北美洲大陆中南部,是北美洲最大的水系。其干流源头是美国境内的艾塔斯卡湖(Itasca),自北向南纵贯美国全境,经墨西哥湾注入大西洋。作为北美洲流域面积最大、流程最长的河流,密西西比河覆盖了美国31个州以及加拿大2个省,总面积322万 km^2,占北美面积的12.5%、美国国土面积的41%。

密西西比河流域广阔,径流量差异大。密西西比河的上游是艾塔斯卡湖—明尼阿波利斯(明尼苏达州),及其所拥有的全部支流,河道自身狭窄且水速慢,该河段水闸、水坝、浅水库众多,并具有一系列便于商业航运的河流渠道化建筑;中游为圣路易斯(密苏里河口)—卡伊罗(俄亥俄河口),全长约320 km,是该河流距离最短的一段,河段西岸急流险滩林立,河床坡度较大;反之,东岸地势平坦。开罗(伊利诺伊州)—新奥尔良(路易斯安那州)以南的入海口属于该河流的下游区域,该河段含沙量大,河道宽,洪涝灾害频发。

受到密西西比河广袤腹地的影响,流域内的气候变化也差异显著。上游和中游区域属于典型的温带大陆性湿润气候,夏季温暖(21 ℃~29 ℃),冬季严寒(低至−13 ℃),年降水量约800 mm;河流中游区域的圣路易斯更为温暖,年降水量在1 050 mm左右;下游区域为亚热带季风性湿润气候区,夏季高温炎热;冬季温暖湿润,全年降水充沛。该河流不仅是美国境内千万人的饮用水源,供养了数以亿计的鱼类及其他野生生物,还是南北航运的大动脉,为人们的生活、生产提供空间基地。自垦殖年代,密西西比河干线沿岸就是该区域经济的中心,同时由于水害严重,也造成了多次不同程度的经济损失。

密西西比河两岸,城市众多,人口集聚。在美国人口规模超过10万的城市中,有87.33%的城市分布在密西西比河流域周边,明尼阿波利斯、圣保罗、圣路易斯、孟菲斯和新奥尔良等由北向南依次林立。据 2019 年的人口统计数据,上述几大城市拥有人口数量均超过 22 万人。此外,该河流的水资源造就了美国最大的航运体系,航运里程约为 2.59 万 km,大量的商品和工业原料运输依赖此河流。密西西比河造就了现在的美国,让整个国家动起来,为美国带来了巨大财富,良好的航运体系使得美国成为全球最为富有的国家。

3.1.2 产业发展状况

密西西比河流域的产业经济发展呈现出"点轴式"开发态势,政府规划中积极打造流域经济与城市经济的协同发展,与此同时进行产业转型,构建新型"钢铁走廊"沿河产业密集带。如俄亥俄河沿岸的匹兹堡,200 年前还是一个人口不到 2 000 人的小城镇,随着流域内矿产资源逐步开发和制造业的迅速发展,后来已成为美国的造船中心,如今更是美国的"钢都"和第二大机电工业中心。纵观密西西比河流域的产业发展,具体特点如下。

利用自然优势,打造农业地带,出口矿产资源。流域河流纵横交织,养育了肥沃的土壤,打造出理想的农业地带。农耕繁盛时代,培育了大量玉米、稻米、大豆、燕麦、马铃薯等农产品。另一方面,流域储藏了丰富的矿产资源,中上游的肯塔基、伊利诺伊等州的铁矿石资源,造就了以匹兹堡为代表的一批钢铁工业城市;下游储量巨大的石油资源使得路易斯安那州成为美国三大石油产地之一。正是由于流域内蕴含着丰富的农产品资源、水能资源以及矿产资源,当地制造业获得快速发展的绝佳时机。经过 200 多年的综合开发建设,密西西比河流域已经成为美国最重要的工业集聚带,沿岸遍布近 10 个州各具特色的产业集群。

以港口城市为中心,大力发展相关产业。在密西西比河流域经济发展的过程中,首先发展的是一大批港口城市,重点利用水资源,加强城市和城镇之间的水上联系,加大港口城市之间的贸易往来。由于这些港口城市的基础设施相对完备,这些城市也就理所当然地被建设为该河域的综合性交通枢纽。利用其周边丰富的矿物、矿产资源,这些港口城市大力发展工业。伴随着钢铁工业的发展,流域内的铁路系统建设得到有力提升,内陆地区的交通状况也随之改善。随着周边各个中小城市的发展与崛起,以港口城市为扩散点,干支畅通、标准统一的现代化航运网被不断完善,并且连接周边中小城市与内陆中上游广大腹地,形成了一条名副其实的"钢铁走廊"沿河密集型产业带。与此同时,沿河产业把握科技创新带来的新机遇,与时俱进地升级港口城市和经济增速较快的老工业地区的产业结构,大力发展新型制造业和知识密集型服务业,经济带由此获得新生。

3.2 田纳西河流域的产业发展

3.2.1 流域自然状况

田纳西河(Tennessee River)是美国的第八大河,也是俄亥俄河的第一大支流。它位于美国的东南部,起源于阿巴拉契亚高地西坡,由霍尔斯顿河和弗伦奇布罗德河汇合而成,流经全美七个州,全长 1 043 km,流域面积约为 10.6 万 km^2。

田纳西河大多流经阿巴拉契亚高原,流域地形整体起伏较大,山川较多,造就了狭窄且落差大的河道,仅能通行小汽轮,水系发达,支流众多,比降较大,多急流,蕴藏丰富的水力资源。上游区域以山地、丘陵为主,中游主要地形是丘陵,下游由于泥沙冲击堆积形成了起伏和缓的冲积平原。在陆路交通不便的情况下,河流航运显得尤为重要。下游河谷开阔,从帕迪尤卡到弗洛伦斯之间的 450 km 河道通航很便利。

田纳西河流域主要地处亚热带气候区,与我国东南部区域气候相似,靠近海洋,在海陆热力不同的影响下,主要表现为亚热带季风性湿润气候。流域内降水丰沛,冬末春初多暴雨,易造成洪水泛滥;夏秋季节降水少,水位低,主汛期为 12 月—次年 4 月中旬。年平均流量 1 800 m^3/s。当河流进入枯水期时,由于水位过低会造成大型船只不能顺利通航的严重后果。因此,有关部门(田纳西河流域管理局)通过兴修一系列工程项目,如修建水库大坝、船闸等工程,还会根据水位的高低及时进行水位调节,使其成为一个具有防洪、航运、发电、供水、养鱼、旅游等综合效益的水利网,为航运开发与利用助力。

此外,流域内矿产资源丰富,为经济发展创造了有利条件。充足的煤炭、磷矿和铅锌矿等资源,为工业制造提供了原材料支撑,加上便利的航运条件,促进了流域整体经济进步。

3.2.2　产业发展状况

田纳西河流域的经济发展曾经一度非常落后,在 20 世纪 30 年代初,区域内的人均年收入仅约为 168 美元,主要原因是整治之前的田纳西河水土流失非常严重,加上交通又不发达,所以整个流域是美国比较落后的地区。目前,通过一大批政策和相关工程项目的落实,不仅繁荣了经济,而且建立了美国最大的废料生产与研究中心,成立了数百个农场示范区,建成了百余所大型国家级公园、500 余个旅游休养区和商业旅游区,为很多人提供了就业机会,已逐渐形成综合性生态文明走廊。田纳西河流域的产业经济发展具有很强的代表性和启示作用,其发展特点具体如下。

建立统一经济组织,大兴基础设施建设。20 世纪 30 年代的美国正历经着经济大萧条,罗斯福总统就任之后,着手解决困扰人民的经济问题。他采纳"新政派"的建议,经由国家统一组织经济建设,这样就提供了大量的工作机会,缓和了美国的种种矛盾。开发田纳西河流域是世界上第一次对一个地区进行自然资源的综合开发,这是一件具有创新性的壮举,然而在当时受到了美国国内的一些保守派和私人资本家的强烈反对,他们不同意由国家来操办这项工程。在这种大背景下,1933 年经国会全体通过的"田纳西河流域管理局"(TVA)全权负责此项工程的建设,统筹安排整个地区的灌溉、航运、防洪、发电、农林牧渔以及旅游等行业的全面发展。主要的方针是进行流域的梯级开发,重点兴建 20 多处包括水力发电和通航船闸在内的大型水库和大坝。经过半个多世纪的开发建设,原本贫瘠不堪的田纳西河流域发生了翻天覆地的变化,有了绿意盎然的树林、绵延千里的良田、宽阔狭长的航道、朝气蓬勃的经济。回顾田纳西河流域发展的历程,TVA 起到了统领全局的作用,打破州际的利益壁垒,集中水资源的优势,兴建水坝,既控制住了该流域原来时常发生的洪涝灾害,又产生了大量廉价的水电资源。

从传统工业向现代化制造业、服务业转型。由于本地储藏着大量的煤炭资源,在此设立火电厂也就不足为奇。随着流域航运条件的改善,大量的外资开始涌入流域。沿河设立包含化工、有色金属以及黑色金属等高耗水、高耗能的产业,进而发展机械制造等具有现代化的产业。随着本区域经济的迅速发展,对外的联系越来越紧密,四季如春的气候为田纳西河流域发展商业和旅游服务业创造了绝佳的条件,本身独有的水库系统形成大范围的库滨地带,为游客提供了旅游、休闲的场所,因此旅游业也成为该地区经济结构中仅次于制造业的产业。

注重协调城市与乡村的联合发展。广大乡村地区也布局了一定数量的制造业,这样可以增加当地居民的就业率,让当地农民也享受到经济发展的福利。总结田纳西河流域的成功治理经验,统筹安排、层次分明是两大利器。以特有的自然资源为契机,综合治理,规划长远,政策延续,重点抓住主要工业特点,带动全局发展。虽然罗斯福时代还没有"系统工程"这一名词,但是美国政府在整治田纳西河流域的过程中,所运用的指导方针就是系统工程的中心思想。

3.3 莱茵河流域的产业发展

3.3.1 流域自然状况

莱茵河(Rhine River)是西欧第一大河,发源于欧洲南部的阿尔卑斯山,全长近1 232 km,流经欧洲经济最为繁荣的法国、德国、瑞士、荷兰和列支敦士登等国家,最后在鹿特丹附近注入北海。莱茵河过去是政治纠纷的导火索,现在因污染问题得到重视,欧洲国家将注意力集中在河流的生态保护方面。自维也纳会议(1815)以来,莱茵河成为国际性航运水道,北至瑞士,南到费尔登,航运里程近 870 km,流域面积超过 22 万 km^2。河流上游部分有两条源流——前莱茵河(Vorderrhein)和后莱茵河(Hinterrhein),前者发源于托马湖(Lake Toma),向东穿过迪森蒂斯、赖谢瑙,而后与后莱茵河汇合。它不仅是瑞士与德国的分界河,也是瑞士和列支敦士登间的国界河,并在康斯坦茨附近形成和缓的平原三角洲。中游在整个河流中最为壮丽、最富有民间传奇色彩:有险峻的洪斯吕克山脉、陶努斯山脉,也有遍布其中的深邃峡谷;有科布伦茨沿岸山坡上茂盛的葡萄园,也有摩泽尔河两岸起伏的丘陵;有火山艾费尔高原的山麓,也有北莱茵—西伐利亚煤田的首要商业中心。埃默里希、荷兰三角洲则是莱茵河的下游区域,此处由于航运需要,修建了世界上最大的港口——欧罗波特。

莱茵河主要流经德国,一方面德国段占据河流全长的 70%,另一方面莱茵河流域又覆盖了德国总面积的 40%,基于便利的港航运输条件,德国工业获得迅猛发展,超过 60% 的工业均聚集在莱茵—鲁尔、莱茵—美茵、莱茵—内卡等流域经济带上,并形成了多个都市圈。从荷兰第一港鹿特丹,到德国最重要的工业区鲁尔,再到瑞士唯一河运港口巴塞尔城市州,一座座城市/州宛如颗颗珍珠,伫立在莱茵河经济带上熠熠生辉。在欧洲,莱茵河沿岸区域创造的经济总量是没有任何一条其他河流所能比拟的。

莱茵河地处温带海洋性气候区,常年气温变化量小,降水量丰沛,全年水位较满,且流速缓慢,大部分区域没有冰期,只有冬季偶尔结冰;6—7月是降水高峰,河流沿岸山形坡度陡,水流量大;高原支流海拔高的春季水量最大,海拔低的冬季水量最大,得益于这种天然的流量平衡调节器,造就了欧洲通航里程最长的内河航运通道。

3.3.2 产业发展状况

莱茵河源源不断的水源孕育了各种农产品,并出现了很多工业企业。18世纪中期,莱茵河已成为欧洲范围内航海工业中的重要基地,是世界上工业化最早的区域。后期由于航运渠道和大量煤炭资源开发,其沿岸地区一度成为欧洲最重要的传统工业聚集地。一直到20世纪50年代中期,随时代需求的转变,传统工业在全球竞争中逐渐失去优势,此外由于传统工业污染重导致的环境等各方面问题渐渐严重,民众的不满情绪扩张,以此为导火索的综合整治莱茵河沿岸产业、重振流域经济的相关措施兴起。德国对该区域的工业经济进行重构与产业结构调整:一方面大力治理沿岸地区及水资源污染,另一方面则积极推动沿岸传统工业产业从重工业型向轻工业及新兴产业方向转型升级,最终实现莱茵河整体流域的全新升级、重现清洁、更加富庶,从而实现了全世界最具现代化流域经济转型升级。昔日"不见天日""雾霾笼罩"的德国鲁尔工业区,通过发展循环经济、绿色经济,调整产业结构,基本实现零排放。如今莱茵河流域已形成全新经济区,构建起"点—线—面"的产业空间发展特点。

"点"即指沿莱茵河的港口城市。18世纪以来,沿岸各国城市利用河流自身优势,整治岸线、修建堤坝、疏通河道以及开挖运河,通过这一系列措施对水资源进行系统性治理与开发;在防灾抗涝的同时,改善原有航运条件,发展港口与重要节点城市,目前已形成杜伊斯堡港、巴塞尔、科隆、路德维希以及曼海姆等重要港口。此外,莱茵河沿线煤炭资源丰富,通过产业发展与不断的转型升级,在第二次世界大战后,已在干流沿线形成巴塞尔—米卢斯—弗莱堡、莱茵—内卡、斯特拉斯堡、莱茵—美茵、科隆—鲁尔及鹿特丹—欧洲港区等世界著名六大工业基地。各大城市对自身进行主导与职能定位,金融中心包括法兰克福、阿姆斯特丹等,行政中心包括斯特拉斯堡、伯恩、海牙,教育中心包括埃森、康斯坦茨、多特蒙德等,形成了欧洲乃至世界知名的化工、水电、食品加工、金属冶炼、汽车制造、船只建造、商业银行、保险及旅游业等现代服务中心,旅游业也成为欧洲第二经济支柱。其中,巴塞尔目前是瑞士经济最具活力的城市,也是全球最具生产力和自主创新能力的城市之一,化工与制造工业发达;鹿特丹港由于政治原因,后期向贸易型城市转型,并凭借优良的地理位置与自然环境,以及工业革命的"天时",成为欧洲极为重要的商业型海港;科隆则是媒体业中心、化工中心和香水之都;鲁尔工业区由"德国工业心脏"的传统工业,经历老矿区清理,从原来污染极重的采煤行业转型升级为新兴工业集聚地。

"线"即指内河航运网、公路及铁路等运输线。流经各国极为重视水电等清洁能源开发及利用、水电设施建设,凭借传统技术及现代科技,实现自动化管理。开挖运河、修建堤坝,成为目前世界已知航运业务最忙、航运量最大的内陆河流。此外为实现国际市场与流域经济的完美对接,带动内陆经济的持续健康发展,进而在莱茵河沿线建设了众多公路、铁路,铺设了大量油气管道,打通了河道沿岸腹地的边缘地区,并联系了河道上游区域,逐渐形成了公路、铁路、水运及管全面衔接与贯通的综合型物流网络,加快了产业经济新空间网络的构建。

"面"即指"点"与"线"相互贯通产生的经济带、经济区,以德国莱茵河流域城市群的发展最为值得借鉴。该流域经济带原是鲁尔等老工业基地的集聚地,随着德国政府加快产业退出与转型进程,以科技创新作为其他产业带转型升级的动力,许多老工业区已换新颜,摇身一变成为集聚文化气息的创意中心、创新力活跃的研发设计中心、引人入胜的工业旅游景区等,逐步焕发新的经济发展活力。其产业布局随之发生相应调整,众多化工、机械制造和医药制造等制造业企业将生产基地转移到新兴发展中国家,在靠近市场、节约成本的同时,在腾出的有限土地空间内发展产业价值链高级的高端或新兴制造业、知识密集型服务业,如自动化工程、生物技术、信息学、遗传工程、环保技术和空间技术,极大程度提高了国际竞争力。

莱茵河流域的产业发展与演变遵循产业经济空间结构演变的一般规律,以港口城市作为优先发展的经济增长核心,在此基础上实现多中心均衡发展模式,最重要的是充分发挥国际化、标准化。具体而言,通过制定各类法规、条例及签订国家间协议和公约,成立种类齐全、实用性强的跨国、跨地区管理协调机构,如1831年成立的莱茵河航行中央委员会(CCR)。充分发挥职能部门的作用,保证国家及城市间良好的合作与竞争环境,实现各部门功能互补,提高城市化水平与效率,促使莱茵河的渠道化形成,进而加快生产要素的高速度流动,加速市场信息的高度透明化,最终打造城市化与科技创新带动的世界最密集城市群、流域整体产业带。

3.4 泰晤士河流域的产业发展

3.4.1 流域自然状况

泰晤士河亦称泰姆河(River Thames),原名拉特朗什河(La Tranche River),1792年改为泰晤士河,是英国的"母亲河",也是"一部流动的历史"。该河发源于英格兰的科茨沃尔德希尔斯,靠近赛伦塞斯特,长约346 km,流域面积约13 000 km²,历年水平均径流量约为18.9亿 m³,横贯英国伦敦和沿河10余座城市,在伦敦下游地区绍森德注入北海。

泰晤士河的水网较为复杂,支流众多。河流的名称在塞尔特语中译为"宽河",多年平均降水量约为688 mm,与其他流域不同,该流域冬季易发洪水,夏季极有可能出现枯水,但水位稳定,冬季不结冰。河口濒临大西洋、北海,当海潮来临,水位上涨,潮水会沿着漏斗形河口涌入,上溯到伦敦以上很远的地方。该流域存在一定的水资源紧张与污染问题,还要注意防洪防潮。

泰晤士河的主要区域为温带海洋性气候，河流西部是农业区，中部河谷是高科技工业区，东部平原则是伦敦市，且该流域一半以上的人口的生产生活集聚在伦敦，是国家河流管理局管理范围内经济最为发达、人口最为稠密的地区，世界级城市群英伦城市群正是得益于此建立，由此可见泰晤士河在流域经济发展中具有举足轻重的作用。纵观英伦城市群的辉煌原因，是其与城市更新进程完美统一，积极进行产业转型，呈现阶段性动态演进。

河流沿岸区域田园风光突出，许多著名城市坐落在泰晤士河两岸。社会主义者莫里斯安葬于凯尔姆斯科特庄园；牛津、伊顿、温莎和亨利等大型城市广布其中，碎石铺地的大学城环绕其间；还有众多旅游胜地，如圣保罗大教堂、伦敦塔、伦敦眼、纳尔逊海军统帅雕像、千禧巨蛋、泰晤士水门等，吸引众多游客慕名前来。

3.4.2　产业发展状况

泰晤士河的产业发展历史悠久，并与伦敦发展息息相关。早在公元 1 世纪，罗马帝国入侵建立了伦敦古城，16 世纪，伦敦已成为欧洲著名商贸中心。18 世纪，英国成为海上霸主，取代了荷兰的地位，以棉纺织工业的技术革命为源头，以蒸汽机改造为枢纽，英国工业革命顺利展开，伦敦等城市也成为全球性港口，对外开放水平高，对外贸易频繁。除传统毛纺织业外，棉纺织业、金属冶炼、煤矿开采、玻璃制造和船只制造等行业发展迅速。从 19 世纪到 20 世纪中期，世界各地越来越多的船舶公司在伦敦设立代表机构，其逐渐成为世界级航运、贸易和金融中心。

伴随城市体系的发展，泰晤士河的产业结构以高技术服务业为主导。1861 年，伦敦第三产业的就业人口占总就业人口的 61%，已成为以服务经济支撑的城市。20 世纪 70 年代开始积极实施去工业化，银行业等新兴服务业逐渐代替传统工业，产业结构从制造业为支柱转变为金融、旅游和贸易等第三产业为支柱。20 世纪 90 年代末，基本完成现代服务业的转型，金融业、商业、公共服务业和一些创意文化产业占比远高于制造业，已形成世界级金融产业和相关服务业的全球中心。21 世纪初期，坚持创新与文化发展战略、低碳发展战略，目前创意产业是位居金融服务业的第二支柱产业。

泰晤士河的产业发展在重视服务的同时，又具有锐意进取、不断创新的特点。20 世纪 60 年代，航运向大型化、专业化方向发展，泰晤士河流自身水运资源也受到自然条件的制约，很多大型船舶不能顺利抵达伦敦港，导致其功能萎缩，众多老港区撤离市中心，工业转型势不可挡。以金丝雀港口(Canary Wharf)为例，市政府建立专业开发公司，制定科学规划，将其建成与伦敦金融城(City of London)目标一致的新兴 CBD。经过 20 多年的规划与建设，目前已成为多领域混合的城市中心，集金融、教育、商业和出版等于一身，世界著名的汇丰银行、渣打银行、花旗银行等在此设立总部和代理机构，每日电讯、路透社等在此落户。紧随港口、码头转型脚步，众多高校、酒店等相关配套设备兴建起来，如以金融学著称的伦敦城市大学(London Metropolitan University)、万豪酒店、四季酒店、弗雷泽宫酒店和宜必思酒店，周边还增设了许多的酒吧、餐馆。为充分体现伦敦丰厚的历史文化,引入多文化主体,将原来传统废弃建筑及空间改造为公共空间,甚至在市政厅旁边修建大量剧院。沿泰晤士河南岸的步行道上建设了很多文化艺术机构、商业街购物中心以及设计师品牌店,充分带动了旅游业的兴起。

3.5 亚马孙河流域的产业发展

3.5.1 流域自然状况

亚马孙河(Amazon River)是世界第一大河,长约 6 400 km,流域面积达 691.5 km²,发源于秘鲁境内的乌卡亚利-阿普里马克水系,是世界上流量最大和流域面积最广的河流,入海总注水量相当于世界河流注入大洋总水量的 1/6。亚马孙干流主要在巴西境内,拥有超过 15 000 条支流,丰富的水资源孕育了肥沃的亚马孙平原,覆盖巴西国土面积的 33% 以上,并占南美洲总面积的 40% 以上,平原内地势低平,绝大多数地区海拔在 150 m 以下。

亚马孙河流域河流蜿蜒曲折,湖沼众多,终年水量充沛,雨林广布,植被覆盖率高,河流干流流经南美洲的 8 个国家和地区。不仅有米斯米雪峰之巅,也有巴西古陆核;北有帕斯塔萨洼地,南有乌卡马拉。河流冲击下的亚马孙平原是拉丁美洲最大,也是世界最大的平原之一。

流域内大部分地区是热带雨林气候,河流上游属于高原山地气候,山高谷深,坡陡急流,最大流量为 28 万 m³/s,泄水量巨大,河口区域的年平均水流量为 17.5 万 m³/s,径流深度可达 1 200 mm;中下游河宽水深,河口呈现喇叭形,星河罗列,浅滩密集,水力资源丰沛,很多地区尚未被挖掘,是世界上当之无愧的第一大河,被誉为"河流之王",滋养着南美洲世界最大的热带雨林,以及脚下广袤的土地。沿河区域不仅水资源、农业资源丰富,森林资源充沛,而且是世界高品位铁矿、铝土矿藏储藏地,此外还有铀、锡、钻石、褐煤及黄金等。由于人口聚集少,交通闭塞,天然优势及资源未被充分认识及有效利用,部分地区粮食不能实现自给自足,且狭小的市场需求不能很好地刺激商品贸易潜力。

3.5.2 产业发展状况

亚马孙河的产业发展主要依托于政府力量。巴西政府于 1966 年成立"巴西亚马孙流域管理局",凭借流域天然资源,大力鼓励迁移开荒,号召东北部干旱地区的居民前来定居,并加大农业基础设施投资与建设,建立和发展畜牧养殖业。二战后兴起的新工业化运动使工业取得巨大发展,巴西政府基于流域特征,构建水陆联运网络,兴建水电站,完善公路交通设施,发展矿产勘探与挖掘,并于 20 世纪 60 年代实现工业产值对农业产值的超越,使得巴西成为二战后经济发展世界排名靠前的国家之一。

亚马孙河流域内经济特区规划完整,强调经济贸易的对外开放。通过贸易开放的措施,打破原有的天然壁垒,将亚马孙河地区脱节的地段与现代化经济文化生活有效联系起来,改变亚马孙地区荒蛮、与世隔绝的落后状态。流域沿岸重要港口城市的自由贸易区,吸引了国内外资本兴建企业和工厂,通过贸易和招商引资优化当地的投资环境。这种举措不仅使沿岸地区成为较繁华的贸易中心,还成为集电子、手表、电子科技等于一体的工业中心,成为人口、资本、科技的聚集地,带动周边一片地区共同发展。然而,大量贸易开放在带来运输业与工业蓬勃发展的同时,也使得当地的生态环境遭受到一定程度的破坏。亚马孙河的热带雨林是地球仅存三大热带雨林之一,在全球生态环境调节中起着不可忽视的作用。因此,亚马孙流域管理在经济发展的同时开始注重生态环境保护问题,颁布法律法令,严禁乱砍滥伐,协同国内外政府和国际组织一起保护亚马孙森林,实行广泛而深入的财政、科技合作,鼓励各大企业、公司在进行工业生产的同时注重周边环境的保护。虽然亚马孙流域环境保护得到日益重视,但由于过去过度追求经济发展而导致环境的牺牲与破坏已不可挽回,对亚马孙生态修复、弥补的过程将异常艰巨,某些区域的生态环境多样化已逐渐消亡,生物链的断裂以及相关的生态环境破坏已达到无法补救的地步。

国际典型流域经济带的产业对我国今后的创新型经济建设启示重大。国外流域经济带的开发大多走上"先污染后治理"的道路。首先以破坏生态环境为基础,进行不合理的生产运作,为了经济的繁荣,一度牺牲原有平衡,过度开发水资源、水力资源、矿产资源、森林资源等,以求工业经济进步。其次,当原有环境被破坏到一定程度,人们便利用自己的"技巧"去适当进行修补,兴建水利工程项目,减少居民生活、工业生产污染,以便使其维持在合理区间。最后,通过一系列高技术手段,对环境污染进行根本性整治,利用物理、化学方法,净化空气,缓解水资源污染。

流域发展必须重视生态与经济的平衡。资源与环境问题是流域经济发展的严峻考验,产业生态化和经济转型已成为转变产业格局的重要举措。同时,产业结构调整和优化对促进一个国家或地区经济增长、社会稳定具有重要作用,通过梳理国外典型流域经济带的发展,可以看出多数流域都是沿着"第一产业、第二产业、第三产业"到"第三产业、第二产业、第一产业"的趋势转变,工业进步从减少到增加,再到减少的过程,服务业的发展总是持续递增。

流域发展必须与时俱进,不断创新。随着影响经济发展因素的变化,尤其是信息技术和互联网技术应用于产业发展,并在应用中不断创新,服务业和制造业在空间上的邻近属性不断弱化,产业结构由原来的资源密集型产业、劳动密集型产业逐渐转向资本密集型产业、技术密集型产业和知识密集型产业。服务业在工业进化过程中逐渐剥离,独立出来,并为工业优化升级提供必需的高技术、高知识、专业化、信息化技术以及其他需求。同时,制造业若要获得竞争力提升,必须依赖知识密集型服务业的交互创新,以实现转型发展与升级改造。反之,制造业的升级为知识创新提出更高要求,促进知识密集型服务业的技术引入、知识更替,提高整体服务水平。

第二篇

创新要素

第 4 章
高技术产业创新要素集聚与空间效应的相关理论

4.1 创新要素及其集聚的相关理论

4.1.1 创新要素的内涵

著名经济学家熊彼特首次从经济学角度提出了创新的概念,指出"创新就是建立一种新的生产函数,把一种从未有过的关于生产要素和生产条件的新组合引入生产体系"。目前,学者对于创新要素的构成并没有统一的界定标准。许庆瑞等在全面创新管理的研究中率先提出了"全要素创新"的学术概念,认为创新要素是由一系列与技术创新活动相关的要素构成的,包括技术创新及其协同机制、管理和制度等。朱苑秋、谢富纪结合大都市圈的特点,将创新要素分为两个类别:直接要素和间接要素。直接要素是指与技术创新直接相关的部分,如技术、人力资本和资金等;间接要素是与技术创新密切相关的部分,如基础设施、宏观政策等。潘霄纯在《创新理论》中指出:创新要素是投入创新系统的人才、资金、技术等要素以及这些要素实现有效组合的机制,即与创新活动相关的资源和能力的组合。有学者认为创新要素是区域创新系统的构成部分,主要包括企业、科研机构、高等教育机构、政府部门及中介机构等。有学者指出,创新要素是由支持创新活动的资源组成的。还有学者从广义的角度,认为创新要素包含三个层次,一是核心要素,由企业、高校、科研机构等创新主体构成;二是服务要素,由基础设施、市场机制等构成;三是环境要素,由政府政策、经济环境和文化因素等构成。

总结现有的关于创新要素的研究,创新要素主要分为两种类别:一是作为创新活动的投入资源直接产出科技成果,包括人才、资金、技术等要素;二是作为创新活动的支撑条件影响创新,由政策、环境等要素构成。究其本质,创新要素主要是由人才、资金、技术和资源这些要素构成的。创新人才作为创新活动的核心要素,是指那些从事研发等技术创新活动的高层次人才;创新资金作为创新活动的主导要素,是指与创新活动相关的风险资金,反映了地区对创新资金的运用及配置能力;创新技术作为知识创造的核心,是企业购买或研发的新知识、新技术,以提高产品的质量、开发生产新的产品和提供新的服务。

4.1.2 创新要素集聚的理论基础

1. 产业区和工业区理论

集聚经济的思想最早来源于马歇尔在1890年出版的《经济学原理》中的产业区理论,该理论认为地方化的外部规模经济是由同一产业内大量企业的地理集聚而引起的。随着区域内企业数量的不断增加,经济总规模也随之增加形成规模经济,带来平均生产成本的降低,并且伴随着生产专业化的不断加深,区域内产业的核心竞争力也将不断加强。马歇尔认为,外部规模经济可以促进企业的集聚,并且集聚产生的主要动因来自协同创新的环境。

经济学家韦伯在马歇尔的研究之后,在其著作《工业区位论》一书中明确提出了集聚概念,对集聚现象进行了解释:企业受生产要素流动的影响,在某个特定区域集中,而生产要素在集聚效应的作用下能够带来经济效益的增加和产业成本的降低,从而形成了产业集聚。韦伯指出,集聚是将生产要素吸引到某一地区的力量,集聚主要从两个方面产生作用:一是规模集聚,企业内部扩张使得企业规模扩大,使资本、劳动力等生产要素的配置更为合理,节约了企业的生产成本,提高了生产效率;二是地域集聚,地域集聚节约了企业的交易成本,并且地理上的邻近节约了交通成本,企业可以共享基础设施,减少了生产成本。

2. 增长极理论

20世纪50年代以后,发展经济学家开始对产业集聚进行深入研究。1955年,法国经济学家佩鲁首次正式提出了"增长极"的概念,并对能够促进经济增长的产业进行了相关的研究,发现这类产业具有空间集聚和寡头垄断的特点。佩鲁以此为切入点,提出了著名的增长极理论。该理论最核心的思想是:增长通常以差异化的形式首先出现于某些增长点或增长极上,而非在所有地区均衡出现,随后通过不同渠道由增长极向外扩散。增长极是由生产要素在某地区高度集聚形成的经济中心,形成了很强的规模经济效应,能够对邻近地区产生强大的辐射带动作用。

佩鲁在熊彼特创新理论的基础上,提出增长极的形成需要具备三个条件:一是要具有强大创新能力的企业;二是要具有聚集效应来实现规模经济,生产要素的集中使增长极所在地区聚集了大量产业部门和企业,形成了规模经济效应;三是要具有合适的环境条件,基础设施建设、人才政策等环境因素是影响增长极增长的重要因素。增长极理论的作用机制主要体现在:一是技术创新与扩散,人才和技术等要素的流入使增长极不断形成技术创新,同时新技术在溢出效应的作用下不断扩散到其他地区;二是规模经济效应对邻近地区形成的辐射带动作用。一方面,规模经济能够提高经济效益和扩大生产规模;另一方面,规模经济能够产生外部经济效应,拉动邻近地区和产业的发展。增长极的发展加快了其与邻近地区的信息、技术、资本以及人才的交流,从而带动整个区域的经济一体化。

增长极主要通过两方面对周边地区产生影响：一是极化效应（集聚效应），增长极所在地区的企业或部门对周围地区产生了吸引力和向心力，吸引了要素资源的集聚，迅速扩大了极点的经济实力；二是扩散效应，通过资本、技术、人才等要素的流动，增长极将创新资源扩散到周边地区，从而推动了增长极周边区域的发展。通过极化和扩散作用，增长极不断地扩大自身规模，能够带动周边地区实现迅速发展。佩鲁的增长极理论重点研究了增长极在经济结构方面的特点，特别是产业间的关联效应，对经济增长的地理空间变化没有进行深入研究，但佩鲁已经开始注意到地域集聚在增长极发展过程中的作用。

3. 累积循环因果理论

1957年，缪达尔在《经济理论与不发达地区》中首次提出了累积循环因果模型，并在"扩散效应"和"回流效应"等概念的基础上提出了集聚理论。缪达尔认为，发达地区存在规模经济和集聚经济效应，要素报酬普遍高于落后地区，导致人才、技术和资金等要素在利益的驱动下向发达地区流动，形成回流效应；但过多的要素集聚会增加企业的生产成本，导致外部经济效率降低，于是要素逐渐向周边地区流动和聚集，形成扩散效应。

缪达尔指出，区域工资水平、人均收入的差异拉大了区域间不平衡发展的趋势，发达地区持续发展，而落后地区一直处于落后状态，形成一种累积循环。地理上的二元经济结构阻碍了区域经济的一体化发展。在经济发展的前期阶段，落后地区受发达地区的不利影响，回流效应不断加大，导致区域经济发展差距扩大；但是回流效应是有极限的，当经济发展到一定阶段，生产成本在区域发展空间和资源承载能力的限制下上升。此时，发达地区将生产要素扩散到落后的邻近地区，区域之间的发展差距逐渐缩小。回流效应和扩散效应的力量对比取决于区域的经济发展水平，经济发展水平越高，扩散效应则强于回流效应；地区的经济水平越低，生产要素不断集中到发达区域，回流效应占据主导地位。

4. 新经济地理理论

20世纪90年代以来，新经济地理学派逐步将空间地理因素引入经济增长理论的分析框架中，研究经济活动的空间集聚和外部性。新经济地理研究的出发点是经济集聚，其本质力量是规模报酬递增，即相互关联的经济活动在空间上集聚，带来成本的节约以及生产规模的扩大，从而产生规模经济。在集聚的过程中，空间上的相互接近可以节约经济上相互联系的产业活动或经济活动的成本，扩大产业规模，吸引生产要素和资源不断向该集聚中心流动。

克鲁格曼构建的"核心-外围"理论是新经济地理学最具代表性的模型，主要研究经济活动的空间集聚。该模型以主流经济学的一般均衡分析法为基础，假设存在垄断竞争、收益递增、运输成本与要素流动，分析经济活动空间分布的形成与变化。弗里德曼以区域经济不平衡发展为基础，依据工业总产值占生产总值的比重，将空间一体化分为四个阶段。第一阶段是工业发展的初期阶段，经济发展较为落后，区域之间缺乏联系；第二阶段是工业化中期阶段，要素资源集中向部分地区集聚，形成了某一极化中心和外围地区,形成了单核式的"中心-外围"二元经济结构;第三阶段是工业发展的成熟阶段,中心地区的部分生产要素开始向外围地区转移,扩散效应逐渐大于极化效应,单个增长中心向多中心的空间结构过渡,中心地区与外围地区的经济发展呈现出联动效应;第四阶段也就是工业发展的后期,各种经济要素在区域间充分流动,空间一体化阶段逐渐形成。

新经济地理学派认为空间集聚可以被视作一种增长要素,经济要素的空间集聚有利于经济增长。Walz将新经济地理学理论与内生经济增长理论结合在一起,对空间集聚和经济增长之间的关系进行了分析。经济增长受空间作用的影响可以从两方面进行解释。一方面,地理位置的不同决定了各个区域资源禀赋的不同,而资源禀赋是影响地区经济增长的因素之一,因此资源禀赋丰富的地区,经济增长水平通常比资源贫乏的地区要高。另一方面,某一地区的经济增长会受到其他地区的影响,如邻近发达地区的经济会产生集聚效应,吸引越来越多人力资本与资金的投入,这种集聚效应甚至可以超越资源禀赋的限制作用,使发达地区与落后地区分别在地理上形成集聚。

4.1.3 创新要素集聚的形成机理

2006年,学者张幼文在《2006中国国际地位报告》中提出,要素集聚是经济全球化下特有的资源配置方式,促进要素在全球范围内实现优化配置,是经济全球化的重要基础。从要素增值理论的视角出发,要素的流动是跨区域的优化配置,要素往往不会均衡地在区域间分布,而是在一些特定的地区形成集聚。经济学意义的要素集聚是:资本、技术、知识等生产要素在经济活动的作用下集聚于某区域,并通过相互联系和作用产生集聚效应。

由于地区间要素禀赋的差异,要素在利益的驱动下为追求自身增值而向要素禀赋充裕地区流动。创新要素的聚集与经济活动和产业活动是紧密联系的,企业是经济活动的承载体,创新要素首先会聚集在区域内的企业中,使企业的技术水平得到提高,从而生产成本下降,形成规模经济效益,其他企业在其示范效应下大量引入创新资源。在市场机制的作用下,创新要素实现了高效率的组合,技术水平不断发展。随着技术复杂度的上升,企业之间开始寻求研发合作,使创新要素在区域内大量积累,形成了创新要素的初步集聚。当创新要素积聚和积累到一定程度,集聚效应发挥作用,在此基础上形成了产业集聚和规模经济,地区的产业发展水平不断得到提升,从而引发了创新要素的不断聚集。

总之,创新要素集聚的一般过程是:创新要素首先在某一地区集中形成集聚,当积累达到一定程度便会向周边进行扩散,而后又开始聚集更高级的创新要素,形成累积因果循环。创新要素集聚会促进技术进步、提高经济效益,扩大了发达地区与周边地区创新要素集聚的差异。当发达地区的创新要素积聚到一定程度后,外部经济效益逐渐下降,此时资本、技术、人才等创新资源会逐渐流向其周边落后地区,并产生扩散效应。对于发达地区来说,需要完成由集聚向扩散的转变,重新集聚更高级别的创新要素,从而使产业结构转型升级。

4.1.4 创新要素的空间集聚模式与空间效应

从空间联系的视角,国外学者将创新要素的空间集聚模式进行了分类,具体分为四种情况,即高-高集聚、高-低集聚、低-高集聚和低-低集聚。其中,高-高集聚指当地创新要素集聚水平较高并且周边地区的集聚水平也较高的模式;高-低集聚指当地集聚水平较高而周边邻近地区集聚水平较低的模式;低-低集聚指当地集聚水平与邻近地区集聚水平都较低的模式;低-高集聚指当地集聚水平较低但周边邻近地区的集聚水平较高的模式。基于这四种创新要素空间集聚模式,国外学者从空间辐射、空间吸纳、空间阻滞等方面展开空间效应分析,以揭示创新要素集聚对高技术产业发展的影响。

空间辐射效应,就是当一个地区成为经济增长的极点,可以形成较强的科技、人才等资源的集聚效应,Perroux认为该效应会对周围地区的经济增长产生辐射带动作用。通过循环累积效应,创新要素高度集聚的地区不仅能进一步加强自身的集聚水平,并能在一定程度上辐射带动周边地区创新要素的集聚。主要表现为:首先,创新要素倾向于向高度集聚的区域流动和积累,以提高自身价值及边际效益,通过企业之间的创新合作和知识溢出,产生了强大的集聚效应;但区域所能容纳的创新资源是有极限的,过度的创新资源集聚在区域内会增加企业成本。所以,当创新要素在某一区域积累到一定程度后,新生的创新资源会选择在其周边地区进行配置,使周边地区通过空间邻近获得了溢出效应。其次,要素集聚的结构偏向性促使创新要素尤其是作为知识、信息载体的人才要素在区域间流动。创新要素高度集聚地区具有较高的经济发展水平,容易吸引高技术人才的流入。综上所述,在空间辐射效应的作用下,创新要素高度集聚的地区不断带动周边地区集聚水平的提高,从而使创新要素的空间分布逐渐形成高-高集聚模式。

空间吸纳效应,属于空间辐射效应的一种延伸。在低-高集聚模式中,中心地区的创新要素聚集水平较低,但周边地区的创新要素集聚水平较高。随着周边发达地区产业结构的转型升级,该中心地区往往成为承接发达地区创新要素转移的有利地区。原因主要有两方面:一是当周边地区创新要素出现过度集聚的情况时,由于空间邻近的独特优势,大量创新要素便会逐渐向该中心地区扩散和流动;二是由于中心地区创新要素的集聚程度较低,技术、人才等要素具有潜在的发展空间,引起了本地创新要素的集聚。由此可以看出,空间辐射效应是创新的要素资源由点带面的扩散过程,而空间吸纳效应则是创新的要素资源由面带点的集聚过程。

空间阻滞效应,以分析中心地区和周边地区创新要素集聚程度都较低的空间分布格局。在这种集聚模式中,中心地区难以从周边地区获得创新要素、技术外溢和产业转移,限制了中心地区的产业提升其技术能力,从而形成了空间阻滞效应。空间邻近是技术、知识传播的关键因素,而中心地区与其余高集聚区处于空间疏远的状态,运输成本、交易成本等普遍较高,阻碍了技术、人才等创新资源的扩散和跨区域的自由流动。总之,低-低集聚模式使周边地区既无法对中心地区形成空间辐射效应,又不利于中心地区与外围集聚区的联系和互动,阻碍了中心地区创新要素集聚水平的提高。

综上所述,创新要素集聚在空间辐射效应、空间吸纳效应和空间阻滞效应的作用下,形成了空间关联性。其中,空间辐射效应和空间吸纳效应能够带动邻近地区创新要素的集聚,从而形成高-高集聚模式;而空间阻滞效应不利于邻近地区集聚水平的提升,阻碍了创新要素向中心地区的流动,最终导致了创新要素稀疏地区的集聚,形成低-低集聚模式,不利于空间一体化的发展。

4.2 高技术产业及其创新的相关理论

4.2.1 高技术产业的内涵界定

1. 高技术产业的国际界定

相对于传统技术而言,高技术是知识密集、技术密集、资金密集的新兴高层次技术群。20世纪70年代初期,高技术的概念首次由美国国家科学院在《技术和国家贸易》一书中提出。1983年,《韦氏新国际词典》首次将"高技术"编入,高技术被定义为使用或包含尖端方法或仪器的技术。

不同的国家根据其经济社会发展水平的不同会有不同的技术标准,美国商务部从规定研究开发费用与科学家和工程师的比重两个方面来定义高技术产业,认为研究开发费用在总附加值中所占比重为10%以上,科学家和工程师在总职工中所占比重为10%以上的产业,即为高技术产业。英国把高技术产业定义为一组包含新信息技术、生物技术和许多位于科技进步前沿的技术的产业群体。加拿大认为高技术产业是一种技术水平相对高的生产部门,这种相对高的技术水平是通过劳动力的技术素质或用于研究与开发的经费来反映。澳大利亚认为高技术产业是有科学和技术背景的产业,其界定也是以投入的研究与开发经费和科学技术人员为标准。在学界研究中,美国学者 Doody 与 Muntser 更倾向选取体现出高增长率、高额的研发费用、高额附加值、强烈的出口导向和劳务密集型的部类来定义高技术产业。在发达经济体中,欧盟的《科学技术指标报告》把航空航天制造业、化工产品制造业、医药品制造业、汽车及零部件制造业、科学仪器制造业等八大产业作为高技术产业。

目前,国际上对高技术产业的界定方法主要分为两类:第一类以产业为主体来界定高技术产业,将高技术产业划分为较其他产业而言具有更高的研发投入的产业,OECD以成员国的产业研发经费强度为标准,将研发经费强度较大的六个产业作为高技术产业;第二类是以产品为主体来界定高技术产业,高技术产业指的是能够生产高技术产品的产业。尽管两种界定方法的出发点不同,但都是以技术密集度作为产业分类的主要判断依据,认为高技术产业是技术密集度高、创新能力强的知识密集型产业。在众多界定方法中,OECD基于产业方法的定义和界定范围最具代表性,据此进行国际比较也比较简便,因此得到了OECD成员国及其他国家的广泛认同和应用。

2. 高技术产业的国内界定

随着我国的技术实力提升,为与国际统计标准接轨,我国从2000年开始使用OECD

以技术密集度为划分标准,并根据OECD 2001年的新分类,对高技术产业的统计范畴进行了调整。我国对高技术产业的定义是:通过对高技术的应用以生产高技术产品和提供高技术服务的产业。高技术产业以领先技术为基础,是主导未来经济发展的战略性产业群体,对相关产业和经济发展有着很强的带动作用。国家统计局于2002年7月印发了《高技术产业统计分类目录》,同年开始出版《中国高技术产业统计年鉴》。2012年1月,《国务院办公厅关于加快发展高技术服务业的指导意见》发布,国家统计局将高技术产业划分为两大行业群体,即高技术制造业和服务业。通常意义上的高技术产业是由国民经济行业中R&D投入强度(即R&D经费支出占主营业务收入的比重)相对较高的制造业行业构成,主要分为6个大类、29个中类、42个小类。

4.2.2 高技术产业的特征

国外高技术产业界对高技术产业也进行了诸多不同的定性描述,共同点表现在:第一,高技术产业是一个类别概念,通常包含若干个不同的产业门类。另外,它还是一个集合概念,是由若干企业组成,它通常包含许多具有一定规模的高技术企业。第二,高技术产业具有独立的产业形态,其特点是已形成从事相同经济活动的企业群体。考虑到制造业作为物质生产部门,也是R&D活动的主体,具有技术开发活动相对密集的特点,同时还是多数国家统计R&D活动的基本范围,以制造业作为划分高技术产业的基本范围。第三,高技术产业是知识密集型和资本密集型产业。一方面,高技术产业要求在生产过程中运用和投入高新技术或高新技术产品,同时所产出的也是高新技术产品或是以高技术为基础的服务,具有知识密集性特征;另一方面,其研究开发费用和设备仪器投入大,具有资本密集性特征。第四,产品具有较高的附加值、需求前景和竞争力。

高技术产业的基本特征主要包括:①高创新性。高技术产业基于创新知识,具有高研发强度和高创新性的典型特征,产业发展凝结着人类的知识和技术劳动。随着高技术产业的不断升级,需要大量掌握尖端高技术的人才,其生产过程对技术和智力的要求非常高。②资金密集、风险性大。高技术产业的高风险性决定了其对风险资本的依赖性较强,在不同的发展阶段对资金的需求不同,使资金问题成为高技术产业发展的一个瓶颈。一般而言,高技术科研成果的产业化经费平均为非高技术产业的10～12倍。③高度的渗透性。高技术产业的联系效应和带动效应大,不仅在内部行业间存在密切的技术联系,而且与传统产业之间也存在较强的关联性。高技术产业通过前向关联、后向关联和横向关联向传统产业渗透,加快传统产业的技术进步,催生出新兴产业,形成一些新的高技术产业群体,加快技术创新成果在行业间的溢出和对传统产业的溢出。

4.2.3 高技术产业创新的界定与构成

1. 高技术产业创新的界定

高技术产业是一个相对的、动态的集合性概念,高技术产业技术基础的先进性和创新性特点决定了其对未来产业的发展趋势的引领,是产业升级和经济结构变化的先导产业。高技术产业是创新投资主体、技术研发主体、创新活动实施主体、风险主体和利益主体的综合体。

高技术产业属于科技创新产业,其发展依赖于技术、人才和资金等多方面资源的逐步积累,直接形式的高技术产业创新就是高技术产业化和高技术企业成长,形成一定产业规模的产业内联合创新过程,是利用产业的综合力量和协同作用对产业技术关键和重要环节予以突破的过程。间接形式的高技术产业创新是高技术产业创新战略和技术创新引起产业结构的变化,是高技术产业从初创期向成长期、从先导产业向主导产业转换,从而引起产业结构跨越式升级的过程。

2. 高技术产业创新的构成

从创新产业发展阶段来看,高技术产业创新第一阶段是由高技术产品或工艺的研究开发到商业化应用,通过技术创新、技术扩散实现规模化生产的全过程。这一过程经过R&D活动形成可应用的高技术,高技术与资金、劳动等其他生产要素经过整合,形成高技术附加值产品,实现商业化应用,完成熊彼特的技术创新实现过程。伴随着高技术商品的扩散与渗透,生产同类高技术产品的企业数也会增加,企业规模扩大,随之形成新的高技术产业,推动产业内部结构的升级。高技术产业创新的第二阶段则是通过产业间的渗透、交叉、重组,实现产业融合,形成新的产业分工体系。高技术产业融合的方式主要包括高技术的渗透融合、高技术产业链的延伸融合和高技术产业内部的重组融合。高技术的渗透性和倍增性特点,使新技术渗透到传统产业中,极大地提高传统产业的效率;高技术产业链的延伸融合促进了产业分化,使技术创新的成果不断扩大,形成一个又一个新产业;高技术产业内部的融合导致新的高技术产业衍生或原有产业内部组织结构的根本性跃迁。

从创新产业发展结构来看,高技术产业面临的环境呈现较强的动荡性,技术范式的改变较传统行业更为频繁,实现这个动态过程需要不断增强产业结构的转换能力。借用Teece对企业动态能力的分类——整合能力、学习(吸收)能力与重构能力三个维度,高技术产业创新能力分为:创新资源投入产出能力(整合能力)、创新活动转化波及能力与创新环境影响支撑能力三个维度。

从创新产业的发展流程来看,高技术产业的创新活动,主要是科技创新活动对产业结构优化升级的带动能力。在高技术产业创新能力形成过程中,高技术创新及扩散起着基础性的作用,高技术产业创新能力通过知识和技术的外溢、传导、反馈及学习过程使自身得到不断增强。

4.3 高技术产业创新要素集聚的空间效应理论

4.3.1 内生增长与技术溢出

新古典经济学家索洛、斯旺等在20世纪50年代提出了一个全新的经济增长理论,首次将技术因素作为变量引入生产函数中。该理论认为,技术进步是经济增长的动力,而不是传统意义上的资本积累和劳动力,但技术进步是外生的。Arrow 首次将技术作为经济增长的内在因素,构建了经济增长模型,但未能解释经济快速增长的原因。20 世纪80 年代,罗默(Romer)、卢卡斯(Lucas)提出了著名的内生经济增长理论,该理论认为技术进步不是外生给定的,而是由经济模型本身的各种要素投入决定的,即引起经济增长的原因是内生的。卢卡斯将人力资本要素引入内生增长模型中,认为技术进步在经济增长中发挥作用的关键是人力资本积累产生的外部经济性。因此,内生增长理论认为,经济增长的最根本动力是内生因素的推动,内生的技术进步、人力资本积累和知识溢出是促进经济长期增长的关键因素。

内生增长模型十分重视技术溢出的作用。技术溢出是经济外在性的一种体现,不仅能促进企业自身的发展,还能拉动产业发展,在本地和周边地区形成良性循环。国外学者根据技术来源的不同将技术分为两类:第一类是经济体自身进行技术创新而产生的内源性技术,第二类是基于技术扩散、来源于外部经济体的外源性技术。技术溢出就是技术的非自愿性扩散,在很大程度上来源于外部性,主要体现在两个方面:一是技术在一定时间内是垄断的,其他经济体只能进行自主创新;二是其他经济体可以通过相关的技术扩散渠道获得新技术。基于不同的技术溢出传导方式,技术溢出的形成机制可以归类为三种:第一种是知识性溢出,技术人才的流动以及公开的专利技术促进了技术溢出;第二种是产业关联溢出,相同行业的企业会主动学习竞争者的技术并以此来进行产品创新,促进了企业间的技术溢出;第三种是市场性溢出,企业之间通过市场交易可以加快技术溢出。

4.3.2 高技术产业创新要素集聚的极化和扩散效应

创新要素集聚的极化和扩散受到创新区域所处的地理特点影响。弗莱德曼从新经济地理学的视角构建了"中心地区—外围地区"的二元结构模型。中心地区是指资金、技术等生产要素高度密集的经济发达区,外围地区是指中心地区以外的区域。中心地区在相互作用中居于主导地位,具有支配优势、创新优势以及产业协调优势等。中心地区利用这些优势从外围地区吸收要素资源,外围地区受益于中心地区创新成果的扩散,从而产生了两种效应:极化效应和扩散效应。在增长极发展的初期阶段,极化效应显著,通过吸引外部资源,增长极不断发展。在这个阶段,极化效应起主要作用,而扩散效应较弱。但是,当增长极发展到一定阶段后,极化效应减弱,扩散效应增强并逐渐占据主导地位,各种创新要素由极点向外围地区转移和渗透。总而言之,极化效应侧重于市场自发形成的空间格局,当极化达到一定阶段时会对周边地区进行溢出或扩散,从而形成以"中心—外围"模型为基础的扩散效应。

受增长极理论的影响,高技术产业的"增长极"的主要作用包括经济增长的驱动作用、产业升级改造的辐射作用、知识经济的先导作用。产业内创新要素的集聚带来了技术进步与经济效益的提高,也导致不同地区的产业技术差距进一步扩大。但创新要素积聚到一定程度后,企业生产成本提高,此时进一步扩大生产规模会导致规模不经济。在这种情况下,各种创新要素会集中向地理位置邻近的落后区域转移,形成扩散效应,促进邻近区域产业技术水平的提升。创新要素的大量流入使得邻近区域创新要素的空间分布呈现出集聚特征,且集聚度进一步增强。

创新要素具有两种集聚模式:集中集聚和分散集聚。集中集聚的过程是:大量的人才、技术、资本等创新要素集中在中心地区,创新要素的集聚效应增强,使高技术产业的技术水平与创新能力显著提高,由此促进产业成长为重要的创新驱动增长极。创新要素集聚发展到一定阶段会出现过度集聚的现象,造成资源的浪费和生产成本的上升,削弱创新要素的边际效益,此时创新资源会逐渐向周边地区流动,以寻求更高的经济利益,开始对外扩散。中心地区凭借其基础设施完善、服务功能先进等要素优势,与相邻空间形成紧密的联系,逐渐形成经济发展一体化格局。创新要素在核心地区与邻近地区间自由地流动,形成了分散集聚。分散集聚是要素集聚的高级阶段,一方面要素聚集的区域由一个极点发展至多个极点,由一个核心发展至多个核心;另一方面,分散集聚使得创新要素的空间分布更加广泛,集聚效应的辐射作用范围也更大。高技术产业作为驱动区域经济发展的增长极,是一定空间范围内的创新中心,在极化作用大于扩散作用的聚集阶段,高技术产业的极化作用明显,会聚集产业辐射区域内优质的创新要素;而在扩散作用增强而极化作用逐渐减弱的扩散阶段,高技术产业主要起到扩散作用,可以将优质的创新资源和经济要素扩散到周边经济区域。

4.3.3　高技术产业技术创新的溢出效应

技术溢出不仅仅是最终产品的知识溢出,还表现为前期研发活动的知识溢出,覆盖了技术创新的全过程。与传统产业相比,高技术产业基于创新知识,更易产生技术创新的溢出效应,具有高研发强度和高创新性的典型特征,是发明专利、新产品等技术创新成果的重要源点。高技术产业拥有较高的技术知识存量,与其他产业之间具有明显的技术差距,加上内部频繁的技术交流,是技术创新的主要溢出主体,推动企业之间形成长期持续、稳定的溢出;另一方面,高技术产业的技术创新活动是一种强集聚性的经济活动,比一般制造业具有更高的集聚水平,并且其创新性活动的集聚水平也较高。因此,高技术产业的创新型特征和集聚化发展使得知识和技术的扩散更加频繁,进一步推动了技术创新的溢出。

高技术产业技术创新的溢出效应主要通过三种渠道来实现:研发活动、产品流动和人力资本流动。首先是研发活动。技术创新是一种高投入、高风险的经济活动。在激烈的市场竞争环境中,企业一般通过研发合作来降低技术风险和市场风险。企业、科研机构等不同的创新主体之间通过建立研发合作关系以进行优势互补和规避风险,促进了技术创新的溢出效应。通过研发合作,企业之间加快了技术创新的溢出速度和影响强度。其次是产品流动。产品是技术创新产生溢出效应的重要载体,技术创新只有借助产品流动才能实现自身价值。一方面,通过市场交易和产品贸易,技术创新的受让方从创新企业获得了新知识和新技术。另一方面,创新企业通过新产品获得了垄断利益,其他企业纷纷效仿,产生了技术创新的溢出效应。同时,技术服务、研发外包等技术贸易都会促使技术创新产生溢出。再次是人力资本流动。高技术产业的创新活动和生产活动需要投入大量高素质的创新型人才。创新人才要素在企业间的流动促进了创新知识的转移和信息技术的创造,因此创新要素的集聚以及人力资本的流动是技术创新溢出的主要源泉。

高技术产业凭借其地理、技术、制度等各种资源禀赋优势成为经济增长点,在产业迅速发展后,会形成以高技术产业为中心向四周发散的技术溢出的局面,优势生产要素将通过地理位置的邻近、资金和人才的流动由发达地区向周边地区扩散,最大限度地发挥出经济增长潜力。高技术产业通过创新—溢出—再创新—再溢出的机制,不仅得以保持产业技术优势,其高技术辐射效应也会进一步放大,使高技术产业中的人才、技术等资源在不同区域间流动,带动其他区域的技术水平,使产业结构得到优化升级。

第5章
长江经济带高技术产业创新要素集聚度及差异度分析

5.1 创新要素集聚度及差异度的度量

5.1.1 高技术产业创新要素指标描述

关于创新要素,目前学者的研究主要从投入、产出和成果三方面描述,但具体描述指标还没有较为一致的表述,尤其是关于高技术产业的创新要素指标还鲜有文献涉及。常爱华认为创新要素即创新资源,是创新活动的核心要素和产生创新成果的要素综合。凌峰基于战略性新兴产业的视角,从创新主体要素(创新性企业、高校院所、科研机构等)、创新资源要素(人才要素、技术要素和资金要素)和创新环境要素(政策环境、市场环境、制度环境等)三方面描述了创新要素的构成。郑树旺从创新产出要素、创新投入要素、创新扩散要素以及创新环境支撑要素四方面构建了高技术产业技术创新能力的评价指标体系。本研究借鉴郑树旺对创新要素的研究成果,从创新要素的投入、产出和扩散方面构建了高技术产业的创新要素指标,如表5-1所示。

表5-1中,投入指标分别选用R&D人员全时当量、R&D经费内部支出和新产品开发经费支出,代表研发人员和研发资金的投入。其中,R&D是研究与试验发展的简称,指企业为研发新产品、新工艺而进行的系统性、创造性的活动,包括基础研究、应用研究、试验发展三类活动;R&D人员全时当量是国际上通用的、用于比较科技人力投入的指标,指R&D全时人员工作量与非全时人员按实际工作时间折算的工作量之和;R&D经费内部支出指企业用于内部开展R&D活动的实际支出,包括用于R&D项目活动的直接支出以及间接用于R&D活动的其他费用。产出指标用专利申请量和发明专利拥有量来衡量,体现高技术产业的科研开发成果和技术积累能力。

表 5-1 高技术产业创新要素指标

目标层	一级指标	二级指标	单位
高技术产业创新要素	创新投入要素	R&D 人员全时当量	人年
		R&D 经费内部支出	万元
		新产品开发经费支出	万元
	创新产出要素	专利申请量	项
		发明专利拥有量	项
	创新扩散要素	技术引进经费支出	万元
		技术改造经费支出	万元
		消化吸收经费支出	万元
		购买国内技术经费支出	万元

扩散指标分别选用技术引进经费支出、技术改造经费支出、消化吸收经费支出和购买国内技术经费支出，表示高技术产业通过技术引进掌握外来技术，并进行消化吸收转变为产业自身可利用的创新资源。其中，技术引进经费支出指企业用于购买国外或中国港澳台地区技术的费用支出，包括产品设计、图纸、专利等技术资料的费用支出，以及购买关键设备、仪器等的费用支出；技术改造经费支出指企业进行技术改造而发生的费用支出；消化吸收是引进技术的消化吸收，指对引进技术的掌握、应用、复制而开展的工作，以及在此基础上进行的创新活动；购买国内技术经费支出指企业购买国内其他单位研发成果的经费支出。

5.1.2 创新要素集聚度的度量方法

现有的空间集聚度指标主要包括集中度、赫芬达尔指数（HHI）、区位熵（LQ）、熵指数、空间基尼系数、E-G 指数、DO 指数等。通过比较不同的空间集聚指标，找出度量创新要素集聚度的方法，具体的指标如下所示。

1. 赫芬达尔指数

赫芬达尔指数是一种测度产业集中度的集聚指数，通过对企业赋予市场权重来衡量产业集聚度，具体表达式为：

$$HHI = \sum_{i=1}^{N} \left(\frac{X_i}{X} \right) \tag{5-1}$$

式中：X_i 表示地区 i 的经济规模；X 表示全部区域的总规模；HHI 指数越大，表示集聚程度越高。赫芬达尔指数和空间基尼系数主要适用于描述区域整体的集聚度，无法计算单个地区的集聚情况。

2. 区位熵

哈盖特（P. Hagget）首次提出区位熵指数以衡量区域优势产业的发展强度，具体公式表示为：

$$LQ_{ij}=\frac{E_{ij}/E_i}{E_j/E}\tag{5-2}$$

式中：E_{ij} 表示地区 i 产业 j 的产值；E_i 表示地区 i 的 GDP；E_j 是所有地区产业 j 的产值；E 为全部区域的 GDP。区位熵指数适用于研究地区某一产业的集聚情况。

3. E-G 指数

Ellison 和 Glaeser 在 1997 年提出了 E-G 指数，通过建立企业区位选择模型来测算产业集聚度，以弥补空间基尼系数等方法无法准确衡量地理集中度的缺陷。E-G 指数的具体公式为：

$$SCI=\frac{\sum_i\frac{(s_i-x_i)^2}{1-\sum_i x_i^2}-H_E}{1-H_E}\tag{5-3}$$

式中：H_E 指的是赫芬达尔指数；s_i 代表地区 i 某企业就业人数占该产业全国就业人数的比例；x_i 代表地区 i 全部就业占全国总就业的比例，该指数对数据的要求较高。

由于 DO 指数和熵指数还没有得到广泛的应用，本研究不再作详细介绍。

4. 度量方法选择与计算步骤

在测度空间集聚度的指标中，集中度是最简单的指标，表示前 n 个规模最大的企业或地区所占的份额，具体公式表示为：

$$CR_n=\sum_{i=1}^n X_i/\sum_{i=1}^n X_i\tag{5-4}$$

式中：CR_n 代表规模最大的前 n 个地区的集中度；X_i 表示地区 i 的相关指标（如 R&D 人员、R&D 支出等）。结合各种集聚度指标的特点，发现集中度方法能比较形象地反映集中水平，本研究运用集中度来衡量高技术产业创新要素的集聚状况，具体公式为：

$$g_{ij}=\frac{\text{省份}\ i\ \text{创新要素}\ j}{\text{全国平均创新要素}\ \overline{j}}\tag{5-5}$$

式中：i 表示省份；j 表示创新要素；$\overline{j}$ 表示全国平均创新要素，该指标反映了创新资源在空间布局上的集中程度和强度。为进一步确定创新要素集聚度的综合指数，需要对各创新指标进行标准化处理，再求出综合加权值，加权值权重的确定采用熵值法，具体计算过程如下。

数据标准化处理：

$$g'_{ij}=(g_{ij}-\overline{g_j})/(M_j-m_j)\tag{5-6}$$

式中：$\overline{g_j}$ 为第 j 项指标所有年份的均值；M_j 为所有年份 g_j 的最大值；m_j 为所有年份 g_j 的最小值。

消除负值，对坐标进行平移：

$$s_{ij}=g'_{ij}+b \tag{5-7}$$

式中：b 为指标的平移幅度，$b>|\min(g'_{ij})|$，b 越接近 $|\min(g'_{ij})|$，则权重计算越准确。

将指标进行同度量化，计算第 j 项指标下第 i 省份指标值的比重：

$$p_{ij}=s_{ij}/\sum_{i=1}^{m}s_{ij} \tag{5-8}$$

计算第 j 项指标的信息熵值 e_{ij}：

$$e_j=-\frac{1}{\ln m}\sum_{i=1}^{m}p_{ij}\ln(p_{ij}),0\leqslant e_{ij}\leqslant 1 \tag{5-9}$$

计算第 j 项指标的差异性系数 c_j：

$$c_j=1-e_j \tag{5-10}$$

计算指标权重 w_j：

$$w_j=c_j/\sum_{i=1}^{n}c_j \tag{5-11}$$

根据上述公式计算省份 i 的创新要素集聚综合指数 G_i：

$$G_i=\sum\sum_{i=1}^{n}w_{ij}s_{ij} \tag{5-12}$$

5.1.3 创新要素集聚差异度的度量方法

现有的空间差异度的指标主要包括锡尔指数和空间基尼系数等。通过比较不同的空间差异指标，找出度量创新要素集聚差异度的方法，具体的指标如下所示。

1. 锡尔指数

锡尔指数(Theil，用 T 表示)，又被称为锡尔熵、泰尔指数，由锡尔等人在 1967 年研究国家间收入差距时提出，具体公式表示为：

$$T=\sum(\frac{I_i}{I}\times\log(\frac{I_i/I}{P_i/P})) \tag{5-13}$$

式中：I_i 表示地区 i 的相关指标(如收入、就业数量等)；I 表示所有地区的总指标；P_i 表示地区 i 的人口数量，P 表示总人口数量。锡尔指数大于或者等于 0，表示地区间的差距小。

2. 空间基尼系数

1912 年，意大利经济学家基尼根据洛伦兹曲线首次提出反映收入分配差距的指标，即基尼系数(Gini Coefficient)。该指标能够非常方便地反映出总体收入差距状况，成为国际上衡量差距程度的一个重要的统计分析指标。经过学者的进一步研究，基尼系数已广泛应用于经济发展、区域创新等地区的差异性分析。

因此,本研究选择基尼系数来研究长江经济带不同地区间创新要素集聚的差异情况,已有文献探讨过空间基尼系数的计算,其计算公式如下:

$$GINI = \frac{-(n+1)}{n} + \frac{2}{n^2\mu_i}\sum_{i=1}^{n}iy_i \qquad (5-14)$$

式中:n 代表所选取的单元个数;μ_i 是所有单元创新要素集聚水平的平均值;y_i 是将样本中个体创新要素集聚水平由低到高排列的第 i 个单元的创新要素集聚水平。基尼系数的取值范围为[0,1],GINI 值越接近 1,代表地区间创新要素集聚的差异度越大。一般认为:GINI 值在 0.2 以下,表示地区间几乎不存在差异性;GINI 值在 0.2 至 0.3 之间,表示差异程度较小;GINI 值在 0.3 至 0.4 之间,表示存在一定的差异程度;GINI 值在 0.4 至 0.5 之间,表示差异程度过大;而 GINI 值在 0.5 以上,表示地区间创新要素集聚的差异程度不合理。

5.2 各省市创新要素集聚度及差异度的测算

长江经济带覆盖了上海、江苏、浙江、安徽、江西、湖北、湖南、重庆、四川、云南、贵州 11 省市,横跨我国东、中、西三大区域,是我国最具影响力的内河经济带,分为长江上游、长江中游以及长江下游地区。由于资源禀赋和经济发展水平的不同,各省市间的高技术产业发展水平差异显著,研究各省市的创新要素集聚度及整体的集聚差异对分析高技术产业的一体化发展具有重要意义。

5.2.1 各省市经济和高技术产业的发展现状分析

1. 各省市经济的发展现状分析

本研究选用 GDP 值来反映 2006—2015 年长江经济带各省市的经济发展水平,分别从长江下游、中游和上游地区进行描述,如表 5-2 所示。为了反映出各省市 GDP 值随时间变化的趋势,绘制出折线图,如图 5-1 所示。

表 5-2 2006—2015 年长江经济带 11 省市的 GDP(亿元)

省市	2006 年	2007 年	2008 年	2009 年	2010 年	2011 年	2012 年	2013 年	2014 年	2015 年
上海	10 572.24	12 494.01	14 069.86	15 046.45	17 165.98	19 195.69	20 181.72	21 818.15	23 567.70	25 123.45
江苏	21 742.05	26 018.48	30 981.98	34 457.30	41 425.48	49 110.27	54 058.22	59 753.37	65 088.32	70 116.38
浙江	15 718.47	18 753.73	21 462.69	22 990.35	27 722.31	32 318.85	34 665.33	37 756.58	40 173.03	42 886.49
安徽	6 112.50	7 360.92	8 851.66	10 062.82	12 359.33	15 300.65	17 212.05	19 229.34	20 848.75	22 005.63
江西	4 820.53	5 800.25	6 971.05	7 655.18	9 451.26	11 702.82	12 948.88	14 410.19	15 714.63	16 723.78
湖北	7 617.47	9 333.40	11 328.92	12 961.10	15 967.61	19 632.26	22 250.45	24 791.83	27 379.22	29 550.19

续表

省市	2006年	2007年	2008年	2009年	2010年	2011年	2012年	2013年	2014年	2015年
湖南	7 688.67	9 439.60	11 555.00	13 059.69	16 037.96	19 669.56	22 154.23	24 621.67	27 037.32	28 902.21
重庆	3 907.23	4 676.13	5 793.66	6 530.01	7 925.58	10 011.37	11 409.60	12 783.26	14 262.60	15 717.27
四川	8 690.24	10 562.39	12 601.23	14 151.28	17 185.48	21 026.68	23 872.80	26 392.07	28 536.66	30 053.10
云南	3 988.14	4 772.52	5 692.12	6 169.75	7 224.18	8 893.12	10 309.47	11 832.31	12 832.31	13 619.17
贵州	2 338.98	2 884.11	3 561.56	3 912.68	4 602.16	5 701.84	6 852.20	8 086.86	9 266.39	10 502.56

数据来源:国家统计局网站

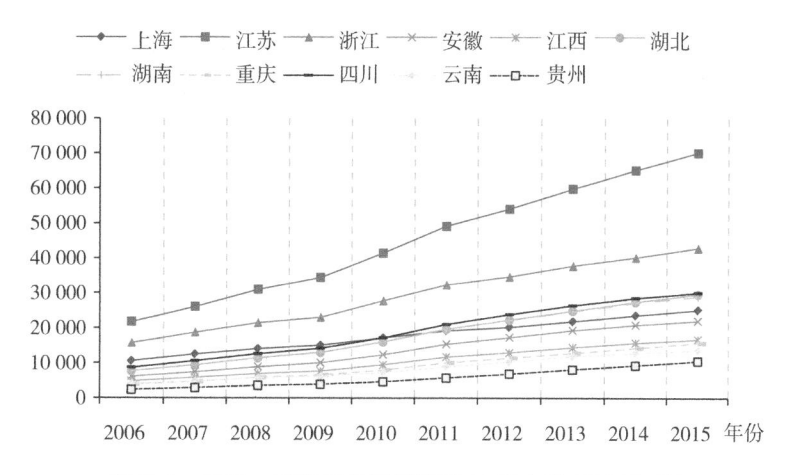

图 5-1　2006—2015 年长江经济带 11 省市的 GDP(亿元)

表 5-2 和图 5-1 显示,长江下游地区是我国综合实力最强的经济中心,包括上海、江苏和浙江。上海作为长江经济带及全国的龙头城市,经济发展水平较高,2015 年的 GDP 值达到 25 123.45 亿元;江苏的 GDP 总量在长江经济带中名列第一,经济规模庞大,2006—2015 年经济水平发展迅速,GDP 值由 21 742.05 亿元上升至 70 116.38 亿元,并且上升速度逐步扩大;浙江近年来的 GDP 平稳上升,2015 年的 GDP 值为 42 886.49 亿元。

长江中游地区包括安徽、江西、湖北、湖南。安徽的经济发展水平持续上升,由 2006 年的 6 112.50 亿元上升至 2015 年的 22 005.63 亿元;与安徽相比,江西的经济规模较小,2015 年 GDP 值为 16 723.78 亿元,发展速度不明显;湖北和湖南的经济发展水平相当,湖北的 GDP 值由 2006 年的 7 617.47 亿元上升至 2015 年的 29 550.19 亿元,湖南由 7 688.67 亿元上升至 28 902.21 亿元,经济水平高于安徽和江西。

长江上游地区包括重庆、四川、云南和贵州。重庆作为西部大开发的重要战略支点,2015 年 GDP 值为 15 717.27 亿元,约为 2006 年 GDP 值的 4 倍;四川的经济发展水平略高于湖北,GDP 值由 2006 年的 8 690.24 亿元上升至 2015 年的 30 053.10 亿元;与其他省市相比,云南的经济发展水平较为滞后,2015 年的 GDP 值为 13 619.17 亿元;贵州在长江经济带中,经济发展水平最低,2015年的GDP值为10 502.56亿元,发展速度缓慢。由此可见,长江经济带各省市的经济发展水平有较大的发展差距,长江下游地区的经济发展水平较高,处于第一等级;中部省份的湖北、湖南,以及上游地区的四川、重庆的经济发展规模低于下游地区,处于第二等级;而江西、贵州和云南的经济规模较低,发展速度缓慢,有待于产业结构的转型升级和进一步的发展。

2. 各省市高技术产业的发展现状分析

根据2006—2015年各省市的GDP数据和各省市的高技术产值,计算得出长江经济带11省市的高技术产值/GDP的比重,以分析各省市高技术产业的发展现状,如表5-3所示。

表5-3 2006—2015年长江经济带11省市的高技术产值/GDP比重

省市	2006年	2007年	2008年	2009年	2010年	2011年	2012年	2013年	2014年	2015年
上海	0.423 2	0.450 7	0.419 4	0.369 3	0.402 0	0.365 8	0.349 4	0.312 7	0.299 4	0.287 1
江苏	0.347 6	0.371 3	0.384 4	0.377 7	0.392 9	0.396 8	0.422 9	0.415 9	0.401 2	0.406 9
浙江	0.154 9	0.151 9	0.125 8	0.116 2	0.123 1	0.115 2	0.114 7	0.115 5	0.119 3	0.123 3
安徽	0.036 0	0.038 3	0.038 4	0.045 7	0.055 2	0.073 1	0.084 8	0.095 2	0.121 5	0.139 2
江西	0.068 9	0.076 9	0.084 1	0.098 8	0.109 7	0.121 2	0.143 4	0.158 8	0.166 2	0.198 4
湖北	0.076 8	0.074 6	0.074 8	0.080 2	0.082 2	0.087 7	0.091 1	0.098 6	0.107 7	0.123 7
湖南	0.033 2	0.034 7	0.045 2	0.049 7	0.058 0	0.078 5	0.084 9	0.104 3	0.104 8	0.113 5
重庆	0.043 0	0.046 8	0.048 8	0.054 1	0.067 0	0.115 9	0.165 0	0.205 3	0.240 8	0.256 3
四川	0.088 7	0.104 8	0.111 4	0.124 9	0.125 3	0.153 2	0.166 0	0.195 5	0.192 3	0.172 1
云南	0.019 8	0.021 0	0.021 8	0.023 8	0.023 4	0.022 6	0.023 2	0.024 6	0.024 3	0.025 7
贵州	0.074 8	0.070 7	0.061 8	0.075 1	0.070 0	0.064 9	0.050 1	0.046 0	0.061 1	0.076 8

数据来源:2007—2016年《中国高技术产业统计年鉴》及国家统计局网站

从表5-3中可以看出,上海的高技术产业在2006年至2007年间获得了充分的发展,其后高技术产值占GDP的比重处于波动式下降阶段,由2006年的42.32%下降至2015年的28.71%,由此可见,上海当时正在经历新一轮的产业经济转型升级,其经济发展的中心逐渐由高技术产业向金融、信息科技等产业转移。江苏高技术产值占GDP的比重波动上升,由34.76%上升至42.29%,之后又下降到40.69%,江苏的高技术产业在经历了一个快速增长期后,产业结构的调整逐渐向上海靠拢,经济结构逐渐转型。浙江近年来积极调整产业结构,高技术产值占GDP的比重由2006年的15.49%下降至2015年的12.33%,经济发展突出以互联网为核心的信息经济引领作用。

安徽近年来持续加强开放型经济发展,进一步融入长三角,2015年高技术产业增长率为13.49%,高技术产值占GDP的比重由2006年的3.6%上升至2015年的13.92%,高技术产业进步明显,但发展规模较小,还需进一步发展高技术产业以加快创新驱动的发展。江西的产业结构逐渐优化,高技术产值占GDP的比重由6.89%上升至19.84%;但江西的经济水平发展缓慢,而经济基础是决定创新能力的基础,江西需加强经济发展,促进经济和高技术产业的协同上升。湖北的高技术产值占GDP的比重呈上升趋势,由2006年的7.68%上升至2015年的12.37%,但湖北的传统产业比重大,高技术产业发展相对不足,需加快产业技术创新平台的建设,促进高技术产业的快速发展。湖南的高技术产值占GDP的比重也相应上升,产业结构逐渐升级。

重庆近年来明确了创新驱动的发展战略,高技术产值占GDP的比重由4.3%上升至25.63%,产业升级效果显著。四川通过不断深化科技体制改革,培育和发展了一大批创新型企业和高技术企业,高技术产值占GDP的比重由8.87%上升至17.21%,经济结构不断优化。贵州高技术产值占GDP的比重一直维持在7%左右,产业结构调整不明显,与其他省份相比,对研发投入的重视程度不够,高技术企业的技术创新能力依然薄弱。云南的高技术产业发展在经济带内最为滞后,高技术产值占GDP的比重仅为2%左右,目前的产业发展仍以当地的资源禀赋为主。由此可见,由于沿线省市的经济发展条件差异较大,各地区高技术产业的发展差距也十分明显。

3. 各省市创新投入要素的现状分析

根据表5-1中的创新要素指标,高技术产业的创新投入要素包括R&D人员全时当量、R&D经费内部支出和新产品开发经费支出。本研究以R&D经费内部支出分析各省市创新投入要素的变化情况,如表5-4所示。为了反映R&D经费内部支出随时间变化的趋势,绘制出折线图,如图5-2所示。

表5-4 2006—2015年长江经济带11省市的R&D经费内部支出(万元)

省市	2006年	2007年	2008年	2009年	2010年	2011年	2012年	2013年	2014年	2015年
上海	404 956	472 085	485 621	633 021	673 565	717 383	907 644	1 061 510	1 274 063	1 282 252
江苏	517 115	733 616	954 698	1 275 731	1 351 327	2 107 404	2 575 680	2 798 080	3 084 252	3 431 437
浙江	373 825	389 497	434 206	621 601	524 402	869 939	1 155 257	1 304 677	1 537 770	1 853 268
安徽	18 781	28 636	49 142	65 741	122 141	208 645	223 916	301 380	374 669	512 012
江西	51 003	51 392	54 285	111 392	104 371	164 477	165 122	214 956	281 410	312 507
湖北	86 372	94 160	109 777	229 747	198 633	475 139	618 559	732 147	816 041	941 196
湖南	9 413	23 487	50 723	137 948	95 857	203 829	231 106	433 737	465 758	640 477
重庆	23 928	34 864	37 873	53 560	64 451	71 776	104 240	166 156	184 783	324 767
四川	166 342	259 897	253 730	281 434	247 534	370 287	382 941	618 378	645 716	819 832
云南	5 021	6 638	10 273	13 685	17 283	42 298	55 006	61 105	75 157	80 008
贵州	35 262	31 381	23 925	61 160	98 334	83 002	134 342	155 535	173 964	168 616
全国	4 564 367	5 453 244	6 551 994	8 921 215	9 678 300	14 409 133	17 338 101	20 343 380	22 742 749	26 266 585

数据来源:2007—2016年《中国高技术产业统计年鉴》及国家统计局网站

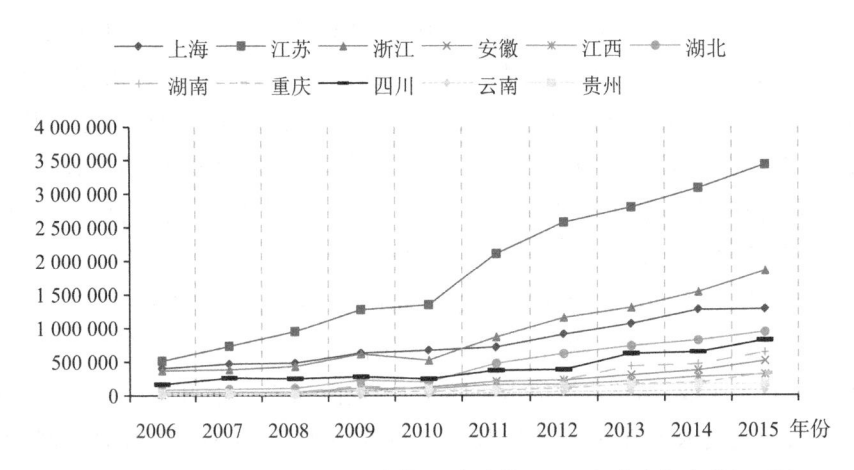

图 5-2 2006—2015 年长江经济带 11 省市的 R&D 经费内部支出(万元)

结合表 5-4 和图 5-2 可以看出,长三角省份以其开放的投资环境吸引了大量的创新资源,上海由 2006 年的 404 956 万元上升至 2015 年的 1 282 252 万元,增长倍数约为 2.16 倍;江苏的 R&D 经费内部支出远高于其他省市,从 2007 年开始上升趋势显著,由 2006 年的 517 115 万元上升至 2015 年的 3 431 437 万元,上升幅度将近 6 倍;浙江的 R&D 经费内部支出从 2011 年开始超越上海,排名第二。

在长江中游省份中,安徽的创新资金投入增长迅速,R&D 经费内部支出由 2006 年的 18 781 万元上升至 2015 年的 512 012 万元,增长倍数约为 26 倍;江西的 R&D 经费内部支出由 2006 年的 51 003 万元上升至 2015 年的 312 507 万元,增长倍数约为 5 倍;湖北的 R&D 经费内部支出在长江经济带中排名第四,2015 年达到 941 196 万元;湖南的 R&D 经费内部支出增长迅速,由 2006 年的 9 413 万元上升至 2015 年的 640 477 万元,增长幅度约为 67 倍。

在长江上游省份中,重庆的 R&D 经费内部支出由 2006 年的 23 928 万元上升至 2015 年的 324 767 万元,增长幅度约为 12 倍,增长速度明显;四川的 R&D 经费内部支出在 2015 年为 819 832 万元,排名第五;贵州的 R&D 经费内部支出由 2006 年的 35 262 万元增长到 2015 年的 168 616 万元,发展速度不明显;云南的研发投入不足,研发平台极不完善,2015 年的 R&D 经费内部支出仅为 80 008 万元,处于最低水平。

5.2.2 各省市创新要素集聚度分析

根据创新要素指标和 2006—2015 年长江经济带 11 省市的创新要素,由式(5-6)至式(5-12)的计算过程得出长江经济带 11 省市创新要素集聚度的综合指数,如表 5-5 所示。

表 5-5　2006—2015 年长江经济带 11 省市创新要素集聚度综合指数 G

年份	上海	江苏	浙江	安徽	江西	湖北	湖南	重庆	四川	云南	贵州
2006	0.732 9	0.653 8	0.506 4	0.061 9	0.158 4	0.165 6	0.071 7	0.077 1	0.227 9	0.051 5	0.092 9
2007	0.649 3	0.783 6	0.408 9	0.071 8	0.139 1	0.135 7	0.067 0	0.079 7	0.276 6	0.052 2	0.087 3
2008	0.587 3	0.801 3	0.401 1	0.084 3	0.084 1	0.132 2	0.084 0	0.082 4	0.237 6	0.054 7	0.074 4
2009	0.644 2	0.803 7	0.469 4	0.091 0	0.089 8	0.180 7	0.122 9	0.094 3	0.198 1	0.046 0	0.077 2
2010	0.639 2	0.879 7	0.355 5	0.106 8	0.082 1	0.150 2	0.109 0	0.078 2	0.206 0	0.046 9	0.085 1
2011	0.539 3	0.928 4	0.404 8	0.119 0	0.081 1	0.167 3	0.119 9	0.065 1	0.192 6	0.046 8	0.064 1
2012	0.544 5	0.890 9	0.413 2	0.111 3	0.076 9	0.175 6	0.111 6	0.061 4	0.186 0	0.046 1	0.069 5
2013	0.488 5	0.883 2	0.419 3	0.128 6	0.086 5	0.191 1	0.132 5	0.077 0	0.205 6	0.045 9	0.070 5
2014	0.486 0	0.884 6	0.396 2	0.135 0	0.084 9	0.198 3	0.139 6	0.070 8	0.209 3	0.043 8	0.070 7
2015	0.489 3	0.800 8	0.428 6	0.161 3	0.105 4	0.194 1	0.168 8	0.100 2	0.207 5	0.049 7	0.069 8

从表 5-5 中可以看出,长三角地区省市的创新要素集聚水平处于第一梯度,上海集聚水平在观测期内呈现波动下降的趋势,表明上海创新要素集聚的增长极特征凸显,呈现出辐射和回波效应;江苏的创新集聚度持续上升,浙江的创新要素集聚水平基本平稳;长三角地区通过极化效应将集聚分布的创新资源向周边地区扩散,呈现出对外扩散的趋势,但同时回波效应提升。创新资源配置的趋利性导致各省市的集聚水平存在较大的差异,创新资源主要集中分布在长三角地区,作为长江经济带的主要增长极,长三角地区聚集了越来越多的高技术产业和高端生产要素,已成为高技术产业技术扩散的中心。

作为长江中游和上游的核心省份,湖北和四川处于发展水平的第二等级,湖北的集聚水平在观测期内波动上升,说明湖北近年来加大了对创新资源的投入力度,而四川的集聚水平波动下降,四川对周边地区经济和产业的辐射带动作用大于湖北。安徽、江西、湖南、重庆、云南和贵州的集聚水平处于第三等级,安徽和湖南在长三角地区的辐射效应下,集聚水平在观测期内大幅上升;重庆作为长江经济带核心城市,其创新资源的集聚能力处在上升期,伴随着产业结构的调整,其集聚水平产生波动;云南和贵州的创新资源集聚能力较弱,高技术产业发展滞后,显示这些地区的产业发展还必须与资源禀赋特色紧密结合。

5.2.3 各省市创新要素集聚差异度分析

根据式(5-14)中提出的测算创新要素集聚差异度的基尼系数法,将表 5-5 中 11 省市创新要素集聚度代入式(5-14),计算得出省域间创新要素集聚的差异度,如图 5-3 所示。GINI 值与创新要素集聚的差异程度成正比,GINI 值越大,表示省域间创新要素集聚的差异性越大。

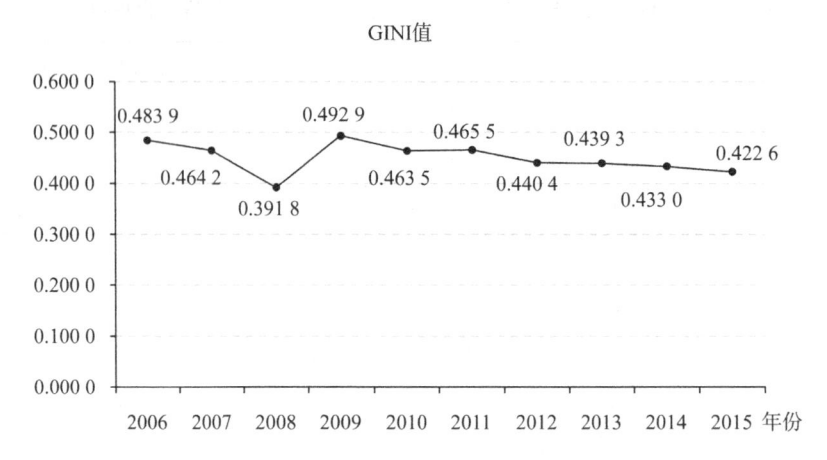

图 5-3　2006—2015 年长江经济带省域间创新要素集聚差异

从图 5-3 中可以看出,创新要素集聚在长江经济带省际的差异在观测期基本呈现缓慢缩小的趋势。2006 至 2008 年间,基尼系数由 0.483 9 下降至 0.391 8,2009 年又上升至 0.492 9,但 2009 至 2015 年间,基尼系数呈现缓慢下降趋势;除 2008 年外,创新要素集聚在长江经济带的差异不断缩小。随着高技术产业的发展,发达地区高技术产业的创新要素集聚已趋于饱和,开始呈现出对外扩散的趋势,上海、浙江、四川等省份的创新要素开始向安徽、湖南等省份扩散,创新要素集聚水平高的省份逐渐对周边落后地区形成了辐射带动作用,使长江经济带创新要素集聚的差异程度逐渐缩小,创新资源在省际的不均衡分布特征正在逐渐缓解,以进一步缩小创新要素集聚在长江经济带内的差异程度。

5.3　核心城市创新要素集聚度及差异度的测算

根据《长江经济带城市协同发展能力指数(2016)研究报告》中的协同能力得分,在长江经济带 110 座城市中,上海、武汉、重庆和南京名列前四。长江经济带内既有核心城市,也有外围城市,研究长江经济带四大核心城市创新要素的集聚度,对外围城市的高技术产业发展具有重要的示范作用。

5.3.1　核心城市经济和高技术产业的发展现状分析

1. 核心城市经济的发展现状分析

本研究选用 GDP 值来反映 2006—2015 年长江经济带四个核心城市的经济发展水平,如表 5-6 所示。为了反映出各核心城市 GDP 值随时间变化的趋势,绘制出折线图,如图 5-4 所示。

表 5-6　2006—2015 年长江经济带核心城市的 GDP(亿元)

地区	2006 年	2007 年	2008 年	2009 年	2010 年	2011 年	2012 年	2013 年	2014 年	2015 年
上海	10 572.24	12 494.01	14 069.86	15 046.45	17 165.98	19 195.69	20 181.72	21 818.15	23 567.70	25 123.45
南京	2 773.78	3 283.73	3 775.00	4 230.00	5 130.70	6 145.52	7 201.60	8 011.78	8 820.75	9 720.77
武汉	2 590.76	3 141.90	3 960.08	4 621.00	5 565.90	6 762.20	8 003.80	9 051.27	10 069.48	10 905.60
重庆	3 907.23	4 676.13	5 793.66	6 530.01	7 925.58	10 011.37	11 409.60	12 783.26	14 262.60	15 717.27

数据来源:国家统计局网站

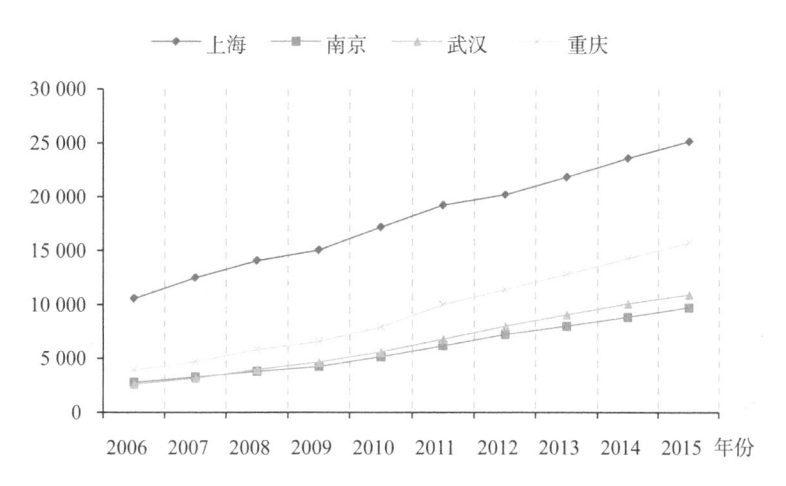

图 5-4　2006—2015 年长江经济带核心城市的 GDP(亿元)

表 5-6 和图 5-4 显示,龙头城市上海在辐射整个经济带协同发展方面具有巨大的带动作用,2006—2015 年,上海的经济发展速度较高并保持稳定,GDP 值由 10 572.24 亿元上升至 25 123.45 亿元,远高于其他核心城市。而南京、武汉和重庆作为长江经济带的高级中心城市,是长江经济带三大城市群(长三角城市群、长江中游城市群、成渝城市群)具有辐射带动作用的区域性协同发展节点。重庆的经济发展水平在四大核心城市中位列第二,发展速度与上海齐平,GDP 值由 2006 年的 3 907.23 亿元上升至 2015 年的 15 717.27 亿元,增长幅度 300%。南京和武汉作为省会城市,保持了经济的较快增长,但从 2009 年开始拉大了与上海和重庆的发展差距;从 2008 年开始武汉的经济发展规模超越南京,经济规模位列第三,GDP 值由 2006 年的 2 590.76 亿元上升至 2015 年的 10 905.60 亿元,超越 2015 年南京的 9 720.77 亿元。

2. 核心城市高技术产业的发展现状分析

根据 2006—2015 年各核心城市的 GDP 数据和核心城市的高技术产值,计算得出长江经济带核心城市的高技术产值/GDP 的比重,以分析长江经济带核心城市高技术产业的发展现状,如表 5-7 所示。

表 5-7　2006—2015 年长江经济带核心城市的高技术产值/GDP 比重

地区	2006 年	2007 年	2008 年	2009 年	2010 年	2011 年	2012 年	2013 年	2014 年	2015 年
上海	0.423 2	0.450 7	0.419 4	0.369 3	0.402 0	0.365 8	0.349 4	0.312 7	0.299 4	0.287 1
南京	0.280 3	0.336 3	0.351 8	0.378 8	0.388 7	0.352 0	0.334 0	0.314 3	0.296 6	0.282 9
武汉	0.076 8	0.074 6	0.074 8	0.080 2	0.082 2	0.087 7	0.091 1	0.098 6	0.107 7	0.123 7
重庆	0.043 0	0.046 8	0.048 8	0.054 1	0.067 0	0.115 9	0.165 2	0.205 3	0.240 8	0.256 3

数据来源：2007—2016 年《中国高技术产业统计年鉴》及国家统计局网站

从表 5-7 中可以看出，2006—2008 年上海的高技术产值/GDP 的比重大于 40%，经济发展以发展高技术产业为主，近年来上海经济转型升级的步伐加快，高技术产值/GDP 的比重处于下降阶段，由 2008 年的 41.94% 下降至 2015 年的 28.71%；2006—2010 年，南京的高技术产业获得了较快的发展，高技术产值/GDP 的比重处于上升阶段，2010—2015 年该比重呈现下降的趋势，说明南京正在进行产业转型和进一步升级；武汉的高技术产业在 2006—2015 年发展稳定，高技术产值/GDP 的比重由 2006 年的 7.68% 上升至 2015 年的 12.37%，未来的高技术产业有进一步发展的趋势；重庆的高技术产值/GDP 的比重一直处于上升阶段，并且近年来的发展速度上升，高技术产值/GDP 的比重由 2010 年的 6.7% 上升至 2015 年的 25.63%。

5.3.2　核心城市创新要素集聚度分析

由于数据的可获得性，核心城市南京和武汉的创新要素集聚度根据其高技术产业产值占全省的比重估算获得，结果如表 5-8 所示。

表 5-8　2006—2015 年长江经济带四大核心城市创新要素集聚度综合指数 G

地区	2006 年	2007 年	2008 年	2009 年	2010 年	2011 年	2012 年	2013 年	2014 年	2015 年
上海	0.732 9	0.649 3	0.587 3	0.644 2	0.639 2	0.539 3	0.544 5	0.488 5	0.486	0.489 3
南京	0.067 3	0.089 6	0.089 3	0.098 9	0.107 8	0.103 1	0.093 7	0.089 5	0.088 6	0.077 2
武汉	0.056 3	0.045 7	0.046 2	0.064 4	0.052 4	0.057 6	0.063 2	0.069 8	0.072 9	0.071 6
重庆	0.077 1	0.079 7	0.082 4	0.094 3	0.078 1	0.065 1	0.061 4	0.077	0.070 8	0.100 2

由表 5-8 和图 5-5 可知，上海的创新要素集聚能力最强，远高于其他核心城市；除 2008 年金融危机外，上海的创新要素集聚水平呈现出不断下降的趋势，说明上海高技术产业的创新资源已达到饱和状态，上海正在经历更高级别的经济转型，创新资源逐渐对外扩散，辐射带动周边外围城市高技术产业的技术进步。南京作为长三角地区的核心城市，良好的产业环境对创新资源如创新人才等具有较强的吸引力，创新资源集聚水平要高于武汉和重庆；南京的创新要素集聚水平在观测期内呈现缓慢上升趋势，说明南京的高技术产业处在发展阶段，不断吸收创新资源，提升自身的集聚能力，对周边城市的辐射带动作用还不明显。随着产业结构的不断调整，武汉和重庆的创新资源集聚水平还处在波

动上升期,对外围城市的辐射效应和溢出效应较弱,其高技术产业还有待进一步的发展。

图 5-5　2006—2015 年长江经济带核心城市创新要素集聚度综合指数 G 折线图

5.3.3　核心城市创新要素集聚差异度分析

根据式(5-14)提出的测算创新要素集聚差异度的基尼系数法,将表 5-8 中四大核心城市的创新要素集聚度代入式(5-14),计算得出核心城市创新要素集聚的差异度,如图 5-6 所示。GINI 值与创新要素集聚的差异程度成正比,GINI 值越大,表示核心城市间创新要素集聚的差异性越大。

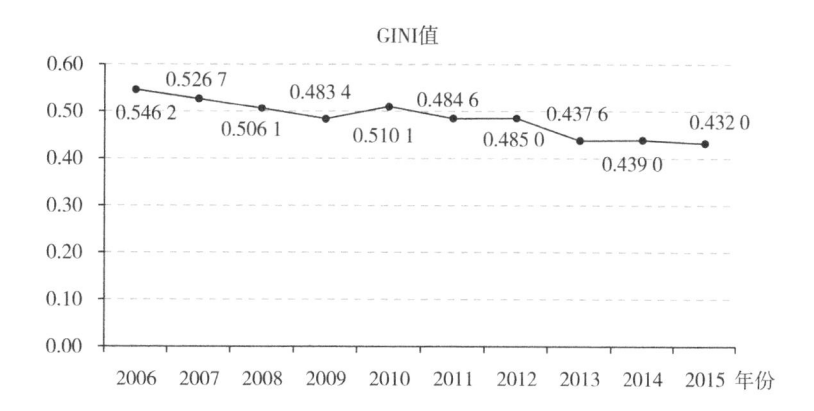

图 5-6　2006—2015 年长江经济带核心城市间创新要素集聚差异

图 5-6 显示,创新要素集聚在长江经济带四大核心城市间的差异度在观测期内呈现波动下降的趋势。GINI 值由 2006 年的 0.546 2 下降至 2015 年的 0.432 0,说明核心城市间创新要素集聚的扩散效应已占据主导地位。上海的创新要素集聚水平对周边城市形成了辐射带动作用,创新资源在核心城市间的不均衡分布特征正在缩小;南京、武汉和重庆作为三大城市群的核心城市,必须不断发展高技术产业以进行更深层次的产业升级,因此需要进一步优化产业的创新环境,不断吸引更多创新资源的投入。准确把握核

心城市的定位,减少核心城市间创新要素集聚的差异,发挥核心城市的辐射效应和溢出效应,实现其向外围城市的层层推进是长江经济带一体化建设的重要任务。

5.4 城市群创新要素集聚度及差异度的测算

国务院发布《关于依托黄金水道推动长江经济带发展的指导意见》,指出长江经济带由以综合运输通道为轴线,以长三角、长江中游和成渝三大跨区域的城市群为主体,以黔中和滇中两大区域性的城市群为补充的五大城市群构成。高技术产业的一体化发展是由点到面再到整体的过程,城市群创新要素集聚度及集聚差异的分析对缩小城市群间的高技术产业发展差距具有重要作用。

5.4.1 城市群经济和高技术产业的发展现状分析

1. 城市群经济的发展现状分析

本研究以上海、江苏、浙江为长三角城市群的构成范围,以安徽、湖北、湖南、江西为长江中游城市群的构成范围,而成渝城市群具体范围包括重庆市和四川省,黔中城市群以贵州省为范围,滇中城市群以云南省为界。根据表5-2中2006—2015年11省市的GDP数据以及各城市群的构成范围,计算得出2006—2015年长江经济带城市群的GDP值,如表5-9所示。为了反映各城市群的经济发展随时间变化的趋势,绘制出折线图,如图5-7所示。

表5-9 2006—2015年长江经济带城市群的GDP(亿元)

城市群	2006年	2007年	2008年	2009年	2010年	2011年	2012年	2013年	2014年	2015年
长三角城市群	48 032.76	57 266.22	66 514.53	72 494.1	86 313.77	100 624.81	108 905.27	119 328.1	128 829.05	138 126.32
长江中游城市群	26 239.17	31 934.17	38 706.63	43 738.79	53 816.16	66 305.29	74 565.61	83 053.03	90 979.92	97 181.81
成渝城市群	12 597.47	15 238.52	18 394.89	20 681.29	25 111.06	31 038.05	35 282.4	39 175.33	42 799.26	45 770.37
黔中城市群	2 338.98	2 884.11	3 561.56	3 912.68	4 602.16	5 701.84	6 852.2	8 086.86	9 266.39	10 502.56
滇中城市群	3 988.14	4 772.52	5 692.12	6 169.75	7 224.18	8 893.12	10 309.47	11 832.31	12 832.31	13 619.17

数据来源:国家统计局网站

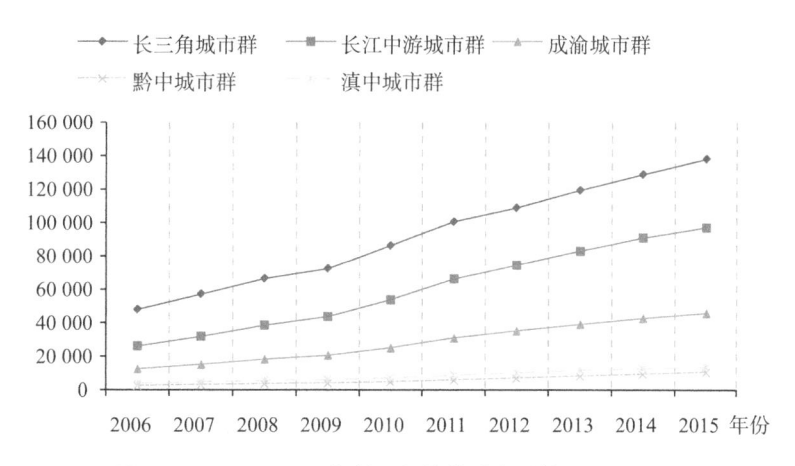

图 5-7　2006—2015 年长江经济带城市群的 GDP(亿元)

结合表 5-9 和图 5-7 可以看出,长三角城市群处于"一带一路"与长江经济带的重要交汇地带,其经济发展水平最高,GDP 值由 2006 年的 48 032.76 亿元上升至 2015 年的 138 126.32 亿元,发展速度显著;长江中游城市群的经济发展速度与长三角城市群相当,GDP 值由 2006 年的 26 239.17 亿元上升至 2015 年的 97 181.81 亿元,伴随着产业转移的承接和产业结构的转型升级,经济发展水平获得了显著提升;成渝城市群的发展速度低于长三角和长江中游城市群,GDP 值由 2006 年的 12 597.47 亿元增长到 2015 年的 45 770.37 亿元,经济发展较为平稳;黔中和滇中城市群的经济发展水平较为滞后,且近年来的发展趋势缓慢,需要进一步调整产业结构,以加快经济发展。

2. 城市群高技术产业的发展现状分析

由 2006—2015 年各城市群的 GDP 值和高技术产值,根据各城市群的构成范围计算得出长江经济带城市群的高技术产值/GDP 的比重,如图 5-8 所示。

图 5-8　2006—2015 年长江经济带城市群的高技术产值/GDP 比重

从图 5-8 中可以看出，长三角城市群作为最具经济活力的资源配置中心，其高技术产业的发展水平处于经济带及全国的领先水平，高技术产值占 GDP 的比重基本维持在 30% 左右；长三角在推动产业结构转型升级的同时，应引领前沿技术获得突破，增强对其他城市群高技术产业发展的示范作用。2015 年，长江中游城市群被正式定义为我国经济发展的新增长极，高技术产业发展势头较好，高技术产值占 GDP 的比重由 2006 年的 5.31% 上升至 2015 年的 13.7%，长江中游城市群应增强承接长三角地区产业转移的产业配套能力，使高技术产业与经济增长得到协调发展。成渝城市群具有承东启西、连接南北的区位优势，经济基础较好，产业实力雄厚，高技术产业发展迅速，高技术产值占 GDP 的比重由 2006 年的 7.45% 上升至 2015 年的 20.1%，是引领长江经济带西部地区产业升级的重要增长极。黔中城市群的高技术产业发展缓慢，高技术产值占 GDP 的比重几乎没有变化。作为带动贵州经济持续增长、促进区域协调发展的重要平台，黔中城市群需要发挥产业集聚、技术创新的作用，促进高技术产业的发展，进一步调整和优化产业结构。滇中城市群是西部大开发的重点地带，产业发展仍以当地的资源禀赋为主，高技术产业有待进一步发展。

3. 城市群创新投入要素的现状分析

根据表 5-1 中的创新要素指标，以 R&D 经费内部支出分析各城市群创新投入要素的情况。根据表 5-4 中 2006—2015 年 11 省市的 R&D 经费内部支出以及城市群的构成范围，计算得出长江经济带城市群的 R&D 经费内部支出，如表 5-10 所示。为了更好地描述各城市群 R&D 经费内部支出的变化趋势，绘制出趋势图，如图 5-9 所示。

表 5-10　2006—2015 年长江经济带城市群的 R&D 经费内部支出（万元）

城市群	2006 年	2007 年	2008 年	2009 年	2010 年	2011 年	2012 年	2013 年	2014 年	2015 年
长三角城市群	1 295 896	1 595 198	1 874 525	2 530 353	2 549 294	3 694 726	4 638 581	5 164 267	5 896 085	6 566 957
长江中游城市群	165 569	197 675	263 927	544 828	521 002	1 052 090	1 238 703	1 682 220	1 937 878	2 406 192
成渝城市群	190 270	294 761	291 603	334 994	311 985	442 063	487 181	784 534	830 499	1 144 599
黔中城市群	35 262	31 381	23 925	61 160	98 334	83 002	134 342	155 535	173 964	168 616
滇中城市群	5 021	6 638	10 273	13 685	17 283	42 298	55 006	61 105	75 157	80 008

数据来源：2007—2016 年《中国高技术产业统计年鉴》

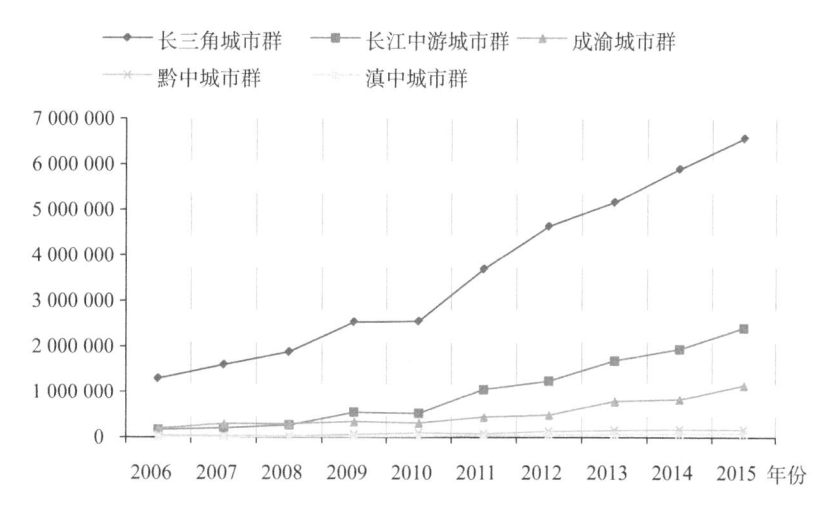

图 5-9　2006—2015 年长江经济带城市群的 R&D 经费内部支出(万元)

结合表 5-10 和图 5-9 可以看出,长三角城市群的 R&D 经费内部支出显著高于其他城市群,从 2010 年开始,R&D 经费内部支出的增速明显上升,2015 年达到 6 566 957 万元;长江中游城市群的 R&D 经费内部支出从 2009 年开始高于成渝城市群,增速逐渐上升,2015 年的 R&D 经费内部支出为 2 406 192 万元,在城市群中排名第二;成渝城市群的 R&D 经费内部支出的增长速度不明显,2015 年的 R&D 经费内部支出为 1 144 599 万元;滇中城市群的 R&D 经费内部支出最为落后,创新资源的投入严重不足;黔中城市群的 R&D 经费内部支出要略高于滇中城市群,但发展趋势也明显不足。

5.4.2　城市群创新要素集聚度分析

根据表 5-5 中 11 省市的创新要素集聚度以及各大城市群的构成范围,计算得出长江经济带五大城市群创新要素集聚度的综合指数,如表 5-11 所示。为了更好地描述各城市群创新要素集聚度的变化趋势,绘制出趋势图,如图 5-10 所示。

表 5-11　2006—2015 年长江经济带城市群创新要素集聚度综合指数 G

城市群	2006 年	2007 年	2008 年	2009 年	2010 年	2011 年	2012 年	2013 年	2014 年	2015 年
长三角城市群	1.893 1	1.841 8	1.789 6	1.917 3	1.874 4	1.872 5	1.848 5	1.791 5	1.766 8	1.718 7
长江中游城市群	0.457 6	0.413 5	0.384 6	0.484 5	0.448 7	0.487 3	0.475 4	0.539 1	0.557 8	0.629 6
成渝城市群	0.305	0.356 3	0.32	0.284 1	0.284 1	0.257 7	0.247 4	0.282 6	0.28	0.307 7

续表

城市群	2006年	2007年	2008年	2009年	2010年	2011年	2012年	2013年	2014年	2015年
黔中城市群	0.092 9	0.087 3	0.074 4	0.077 2	0.085 1	0.064 1	0.069 5	0.070 5	0.070 7	0.069 8
滇中城市群	0.051 5	0.052 2	0.054 7	0.046	0.046 9	0.046 8	0.046 1	0.045 9	0.043 8	0.049 7

图 5-10　2006—2015 年长江经济带城市群集聚度趋势图

图 5-10 显示，长三角城市群的创新要素集聚水平总体呈现缓慢下降的趋势，长三角省市吸引了技术、人才等高技术产业所需的高端创新要素，实现了创新资源的高效配置。而长江中游城市群的集聚水平逐渐上升；2008 年金融危机爆发，金融市场不景气，资金、人才等创新要素大量流入实体产业如高技术产业；从 2009 年开始，随着互联网技术和金融市场的不断发展，长三角省份的经济结构逐渐转型升级，高技术产业的发展已趋向饱和，通过极化效应将集聚的创新资源逐渐向周边地区长江中游省份扩散，长江中游的高技术产业得到了更多创新资源的支撑。成渝城市群的集聚水平在观测期内基本保持平稳，其创新资源的集聚能力低于长江中游省份，成渝地区目前的产业结构仍以制造业为主，高技术产业的比重较低，仍有待创新资源进一步的集聚和积累。黔中和滇中城市群的集聚水平最低，说明贵州和云南省份的创新资源集聚能力较弱，其产业结构还处于发展初期，位于产业价值链的低端，产业的进一步发展还需与当地的资源禀赋相结合，逐渐实现产业结构的转型升级。

5.4.3　城市群创新要素集聚差异度分析

根据式(5-14)中测算创新要素集聚差异度的基尼系数法，将表 5-11 中各城市群的创新要素集聚度代入式(5-14),计算得出创新要素集聚在城市群间的差异度,如图5-11所示。GINI值与创新要素集聚的差异程度成正比,GINI值越大,表示城市群间创新要素集聚的差异性越大。

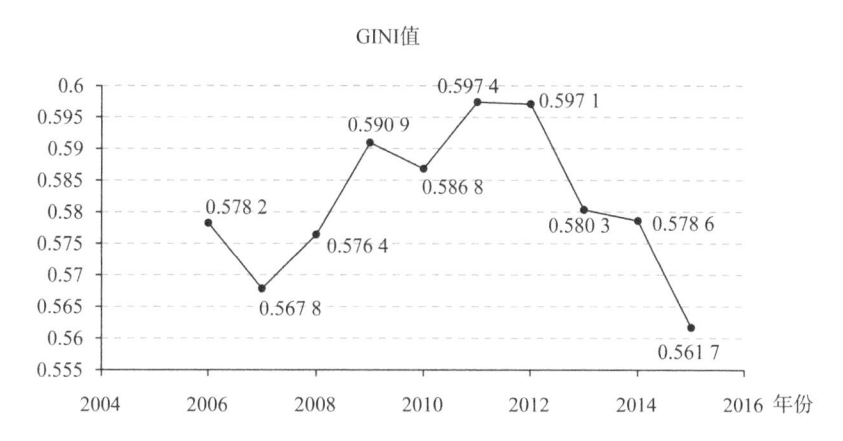

图 5-11 2006—2015 年长江经济带城市群间创新要素集聚差异

从图 5-11 中可以看出,GINI值大于0.5,说明创新要素集聚在长江经济带城市群间的差异度较大。GINI值在观测期内呈现先波动上升后下降的趋势,2006—2011年间GINI值波动上升,2011—2015年间GINI值呈现显著下降的趋势。2006—2015年间,创新要素集聚的极化效应占据主导地位,创新要素主要分布在长三角城市群,远高于其他城市群的集聚水平,GINI值逐渐扩大。由图5-10可知,长三角城市群的创新要素集聚已达到饱和状态,从2009年开始逐年下降,其集聚的创新要素开始向周边的长江中游城市群扩散,城市群间创新要素集聚的差异度逐渐缩小;长三角城市群对邻近城市群形成了辐射带动作用,使创新资源在城市群间的不均衡分布特征呈现逐渐缩小的趋势,但差异性仍然明显。

第 6 章
长江经济带创新要素集聚的空间效应分析

6.1 创新要素集聚的极化效应分析

要素在空间上的集聚本质上是能量的集聚,极化效应就是创新要素从欠发达区域向发达区域转移的过程,形成以资金、技术等要素高度集聚的核心区域。通过极化效应,创新要素在核心地区高度集聚,促进了当地高技术产业的技术进步和高效发展。

6.1.1 创新要素集聚的极化指数模型构建

新经济地理学家 Foster、Wolfson 对极化效应的量化研究作出了较大的贡献,利用基尼系数推导出了极化指数的计算方法,极化指数 $W = \dfrac{2\{2[0.5 - L(0.5)] - GINI\}}{m/\mu}$,其中 $L(0.5)$ 为本区域上层一半人口的 GDP 占总区域 GDP 的比例,GINI 代表区域的基尼系数,m 代表全部地区人均 GDP 的中间值,μ 代表全部地区的人均 GDP。W 的计算结果在 0 到 1 之间,数值越大表明极化效应越大。但是 W 指数只能用于研究单一区域,之后 Wang 和 Tsui 在 Wolfson 极化指数的基础上推导出新的极化指数 $TW = \dfrac{\theta}{N}\sum_{i=1}^{k}\pi_i\left|\dfrac{y_i - m}{m}\right|^r$。其中,$\theta$ 为一给定常数,N 为全部区域的人口数,π_i 为第 i 个区域的人口数,y_i 为第 i 个区域的人均 GDP,m 为所有区域的人均 GDP,TW 指数的结果在 0 到 1 之间,其值越大表示极化程度越高。与 W 指数相比,TW 指数更适合研究多区域极化的问题。TW 指数和 W 指数构成了第一类极化测度指数 W 型指数。

Esteban 和 Ray 修正了极化指数 $G_\beta = \sum_{j=1}^{m}\sum_{i=1}^{m}n_i^{1+\beta}n_j\delta_{ij}, \beta \in [o.25, 1]$,来描述区域经济的极化程度。其中 m 为该区域人口占总人口的比例,δ 表示两个区域之间的综合差距,β 表示极化敏感度系数,取值在 0.25 到 1 之间。2006 年,两人将该模型进行扩展,在度量技术创新极化和技术扩散、城市集聚等问题中得到应用,这便是第二类指数 ER 型指数,包括 ER 指数、EGR 指数。ER 指数主要适用于测度两极分化或多极分化的现象,本研究在创新要素集聚度的基础上,采用 ER 极化指数计算长江经济带各省市高技术产业创新要素集聚的极化指数,判断各地区的极化趋势。因此本研究通过 ER 指数来反映高技术产业创新要素集聚的极化效应。

根据 Esteban 和 Ray 的研究,构造了测度创新要素集聚的极化指数 ER_G 指数,具体表达公式如下:

$$ER_G = K \sum_{i=1}^{n} \sum_{j=1}^{n} P_i^{1+\alpha} P_j |G_i - G_j| \tag{6-1}$$

式中:n 为地区总数;P_i、P_j 分别表示地区 i、j 的创新要素集聚度;参数 $K > 0$,作为起标准化作用的常数,在研究中可以根据不同的数据要求选择 K 的取值,以保证 ER 指数介于 0 到 1 之间,本研究中 $K=1$;α 为 (0,1.6) 之间的任意值,为了反映极化效应的变化,该值需要尽可能地大,本研究取 $\alpha=1.5$;ER 指数越大,表示创新要素集聚的极化效应越大,反之,则表示创新要素集聚的极化效应越小。

6.1.2 创新要素集聚的极化水平分析

将表 5-5 中 11 省市的创新要素集聚度代入式(6-1),计算出极化指数 ER_G。由于 ER 极化指数为总体极化水平,无法直接计算单个地区的值,因此首先计算出一个总体值,再将地区 i 剔除以计算剩余地区的极化指数,两者之差即为地区 i 的极化指数,最终计算得出长江经济带各省市创新要素集聚的极化指数,以反映极化效应的大小,如表 6-1 所示。

表 6-1　2006—2015 年长江经济带 11 省市创新要素集聚的极化指数

年份	上海	江苏	浙江	安徽	江西	湖北	湖南	重庆	四川	云南	贵州
2006	0.2339	0.5910	0.0758	0.0021	0.0030	0.0030	0.0013	0.0013	0.0022	0.0001	0.0002
2007	0.2037	0.6289	0.0454	0.0027	0.0038	0.0037	0.0020	0.0022	0.0038	0.0001	0.0001
2008	0.2034	0.6118	0.0497	0.0021	0.0021	0.0031	0.0018	0.0018	0.0029	0.0001	0.0001
2009	0.1929	0.5871	0.0634	0.0018	0.0018	0.0027	0.0014	0.0010	0.0014	0.0001	0.0001
2010	0.2347	0.6656	0.0340	0.0019	0.0016	0.0023	0.0015	0.0011	0.0018	0.0001	0.0001
2011	0.2036	0.5466	0.0470	0.0021	0.0018	0.0024	0.0014	0.0008	0.0014	0.0001	0.0000
2012	0.2000	0.5551	0.0510	0.0021	0.0018	0.0027	0.0013	0.0008	0.0018	0.0001	0.0001
2013	0.1688	0.4464	0.0536	0.0028	0.0023	0.0033	0.0018	0.0011	0.0017	0.0001	0.0001
2014	0.1719	0.4447	0.0468	0.0031	0.0025	0.0035	0.0020	0.0011	0.0018	0.0001	0.0001
2015	0.1439	0.3722	0.0580	0.0031	0.0027	0.0027	0.0022	0.0013	0.0017	0.0001	0.0001

从表 6-1 中可以看出,长江经济带 11 省市创新要素集聚的极化水平大致可以分为三类。第一类:创新要素集聚水平较高的地区,包括上海、江苏和浙江;长三角地区的高

技术产业已发展到较高水平,更容易吸收周边地区的创新资源向中心地区靠拢,形成创新要素集聚的极化效应。第二类:创新要素集聚的极化水平处于中期阶段,包括安徽、江西、湖北、湖南、重庆和四川,这些省市的高技术产业均处于不断发展阶段,但远未达到长三角省份的成熟阶段,极化效应还存在一定问题,需要创新资源集聚水平的进一步提高。第三类:高技术产业处于初期发展阶段,主要是贵州和云南,属于长江经济带经济水平和高技术产业发展最为落后的地区,产业发展以当地的资源禀赋为主,创新资源极为匮乏,因此创新要素集聚水平极低,远远不能形成极化效应。

为了反映长江上中下游各省市极化效应的变化趋势,根据表 6-1 中 11 省市创新要素集聚的极化指数,绘制出极化水平的趋势图,如图 6-1 至图 6-3 所示。

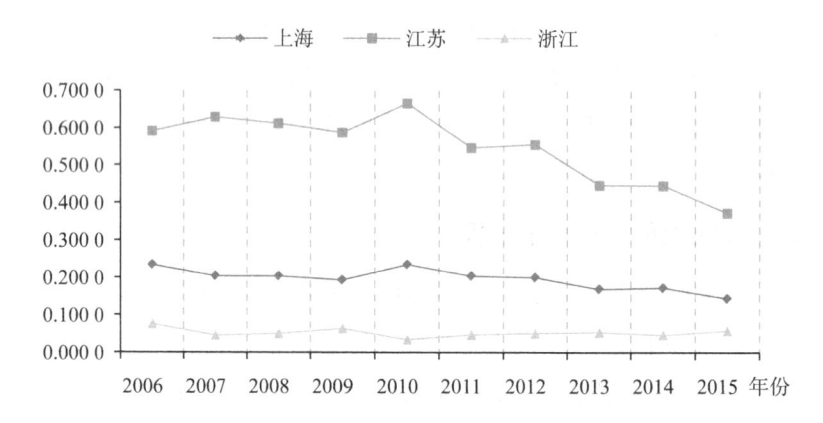

图 6-1 2006—2015 年长江下游省份创新要素集聚的极化水平趋势

图 6-1 显示了长江经济带下游省份创新要素集聚的极化水平趋势。江苏创新资源集聚的极化水平显著高于上海和浙江,ER 指数介于 0.372 2 至 0.665 6 之间。2006—2010 年间。江苏的极化水平波动上升,在 2010 年达到最大值 0.665 6,2010 年之前江苏的创新要素主要处于不断集聚的阶段,极化效应显著提升,高技术产业在创新资源集聚的极化效应下得到迅速发展。2011—2015 年间,江苏的极化水平波动下降,说明创新要素集聚的扩散效应在逐步扩大,对周边地区如安徽、江西等省份逐渐形成了辐射带动效应。上海创新资源集聚的极化指数呈现波动下降的趋势,由 0.233 9 降至 0.143 9,说明上海的极化效应在逐渐减弱,而创新资源集聚的扩散效应逐步提升。上海作为全国的特大型城市,基本完成了产业结构的转型升级,经济结构主要以金融、中介等服务业为重心,高技术产业的发展早已趋于饱和,上海逐渐进行产业转移,带动了周边地区高技术产业创新资源的集聚,形成了创新资源集聚的扩散效应。相比之下,浙江省创新资源集聚的极化效应不大显著,在观测期内极化水平没有明显变化,说明浙江的创新资源集聚水平基本保持平稳,没有对周边地区带来显著的极化效应或扩散效应。

图 6-2 显示了长江中游省份创新要素集聚的极化水平趋势。从图中可以看出,除 2006 年极化水平显著提升外,2007—2015 年间,长江中游省份的极化水平基本呈现先下

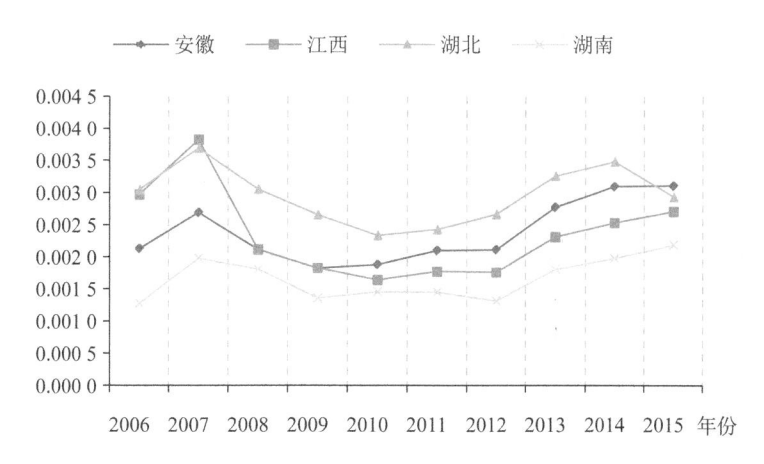

图 6-2　2006—2015 年长江中游省份创新要素集聚的极化水平趋势

降后上升的趋势。2007—2010 年,省份的创新资源集聚水平普遍呈现下降趋势,这与长三角极化效应的发挥有关,创新资源主要向长三角地区的高技术产业靠拢;2011—2015 年间,极化水平逐渐上升,原因是长三角地区创新资源的集聚形成了扩散效应,对周边省份的高技术产业形成了辐射带动作用,创新资源逐渐向周边省份流动,带动了长江中游省份的极化效应。安徽、江西、湖北三省创新要素集聚的极化水平要略微高于湖南,这主要是因为这些省份邻近长三角地区,创新资源在江苏、上海等省市扩散效应的作用下流向其高技术产业。

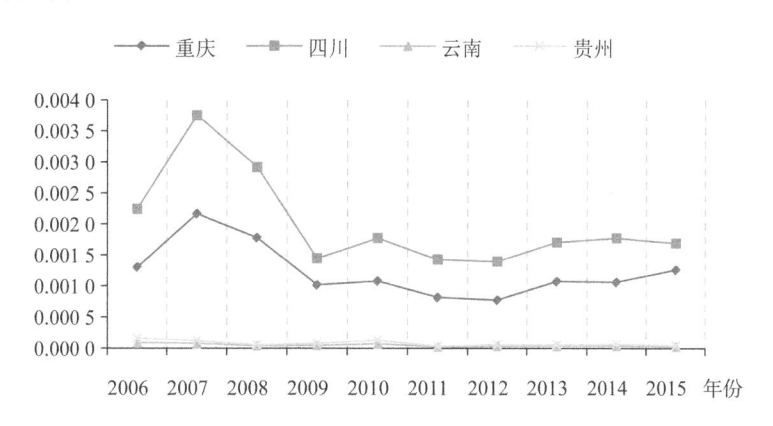

图 6-3　2006—2015 年长江上游省份创新要素集聚的极化水平趋势

图 6-3 显示了长江上游省份创新要素集聚的极化水平趋势。从图中可以看出,除 2006 年极化水平显著提升外,2007—2009 年间四川和重庆的极化水平显著下降,之后基本保持平稳。四川的极化水平普遍高于重庆,主要是因为四川的创新要素集聚水平高于重庆。四川的创新要素集聚水平虽然高于安徽、江西和湖北,但其极化效应却低于这些省份,原因在于其偏离扩散水平高的长江下游地区,高技术产业的发展主要依赖于自身的创新资源禀赋,较少从周边区域获得创新资源,重庆也属于这种情况。另外,由于高技

术产业发展水平以及创新要素集聚水平的落后,贵州和云南几乎不存在极化效应。

6.2 创新要素集聚的辐射效应分析

创新资源集聚中心的作用不仅加强了核心区域高技术产业的发展,还能够促进和带动周边地区的产业发展,辐射效应就是核心区域的创新要素积聚到一定程度之后形成集聚效应,对周边地区高技术产业的发展产生带动作用。

6.2.1 辐射效应的断裂点模型构建

国内外学者大多借助经济地理学模型来研究辐射效应,目前测度创新要素集聚的辐射效应的方法有两种:一是断裂点模型,二是威尔逊最大熵模型。康维斯于1949年在赖利的"零售引力模型"的基础上提出了断裂点模型。断裂点模型认为辐射效应是核心区域对周边地区产生的空间效应,并且这种效应会随着距离的增大而逐渐减弱。最大熵模型是1970年威尔逊在万有引力定律的基础上提出的,以研究区域之间的空间相互作用。威尔逊最大熵模型的具体计算公式为:$F_{jk}=CP_jQ_k\exp(-\beta s_{ij})$。如果用于分析创新要素集聚的辐射效应,$F_{jk}$表示某中心省市$j$对其周边省市$K$的创新要素集聚的辐射效应,$P_j$表示某中心省市$j$的创新要素集聚度,$Q_k$表示某周边省市$K$的创新要素集聚度,$\exp(-\beta s_{ij})$表示不同省市间彼此作用的系数,$\beta$表示衰减系数,$s_{ij}$表示中心省市与某周边省市之间的阻碍作用。

由于地区间复杂的相互作用,本研究选择距离因素对地区间的相互作用进行简化,并且创新要素集聚地区对周边地区的辐射效应会随着距离的增加而逐渐减弱。因此,本研究借鉴断裂点模型测度创新要素集聚的辐射范围来分析辐射效应的大小。设立辐射效应的辐射范围为1 000 km,在辐射范围外的地区受核心区域的影响将忽略不计。在断裂点模型中,断裂点(breaking point)表示两个地区间的吸引力达到平衡的点,对应的计算公式为:

$$\begin{cases} d_a = \dfrac{D_{ab}}{1+\sqrt{p_b/p_a}} \\ d_b = \dfrac{D_{ab}}{1+\sqrt{p_a/p_b}} \end{cases} \quad (6-2)$$

式(6-2)中:D_{ab}为省会城市间的地理距离;d_a、d_b分别表示断裂点到地区a、地区b的距离;p_a、p_b分别表示地区a、地区b的创新要素集聚度。某地区的辐射范围越广,代表创新要素集聚的辐射效应越大,辐射效应与辐射范围成正比。

6.2.2 创新要素集聚的辐射范围分析

断裂点模型主要使用静态数据,为了反映目前长江经济带各省市创新要素集聚的辐射效应,本研究选取2015年情况进行分析。根据表5-5中2015年各省市创新要素的集聚度,代入式(6-2)中,计算得出2015年各省市创新要素集聚的辐射范围。本研究选取创新要素集聚度排名前五的省市上海、江苏、浙江、四川和湖北,以此来分析创新要素集聚的辐射效应,结果见表6-2至表6-4。由于其余省份的辐射效应较小,本研究在此不做具体介绍。

表6-2 2015年上海创新要素集聚的辐射范围　　　　　　　　　　单位:km

对应省市	两省距离	前一节点与断裂点距离	后一节点与断裂点距离
上海—江苏	266	117	149
上海—浙江	169	87	82
上海—安徽	402	255	147
上海—江西	611	417	193
上海—湖北	684	375	236
上海—湖南	886	558	328

表6-2显示,在以上海为核心区域构成的经济圈内,上海的创新要素集聚对江苏的辐射范围为117 km,小于江苏对上海的149 km。上海产业结构的转型升级使高技术产业的创新要素集聚产生辐射效应,而江苏的创新要素集聚水平早已超越上海,导致江苏对上海的辐射效应更大些。上海与浙江之间的辐射效应相当,原因是两者的创新要素集聚水平在同一层次上;上海的创新要素集聚对安徽、江西、湖北和湖南的辐射半径显著大于这些省份对上海的辐射半径,分别为1.73倍、2.16倍、1.59倍和1.70倍。作为长江经济带及全国的龙头城市,上海有效发挥了创新要素集聚的辐射带动效应。

表6-3显示,在以江苏为核心区域构成的经济圈内,由于江苏的创新要素集聚水平在长江经济带中名列第一,江苏到断裂点的距离要明显大于对应省市,如江苏—江西中,江苏与断裂点的距离为344 km,而江西与断裂点的距离为125 km,江苏对江西的辐射半径是江西对江苏的2.75倍;江苏对湖北的辐射效应约为湖北对江苏的2倍。由此可见,江苏创新要素集聚的辐射效应效果显著,有效带动了周边省份创新要素的集聚。在以浙江为核心区域构成的经济圈内,浙江对邻近省份如安徽和江西的辐射范围分别为202 km和300 km,辐射效应显著强于安徽和江西;浙江对湖北和湖南的辐射半径是其对浙江的1.49倍和1.60倍。浙江与上海、江苏一同形成了创新要素集聚的高度辐射区。

表6-3 2015年江苏及浙江创新要素集聚的辐射范围　　　　　　　单位:km

对应省市	两省距离	前一节点与断裂点距离	后一节点与断裂点距离
江苏—浙江	236	136	100
江苏—安徽	146	101	45
江苏—江西	469	344	125

续表

对应省市	两省距离	前一节点与断裂点距离	后一节点与断裂点距离
江苏—湖北	454	304	150
江苏—湖南	706	484	222
浙江—安徽	326	202	124
浙江—江西	449	300	149
浙江—湖北	558	334	224
浙江—湖南	730	449	281

表 6-4　2015 年湖北及四川创新要素集聚的辐射范围　　　　单位:km

对应省市	两省距离	前一节点与断裂点距离	后一节点与断裂点距离
湖北—安徽	312	193	118
湖北—江西	260	174	86
湖北—湖南	301	156	145
湖北—重庆	762	443	319
湖北—四川	982	483	499
湖北—贵州	871	544	327
四川—湖南	906	476	430
四川—贵州	640	405	235
四川—云南	519	348	171

表 6-4 显示,在以湖北为核心区域构成的经济圈内,湖北对安徽的辐射半径是安徽对湖北的 1.64 倍,湖北对江西的辐射半径是江西对湖北的 2.02 倍;其他对应省市如湖南、重庆、四川和贵州,分别为 1.08 倍、1.39 倍、0.97 倍和 1.66 倍。由此可见,湖北的辐射效应要弱于长三角地区,这与其高技术产业的发展水平和创新要素集聚水平是密不可分的。在以四川为核心构成的经济圈内,四川对湖南的辐射半径是湖南对四川的 1.11 倍,其他对应省份贵州和云南分别为 1.72 倍和 2.04 倍。总体来说,四川对周边高技术产业的辐射带动作用要强于湖北。综上所述,辐射效应与创新要素集聚水平成正比,集聚水平越高,辐射效应越大,越能加快资金、技术、人才等创新资源向周边地区的流动,从而带动周边地区高技术产业的发展,形成空间溢出效应。

6.3　创新要素集聚的溢出效应分析

溢出效应是经济外部性的一种表现,是指某一区域由于其自身的经济活动和产业活动对周边地区形成的空间影响。当核心区域创新要素集聚的辐射效应大于极化效应时,会对周边地区的高技术产业形成正的溢出效应;反之,会形成负的溢出效应。创新要素集聚的辐射效应越强,表示集聚核心区对周边地区的影响越大,对高技术产业发展的溢出效应也更为显著。

6.3.1 空间计量理论与空间杜宾模型构建

空间经济计量学源于新经济地理学及空间相互作用的理论及其发展,拓展了传统经济计量学的研究领域。空间经济计量学意识到了地区间经济活动存在的广泛关联性,在设立模型时考虑了不同地区的空间相关性和空间效应。20世纪70年代中期至80年代末,空间经济计量学中对空间相关性检验如Moran's I检验方法以及各种空间计量模型的设定、识别与检验等进行了深入研究。20世纪90年代,空间经济计量学在模型设定、估计和检验方面的研究获得了新的进展,研究逐渐趋于正规化。进入21世纪后,空间计量学的研究方法趋于成熟,被广泛应用于区域经济学、产业研究等多个领域的实证研究。

空间相关性和空间异质性是空间效应的两个方面。LeSage指出,空间相关性是处在不同地理位置的观测值在空间上呈现出来的某种非随机的空间分布模式。空间异质性表现为空间结构的一种非均衡性,与空间均质性是相对的,意味着不同地区之间存在由空间分布或空间结构的特点所导致的差异性。在运用空间计量法对研究对象进行分析的过程中涉及两个主要方面:一是研究对象是否存在空间相关性,二是空间计量模型的类型选择。LeSage和Pace提出了同时包含内生交互作用和外生交互效应的空间计量模型,这种模型由Kelejian和Prucha最早提出,即所谓的空间杜宾模型(SDM)。

1. 空间计量模型的构建

运用Cobb-Douglas生产函数构造空间杜宾模型,描述创新要素集聚对高技术产业的空间溢出效应。Cobb-Douglas函数的一般式表示为:

$$Y = AK^{\alpha}L^{\beta} \tag{6-3}$$

式中:Y用高技术产业产值(亿元)衡量,代表高技术产业的发展水平;K和L分别为固定资产投资(亿元)和从业人员年平均人数(万人),用以衡量资本投入和劳动力投入。根据Solow的研究,技术参数A设定为e^f,f由与高技术产业技术变化相关的因素构成。由于创新要素集聚显著影响高技术产业的技术水平,则f由创新要素集聚度G构成。设i表示省份,t表示时间,A_{it}具体表示为:

$$A_{it} = e^{f(G_{it}, a_{it})} = e^{\varphi G_{it}} \tag{6-4}$$

将式(6-4)代入式(6-3)并对两边取对数,得到普通面板模型形式:

$$\ln Y_{it} = \alpha_1 \ln K_{it} + \alpha_2 \ln L_{it} + \alpha_3 G_{it} \tag{6-5}$$

LeSage和Pace提出空间杜宾模型(SDM),检验各解释变量和被解释变量是否存在空间溢出效应。空间面板杜宾(SPDM)混合模型的一般式表示为:

$$Y_{it} = C + \alpha X_{it} + \rho \sum_{i=1}^{n} w_{it} Y_{it} + \theta \sum_{i=1}^{n} w_{it} X_{it} + \varepsilon_{it} \qquad (6-6)$$

式中：ρ 为因变量的空间效应系数；θ 为自变量的空间效应系数；C 为常数截距项；ε 为正态分布的随机误差项向量；w 为空间权重矩阵。

根据式(6-5)和式(6-6)，建立如下所示的 SPDM 模型：

$$\ln Y_{it} = C + \alpha_1 \ln K_{it} + \alpha_2 \ln L_{it} + \alpha_3 G_{it} + \rho \sum_{i=1}^{n} w_{it \ln Y it} + \\ \theta_1 \sum_{i=1}^{n} w_{it \ln K it} + \theta_2 \sum_{i=1}^{n} w_{it \ln L it} + \theta_3 \sum_{i=1}^{n} w_{it G it} + \varepsilon_{it} \qquad (6-7)$$

式中：α_1、α_2、α_3 分别表示在加入空间效应的情况下资本投入、劳动力投入和创新要素集聚的影响系数；ρ 表示"邻近"地区高技术产业的发展对本地区产业的影响方向和程度，用以揭示省域间高技术产业的发展是否存在溢出效应；θ_1、θ_2、θ_3 分别表示"邻近"地区资本投入、劳动力投入以及创新要素集聚对本地区产业的影响方向和程度。如果符号为正，则存在正向的空间溢出效应；若为负，说明存在空间竞争效应。

2. 空间权重矩阵的设定

空间权重矩阵体现了不同地区之间经济联系的桥梁，是建立空间计量模型的关键，但目前国内外学术界并未对空间权重矩阵进行统一的设定。在设立空间模型时，空间权重矩阵往往被看作外生变量，通常根据不同的研究视角选择空间权重矩阵。Rachel 认为溢出效应既可以是基于地理上的邻近关系，也可以基于经济上的技术差距和吸收能力。因此，鉴于不同省域经济水平存在空间相关性的客观事实，建立经济距离空间权重矩阵：

$$W = W_d diag(\frac{\overline{Z_1}}{\overline{Z}}, \frac{\overline{Z_2}}{\overline{Z}}, \cdots, \frac{\overline{Z_n}}{\overline{Z}}) \qquad (6-8)$$

式(6-8)中：$\overline{Z_i}$ 表示考察期内第 i 省的 GDP 均值；$\overline{Z}$ 为考察期内所有省份 GDP 的均值。W_d 为地理距离空间权重矩阵，可用省会城市间的地理距离建立，具体表示为：

$$W_d = \begin{cases} \frac{1}{d^2}, i \neq j \\ 0, i = j \end{cases} \qquad (6-9)$$

3. 空间相关性检验

一般采用探索性空间数据分析法(ESDA)对空间自相关性进行检验，以探测和分析空间分布的非随机性和空间自相关情况。ESDA 主要包括两类分析方法：一是全局的空间自相关检验，二是局域的空间自相关检验。全局空间自相关检验主要用来研究某一属性值在整个区域内的空间关联情况，具体的分析指标主要有 Moran's I 指数、Geary 指数等。局域的空间自相关检验能够指明集聚所处的具体位置，以研究某一具体地区与其邻近地区是否存在空间相关性以及相互之间的关联程度，常用的指标有 Lisa 集聚图、Moran 散点图和局域 Geary 指数等。

Moran's I 检验能够测度空间邻接或空间邻近的区域单元属性值的相似程度,是最常见的空间相关性检验方法,计算公式如下:

$$Moran'sI = \sum_{i=1}^{n}\sum_{i=1}^{n}w_{ij}(Y_i-\overline{Y})(Y_j-\overline{Y})/S^2\sum_{i=1}^{n}\sum_{i=1}^{n}w_{ij} \quad (6-10)$$

式中:$S^2 = \frac{1}{n}\sum_{i=1}^{n}(Y_i-\overline{Y})^2$;$\overline{Y} = \frac{1}{n}\sum_{i=1}^{n}Y_i$,$Y_i$ 表示第 i 地区的观测值;n 为地区总数;w_{ij} 为空间权重矩阵。Moran's I 指数的取值在 -1 到 1 之间,若 Moran's I >0,表示具有正的空间相关性,即具有相似属性的区域在地理空间中趋向于聚集在一个区域;若 Moran's I <0,表示具有负的空间相关性,即具有不同属性的区域在地理空间中趋向于聚集在同一区域;若 Moran's I $=0$,说明不存在空间相关性。

Moran 散点图常用来研究局部的空间特征,描述变量及其滞后向量之间的关系。Moran 散点图将经济行为分为 4 个象限的集聚模式,第一、三象限表示观测值的正空间相关性,第二、四象限表示观测值的负空间相关性。在第一象限中,观测值高的区域单元被高值区域所包围,形成了高-高集聚(HH);在第二象限中,观测值低的区域单元被高值区域所包围,形成了低-高集聚(LH);在第三象限中,观测值低的区域被低值区域所包围,形成低-低集聚(LL);在第四象限中,观测值高的区域单元被低值区域所包围,形成高-低集聚(HL)。

6.3.2 创新要素的空间特征分析

1. 创新要素的空间相关性分析

根据 2006—2015 年 11 省市创新要素的集聚度和高技术产值,利用 GeoDa 软件计算出 Moran's I 指数,对高技术产出和创新要素集聚的空间相关性进行了检验,如表 6-5 所示。

表 6-5 2006—2015 年长江经济带 lnY 的 Moran's I 值

年份	Moran's I 指数	
	Y	G
2006	0.426 9***	0.550 6***
2007	0.414 4***	0.501 5***
2008	0.375 1***	0.488 1***
2009	0.338 1***	0.547 9***
2010	0.363 3***	0.544 4***
2011	0.308 0***	0.468 5***
2012	0.281 9***	0.413 9***
2013	0.225 5***	0.412 5***

续表

年份	Moran's I 指数	
	Y	G
2014	0.2326***	0.4407***
2015	0.2526***	0.4609***

注：***、**、*分别表示表中对应指标在1%、5%、10%的置信水平上通过了显著性检验。

表 6-5 显示，lnY 的 Moran's I 值均大于 0.1，且通过了 1% 的显著性检验，说明各省市的高技术产业之间以及创新要素集聚之间存在显著的空间依赖性。观察 10 年间 Moran's I 指数的值可以发现，lnY 的 Moran 值由 0.4269 下降至 0.2526，随着时间呈现出波动下降的趋势，说明各省市高技术产业发展的空间相关性逐渐变小；G 的 Moran 值基本保持稳定，在 0.41~0.56 之间，说明各省市创新要素集聚的空间依赖性较强。

进一步利用 GeoDa 软件，根据 11 省市的创新要素集聚度及高技术产业产值，绘制出 Moran 散点图，以观察高技术产业以及创新要素集聚局部的空间自相关性。为了说明空间自相关性随时间变化的趋势，分别选取 2006 年和 2015 年两个时间点进行描述，如图 6-4 和图 6-5 所示。

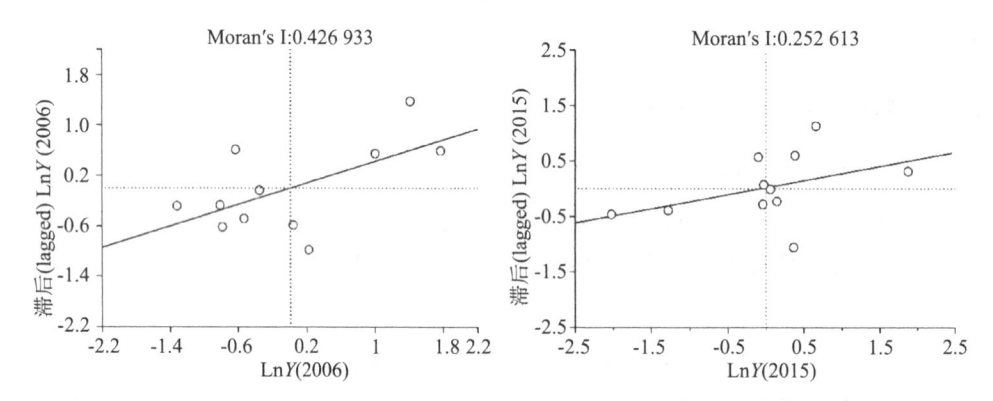

图 6-4　2006 年、2015 年高技术产值的 Moran 散点图

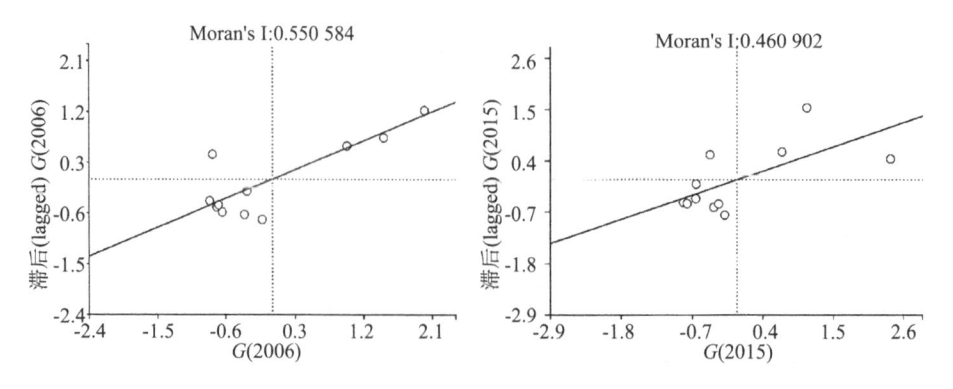

图 6-5　2006 年、2015 年创新要素集聚的 Moran 散点图

由图 6-4 可知,绝大多数省份处于第一或第三象限,说明高技术产业发展在长江经济带内主要呈现高-高集聚和低-低集聚的特征;对比 2006 年和 2015 年的散点图,发现处于低-低集聚的省份不断减少,说明高技术产业的发展差距有所减小。由图 6-5 可知,除个别省份外,其余省份均处于第一或第三象限,说明创新要素集聚在长江经济带内呈现高-高集聚和低-低集聚的特征;创新要素的集聚特征在观测期间没有显著变化。总体而言,各省的高技术产业之间以及创新要素集聚之间均存在正向的空间依赖性。

2. 创新要素的空间分布特征分析

根据 11 省市创新要素集聚度及高技术产业产值,利用 GeoDa 软件对变量 ln$Y$ 和 G 绘制四分位图,选取 2006 年和 2015 年比较高技术产业和创新要素的空间分布格局和变化规律,如图 6-6 至图 6-9 所示。空间四分位图根据各变量的绝对值进行排序,分为四个等级,数值越高,颜色越深,代表产业发展水平和创新要素集聚水平越高。

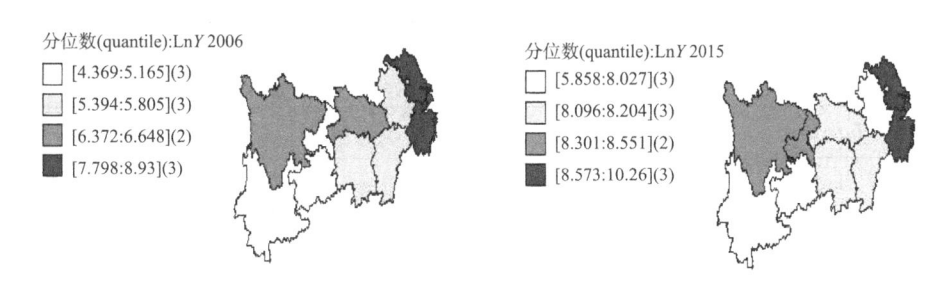

图 6-6　2006 年高技术产值的四分位图　　图 6-7　2015 年高技术产值的四分位图

图 6-6 和图 6-7 显示,高技术产业的发展水平在长江经济带内呈现东高西低的分布特征,长三角省份发展水平最高,形成了高-高集聚的空间分布格局,辐射带动了周边地区安徽、江西等高技术产业的发展;而中上游地区尤其是贵州和云南的发展水平较低,形成了低-低集聚的空间分布格局,长三角地区难以带动贵州和云南发展高技术产业,形成了空间阻滞效应;由图的变化可知,各省市的高技术产业均有所发展,重庆的高技术产业发展显著,贵州和云南的发展最为缓慢。

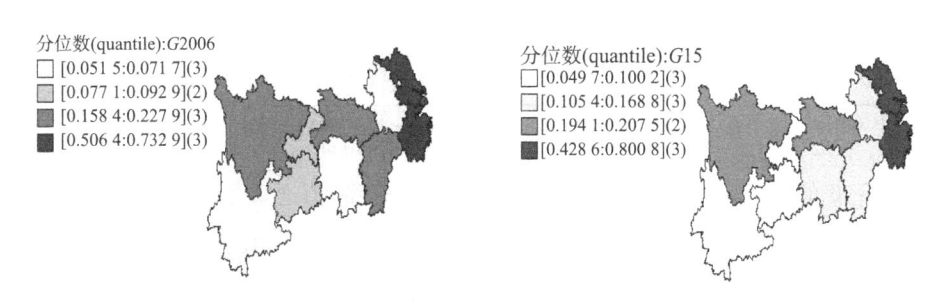

图 6-8　2006 年创新要素集聚的四分位图　　图 6-9　2015 年创新要素集聚的四分位图

图 6-8 和图 6-9 显示,创新要素集聚也呈现出东高西低的分布特征,长三角省份形成了高-高集聚的空间分布格局,辐射带动了周边省份创新资源的集聚;安徽和湖南在长三角地区和湖北的包围下形成了空间吸纳效应,集聚水平显著提升;贵州和云南的空间

阻滞效应显著,创新资源集聚水平没有明显变化。对比图 6-8 和图 6-9,发现创新资源在经济带内的非均衡分布现象有所缓解,这主要得益于创新资源高度集聚地区极化效应的下降及其空间辐射效应的发挥,提升了周边省份的创新资源集聚度。

6.3.3 创新要素集聚的空间溢出分析

1. 空间杜宾模型的检验

通过 MATLAB 软件进行参数估计来拟合解释高技术产业的变化情况,结果如表 6-6 所示。由于 SPDM 的固定效应模型(包括空间固定、时间固定以及空间时间双固定效应)不能较好地解释创新要素集聚对高技术产业的空间影响,本研究不做详细介绍。

表 6-6 空间杜宾混合模型估计结果

变量	SPDM 混合估计模型	
	系数	t 值
$Intercept$	2.459 4***	7.189 1
$\ln K$	0.157 5***	4.167 5
$\ln L$	0.820 6***	11.929 5
G	0.897 5***	4.318 5
$W*\ln k$	0.364 3***	5.444 3
$W*\ln L$	−1.117 2**	−8.127 4
$W*G$	0.892 7***	2.319 9
$W*\ln Y$	0.383 0***	4.117 4
R-squared	0.974 0	
$corr$-squared	0.970 6	
Wald-spatial-lag	14.347 1***	
Wald-spatial-error	10.462 1**	

注:***、**、* 分别表示表中对应指标在 1%、5%、10% 的置信水平上通过了显著性检验。

从表 6-6 的结果来看,空间滞后和空间误差的 Wald 值通过了 5% 的显著性检验,说明创新要素集聚及其空间效应较好地解释了高技术产业的变化。混合估计模型的拟合度达到了 0.974 0,说明模型整体的解释能力较好,高技术产业的发展可以由创新要素集聚及其空间溢出效应进行解释,具体表达公式如下所示:

$$\ln Y_{it} = 2.459\,4 + 0.157\,5\ln K_{it} + 0.820\,6\ln L_{it} + 0.897\,5G_{it} + 0.383\,0\sum_{i=1}^{n}w_{it}\ln Y_{it} + $$
$$0.364\,3\sum_{i=1}^{n}w_{it}\ln K_{it} - 1.117\,2\sum_{i=1}^{n}w_{it}\ln L_{it} + 0.892\,7\sum_{i=1}^{n}w_{it}G_{it} \quad (6-11)$$

2. 空间杜宾模型的结果分析

式(6-11)显示,高技术产业的资本投入、劳动力投入以及创新要素集聚的影响系数均通过了1%的显著性检验,说明各变量对高技术产业具有正向促进作用。资本投入和劳动力投入变化1%时,分别提升高技术产出0.157 5%和0.820 6%;创新要素综合指数变化1%时,提升高技术产出0.897 5%。可以看出,高技术产业对劳动力投入的要求高于资本投入,并且创新要素集聚对高技术产业的影响最为显著。由各变量的空间滞后系数可知,资本投入存在正向的溢出效应,劳动力投入的溢出效应为负,创新要素集聚对高技术产业存在显著的正向溢出效应;$W*\ln Y$的系数显著为0.383 0,说明经济带内高技术产业的发展具有正向的溢出效应。

进一步将自变量对高技术产业发展的影响按来源不同,运用偏微分方法将自变量的系数估计值分解为直接效应和间接效应。直接效应即本地效应,表示本地区创新要素集聚对其当地高技术产业的影响;间接效应即溢出效应,表示"相邻"区域创新要素集聚对本地区的影响,基于经济距离权重矩阵下的溢出效应进行分解,结果如表6-7所示。

表6-7 空间杜宾模型直接效应与间接效应分解

解释变量名称	直接效应 系数	直接效应 t值	间接效应 系数	间接效应 t值	总效应 系数	总效应 t值
$\ln K$	0.214 1***	5.755 8	0.627 3***	6.505 1	0.841 4***	7.225 4
$\ln L$	0.713 1***	9.889 1	−1.187 3***	−5.084 9	−0.481 8	−1.690 5
G	1.059 4***	4.928 7	1.814 1**	2.895 9	2.873 4***	3.883 9

注:***、**、*分别表示表中对应指标在1%、5%、10%的置信水平上通过了显著性检验。

资本投入和劳动力投入的直接效应均显著为正,表明这些因素对高技术产业发展有显著促进作用。资本投入的间接效应为0.627 3,显著大于本地效应0.214 1,资本投入在区域间的溢出效应大于区域内的溢出效应,资本要素的集聚促进和带动了邻近地区资本投入水平的增加。这可以理解为长江经济带内部已形成了较为完善的资本市场,某一地区资本要素的集聚在自由市场的作用下会促进邻近地区资本投入水平的增加,为高技术产业的发展提供资本支撑。劳动力投入的间接效应为−1.187 3,劳动力资源的空间竞争效应显著,由于高技术产业的从业人数在短时间内是相对固定的,创新资源集聚水平越高的省份拥有的劳动力越多,抑制了其他省份高技术产业的发展。

创新要素集聚的直接效应为1.059 4,说明创新要素集聚对产业发展有积极影响,是高技术产业发展的核心驱动力。创新资源的集聚有助于改善产业的技术创新环境,促进产业创新水平的提升和创新成果的转化,从而推动产业技术进步。创新资源的集聚水平在经济带内存在较大的空间差异,长三角地区能有效地利用创新资源的集聚效应,形成产业规模经济,提升技术创新水平;而长江中西部省份的创新资源仍有待进一步地集聚,才能更好地发挥集聚效应,为产业创新提供技术支撑。

创新要素集聚的间接效应为 1.814 1,说明创新要素集聚对高技术产业的空间溢出效应显著。邻近地区创新要素综合指数提升 1% 时,会带动本地区高技术产出提升 1.814 1%,创新要素集聚在省域间的溢出效应大于省域内的溢出效应,说明创新要素的过度集聚会导致"要素拥挤效应",削弱创新要素的边际效益,创新资源开始对外扩散,以寻求更高的经济利益,从而带动"邻近"地区高技术产业的发展。长三角地区和湖北、四川等省份的创新要素已积累到一定规模,外部不经济现象显现,产业的平均生产成本逐渐上升,这时创新要素开始向"邻近"地区如安徽、湖南等省份扩散,创新要素集聚产生正向的空间溢出。由于长三角以及湖北、四川等省份高技术产业的技术创新水平远高于长江中上游地区,在知识溢出和技术扩散的作用下,这些省份对中西部地区的产业发展形成了显著的辐射带动作用。

第三篇

创新产业

第 7 章
创新产业相关理论基础

7.1 创新产业相关理论

我国学者林毅夫基于新结构经济学,将目前处于中等偏上收入的国家产业分成五种类型:追赶型、转进型、领先型、弯道超车型、国防安全及战略性新兴产业。不同的创新各具特色:追赶型创新主要依托外部的引进、消化、吸收。领先型、弯道超车型和国防安全及战略性新兴产业的创新则主要依靠自主研发。转进型创新可以是价值链的提升,如进入附加价值高的经营品牌、产品设计、营销渠道管理等,主要是产品研发或管理方式的创新;也可以是把失掉比较优势的生产部分转移到国内或者海外工资水平比较低的地方去生产,主要是情境管理创新。不同的产业需要运用不同的创新方式才能实现最高的效率,同时在创新的过程当中还需要考虑整合新平台、新技术的发展,通过利用智能的生产方式以及互联网提供的机会,以绿色的技术贯穿整个过程,这样才能实现新时代所要求的创新。

7.1.1 内涵与外延

1. 创新型产业

创新型产业是以创新型企业和人才为主体,以知识或技术密集型产业和品牌产品为主要内容,以创新组织网络和商业模式为依托,又有利于创新的制度和文化环境发展的产业。主要的转型升级形式为:创新程度较高的产业代替模仿型产业,知识或技术密集型产业取代劳动密集型产业,高附加值现代产业替代传统产业。

2. 战略性新兴产业

战略性新兴产业相关的概念有很多,例如主导产业、先导产业、支柱产业、战略产业、新兴产业、高技术产业等,它们分别有不同的内涵。结合冯赫、熊勇清与李世才、陈爱雪、洪银兴等学者的研究,对创新产业描述如下。

主导产业主要是指在国民经济中占有较大比重,对整个经济发展具有支撑作用的产业。一个国家或地区的主导产业在某种程度上将关系到该地区产业发展方向,依托该地区的资源及区位优势,带动其他产业或行业的发展。先导产业指在国民经济发展中处于优先地位,对其他产业战略发展方向具有导向性,在整个国民经济体系中占有举足轻重的重要战略地位的产业,先导产业的产品的收入弹性高,全要素生产率上升幅度较大,代表着技术发展和产业结构演化的方向。支柱产业是指该产业在国民经济发展中具有重要的战略意义,在整个国民经济中占有较大产业规模比重,起着支撑作用;支柱产业侧重产值和利润水平,是地区重要的财政收入来源,但其社会效益、环境效益和对其他产业的引导作用未必很强。先导产业发展到一定规模之后成为支柱产业,或者先导产业首先发展成为主导产业,发展到一定规模后再成为支柱产业。

战略产业是指一国为实现产业结构的高级化目标所选定的对于国民经济发展具有重要意义的产业部门,是各国根据不同的经济技术发展水平和对未来经济技术发展的预见所确定的产业。战略产业不仅有巨大的外部溢出效应,更能产生巨大的经济效应,其在未来经济发展中能够成为主导产业或支柱产业。

新兴产业是相对传统产业而言的,是指在高新技术基础上,运用新技术、新智力所形成的具有高附加值的产业。它代表新的产业结构转换方向,代表了新的科学技术产业化的水平。新兴产业通常具有高智能、高投入、高风险、高回报等特征。目前世界上的新兴产业主要指电子、信息、生物、新材料、新能源、海洋、空间等伴随新技术的出现而产生和发展起来的一系列产业。

高技术产业主要指用当代尖端技术(如信息技术、生物工程和新材料等领域)生产高技术产品的产业群。高技术产业的主要判断标准是研发投入和研发人员的比重是否较高。我国的高技术产业主要包括软件、计算机硬件、网络、通信、半导体、一般 IT 行业、医药保健、环保工程、生物技术、新材料、资源开发、光电子与光机电一体化、新能源与高效节能技术、核应用技术、其他重点科技、科技服务等 16 大类。

目前,国际上对于战略性新兴产业定义尚不统一,不同的学者和专家有着不同的关注和侧重。波特将战略性新兴产业定义为新建立或者重新塑造的产业,它的产生主要源于科技创新、新需求的产生以及相对成本结构的改变,又或者是由于社会和经济上的改变给某些新产品、新服务形式带来了开创事业的新机会。苏东水在其著作《产业经济学》中强调战略性新兴产业的发展主要受到科学技术水平的影响,其作用机制和技术创新水平与产业结构密切相关。周新生强调战略性新兴产业处于产业自身生命周期的形成期,承担了新的社会生产分工职能,代表了科学技术发展的新水平和市场新要求。2010 年《国务院关于加快培育和发展战略性新兴产业的决定》中将战略性新兴产业定义为:"战略性新兴产业是以重大技术突破和重大发展需求为基础,对经济社会全局和长远发展具有重大引领带动作用,知识技术密集、物质资源消耗少、成长潜力大、综合效益好的产业。"综合以上对战略性新兴产业进行的界定,战略性新兴产业是充分依托区域及资源优势、在最有优先条件的领域发展起来的、以重大科学技术突破为前提,将新兴技术与新兴产业深度融合,引起社会新的市场需求,技术门槛高、带动能力强、综合效益好、成长速度快、市场潜力大、产业规模大,对国民经济全局和长远发展具有重要意义的新产业。

7.1.2 特征与分类

战略性新兴产业主要具有战略性、创新性、导向性、关联性、长远增长性、突破性、风险性、动态可变性、可持续性等特征。

战略性是指该产业从国家、社会和全体人民的整体利益出发,在国民经济发展中占有重要地位,关系到国家安全和综合实力的提升。产业发展有利于促进经济结构调整和经济发展方式的转变,促进经济可持续发展,经过培育和发展,在未来可成为主导产业和支柱产业。战略性新兴产业的研发投入大,市场潜力大且能够掌握核心技术,具有较高的劳动生产率。战略性新兴产业代表了先进技术水平,其技术、工艺、产品、所满足的市场需求都是新的,代表产业发展的新方向,具有广阔的市场潜力,对国民经济其他产业具有引领作用,对经济具有长期持续的带动作用。战略性新兴产业关联度高,产业链条长,可以带动相关配套产业的发展,可以实现产业间的技术互动和价值链接,提升国民经济总体产业高度。战略性新兴产业主要是依托新能源、新技术的开发而带动整个经济发展的产业,具有新兴科技和新兴产业深度融合的特征。它突破了原有的资源及经济增长方式,甚至可能会引发新一轮的产业革命。战略性新兴产业具有先导性特征,在内容和形式上都没有现成的经验可循,只能在实践中不断总结经验,不断创新改革,摸索前进,这一过程同样伴随着较多风险。在技术、市场、体制、机制等方面的诸多不确定性,加之产业相关政策及配套体系的不完善,使战略性新兴产业投资带有较大风险。动态可变性指产业内容和领域不断更新。战略性新兴产业是一个动态的、不断发展更新的概念。随着不断的创新和技术变革,战略性新兴产业的内容和重点领域也将出现新的调整和变化。可持续性体现了资源友好和环境友好的理念。战略性新兴产业属于技术密集、知识密集、人才密集的高科技产业。通过创造性地使用新能源、新技术,摆脱资源约束,提高产品附加值,对发展低碳经济、绿色经济,实现高质量经济增长质量有重要作用。

战略性新兴产业共包括节能环保产业、新一代信息技术产业、生物产业、高端装备制造产业、新能源产业、新材料产业、新能源汽车产业七大产业。国家统计局将其划分为三个层级:第一层,将战略性新兴产业划分为七个大类;第二层和第三层依据《"十二五"国家战略性新兴产业发展规划》(国发〔2012〕28号)以及国家发改委编制的《战略性新兴产业重点产品和服务指导目录(公开征求意见稿)》将七大类进一步细分,第二层具体为30个类别,第三层具体为100个类别;而第三层建立与行业和产品(服务)的对应关系,对应《国民经济行业分类》中的行业类别共计359个,对应战略性新兴产业产品及服务共计2 410项,其中对应《统计用产品分类目录》中的产品(服务)达700多项。分类表中第三列和第四列分别表示战略性新兴产业对应《国民经济行业分类》《统计用产品分类目录》的代码和名称。

7.2 产业升级相关理论

7.2.1 产业价值链

产业链是由各个产业部门依托特定的经济与技术关联而形成的相互关联链式结构，围绕其链式结构背后的价值流动，以及其价值创造规律来考察不同活动环节的价值变化，对微观企业的研究表现为价值链理论，对中宏观产业部门的研究则构成了产业价值链理论。由产业链形成叠加了结构中不同产业间的互动与关联，产生了更广泛的信息、资金、物质、技术等生产资料方面的交流与联系。价值链理论阐释了产业发展的布局特征与产业价值活动的运作规则，产业升级则表现为该产业在价值链中产业结构逐步高级化的过程，而产业转移为发展中以及欠发达国家的产业升级提供了机会。国内外学者一直保持着对产业升级问题的研究以及升级渠道的关注。所谓"产业升级"是基于全球价值链，从出口主导变化的低附加值的制成品不断向具有竞争力的出口的发展，生产具有高附加值的产品，或者通过结构变化从下游沿着价值链向上游移动。这种产业升级只能通过不断积累的技术创新能力实现，因此它需要吸收高级劳动力转化为现实的产业。透过创造低附加值的环节向创造高附加值环节攀升，Gereffi 提出了产业升级的四个层次：第一是产品的升级；第二是经济活动的升级，即产品的研发、生产、销售等水平的提升；第三是产业内升级，即供应链上的延伸发展；第四是跨业态创新升级，如从劳动密集型转向资本和技术密集型。Humphrey、Schmitz 进一步提出企业由低级向高级升级的路径表现为：引进高技术提升产出效率的流程升级、低附加值向高附加值转变的产品升级、价值链上向高端转移的功能升级、培育新价值链的部门间升级。

7.2.2 创新产业集聚与产业升级

区别于传统的产业集聚，创新产业集聚的集群组织，以高端资本流动、知识流动和技术创新为核心动力，以制度文化创新为重要支撑，以全球化分工地位和价值链的双重提升为特征。创新产业集聚或集群研究的先驱学者 Voyer 将之定义为一个地区或城市的知识技术密集型企业集中，受到大学、研究机构、融资机构和交通系统支撑。

在经济的全球化发展中，创新产业集聚必须结合全球价值链发展，在产业集聚中寻求产业升级，促进产业集聚与价值链升级的良性互动，实现产业集聚的可持续发展。创新产业集聚所具有创新性、开放性、可持续性的发展特征，有助于克服知识技术进步锁定的缺陷，改变中心—外围发展模式。

从发展表征上看，创新产业集聚所具有的创新性不仅表现为产业的创新程度，更具备追求领先的领导型企业特质，其创造性表现为产业及企业的创造能力、跟进能力、核心竞争能力，而领先性表现为产业及企业的驾驭能力、导向能力、示范能力及辐射能力。创新性、领先性体现了创新型产业集聚区内的前沿特征导向。而创新产业集聚的开放性中蕴含着共生性特点，源自集聚内各个产业和企业的相互作用，相互的关联与知识传递使得企业群体结成共生性网络,自觉地融入全球化中并在价值链演化中适应经济全球化的开放要求,集聚企业具备适应能力,能够主动加入开放经济系统中。开放式的产业集聚又带来了集群的协同性与主导性,由主导产业带动围绕自身聚集的政府机构、科研机构、大学等支撑性要素的空间集聚。

从升级过程来看,我国的创新产业集聚由高素质的外源集聚、内源集聚、混合集聚三类集聚载体构成。其中,外源集聚指主要由外生力量来推动的产业结构升级,在我国的发展初期,区域开发正是利用了国际产业转移的国际投资、国际贸易与技术交流机遇。而内源集聚,即是由本土自主创新企业主导,内生于高端集聚的产业创新的空间组织形式,通过内在的技术引进、技术扩散和组织创新,吸引高端创新要素的流入,实现内部集群的创新密集和国际市场份额的突破升级。最后,混合集聚顾名思义综合运用了内外产业创新的双向驱动,发端于更具多样性、系统性的产业结构,多元化复合发展强化了产业融合的深度,孵化出更为多样的产业合作、产业联盟、产业共生等演化升级方式。

回顾我国的创新产业集聚演变,一般而言,产业集聚首先发端于外源集聚,由于外源性产业发展发达,本土产业虽然集聚程度较高,但升级程度相对缓慢。之后伴随着产业集群的扩大,内源集聚作用开始显现,本土产业功能逐步增强。随着产业集聚开始实现外源与内源双向嵌入,形成混合集聚驱动创新发展态势,并在多样化的竞争和合作中提升产业整体的复杂适应性,从而跃进理想的产业升级状态。

7.2.3 高技术产业、高技术制造业和知识密集型服务业的联系

1. 战略性新兴产业与高新技术产业

高新技术产业是指具有高技术密集度、高附加值和高效资源、能源节约功能,更新速度快,能够对相关产业产生波及和带动作用的新兴产业群。战略性新兴产业与高新技术产业的相似之处表现在技术上的重合。不同之处表现在:一是战略性与非战略性上,战略性新兴产业有着强烈的国家意志;二是两个概念的参照系不同,战略性新兴产业相对于非战略产业和传统产业而言,高新技术产业相对于中低技术产业而言;三是经济性质上的不同:战略性新兴产业以新材料为原料,以新能源为动力,使用智能技术或者生物技术,是一个具有全新经济形态的产业群,较之于高新技术产业,拥有更高的成长性。

2. 高技术产业、高技术制造业和知识密集型服务业的关系

根据《国务院办公厅关于加快发展高技术服务业的指导意见》(国办发〔2011〕58号),依据《中华人民共和国统计法》,参照国际相关分类标准并以《国民经济行业分类》(GB/T 4754—2017),将高技术产业分为高技术制造业和高技术服务业。其中,高技术服务业是指采用高技术手段为社会提供服务活动的集合,包括信息服务、电子商务服务、检验检测服务、专业技术服务业的高技术服务、研发与设计服务、科技成果转化服务、知识产权及相关法律服务、环境监测及治理服务和其他高技术服务等9大类。高技术制造业的分类标准见7.3.1节,知识密集型服务业的分类标准见7.3.2节。从分类标准中可以看出,高技术产业是高技术制造业和服务业的总称,而知识密集型服务业是高技术服务业的重要组成部分。

从产业价值链的角度看,高技术产业处于上游,该领域内的两大产业需要相互促进与补充。知识密集型服务业通过多种途径促进制造业的发展,高技术制造业对于知识密集型服务业的需求更加显著,知识密集型服务业能有效带动高技能劳动力增加,提高人力资本水平。高技术产业是工业转型的方向,知识密集型服务业为制造业优化升级提供创新源动力,能有效带动整体创新水平、产品和服务质量的提升。

3. 高技术制造业和知识密集型服务业的关系

产业结构的高级化和合理化能促使经济保持可持续、健康、有效的增长。在经济增长过程中,由于向前推进的科技进步和不断变化的人类需求,产业结构也在不断演变,总体呈现从"工业经济"向"服务型经济""知识经济"转变的总趋势。在此阶段,产业关联效应使得制造业和服务业不断升级,高技术产业占第二产业的比重能够充分反映产业结构技术水平的高低,知识密集型服务业也是现代服务业的重要组成部分,在国内生产总值中的比重反映了经济发展过程中产业结构的转型与调整脚步。

高技术制造业作为制造业在新时代下的主导产业,知识密集型服务业也已成为服务业演变方向,在逐渐细化的专业化分工和高度市场化的环境下,前者为后者提供市场需求与创新动力,后者为前者创造知识化、信息化有利条件,提高企业竞争力、可持续发展源泉,两大产业相互渗透、加强融合,导致产业基础发生变化,为经济发展提供新的动力。因此,利用共生模型研究两大产业的共生关系是可行的。

7.3 高技术制造业和知识密集型服务业相关理论

7.3.1 高技术制造业相关理论

1. 高技术制造业的定义

高新技术是一个动态新概念,因此学术界目前尚未对其达成统一界定,而国外将高新技术称为高技术(high technology),这是一个发端于 20 世纪 50 年代,快速成长于 20 世纪 70 年代,伴随新技术革命而出现的术语。高技术的概念最早源于美国,并随着历史的变迁呈现动态性、发展性和历史性。目前,国际上对高技术这一术语较权威的定义为:高技术是资本密集、知识密集和技术密集型技术,它能够将现代社会最前沿的自然科学理论、先进科学技术和生产工艺投入实际生产过程,符合社会、社会经济和环境效益相互协调发展的理念,有助于社会、经济与环境的可持续发展。

经过长时期的探索,国际上对高技术产业的界定方法可以大体上归结为两种:一类是定性界定方法,主要根据高技术产业包含的内容、特点、作用等进行界定;一类是定量界定方法,主要根据 R&D 经费强度、高科技人员所占比重以及研发强度等量化性的指标进行界定。

国家统计局指出高技术制造业是指国民经济行业中 R&D 投入强度(即 R&D 经费支出占主营业务收入的比重)相对较高的制造业行业,是一系列通过利用尖端技术进行生产特定高技术产品从而形成的制造产业群。与传统制造业相比,该产业具有知识密集、技术密集的特点,此外对研究人员数量及比例、研发投入成本均具有较高要求,使得其产品在价值链中处于上游,对环境的污染较少,能够集聚创新能力辐射其他产业,从而形成强烈的渗透作用。高技术制造业是世界经济与科技创新竞争的中心,在"一带一路"与创新驱动背景下,加快产业结构的调整与升级是整个国民经济的重要组成部分,其自主创新能力代表了一国或者某一地区综合国力与竞争力的强弱,提高创新能力是影响高技术产业能力的最关键因素。

2. 高技术制造业的特征

高技术制造业是高技术产业的"半壁江山",区分标准主要为 R&D 即研发的投入强度。其中,根据国家和地区的不同,划分标准不同:一般情况下发达国家的研发投入强度高于发展中国家,最新 OECD(经济合作与发展组织)对高技术产业的划分标准为 10%,我国将 4% 以上的 R&D 产业认定为高技术产业。但不同的标准不会抹杀该产业的本质特征,即高技术制造业拥有较高的研发投入与人才资源比例、较多的专利活动申请,这也体现出高技术制造业具有人才密集、知识密集、技术密集、高附加值的特性。

在高技术制造业的发展历程中,高技术服务业的影响突出,特别是其中的知识密集型服务业对高技术制造发展具有重要作用,高技术服务业与知识密集型服务业密切相关。其中,服务业尤其是知识密集型服务业的诞生便源于高技术制造业,制造业为其发展提供了市场需求,创新发展过程中的重重阻碍更是其创新的源泉。知识密集型服务业的存在为高技术制造业优化升级提供了巨大的潜能,发挥着关键作用。

3. 高技术制造业的分类

借鉴 OECD 对高技术行业的行业细分准则,我国国家统计局根据自身行业进行统计对照,颁布了《高技术产业(制造业)分类(2013)》,以便进行各部门及地区的数据统计。文件指出,该产业主要包括医药制造,医疗仪器设备与仪器仪表制造,航空、航天器及设备制造,电子及通信设备制造,计算机及办公设备制造六大行业,依据《国民经济行业分类(GB/T 4754—2017)》进行再分类,得到结果如表 7-1 所示。

表 7-1 高技术制造业分类

分类名称	再分类名称
一、医药制造业	(1)化学药品制造;(2)中药饮片加工;(3)中成药生产;(4)兽用药品制造;(5)生物药品制造;(6)卫生材料及医药用品制造
二、航空、航天器及设备制造业	(1)飞机制造;(2)航天器制造;(3)航空、航天相关设备制造;(4)其他航空航天器制造;(5)航空航天器修理
三、电子及通信设备制造业	(1)电子工业专用设备制造;(2)光纤、光缆制造;(3)锂离子电池制造;(4)通信设备制造;(5)广播电视设备制造;(6)雷达及配套设备制造;(7)视听设备制造;(8)电子器件制造;(9)电子元件制造;(10)其他
四、计算机及办公设备制造业	(1)计算机整机制造;(2)计算机零部件制造;(3)计算机外围设备制造;(4)其他计算机制造;(5)办公设备制造
五、医疗仪器设备及仪器仪表制造业	(1)医疗仪器设备及器械制造;(2)仪器仪表制造
六、信息化学品制造业	信息化学品制造

7.3.2　知识密集型服务业相关理论

1. 知识密集型服务业的定义

伴随知识经济的新时代发展,知识密集型服务业(knowledge-intensive business service,简称 KIBS)应运而生,但由于不同国家的服务经济的发展水平差异,以及学术切入点与理论视角不同,KIBS 的定义尚不统一。

一些学者根据自己的研究对其进行相应界定。经济学家 Fuchs 首次提出服务经济的概念,并将服务经济界定为服务业增加值占比 50%以上、服务业就业人数占比 50%以上的经济形态。Miles 等首次明确提出知识密集型服务业,将其定义为明显依赖某种特定领域且极具专业性的知识,以公司或组织为介质,为社会及用户提供以知识为主的中间产品或服务,并分为两类:传统型专业服务业和新技术基础型的知识密集型服务业。Muller 等认为 KIBS 在广义上是咨询顾问企业,强调了知识这一资源的独立性。Kemppil 等认为 KIBS 应包含知识投入、服务高度依赖、服务的提供商与客户间有高度互动。Muller 等通过研究发现 KIBS 更注重在以高价值组织或私人为客户的商业过程中提供知识密集型服务。魏江对其进行界定:知识密集度高于平均水平以上企业,主要依赖新兴技术和专业知识,与客户明显互动的商业性组织。裴瑱认为知识资本要在总资本中应占很高比重,是围绕知识生产、知识应用和知识传播的服务过程。

一些国家、地区和经济组织为进行相关政策性研究,结合自身情况对 KIBS 的含义进行界定。经济合作与发展组织(OECD)以投入产出为切入点,将 KIBS 定义为人力资源和技术要素投入密度高、创新水平高、附加值大的服务性行业,并将其划分为 5 个大类:信息服务业、金融服务业、专业技术服务业、教育服务业和健康保健服务业。美国商务部(U. S. Department of Commerce)认为 KIBS 既是那些以知识、技术、信息和专利为服务或产品,对其他产业从事工程、科学和技术创新推动的服务业,同时也指部分融入上述产业的服务性质行业。我国国务院发展研究中心从运用工具和技术的角度,将其定义为通过互联网,运用电子商务等信息手段从事现代服务的知识性服务业,主要含有金融、保险、咨询业务、教育和研发服务、计算机、软件等知识含量高,且具有一定科研水平和专业技术的服务行业,其产品价值主要集中在信息服务输送和传播、知识产权上。上海市发改委认为知识密集型服务业等同于现代服务业,KIBS 是运用现代化新技术、新服务和新业态方式去改造并提升传统性服务业,进一步向企业或组织提供高层次、高附加值和高知识密度的生产、生活服务的产业,它是知识经济和信息化社会发展的结果。

通过上述介绍,可以看到目前知识密集型服务业并没有形成统一界定,但可以确定其主要投入要素是新技术、新服务和专业性知识,以及高素质、专业型人力储备,顺应社会主义市场经济发展,以知识创新、知识吸收和知识扩散为服务过程,充分利用创新性、创造性和高互动性服务特点为企业或组织提供产品或中间服务。KIBS 作为国家创新体系重要组成部分,是知识创新者、知识传递者和知识扩散者,并在时代浪潮和产业结构调整中发挥越来越重要的作用。

2. 知识密集型服务业的特征

虽然知识密集型服务业的概念未得到统一,但不难发现 KIBS 主要包含以下特征。

(1) 核心资产是知识。知识是 KIBS 的核心资产,是服务的关键投入,包含了多种多样的高度专业知识,主要分为隐性知识和显性知识,并以此为客户知识基础,连接客户未知与知识库,实现二者间的交流互换;将知识和技能转移给客户也是其主要功能之一,且 KIBS 和组织或企业间存在频繁的供需要求沟通、紧密相连的合作。

(2) 技术和研发投入以及专业性、高素质人力资源是 KIBS 的基础。作为新技术的重要生产者、使用者和传播者,KIBS 在技术创新产生和扩散中起着重要作用。知识密集型服务业需要进行知识创新和知识生产、扩散,研发投入是衡量综合实力和竞争力的主要标志。稳定的知识密集型服务业高度依赖专业能力和知识,人力资源是知识的拥有者,也是实现服务功能的最终载体。因此,KIBS 从业人员与一般企业相比,除了具备一般知识系统外,接受的教育水平更高,技术创新能力更强,科技研发水平更高,能够为客户提供知识化高度集中、专业化产品或服务。

(3) 产品或服务极具针对性。知识密集型服务业不仅使用知识,还提供知识和信息,通过为客户定制专业化、有购买价值的方案,从而解决组织或企业产生的问题。这个过程需要 KIBS 企业与客户间进行高密度互动,充分了解客户需要,综合考虑国内及国际环境,为知识扩散、新知识产生提供可能。此外,其在未来具有广阔的产业发展空间,可以为客户带来丰富收益。

3. 知识密集型服务业的分类

由于目前对知识密集型服务业的概念尚未形成共识,其中 OECD 对知识密集型服务细分行业解释为:金融服务业、商业服务业、信息服务业、教育服务业和健康服务业。本研究结合美国国家科学基金会、OECD 对知识与技术密集型产业的划分部门——高技术制造业以及知识密集型服务业的界定,并根据我国《国民经济行业分类》(GB/T 4754—2017)对相关行业的认定,将 KIBS 划分为包括信息传输计算机服务和软件业、金融保险业、租赁和商业服务业以及科学研究技术服务业的四大类别。

7.4 共生理论与产业经济理论

7.4.1 共生理论

1. 共生的基本概念

共生是世界的本源,是生态学中的常见现象。其生态学概念最早由德国真菌学家 Anton de Bary 提出,定义为不同生物生活在一起,而后提出寄生也是共生的一种。原生动物学家 Dale S. Weis 将其定义为 N 个合作者间密切、稳定而持久的组合。我国学者袁纯清将共生引入经济学研究中,抽象概括为在一定共生环境中,共生单元按某种共生模式彼此间形成的关系。简而言之,共生是用以反映不同种属的共生单元按照某种物质相互结合或相互作用的形式,通过信息交流、能量产生与能量交换,实现共同生存、协同进化的关系;共生也表示两个不同物种间为提高彼此的生存能力,积极采取合作或者因某种关联产生的协同作用机制。

埃利希(Ehrlich Paul)和拉文(Raven Peter)在1964年提出了共生演化的概念,认为在传统生物现象中的"生存竞争"是不成熟的,更为确切的说法是"共生演化"。之后,苏联生物学家科佐·波林斯基(Kozo Polianski)、范明特(Faminstsim)和科斯基(Korskii)等学者基于前人理论进行更为深入的共生演化分析,德国学者布克纳(K. Prototaxis)对内共生进行深入探讨,威尔森(Wilson)构建了社会-生物共生理论,这些多领域的理论与实践奠定了共生理论的基础。

在生物学的共生演化系统中,不仅在不同物种间会存在能量交换的影响,而且以同一食物为源的物种间也会通过繁杂的食物链产生相互作用。随着分子生物学的发展,很多生物学家发现,共生演化也存在于不同物种、不同个体群之间,以及基因这一微观层次;经过进化或者变异成功生成的新物种通常会发生基因的重组变化,即使在未发生变异的遗传中,物种基因层次间的共生关系也是维持个体稳定的基础之一。也就是说,共生演化是生态系统中普遍存在的具有多层级、多样性的体系,并且层级间的结构与层级内的结构关系共同成为生物保持不断进化的源动力。共生演化之所以被称为超越达尔文进化论的统一范式,是因为其最重要的贡献在于揭示了生物进化的动力机制须超越单纯的环境选择决定论和个体思维,认为只有把物种主体和其生存环境的所有系统因素有机结合在一起,才能更为全面、科学、系统地解释生物进化动力机制。

共生理论的实质是:一个新事物的出现和它能否通过一系列频数效应在整体中成为多数,关键在于该新事物能否与其相关分支互相匹配合作,并在此基础上建立长时间的协同关系,这样的变异只有被留下,最终才能起到推进进化的功能。这种共生关系不仅存在于生物学系统内,在社会领域和经济领域也是如此。鉴于人类社会和经济系统与生物系统在本质上有惊人的相似性,生物学领域也是社会科学理论发展的重要源泉之一。

2. 共生的要素与模式

对共生演化来讲,共生系统一般包括三要素:共生单元、共生模式和共生环境。共生单元是共生体进行基本能量生产和交换的单位。共生模式是指共生单元间相互影响或结合的状态,主要有组织模式(点共生、间歇共生、连续共生和一体化共生)和行为模式(寄生、偏利共生、非对称性互惠共生和对称性互惠共生)两类。共生环境是指除研究单元外所有要素总和,它可以通过物质等实体、信息流和能量流等对共生体产生不同方向以及大小的影响。结合共生要素,本研究主要从行为模式研究高技术制造业和知识密集型服务业的共生关系,对相应模式进行说明与比较,如图7-1所示。

3. 共生模型

在生物学研究中,我们常用Logistic模型表述某种群的自然增长规律:种群最初的增长速度是呈加快趋势的,当种群增长到某一特定值时,其增长速度逐渐减慢,直至趋向于

0，即停止增长。这反映了生物及种群的生长过程，即发生、发展、成熟和衰亡4个阶段。同时也可以用这一模型表示种群间相互作用关系（如寄生、竞争、偏利共生等），是生态学中最基本的模型之一。

	寄生	偏利共生	非对称性互惠共生	对称性互惠共生
共生单元特征	形态存在明显差异；异类单元单向联系；同类单元亲近度较高	形态方差可以较大；异类单元双向联系；同类单元亲近度较高	形态方差较小；异类单元双向联系；同类单元亲近差异明显	形态方差接近于0；异类单元双向联系；同类单元亲近度相同或接近
共生能量特征	不产生新能量；能量由寄主向寄生者转移	产生新能量；新能量只分配给一方，不能广谱分配	产生新能量；新能量按非对称机制广谱分配	产生新能量；新能量按对称机制广谱分配
共生作用特征	可能对寄主无害；双向单边交流；有利于寄生者而不利于寄主进化	对单方有利；双边交流；有利于获利方进化，无补偿机制时对非获利方进化不利	广谱进化；存在双向双边和多向多边交流；有利于双方或多方进化但非同步	广谱进化；存在双边和多边机制；双方或多方进化具有同步性

图 7-1　四种共生模式简要说明与比较

Logistic 方程是 Pearl & Reed、比利时数学家 P. F. Verhulst 在进行人口增长规律研究中提出的，表达式如下：

$$\frac{dN}{dt}=rN(1-\frac{N}{K}) \qquad (7-1)$$

式中：r 为种群的自然增长率；N 为时间 t 时的种群密度；K 为在无约束的理想状态下种群所能达到的最大种群值，即环境容量。

在 Logistic 方程的基础上，Lotka-Volterra 模型由 Lotka 和 Volterra 各自独立提出，用于描述种群间相互竞争关系。假定两个种群在自然状态中呈 Logistics 增长态势，并为共同的资源竞争。令转换系数为 α、β，表示种群对资源的需求量比值，则两个种群间为共同资源竞争的表达式为：

$$\begin{cases}\frac{dN_1}{dt}=r_1N_1(\frac{K_1-N_1-\alpha N_2}{K_1})\\ \frac{dN_2}{dt}=r_2N_2(\frac{K_2-N_2-\beta N_1}{K_2})\end{cases} \qquad (7-2)$$

在竞争过程中，哪个种群能更好利用资源，即 K 越大，则该种群在竞争中处于优势地位，其共存的条件为竞争不完全，某一种群生活所需资源不完全包含在另一种群资源空间中。

7.4.2 产业经济理论

1. 产业升级相关研究

产业升级一直是经济学者研究和关注的重点,直到现在,有关学者对其内涵的界定尚未达成一致意见,由于对产业升级问题研究的角度不同,界定不同。学者对产业升级的认知随分工理论发展而不断深化,逐渐从宏观层次研究中的产业间结构转向中观层次的产业内部升级、微观层次的企业升级演变,并形成宏观—中观—微观的产业升级理论体系。

学者们在宏观层面对产业升级的研究角度不同。基于产业结构主义的升级,关注点集中于三次产业间转换和经济增长间的内在关联、驱动因素。认为产业升级是产业体系中不同产业结构的升级模式,即在国民经济体系中,高附加值和高技术产业将会不断代替低附加值和低技术型产业,进而实现产业结构的动态化、合理化。费希尔(Allan G. B. Fisher)提出三次产业思想;库兹涅茨(Simon Smith Kuznets)、克拉克(Colin Clark)等通过数据分析对多国进行产业结构深入分析,从供需两方面研究了产业升级内在驱动要素,提出了著名的库兹涅茨法则、配第-克拉克定理;钱纳里(Hollis B. Chenery)和赛尔昆(Moises Syrquin)基于大国模型构建标准产业结构理论;我国学者沈坤荣、芮明杰、计保平等也认为产业升级的内因是路径依赖、思维僵化和体制障碍等,只有实现结构的优化升级才能为产业升级夯实基础,其中资本密集和技术密集的产业更具发展优势。基于贸易和比较优势的升级,该学派认为一国在本国生产某产品的机会成本低于在他国生产的机会成本时,则该国拥有比较优势。大卫等基于比较成本、劳动价值论构建产业结构模式,新贸易理论用市场结构、产业组织的知识分析了国际贸易现象,斯蒂格利茨(Joseph E. Stiglitz)、克鲁格曼(Paul R. Krugman)、赫希曼(Albert Otto Hirschman)等基于产业升级演化的规模经济论、战略性贸易论和技术可获得差异论等对发展中国家的产业升级进行了论述,建立了产品内分工、产业内分工等理论。国内学者林毅夫、张幼文等针对我国在加入WTO后,如何提升产业、参与国际分工和改变制造低端地位进行研究,一致认为只有通过从劳动密集向资本密集、技术密集、知识密集型产业转型,提高专业化水平,才能在更多方面拥有话语权。自赤松要的"雁行形态论"后,劳动密集型产业转移理论(William Arthur Lewis)、中心-外围理论(Raul Prebisch)、产品生命周期理论(Raymond Vernon)、边际产业扩张理论(小岛清)、产业梯度转移理论(弗农)等逐渐形成,欠发达区域通过产业转移,完成产业结构调整与升级成为重要课题。郑江淮、罗飞、许南等国内学者也分析了国际制造资本、产品内分工等对产业转移及承接地的影响,但尚未给出最为有效的承接模式。基于技术创新的升级理论,认为产业发展和技术创新间存在紧密关系,是产业升级中的关键内容,技术创新是产业升级的最重要动力因素。主导产业理论(Walt Whitman Rostow)和产业关联理论(赫希曼)都强调技术这一关键要素,认为需要依靠技术进步,以少数具有很强扩散作用的部门为中心,对其他产业及部门产生影响。国内学者也验证了产业升级最终还是依靠自主创新,通过政府支持与激励、高端市场需求引领,最终实现产业升级的路径选择。中观层面的产业升级理论主要通过研究嵌入和攀升全球价值链角度,进而实现产业转型。基于全球价值链,不断实现从价值链低端向高端环节攀升的过程,最终提高自身在市场中的竞争力,也是向更有获利能力的资本密集、技术密集和知识密集领域迈进的过程,是从低产品附加值向高附加值的转变。主要路径是产业间升级和产业内升级,即通过不同产业间和同一产业内产业结构转换,但这忽略了二者交叉进行的情况。

仅从宏观和中观角度不能真正解决后发国家产业在外资和技术约束下,通过专业化政府培育、人才资本提高生产率的问题;微观产业升级可以化解这种困扰,其强调如何将企业的投入要素通过一系列转化推动产业升级,这些要素包括企业学习、技术创新和产能再配置等。

2. 产业集群相关研究

产业集群在马歇尔(Alfred Marshall)的《经济学原理》中有所论及,通过对传统工业企业集群的考察,认为外部规模经济和企业集群间有密切关系,技术经济、机械经济和原料经济是企业大规模生产的重要盈利来源。在集聚的"产业区",信息溢出降低了劳动力搜寻成本、辅助生产成本以及知识溢出,即协同创新环境可以提高生产效率。

此后学者们对这一现象进行了更为深入的研究,以韦伯、巴顿和胡佛为代表的产业区位理论影响深远。韦伯(Alfred Webber)以工业区为研究中心,利用成本节约论分析产业集群的形成动因,寻找工业区位的移动规律,并测算影响工业区位各因素及作用的强弱。他在《工业区位论》中,将影响工业区位的因素划分为位置因素和区域因素,认为企业集聚有助于道路等基础设施的修建和共享,进而可以减少经常性支出,形成良好互动循环。胡佛(Hoover)在《区域经济学导论》中指出城市化经济与区位化经济的区别,认为对任一种产业来讲,其规模经济有三个层次,即单个区位规模决定的经济、单个公司规模决定的经济和该产业某个区位的聚集体的规模决定的经济。

佩鲁(F. Perroux)提出了区域增长极理论,即集中了一系列起支配作用的经济单位的特定区域。这种经济单位一般是新兴的、技术水平高的产业,或者是国内及国际市场需求旺盛的产业,并对其他产业具有较强的极化和扩散作用。波特(Michael Porter)在《国家竞争优势》中给出了明确定义,其构建的竞争优势理论将有关产业集群的研究提升到新高度,并在《商业评论》中发表了《企业集群和新竞争经济学》,首次系统性提出以企业集群为研究对象的新竞争经济理论。波特将企业集群定义为集中在某一特定区域、在业务上互相联系的一系列企业与相关机构,产业集群由四个基本因素(①生产要素;②需求条件;③相关及支撑产业;④企业战略、结构与竞争)和两个附加要素(政府、机遇)组成,后人将这一模型称为"钻石模型"(见图7-2)。

波特认为产业集群是某一领域相互联系的企业和组织在地理上的集聚,既包含与之相关的产业企业,也有与其相对抗、竞争的组织,并遵循自身产生、演化、消失的规律。国内学者对产业集群的认知和研究源于国外文献翻译和介绍,迄今为止对其界定并未统一,一般认为是企业和机构在某一产品价值链的地理位置上的集聚体。

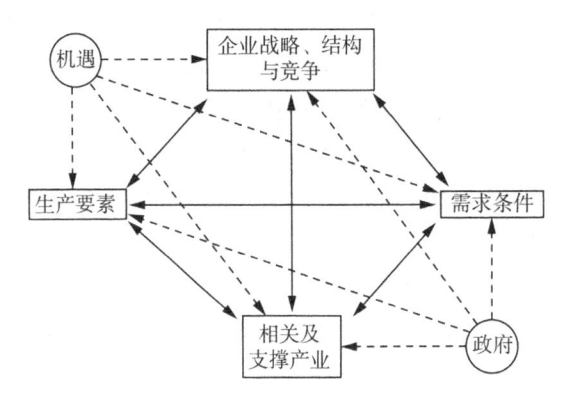

图 7-2　钻石模型

3. 产业组织相关研究

产业组织研究的基础是微观经济学,重点分析了企业结构和行为、市场结构和组织、市场中各企业间相互作用和影响机制,探究在经济发展中产业内和企业间存在的竞争和垄断活动、产业规模经济和生产效率间的关系和矛盾,进而研究产业组织及其对资源配置效率的作用机制,最终为维持健康的市场秩序和提高改进经济效率提供有关理论基础和对策。

产业组织理论主要从几个切入点出发:①某一厂商怎样实现投入最小和产出最大,以及其内部不同角色员工间的关系,即"企业理论",遂与其他领域融合,进一步出现如风险管理、财务融资等情形。②不完全竞争市场和企业行为间的关系,主要是分析寡头市场中企业间的关联,即"狭义产业组织理论"。③政府和企业间的关系,相关研究一般是实证分析和规范构建,如市场壁垒、准入难度、政策实际效果等。

从第一次工业革命爆发开始,生产力和经济发展取得重大进步,各理论学派随之出现。亚当·斯密就是产业组织理论的核心开拓者,资源配置问题被人们认识并关注就是建立于其"看不见的手"及市场机制学说基础上的,即处于完全竞争市场中的行业,其价格具有决定作用,产品价格与资源配置成正比,二者不断权衡直至达到平衡状态,才能实现资源最佳配置。马歇尔作为产业组织理论的先驱者,认为亚当·斯密提出的完全竞争市场在现实中是不存在的,垄断现象是暂时的,市场会自发保持平衡。张伯伦指出在垄断市场中,厂商可以在一定程度上决定价格高低,并可以长期获利,因此不能简单依靠市场,政府必须要进行宏观调控,这极大程度推动了产业组织理论发展。

由上可知,产业组织理论经历了漫长的发展过程,并形成了不同学派的理论体系,目前较为流行的是哈佛、芝加哥和新制度"三大主流学派",以及新奥地利学派。哈佛的梅森(E. Mason)教授和其学生贝恩(Joe S. Bain)最早进行了关于产业组织的研究,系统性论述了产业组织理论相关内容,哈佛学派正式诞生。该学派认为企业内市场结构、行为和绩效间存在单向因果联系,由此构建了产业组织理论的经典分析框架,"结构-行为-绩效(Structure-Conduct-Performance)"模型,亦即 SCP 分析范式。斯蒂格勒(George J.

Stigler)等芝加哥大学学者反对哈佛学派的垄断竞争前提,认为经济自由,市场拥有充分的自我调节能力,应当尊重市场竞争机制,使自身产业组织作出正确决策。同时,他提出了以沉没成本和完全可竞争市场等为核心的可竞争市场理论。20世纪70年代后,市场经济进一步发展,产业组织理论也发生了重大变化,博弈论和信息经济学等新理论、新方法被引入相关研究中,形成了新制度学派,即"后 SCP 流派",构建了新产业组织理论,代表人物有科斯(Ronald H. Coase)、诺斯(Douglass C. North)和威廉姆森(Oliver Williamson)等人。该学派将研究重点转移到制度因素上,认为产权制度是企业组织设计问题的源头,并结合交易费用理论深入企业内部研究:一方面是企业可以自由选择交易对象,进而影响交易成本和效率;另一方面是通过确定交易双方,降低交易的不确定性。同时,一个企业若要长久进步,必须意识到创新是永恒不竭的动力,创新也能够促进制度的演进,新制度学派新颖的角度促进了产业组织理论发展。

技术升级引起产业结构变迁。通过提高技术创新能力,合理规划工业产业布局,将其转到市场调节产业结构的轨道中,塑造并完善财政制度、人才资本制度、金融制度等,为企业发展提供良好环境,加快产业集聚步伐,进而促进产业价值链的完成。在转型过程中,制造业和第三产业的优化升级尤为重要,高技术制造业是制造业价值链中的高端产业,如何科学合理规划其发展轨道十分重要。加强供给侧结构性改革,利用专业化、信息化、创新型的知识密集型服务业,提升制造业的产品质量,提高生产效率,通过一系列创新驱动带动工业深化,使之不再受制于人。长江经济带在我国经济发展中战略位置突出,研究该区域制造业和服务业的产业升级、产业融合和产业共生至关重要。

第8章
长江经济带创新产业发展空间差异性分析

8.1 产业现状分析

8.1.1 长江经济带整体产业发展状况

1. 工业规模

工业主要指从事自然资源的开采,对采掘品和农产品进行加工和再加工的物质生产部门(国家统计局)。作为唯一的生产和劳动手段现代化部门,工业决定了国民经济现代化的水平、速度和规模;同时,工业为自身和国民经济中的其他部门以及人民的物质文化生活提供原料、动力和工业消费品等。最后,它是国家财政的主要收入源泉,进而是国家政治独立、经济自主和国防安全的根本保证。工业是社会分工和生产力发展的产物,在当代各国的国民经济中起重要主导作用;工业是第二产业重要组成部分,也是巩固中国特色社会主义道路的物质基础。

2013年开始,第三产业占国家GDP的比重首次超过第二产业(第三产业的比重为46.01%;第二产业的比重为43.89%),二者的差距不断加大,2017年第三产业的比重为51.63%,第二产业的比重为40.46%。在我国经济发展进入新常态后,由于工业生产造成的环境污染、交通阻塞、生态破坏等问题,严重制约国家经济的健康可持续发展,产业结构调整势在必行,应加快向服务业转型步伐。但现阶段,无论是保持国家经济中高速增长,还是化解各类经济发展中的矛盾与问题,都必须紧密依靠工业。发达国家在金融危机后的重振制造业运动也说明了工业对后工业化社会依旧重要。

图8-1表示2007—2016年长江经济带工业的发展规模和速度。可以看出受国际金融危机的影响,2008年和2009年工业发展速度大幅下降,对我国工业经济发展造成了极大的负面作用,企业利润锐减,工业投资额降低,外资利用水平持续下降,出口速度下滑。2010年后,我国工业出现严重过剩,经济刺激性政策不断出台与落实,我国工业逐渐从危机中走出,开始缓慢复苏,对国家GDP的增长带动作用超过服务业。后金融危机以后,

各国意识到过度发展虚拟经济不可行,应立足当下,着眼未来,重振制造业,必须寻找新的经济增长点,节能环保产业成为重要发展方向。因此,长江经济带近几年工业均保持中高速增长,在扩大内需及开拓国际市场的同时,调整工业产业结构,与之发展相关的技术密集、知识密集型服务业得到快速发展。其次,加快节能减排步伐,减少资源浪费,为其他部门提供技术创新支撑,共同保证长江经济带经济的可持续增长。

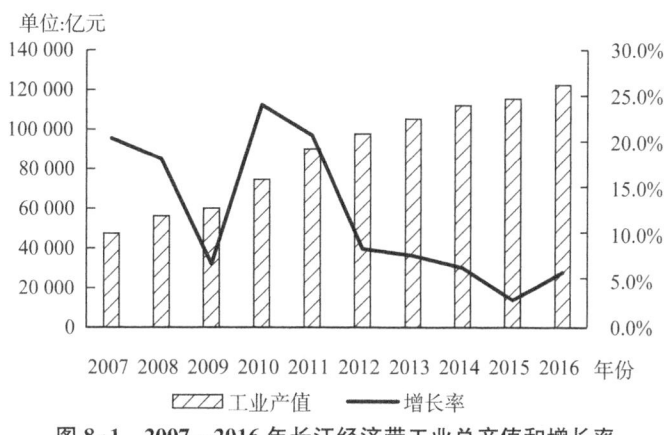

图 8-1 2007—2016 年长江经济带工业总产值和增长率

(数据来源:2008—2017 年《中国统计年鉴》)

2. 第三产业规模

第三产业指服务业,主要包括交通运输、仓储和邮政业,以及批发和零售业等除农业、工业和建筑业以外的行业,即从人民的衣食住行到精神方面的需求,与工业相关的信息业、文化创意产业等均属于第三产业。首先,服务业推动了农业、工业和建筑业的发展,为其提供技术、知识等方面的支持;其次,第三产业拓宽了经济发展空间格局,培育了新型、健康的经济增长点,对产业结构的调整具有重要作用,加快了经济发展速度;最后,它扩大了就业规模,拓宽了就业渠道,缓解了就业压力,也是人民实现收入增长的重要方式之一,目前很多微商、网络商铺等通过服务型自主创业提高了生活水平。

第三产业是国民经济中的重要部门之一,对经济发展有强大的拉动作用,其改革主要分为几个阶段:基于就业和需求(1978—1984 年)、增长压力(1984—1992 年)、财政压力(1992—2001 年)、国际竞争压力(2001—2012 年)、改善民生压力(2012 年以后)的改革,已形成第三产业改革的"中国模式"。但服务业的产业种类繁杂且行业间差异很大,难以形成较为统一的规范与模式。同时,其产业自身也面临着优化升级问题,如何提高服务业水平,为农业和工业发展提供技术创新、知识服务,稳定、优化市场经济环境,进而提高国民经济整体发展质量与效率,是值得相关政府和学者关注和研究的问题。

图 8-2 表示 2007—2016 年长江经济带第三产业的发展规模和速度。可以看出长江经济带服务业水平近十年来一直呈现稳定型中高速增长,2016 年产业总产值比 2007 年增加了 3 倍,取得了显著成就。2007—2012 年,得益于改革开放的红利,服务业发展很快,平均增长速度在 15% 以上,即使是在金融危机时代依旧可以促进经济的发展,保证社

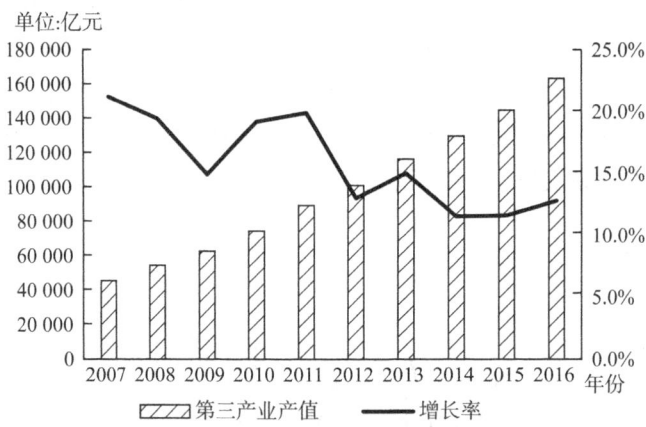

图 8-2　2007—2016 年长江经济带第三产业产值和增长率

（数据来源：2008—2017 年《中国统计年鉴》）

会安定。2012—2016 年，经济增长速度稳定在 12% 左右，进一步证明服务业的地位日益突出，能够充分拉动第一、二产业进步。与此同时，第三产业扩大市场需求，提供了多元化的消费层级，为更多家庭提供生活便利，带动几乎所有产业进步，如与旅游业相关的航空、酒店、铁路、餐饮、特色工艺品、银行金融业等产业大发展。服务经济已经逐渐成为经济可持续发展的关键来源，带来的产业链连锁反应作用巨大，全面促进了经济可持续发展，在很大程度上影响着未来的社会经济走向。

此外，长江经济带流域 2016 年工业总产值占全国工业总产值的 49.50%，第三产业总产值占全国服务业总产值的 43.09%，充分表明长江经济带流域在我国经济发展中的重要引领作用。根据长江通道在区域发展总体格局中的战略地位，实现打造我国经济新支撑带的目标，必须加快该流域产业结构调整，依靠技术创新、转移与扩散促进工业化升级，提升知识信息化、专业化水平，各省市进一步打破行政壁垒，融合协调发展，推进知识要素流动，优化资源配置，形成各省域、直辖市独具特色的高端产业链，保护环境，最终实现长江经济带的绿色、协调、可持续健康发展。

8.1.2　高技术制造业现状

高技术制造业是我国重要制造业门类、国民经济支柱性产业，自"十二五"规划以来，出口规模与水平位列世界首位；但产品和服务的价值链不高，仍然处于低端锁定的状态，这些问题仍需要我们关注和解决。技术进步与知识研发不仅是转变其发展方式的重要举措，也是我国产业结构升级的重中之重。

目前，对该产业的统计相关数据主要是依据《中国高技术产业统计年鉴》，并以医药制造业，医疗仪器设备与仪器仪表制造业，航空、航天器及其设备制造业，电子及通信设备制造业，计算机及办公设备制造业六大行业为统计对象。本研究从长江经济带近年高技术制造业的主营业务收入、企业数量、行业规模和从业人员平均数等角度进行定量描述和分析。

1. 主营业务收入

主营业务收入表示从事高技术产业的企业在生产经营活动中取得的营业性收入,反映了该产业的发展状况。长江经济带高技术制造业整体规模不断扩大,如图8-3所示。

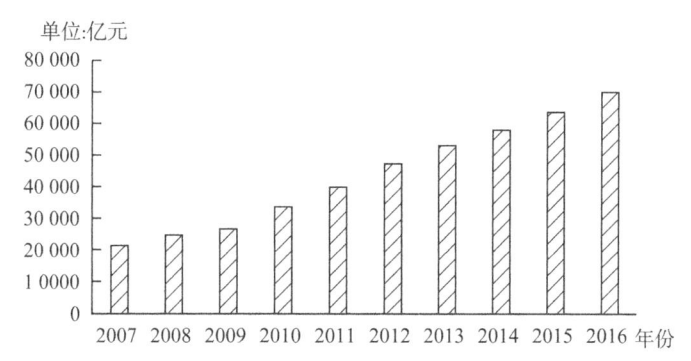

图 8-3 2007—2016 年长江经济带高技术制造业主营业务收入

(数据来源:2008—2017 年《中国高技术产业统计年鉴》)

图 8-3 表示 2007—2016 年长江经济带高技术制造业的产值屡破新高,整体保持良好的增长态势。在产能过剩的经济背景下,高技术制造业的增长率依旧稳定在 12.5% 左右,这可能与我国当前"一带一路"建设、"三去一降一补"的供给侧结构性改革有关。此外,国家及地方政府大量引进海外人才并留住国内人才,为相应人员创造良好的创新创业环境,大力发展知识密集、服务密集和信息化产业,为高技术制造业的优化升级提供了坚实保障。截至目前所得工信部最新数据,2017 年我国高技术制造业的增加值与同期相比增长了 13.4%,作为我国经济稳定增长的重要支撑,该区域高技术制造业发展规模不断扩大,发展水平不断提高。

图 8-4 表示 2016 年长江经济带 9 省 2 市高技术制造业的发展状况。可以看出 2016 年上海市、江苏省和浙江省的高技术制造业主营业务收入之和约占整个流域经济带样本数量的 61.13%,尤其是江苏省高技术产业规模最大,上海市和浙江省位列第二、第三名。整体看来,高技术制造业主营业务收入呈现沿长江经济带东部、中部和西部递减趋势,且地区间差异较大。作为长江经济带经济发展的龙头,上海起到了良好的辐射作用,带动"两翼"共同发展,逐步形成一体化绿色、可持续健康经济发展态势。同时,重庆市、四川省的高技术制造业的发展水平优于其他中西部地区区域高技术制造业,这与国家及地方相应政策、高校聚集程度有关。

与发达流域经济带相比,长江经济带高技术制造业还存在以下问题:①自主研发能力较差,技术含量有待提高。从内部结构看,高技术制造业占生产总值比例较低,仅为 25% 左右,无论实力还是竞争力与发达国家相比还有很大差距,这与我国经济发展水平不平衡有很大关系。若要成为世界级制造业集群,单一劳动密集型产业是重要阻碍,大力鼓励技术创新、科技创新,深化政产学研合作,提升制造水平,延长产业价值链,增加产品附加值是产业转型升级的重要举措。②成果转化率、生产效率有待提升。目前,我国高校技术许可、转让的收入占研发支出的 4%~6%,科研机构与之相比比重较低,近 6 年

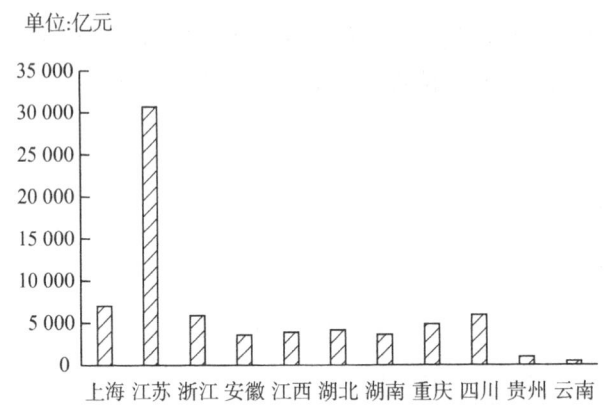

图 8-4　2016 年长江经济带分地区高技术制造业主营业务收入

（数据来源：2017 年《中国统计年鉴》）

均值在 1.6% 左右。从数量和价值两个导向指标看，我国成果转化率较发达国家还有一些差距，但已处于中等偏上层级，并不是舆论认为的严重偏低，这些不太大的差距在一定程度上依旧限制了我们的科技研究产出。同时，目前的高技术制造业产业规模主要依赖制造与装配环节，尚未彻底摆脱"低价竞争"和"以量取胜"的发展模式，这些不仅反映了高技术制造业的低效率，还显示了产品价值链有待完善。

2. 从业企业与人员数量

从业企业数量可以反映长江经济带经济活力与市场化程度，从业人员数量可以说明一定时期内长江经济带高技术制造业的劳动力资源利用情况。本研究从这两个角度对高技术制造业的从业情况进行分析（见图 8-5）。

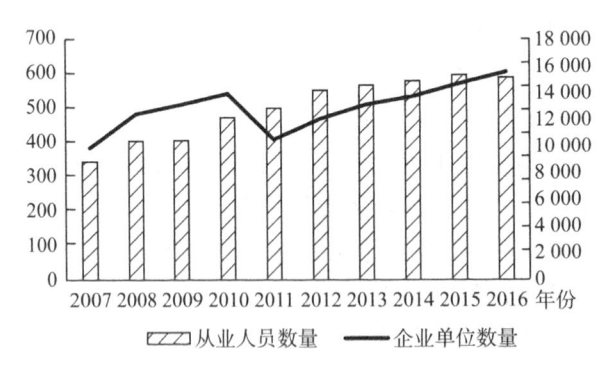

图 8-5　长江经济带 2007—2016 年高技术制造业从业企业数量和从业人员数量

（主要纵坐标轴：从业企业数量，单位：个；主要次坐标轴：人员数量，单位：万人）

（数据来源：2008—2017 年《中国统计年鉴》）

图 8-5 表示在研究时期内，长江经济带流域的高技术制造业整体发展良好。由统计可知 2007—2010 年、2011—2016 年间，长江经济带高技术制造业从业企业数量逐年增加，但从业企业数量增加速度较缓，这说明长江经济带的高技术制造行业中规模较大的

企业数量所占比重较为稳定,很可能与制造业行业的进入壁垒有关,这一特点与我国多数制造业行业发展基本情况相符合。同时,可以看到2011—2015年高技术制造业从业人员数量有所递增,而在2016年从业人员数量出现了负增长,结合目前我国经济新常态,坚持长江经济带绿色发展、生态优先理念,产业发展已经不再简单依靠劳动密集与资本密集产业,主动寻求技术创新、产业创新发展路径,引进先进技术与人才,由要素驱动向创新驱动转变是未来的发展方向。

图8-6表示2016年长江经济带分地区高技术制造业的就业人口与从业企业数量,可以看出以沪、苏、浙、皖3省1市形成的长江三角洲城市群,其2016年高技术制造业从业企业数量、从业人员数量之和约占整个流域经济带样本总量的65%,起到领军作用。与主营业务收入趋势相同,长江中游城市群、成渝城市群依次减少,亦呈现从东部、中部及西部阶梯减少的趋势,高技术制造业的从业人员及从业企业数量在三个地带间差异明显。这与长江上中下游的劳动力需求与供给相关,便捷的交通走廊为其提供转移通道,不同区域合理布局产业空间结构、协同发展,加强了跨区域教育合作与劳务对接,发达先进区域辐射带动周边区域。

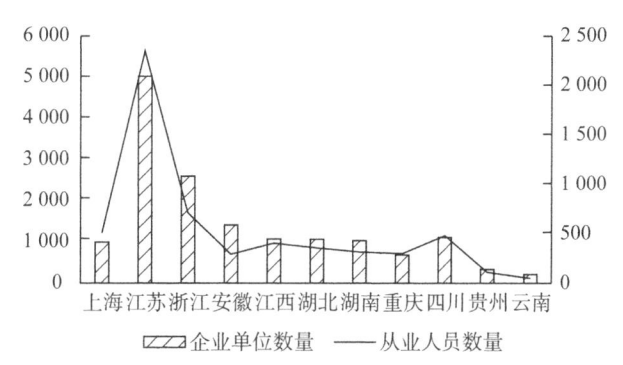

图8-6　2016年长江经济带分地区高技术制造业从业企业数量和从业人员数量
(主要纵坐标轴:从业企业数量,单位:个;主要次坐标轴:从业人员数量,单位:千人)
(数据来源:2017年《中国统计年鉴》)

综上可知,长江经济带高技术制造业的发展尚处于快速成长阶段,但各地带间发展态势极不平衡,进而对经济增长的拉动贡献不一;整体来看该区域该产业已占据我国高技术制造业的半壁江山,逐渐形成以长三角城市群为中心,沿长江向沿江内陆地区辐射、集聚的趋势。同时还反映出人才储备匮乏,人力资源结构尚不均衡。总体来讲,高技术制造业的创新型人才储备不充分,虽然我国在此行业的研发人员居世界前列,但对比世界经济市场规模和我国人口规模,均值甚至低于国际平均值,远远不足以支撑国家在世界高端产业中的定位,难以满足我国自主创新要求。并且管理人才资源不足,很多高校设置工商管理、企业管理等课程,但终究是纸上谈兵,缺少实践,不适应产业转型、企业转型需求。此外,结构不均也是制约我国高技术制造业一体化发展的重要原因。首先是从业人员结构不均,素质有待提升;其次是区域不均,东部较发达城市人才多,中西部偏远地区少;最后是专业不均,由于审批阶段环节繁复,今年急需人才未必五年后需要,产生滞后,造成专业与市场需求不匹配,难以进入高技术生产领域,错失人才、高校以及产业发展条件与机遇。

8.1.3 知识密集型服务业现状

我国知识密集型服务业经历了漫长萌芽、成长过程。中华人民共和国成立初期,对应时代背景、生产力水平和经济状况,萌芽时期的高技术服务业局限于科学技术研发、地质勘探等行业且发展水平落后。随着国民经济发展,知识信息化时代来临,服务业的水平愈加提升,经营模式愈加多样,产品愈加丰富,对社会经济的贡献愈大。

根据第二章对知识密集型服务业的描述和行业细分标准,并综合数据的实际获取情况,本研究从长江经济带及分地区近年知识密集型服务业的行业产值、企业数量、从业人员数量等角度进行定量描述和分析。

1. 行业产值

行业产值是用货币表现的,企业在一定时期内生产的最终产品及提供劳务活动价值量之和,能够说明知识密集型服务业的发展规模与水平。国家统计局在 2012 年对服务业的某些细分标准进行修正,影响了数据口径的统一,因此,本研究选取 2011—2016 年长江经济带各省份有关知识密集型服务业行业细分的数据,对其进行加总和整理,见图 8-7。

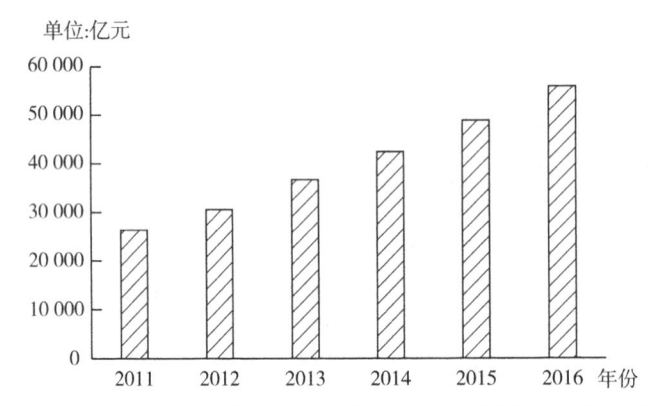

图 8-7　2011—2016 年长江经济带知识密集型服务业行业产值

(数据来源:2012—2017 年长江经济带 9 省 2 市的统计年鉴、统计公报)

图 8-7 表示近年来长江经济带流域知识密集型服务业的发展态势,可以看出 2011 年到 2016 年间,长江经济带知识密集型服务业的产值整体呈现上升趋势,年均增长速度约为 14.47%,稳定健康发展。这与我国推动该流域发展,科学谋划中国经济新棋局,进一步深化供给侧结构性改革,促进经济高质量发展相关。通过要素转移,转移经济增长空间,形成长江经济带地带间优势互补、产业协作互动,培育新经济增长极,使得经济发展提质增效升级,进而实现中国整体产业的优化升级。

图 8-8 表示 2016 年长江经济带分地区知识密集型服务业的产值不同,可以看出以上海为龙头,南京、杭州为两翼的长江三角洲地带在 2016 年实现的知识密集型服务业产

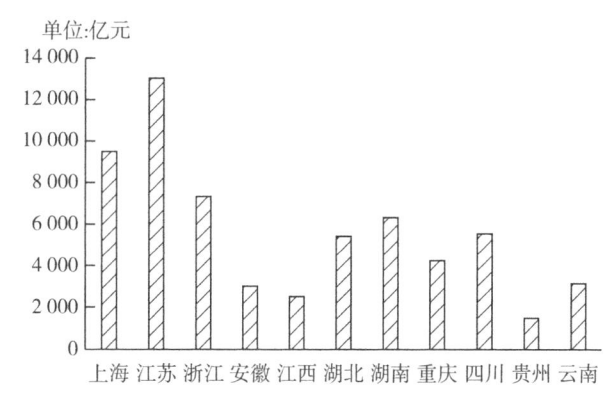

图 8-8　2016 年长江经济带分地区知识密集型服务业行业产值
（数据来源：2017 年长江经济带 9 省 2 市的统计年鉴、统计公报）

值占长江经济带总体水平的 54.25%。长江中游城市群、成渝城市群次之,呈现从下游向上游地带递减态势,上中游发展水平差异较大。同时可以看出,湖北省、湖南省作为长江中游城市群的集聚地,知识密集型服务业发展水平优于江西省;此外,云南省该产业的发展态势良好,这与云南省本身旅游业发达,吸引了不同地域游客消费,同时深化旅游产业链,进而带动金融业、信息产业有关。

通过分析国外的产业发展之路,可以发现国内知识密集型服务业的经营环境层次不高。尤其相比于英美等发达国家的高技术服务业,集聚效应是产业能够迅速扩张的必经之路。享誉全球的硅谷能够源源不断地输出世界级富豪,本身靠的就是产业集聚。英国的高等学府剑桥大学及其余高等院校也在实践中谋发展,不断创新自身技术,保证了国家的产业发展水平。但目前我国的工业园区和经济开发区却发展不理想,与国外发达国家有明显的差距,产品在世界范围内的竞争力较差,出口多以低端产品为主。究其原因就是缺乏必要的研发投入,而且技术不能形成完整的工业体系,导致当前我国的知识密集型服务业处于相对低的层次。其次,与国外发达典型流域经济带相比,长江经济带不具有很好的外部环境和内部条件,即配套设施有待完善。同时,知识密集型服务业的配套设施还未完善,发展不健全。发达流域的产业发展已有几百年,相比于他们先进的基础设施、自由平等市场和对外开放程度,长江经济带还有很大发展空间。尤其是中上游对外开放程度,国家和地区相关政策的制定、出台和支持,法律保障体系等均在很大程度上制约知识密集型服务业的快速发展。当务之急,国家和地区政府需要科学、合理规划,正确定位市场需求与客户,优化相关基础设施,从根本上支持知识密集型服务业的高效持续发展。

2. 从业企业与人员数量

与高技术制造业相同,本研究从从业企业数量和从业人员数量分析长江经济带知识密集型服务业的劳动资源供给和市场活力情况,通过数据的收集与整理,结果见图 8-9。

图 8-9 表示长江经济带知识密集型服务业市场需求大,极大程度上解决了就业问题,市场具有活力。可以看出从 2011 年到 2016 年间,长江经济带知识密集型服务业从

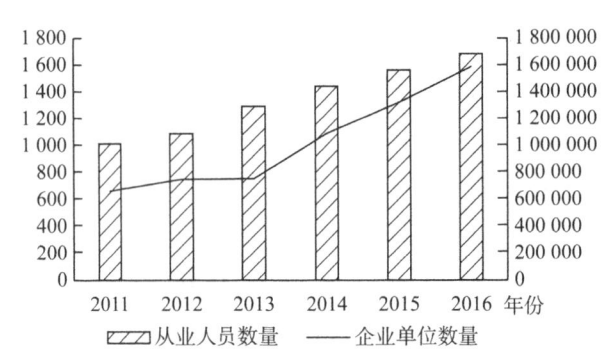

图 8-9　2011—2016 年长江经济带知识密集型服务业从业企业数量和从业人员数量
（主要纵坐标轴：从业企业数量，单位：个；主要次坐标轴：从业人员数量，单位：万人）
（数据来源：2012—2017 年长江经济带 9 省 2 市的统计年鉴、统计公报）
（备注：不同省份的统计年鉴中行业人员数量统计标准不同，因此部分数据采用了比例折算）

业人员数量逐年增加，在应对不同程度经济冲击的背景下，服务业发挥了关键作用。另一方面，随着高等院校扩招、人口增加等，存在知识性劳动力失业状况（主要是指有一些拥有较高程度教育背景和高素质从事知识性工作的劳动者从事只需要较低文化就能胜任的工作，或者找不到工作）。从产业层面分析，出现这种情况的原因是目前现有市场规模尚不足以提供足够岗位。相比之下，知识密集型服务业是技术密集、知识密集的产业，本身对技术性、知识性人才有很大需求。只有充分发展和支持知识密集型服务业，才能吸纳并解放聚集于制造业的冗余知识性劳动力，通过一系列培养手段，提高劳动力素质，尤其是技术型、知识型劳动力，进而在更宽、更广领域促进其就业。

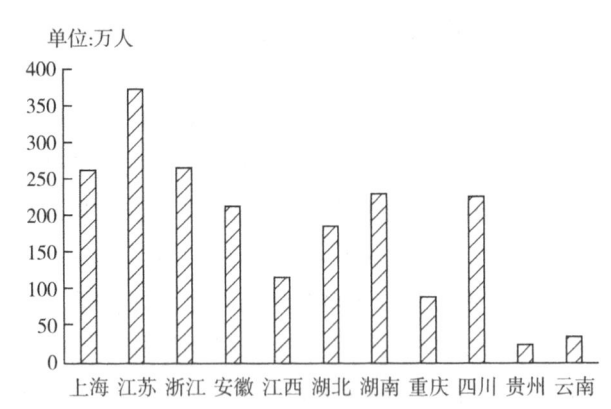

图 8-10　2016 年长江经济带分地区知识密集型服务业从业人员数量（单位：万人）
（数据来源：2017 年长江经济带 9 省 2 市的统计年鉴、统计公报）
（备注：受不同省份的统计年鉴中行业人员数量统计标准不同，因此部分数据采用了比例折算）

图 8-10 表示 2016 年长江经济带分地区知识密集型服务业的发展程度不同，可以看出以上海市、江苏省、浙江省为核心的长三角区域知识密集型服务业的就业人口数量巨大，安徽省受其影响增长较快。内陆地区如湖北省、湖南省和四川省同其他省市相比，产

业就业人口多，这与产业部署格局相关，依靠当地高校，深化政产学研金介一体化合作，加快自主创新、技术创新脚步，紧随长三角发展。

综上可知，长江经济带知识密集型服务业对支撑长江经济带整体产业发展具有重要作用，并处于加速成长期。随着发展方式的转变，信息传输产业、计算机服务业与软件业等崛起，直接或者间接拉动了经济带整体经济发展水平和经济质量，带动了一大批自主创业、就业人群，促进了本地区知识密集型服务业的快速发展，并通过要素流动优化区域资源配置。与此同时，通过分析国外典型发达流域，尤其是欧美境内的产业转型，可以发现其发展壮大的原因是拥有强大的制造业支撑，特别是高技术制造业。制造业的崛起为服务业发展提供市场需求，推动知识密集型服务业腾飞。西方发达国家经历了传统制造业到高端服务业为重要经济引擎的转型过程，产业结构调整适应市场的发展。从目前发展情况看，长江经济带知识密集型服务业虽已形成小范围的产业集聚，但由于起步晚，技术与知识水平支撑力量不足，相关产业发展水平不够。因此，在借鉴国外典型发达流域经济带产业调整的经验时，也要立足我国国情，充分发展相关产业，逐步走出一条有中国特色的中国智造、中国创造产业转型道路。

8.2　产业空间差异性分析模型

区域空间差异是国内外各领域研究的热点，其测度绝对水平差异一般使用极差、标准差等，测量相对水平差异常见的方法一般是基尼系数、变异系数、锡尔指数和广义熵指数等。

8.2.1　差异性模型

1. 极差与标准差

极差（Range，用 R 表示），也称全距或者范围误差，是样本数据最大值和最小值间的差距，用以表示统计数据或资料的变异量数，是最简单和直接评价离散度的方法。公式表示为：

$$R = X_{\max} - X_{\min} \tag{8-1}$$

式中：$X_{\max}$ 表示最大值；$X_{\min}$ 表示最小值。

标准差（Standard Deviation，用 σ 表示），也称均方差、标准偏差，是统计样本离均差平方的算数平均数（即方差）的平方根，表示样本数据平均值的分散程度。公式表示为：

$$\sigma = \sqrt{\frac{1}{N}\sum_{i=1}^{N}(x_i - \mu)^2} \tag{8-2}$$

式中：x_i 皆为实数；μ 表示其算术平均数。

以上两种方法计算简单、快捷，但是绝对性指标的计算结果很大程度受变量值整体平均水平的影响，进而对不同主体间的对比不能直接进行。因此，有关学者经常利用以下几种方式进行不同主体或者不同量纲间的比较。

2. 变异系数

变异系数(Coefficient of Variation,用 CV 表示),也称离散系数,它是原始数据的标准差和原始数据平均数间的比值,也可以反映统计样本数据的离散程度绝对值。公式表示为:

$$c_v = \frac{\sigma}{\mu} \tag{8-3}$$

一般水平下,变量整体平均水平越高,其统计样本数据的离散程度测度值越大,反之越小。通常用来比较两个不同量纲或不同均值的统计量。

3. 基尼系数

基尼系数(Gini Coefficient,用 G 表示),也称洛伦茨系数,是意大利经济学家基尼根据洛伦茨曲线提出的一种不均等指数,用于描述收入分配的公平程度。由于该指数能方便快捷地反映出收入差距的状况,逐渐成为国际流行的指标。后经过学者的改造与推广,广泛应用于产业发展、经济水平、区域创新发展等地区差异性分析。公式表示为:

$$G = \sum_{i=1}^{n} X_i Y_i + 2\sum_{i=1}^{n} X_i(1-V_i) - 1 \tag{8-4}$$

式中:i 为组数;X 表示各组人口比重;Y 表示各组收入比重;V 表示各组累计收入比重。基尼系数越大,差异越大。

4. 锡尔指数

锡尔指数(Theil,用 T 表示),又被称为锡尔熵、泰尔指数,是锡尔等人在 1967 年研究国家间收入差异时提出的。公式表示为:

$$T = \sum \left(\frac{I_i}{I} \times \log\left(\frac{I_i/I}{P_i/P}\right) \right) \tag{8-5}$$

式中:I_i 表示 i 地区收入;I 表示总收入;P_i 表示 i 地区人口数量;P 表示总人口数量。锡尔指数大于或者等于 0,数值越小,地区收入差距越小。

8.2.2 一阶嵌套锡尔指数

变异系数、基尼系数等均可得出整体区域的差异变化趋势,但其只能反映整体趋势,不能具体反映差异的来源、构成要素和走势。相比而言,锡尔指数对地区或空间差异的分析更为综合。因此,本研究将锡尔指数引入产业空间差异性分析,采用一阶嵌套锡尔指数,将整体差异分解为相互独立的组间差异和组内差异,即从省(市)和城市群两个维度对长江经济带两大产业的空间区域差异进行实证研究,将长江经济带划分为三个地带(上游、中游、下游),每个地带再按省域进行分解。T 的计算公式为:

$$T = \sum_{i=1}^{N} Y_i \log \frac{Y_i}{P_i} \tag{8-6}$$

式中：N 为地区数；Y_i 为 i 地区高技术制造业产值或知识密集型服务业产值占研究总样本产值（GDP）的份额；P_i 为 i 地区的土地面积占研究总样本土地面积的份额。T 值越大，地区高技术制造业或知识密集型服务业的产业空间差异越大；反之，T 值越小，地区高技术制造业或知识密集型服务业的产业空间差异越小。

对锡尔指数进行一阶嵌套分解，可以把长江经济带两大产业的空间差异分解为三地带间（T_{dj}，即长江经济带上游、中游和下游）、省或直辖市间的差异（T_{sj}），T_d 的计算公式如下：

$$T_d = T_{dj} + T_{sj} = \sum_{i=1}^{3} Y_i \log \frac{Y_i}{P_i} + \sum_{j=1}^{11} Y_i \left[\sum_{j=1} Y_{ij} \log \frac{Y_{ij}}{P_{ij}} \right] \quad (8-7)$$

式中：Y_{ij} 为 j 省高技术制造业或知识密集型服务业产值占 i 地带产值（GDP）的份额；P_{ij} 为 j 省的土地面积占 i 地带土地面积的份额。

8.3 空间差异性指标计算及分析

8.3.1 数据来源与计算

本研究中产业空间差异性分析的数据主要来源于各省及直辖市的统计年鉴、统计公报。在时间序列上，由于行业细分标准变更，选择 2011—2016 年数据，按照前述高技术制造业和知识密集型服务业的行业分类进行相应单元（省或直辖市）产值、土地面积加总，得到 Y_i、P_i、Y_{ij}、P_{ij}，进而计算 T_{dj}、T_{sj}、T_d，分析产业发展变化。

根据公式(8-6)和公式(8-7)，本研究计算了长江经济带高技术制造业和知识密集型服务业在整体区域的空间差异性，将其划分为长江上游、中游、下游三个地带间和地带内各省间的差异。

由于长三角城市群、长江中游城市群和成渝城市群分别位于长江经济带的下游、中游和上游，且高技术制造业和知识密集型服务业的生产活动主要集中在城市群内，因此，将三个地带的锡尔指数视为城市群产业空间差异值，并在此基础上进行分析。即将长江经济带两大产业的空间差异水平看作整体 T_d，结合公式含义，选择 3 种尺度进行分析：①以长江经济带全部地区为单元研究整体区域高技术制造业和知识密集型服务业的区域差异；②以长江经济带下游（上海、江苏和浙江）、中游（安徽、江西、湖北和湖南）、上游（重庆、四川、贵州和云南）为单元研究该尺度高技术制造业和知识密集型服务业区域差异；③以不同省域为单元研究省域间两大产业的空间差异。结果见表 8-1 至表 8-4。

表 8-1 长江经济带高技术制造业一阶嵌套锡尔指数分解结果(1)

年份	2011	2012	2013	2014	2015	2016
三个地带间差异（T_{dj}）	1.166 8	1.072 1	0.945 2	0.876 3	0.850 4	0.788 5
地带内各省市间差异（T_{sj}）	0.924 5	0.941 2	0.959 4	0.985	0.997 1	0.968 6

续表

年份	2011	2012	2013	2014	2015	2016
第一地带(下游)	0.4980	0.4407	0.4216	0.4076	0.3886	0.3581
第二地带(中游)	0.0037	0.0042	0.0012	0.0057	0.0082	0.0108
第三地带(上游)	0.4228	0.4963	0.5366	0.5717	0.6003	0.5997
长江经济带整体差异(T_d)	2.0913	2.0133	1.9046	1.8613	1.8475	1.7571

表8-2　长江经济带高技术制造业一阶嵌套锡尔指数分解结果(2)

年份	2011	2012	2013	2014	2015	2016
上海市	0.3158	0.2279	0.1809	0.1692	0.1401	0.0974
江苏省	0.0986	0.1281	0.157	0.1536	0.1633	0.1746
浙江省	0.0836	0.0847	0.0837	0.0848	0.0852	0.0861
安徽省	0.0068	0.0038	0.0023	0.0362	0.0342	0.0379
江西省	0.0237	0.0207	0.0141	0.002	0.0124	0.0181
湖北省	0.0182	0.0172	0.0039	0.0059	0.0108	0.0102
湖南省	0.0315	0.0375	0.0191	0.0383	0.0491	0.0555
四川省	0.1213	0.2622	0.3099	0.4104	0.515	0.5325
重庆市	0.2305	0.1643	0.1593	0.0949	0.0194	0.0005
贵州省	0.0282	0.0283	0.0276	0.0284	0.0266	0.0261
云南省	0.0428	0.0415	0.0398	0.038	0.0393	0.0406

表8-3　长江经济带知识密集型服务业一阶嵌套锡尔指数分解结果(1)

年份	2011	2012	2013	2014	2015	2016
三个地带间差异(T_{dj})	0.4954	0.4717	0.4760	0.4859	0.4863	0.5045
地带内各省市间差异(T_{sj})	0.7252	0.7081	0.6786	0.7065	0.7164	0.7026
第一地带(下游)	0.5083	0.4997	0.4801	0.5010	0.5237	0.5098
第二地带(中游)	0.0432	0.0437	0.0441	0.0377	0.0316	0.0325
第三地带(上游)	0.1737	0.1647	0.1544	0.1618	0.1161	0.1603
长江经济带整体差异(T_d)	1.2206	1.1797	1.1546	1.1924	1.2027	1.2071

表8-4　长江经济带知识密集型服务业一阶嵌套锡尔指数分解结果(2)

年份	2011	2012	2013	2014	2015	2016
上海市	0.2716	0.2712	0.2682	0.3001	0.3113	0.3029
江苏省	0.0997	0.0819	0.0557	0.0462	0.0475	0.0417

续表

年份	2011	2012	2013	2014	2015	2016
浙江省	0.137 0	0.146 7	0.156 2	0.163 8	0.164 9	0.165 2
安徽省	0.007 6	0.007 8	0.006 7	0.006 8	0.004 7	0.003 7
江西省	0.010 9	0.011 0	0.011 9	0.009 4	0.009 6	0.010 1
湖北省	0.003 6	0.009 5	0.022 8	0.003 0	0.014 2	0.017 0
湖南省	0.021 1	0.015 4	0.002 7	0.018 5	0.003 1	0.001 7
四川省	0.093 6	0.091 5	0.083 6	0.091 4	0.043 1	0.086 1
重庆市	0.016 9	0.005 7	0.004 7	0.002 6	0.006 4	0.018 4
贵州省	0.021 6	0.021 8	0.021 4	0.022 0	0.020 1	0.018 7
云南省	0.041 7	0.045 8	0.044 8	0.045 9	0.046 6	0.046 3

8.3.2 省域产业发展空间差异性分析

通过选择省域为研究尺度进行产业空间差异性分析，可以看出某一省域内该产业随时间序列的发展状况。锡尔指数越接近0，说明省域内产业发展空间差异越小，产业越接近均衡。

1. 高技术制造业空间差异性

根据表8-2，绘制长江经济带9省2市高技术制造业锡尔指数示意图，见图8-11。

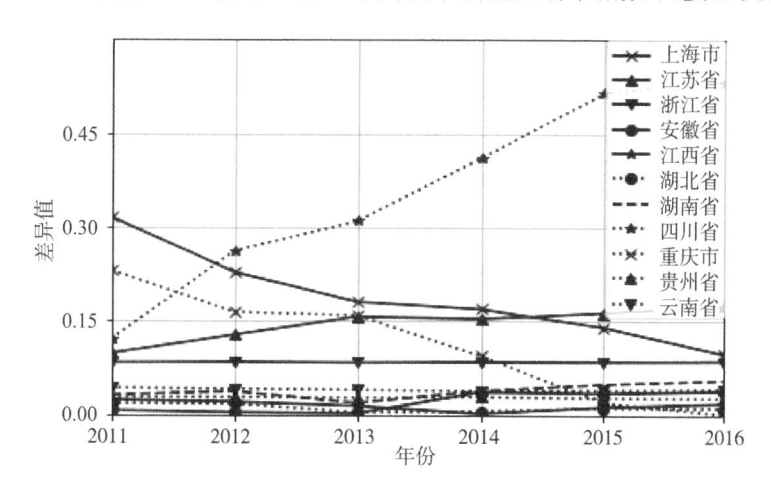

图8-11 长江经济带各省市高技术制造业锡尔指数示意图

图8-11反映了长江经济带各省高技术制造业的产业空间差异水平。整体来看，各省高技术制造业随时间序列差异逐渐减小，江苏省、安徽省、四川省有扩大的趋势。上海市高技术制造业近年发展较稳定，向周边城市和地区扩散，自身将着重点放在高端服务业的发展上。江苏省随着产业转型步伐加快，以南京、苏州等为中心城市的高技术制造

业发展迅速,相反,徐州、淮安等城市高技术产业发展缓慢,省内产业的空间差异扩大。浙江省经济发展的动力主要是以电子商务、软件信息业为主的知识密集型服务业,高技术制造业发展稳定,因此本身地区差异不大。安徽省、江西省和湖北省受长江三角洲区域产业转型影响,制造业发展脚步加快,但省内发展均衡,差异不大。湖南省从2013年后有小范围的波动,省内高技术制造业差异水平有上升趋势,但仍在可控范围内,应鼓励发展水平高的城市带动相对较弱城市进步。四川省产业空间差异较大,说明省内以成都为中心的城市群经济发展水平与其他地区呈现一定脱节,需进一步加强成都高技术制造业的辐射力,带动周边区域发展,减少省内差异。重庆市锡尔指数一直呈现大范围减少态势,这和重庆本地高技术制造业的健康、稳健发展有重要联系,地区本身产业转型调整步伐协调统一,并向周边扩散。贵州省和云南省近年来产业空间差异变化不明显,较为落后的工业转型限制了高技术制造业的发展,两省应充分发挥自身资源优势、区位优势,吸引人才,加快知识要素流动,推进产业转型。

2. 知识密集型服务业空间差异性

根据表8-4,绘制长江经济带9省2市知识密集型服务业锡尔指数示意图,见图8-12。

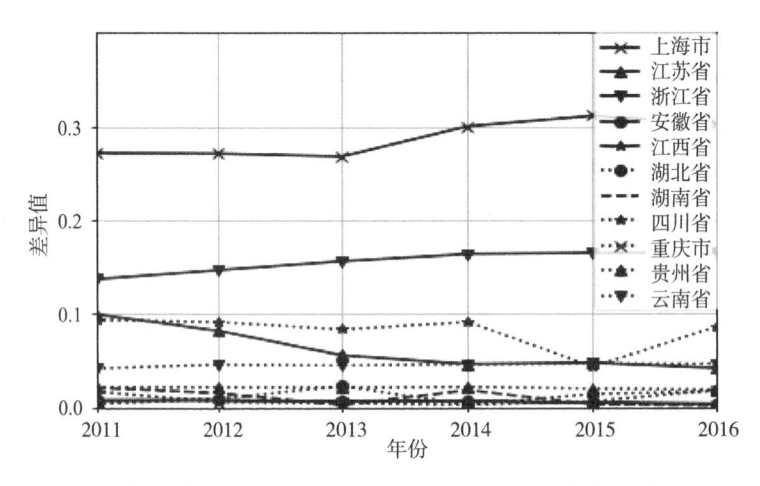

图8-12 长江经济带各省市知识密集型服务业锡尔指数示意图

图8-12反映了长江经济带各省域知识密集型服务业的产业空间差异水平。上海市、浙江省服务业的空间差异逐年增加,说明自身高技术服务业的发展加快,但内部各城市发展速度差异较大,应加大中心城市的辐射扩散作用,提升整体服务业水平。江苏省、安徽省、湖南省、贵州省产业空间差异逐年减小,一是江苏省、安徽省和湖南省这种经济发展和产业转型较快的省份内部各城市合作频繁,彼此相互促进,共同发展;二是贵州省这样相对来讲资源匮乏的省份,高端服务业转型较慢,城市水平几乎相似,彼此间的扩散能力弱。其他省份呈现小范围波动,反映出省域自身知识密集型服务业还处于上升阶段,各城市应相互扶持,促进知识要素、技术要素的流动,最终为整个省域服务业的转型提供支撑和保障。

8.3.3 城市群产业发展空间差异性分析

通过选择地带即城市群为研究尺度进行产业空间差异性分析，可以看出城市群内该产业随时间序列的发展状况。

1. 高技术制造业空间差异性

根据表 8-1，绘制高技术制造业在长江经济带城市群（三个地带）的空间差异指数示意图，见图 8-13。

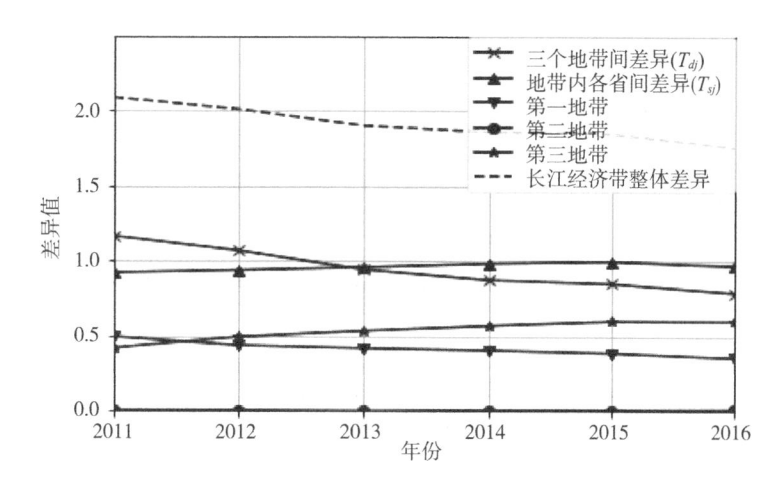

图 8-13 长江经济带高技术制造业一阶嵌套锡尔指数分解示意图

图 8-13 直观反映出长江经济带高技术制造业空间发展差异情况。长江经济带整体差异、三个地带间差异呈现随时间序列的延长差异不断减小的趋势。同时，三个地带间差异占整体差异比重逐年减少，地带内各省市间差异占整体差异比重逐年增加，说明长江经济带三大城市群间的高技术制造业发展水平日趋均衡，而每个区域内部各省市间发展水平日益不平衡，省市内自主创新能力和市场竞争力差距加大。在 2013 年以前，城市群的差异水平高于地带内各省市间差异水平，2013 年及以后，地带内各省市间差异水平低于城市群的差异水平，说明各省域高技术制造业空间差异水平加大，减小省域间差异势在必行。

整体上看，长江经济带高技术制造业发展的差异主要来自地带内各省市间差异，其锡尔指数基本达到整个长江经济带流域差异的二分之一，对全流域的差异水平具有较为明显的影响。其中第二地带（长江中游城市群）差异水平最低，对全流域的差异影响较小；除 2011 年，第三地带（成渝城市群）差异水平略高于第一地带（长三角城市群），两大地带皆占整个长江经济带流域差异的 20%~35%；第三地带（成渝城市群）差异水平最高，对流域高技术制造业空间差异有明显影响。

从时间序列看，第二地带（长江中游城市群）高技术制造业锡尔指数较小且变化平稳，对长江经济带该产业整体及地带间差异贡献率最小，不是造成地带内各省间高技术制造业空间差异的主要原因。第一地带(长三角城市群)锡尔指数不断减小,对各省市间及整体流域产业发展差异性贡献逐渐减弱。同时,近六年来,第三地带(成渝城市群)锡尔指数不断增加,说明该地带差异水平是造成地带内各省市差异不断扩大的最重要原因,进而对整体流域产业发展空间差异的影响深远。

2. 知识密集型服务业空间差异性

根据表 8-3,绘制知识密集型服务业在长江经济带城市群(三个地带)的空间差异指数示意图,见图 8-14。

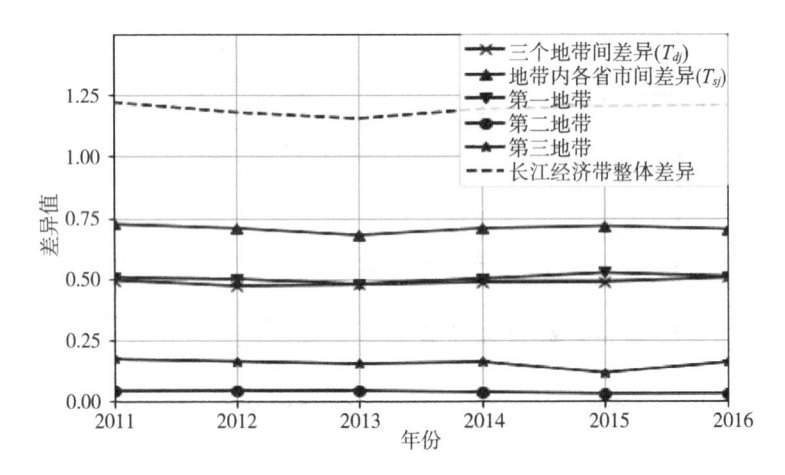

图 8-14 长江经济带知识密集型服务业一阶嵌套锡尔指数分解示意图

图 8-14 直观反映出长江经济带知识密集型服务业空间发展差异情况。长江经济带整体差异在 2011—2012 年、2013—2014 年时间段内呈现差异缩小,在 2012—2013 年、2014—2015 年呈现差异水平扩大现象,2015—2016 年又出现小范围扩大,说明长江经济带该产业空间差异水平不稳定,这可能与日益变化的市场供给、市场需求以及相应政策等相关。另一方面,该产业的发展属于快速成长阶段,需要不同层面进行协调,在合作竞争中求同存异,打破市场壁垒和行政分割,加强自主创新能力,为推动长江经济带绿色生态走廊建设努力。2011—2016 年,地带内各省市间锡尔指数数值徘徊在 0.7 上下,是影响长江经济带产业空间发展差异的最关键因素,对其贡献最大。2013 年锡尔指数处于最小状态,说明这一年各省产业发展状态良好,差异较小。

整体上看,长江经济带知识密集型服务业发展的差异主要来自地带内各省市间差异,其锡尔指数基本达到整个长江经济带流域差异的 58.33%,对长江经济带整体差异水平具有显著影响。其中第一地带(长三角城市群)差异水平最高,占整体空间差异水平的 50% 左右,对全流域差异水平影响显著。第三地带(成渝城市群)差异水平略高于第二地带(长江中游城市群),第二地带(长江中游城市群)对整体影响较为微弱。这与两个地带知识密集型服务业的发展状况有关,其起步晚于长江经济带东部地区,且水平有限,因此必须充分发挥黄金水道港航能力,带动中上游地区高技术服务业发展,形成新的具有竞争力的区域增长极。

首先从时间序列看,第一地带(长三角城市群)锡尔指数与三个地带间锡尔指数大小接近,差异变化呈现围绕0.5的小范围波动,二者变化趋势尚未显著,对整体区域产业水平差异贡献相当,仅次于各省间差异。其次是第三地带(成渝城市群)和第二地带(长江中游城市群),后者的变化更为平缓,对长江经济带知识密集型服务业整体及地带间差异贡献率最小,并不是产生空间差异的主因。同时,第三地带(成渝城市群)锡尔指数微弱波动,变化趋势难以预测,在一定程度上影响了整体流域产业发展空间水平。

第 9 章
长江经济带高技术制造业和知识密集型服务业共生分析

9.1 高技术制造业和知识密集型服务业共生分析原理与方法

9.1.1 种群密度量化

May 最先将 Verhulst 提出的 Logistic 模型引入生态学的种群互利共生关系表达中。从生态学的角度看,高技术制造业和知识密集型服务业的种群密度受资源、技术、制度及其他因素的约束,种群密度的演变可以使用 Logistic 生长模型加以描述。

1. 模型假设

高技术制造业与知识密集型服务业在时间 t 时的种群密度分别用 N_1、N_2 表示,其为连续可微分函数、函数值大于 0。其中时间 t 不仅指时间,还包含各类相关信息、知识、技术等影响产出水平因素。

受自然资源、人力资本、技术水平及政策制度等要素的制约,高技术制造业与知识密集型服务业种群不可能呈指数形式无限增长,会存在各种外界环境所能承载的最大种群密度,定义为种群密度最大值 K_1、K_2,且函数值大于 0。

r_1、r_2 代表高技术制造业与知识密集型服务业的自然增长率,只与自身的固有属性相关,为常数。独立发展到一定程度后($N_1 > \dfrac{K_1}{2}$、$N_2 > \dfrac{K_2}{2}$),自然增长率随种群密度的增加而减小,总体呈 S 形。

2. 生长方程

将 Logistic 模型引入高技术制造业与知识密集型服务业的共生分析中,两种群间的生长方程表示为:

$$\begin{cases}\dfrac{\mathrm{d}N_1}{\mathrm{d}t}=r_1N_1(1-\dfrac{N_1}{K_1})\\ \dfrac{\mathrm{d}N_2}{\mathrm{d}t}=r_2N_2(1-\dfrac{N_2}{K_2})\end{cases} \quad (9-1)$$

式中：N_1、N_2 分别表示高技术制造业和知识密集型服务业在时间 t 时的种群密度；K_1、K_2 分别表示高技术制造业和知识密集型服务业在外界环境一定的情况下所能承载的最大种群密度，即种群的环境容量；r_1、r_2 分别表示高技术制造业和知识密集型服务业在生长过程中的自然增长率。

9.1.2 共生模型构建

本研究考虑到 May 在 Logistic 模型中只增加了共生作用的作用项，未考虑环境变化的影响。若将高技术制造业和知识密集型服务业放在共生系统中，产业种群的环境容量还受环境（包括资源的供给、其他产业的作用、市场经济变化等因素）的影响。因此，借鉴唐强荣、徐力军等人的观点，共生作用由共生作用系数 a 表示，由于共生作用使种群环境容量增加值为 $a_{21}f_{21}(N_2)$、$a_{12}f_{12}(N_1)$ [a_{12}、a_{21} 分别为两个种群对彼此的共生作用系数，$f_{12}(N_1)$、$f_{21}(N_2)$ 为对应函数]。此外，将环境作用分为制度环境作用和产业环境作用两部分。

制度环境作用是何自力提出的，他将制度环境作用视为时间的线性函数，认为这样可以有效反映我国渐进型市场经济带来的交易成本降低，引起种群环境容量的增加。假设研究对象在各年份 [$t_T(T=0,1,\cdots)$] 累积时间的变化量为 $T(T=0,1,\cdots)$，考虑到相邻两个时间段内累计平均制度环境作用变化，用各年份的平均累积时间变化量 $averT = T-\dfrac{1}{2}$，$T=1,2,\cdots$ 表示制度环境作用的变化。$f_1(averT)$、$f_2(averT)$ 为高技术制造业、知识密集型服务业环境容量受制度环境影响的函数。

产业环境作用是 Messallam 提出的，认为某个国家或地区的环境变化可以反映在该国或地区的国内生产总值上，GDP 可以很好地衡量一个地区产业环境的发展状况。结合本项目研究，将 GDP 作为产业环境的测度单位，采用各时间段内的平均积累变化量反映其对高技术产业和知识密集型服务业种群环境容量变化的影响。假设研究对象在各年份 [$t_T(T=0,1,\cdots)$] 各年 GDP 大小为 GDP_0、GDP_1、$\cdots$，各年 GDP 增长量为 $\Delta GDP_1 = (GDP_1-GDP_0)$，$\Delta GDP_2=(GDP_2-GDP_1)$，$\cdots$，用各年份的平均累积时间变化量 $averCGDP$，$T=1,2,\cdots$ 表示产业环境作用的变化。$f_1(averCGDP)$、$f_2(averCGDP)$ 为高技术制造业、知识密集型服务业环境容量受产业环境影响的函数。

基于上述理论，在生长模型基础上，增加产业间共生作用以及环境作用对种群环境容量变化的影响，将高技术制造业和知识密集型服务业共生种群的环境容量表示为：

$$\begin{cases}K_1=K_1^0+a_{21}f_{21}(N_2)+\beta_1 f_1(averT)+\mu_1 f_1(averCGDP)\\ K_2=K_2^0+a_{12}f_{12}(N_1)+\beta_2 f_2(averT)+\mu_2 f_2(averCGDP)\end{cases} \quad (9-2)$$

式中：K_1^0、K_2^0 分别表示高技术制造业、知识密集型服务业的初始环境容量；a 为共生作用系数；β 为制度环境作用系数；μ 为产业环境作用系数；$a_{ji}f_{ji}(N_j)$ 表示共生作用对环境容量的贡献；$\beta_i f_i(averT)$ 表示制度环境作用对环境容量的贡献；$\mu_i f_i(averCGDP)$ 表示共生作用对环境容量的贡献($i=1,2;j=2,1$)。

将式(9-2)代入式(9-1)中，可以得到产业种群环境容量的 Logistic 模型：

$$\begin{cases} \dfrac{\mathrm{d}N_1}{\mathrm{d}t}=r_1N_1(1-\dfrac{N_1}{K_1^0+a_{21}f_{21}(N_2)+\beta_1 f_1(averT)+\mu_1 f_1(averCGDP)}) \\ \dfrac{\mathrm{d}N_2}{\mathrm{d}t}=r_2N_2(1-\dfrac{N_2}{K_2^0+a_{12}f_{12}(N_1)+\beta_2 f_2(averT)+\mu_2 f_2(averCGDP)}) \end{cases} \quad (9\text{-}3)$$

为方便后期计算，将其简化为：

$$\begin{cases} \dfrac{\mathrm{d}N_1}{\mathrm{d}t}=r_1N_1(1-\dfrac{N_1}{K_1^0+a_{21}f_{21}(N_2)+\beta_1 f_1(T)+\mu_1 f_1(G)}) \\ \dfrac{\mathrm{d}N_2}{\mathrm{d}t}=r_2N_2(1-\dfrac{N_2}{K_2^0+a_{12}f_{12}(N_1)+\beta_2 f_2(T)+\mu_2 f_2(G)}) \end{cases} \quad (9\text{-}4)$$

上式表明，高技术制造业和知识密集型服务业种群的最大环境容量受市场需求的约束，当发展到一定程度后，成长速度减缓，趋于某个定值。忽略种群的进化，在不受环境约束的理想状态下，种群的生长速度存在固定值，即自然增长率，其与高技术制造业和知识密集型服务业自身的固有属性相关。

9.2 长江经济带四大核心城市创新产业共生分析

9.2.1 共生参数计算

从生态学角度看，Logistic 模型表明产业种群密度在特定环境与区域内，产业种群的发展受外界因素制约，不能呈指数形式扩张。对应经济学中的生物量，生产总值可以基本反映种群密度在外界环境约束下的不能无限扩张的发展状态。因此，本研究中将高技术制造业和知识密集型服务业的产业生产总值作为种群密度的度量值。

本研究数据选自 2012—2017 年长江经济带上海、南京、武汉和重庆四个核心城市的统计年鉴、城市统计公报。其中，高技术制造业的行业分类根据国家统计局颁布的《高技术产业(制造业)分类》，包括医药制造业，航空、航天器及设备制造业，电子及通信设备制造业，计算机及办公设备制造业，医疗仪器设备及仪器仪表制造业和信息化学品制造业 6 大类。参照美国国家科学基金会依据 OECD 对知识与技术密集型产业的划分部门，结合我国《国民经济行业分类》(GB/T 4754—2017)对知识密集型服务业行业进行认定，包括信息传输计算机服务和软件业、金融保险业、租赁和商业服务业以及科学研究技术服务业 4 大类别，将标准中的产业分类产值进行加总，见表 9-1。

表 9-1　长江经济带核心城市高技术制造业和知识密集型服务业的种群密度(单位:亿元)

城市	年份	2011	2012	2013	2014	2015	2016
上海	高技术制造业	10 089.24	9 865.33	9 686.47	9 714.58	9 589.87	9 456.96
	知识密集型服务业	5 258.10	5 833.86	6 659.24	7 681.04	8 861.65	9 473.10
南京	高技术制造业	4 217.99	4 462.22	4 775.38	5 221.30	5 046.74	5 314.22
	知识密集型服务业	1 535.22	1 859.96	2 088.29	2 377.10	2 694.96	2 969.84
武汉	高技术制造业	1 493.52	1 658.77	2 072.88	2 397.08	2 416.99	2 554.76
	知识密集型服务业	1 301.08	1 511.51	1 917.79	2 226.54	2 651.37	2 913.85
重庆	高技术制造业	3 152.39	3 822.00	4 687.35	5 752.00	6 436.32	7 993.91
	知识密集型服务业	2 295.60	2 532.41	2 777.89	3 117.53	3 550.93	3 941.53

数据来源:2012—2017年上海、南京、武汉和重庆四个核心城市的统计年鉴、城市统计公报。

根据表9-1利用MATLAB软件"倒数总和法"的参数识别功能,由式(9-1)计算长江经济带四大核心城市两大产业种群对应的环境容量K_1、K_2(见表9-2),以及两大产业种群自然增长率r_1、r_2(见表9-3)。

表9-1反映出在现有环境下,南京、武汉、重庆的高技术制造业和知识密集型服务业的产值整体呈现上升趋势,年平均增长速度在14.21%~30.72%之间,说明两大产业种群的产出是持续稳定增加的,且发展态势良好。相比而言,上海高技术制造业近几年产值处于饱和状态,年平均增长速度为1.25%,反映出高技术制造业发展已较为成熟。同时,上海的知识密集型服务业年平均发展速度达15.85%,反映出上海对区域辐射带动作用强劲。表9-2反映出长江经济带核心城市高技术制造业和知识密集型服务业两大产业种群所能承载的最大环境容量与种群密度的变化趋势一致,两大种群共生单元间发展的总趋势是上升的。表9-3反映出在政策环境等无约束的理想状态下,南京的高技术制造业和知识密集型服务业应呈最快发展趋势。

表 9-2　长江经济带核心城市高技术制造业和知识密集型服务业种群模拟各年环境容量(单位:亿元)

城市	年份	2012	2013	2014	2015	2016
上海	K_1^{SH}	9 891.40	9 755.30	9 646.30	9 558.50	9 487.60
	K_2^{SH}	5 919.30	6 713.40	7 610.30	8 622.30	9 762.80
南京	K_1^{NJ}	4 606.90	4 908.10	5 071.40	5 155.80	5 198.40
	K_2^{NJ}	1 816.60	2 088.40	2 377.70	2 679.80	2 988.50
武汉	K_1^{WH}	1 806.00	2 124.50	2 331.50	2 451.70	2 517.10
	K_2^{WH}	1 565.00	1 898.60	2 253.00	2 612.80	2 961.90
重庆	K_1^{CQ}	3 875.90	4 737.20	5 678.70	6 667.70	7 663.60
	K_2^{CQ}	2 523.60	2 786.90	3 106.30	3 501.70	4 004.00

注:表中K_1^{SH}、K_2^{SH}分别表示上海市高技术制造业和知识密集型服务业的环境容量,SH、NJ、WH、CQ分别表示上海、南京、武汉、重庆。

表 9-3　长江经济带核心城市高技术制造业和知识密集型服务业种群自然增长率

城市	上海	南京	武汉	重庆
高技术制造业	0.196 5	0.708 5	0.349 7	0.292 7
知识密集型服务业	0.129 5	0.208 9	0.108 3	0.014 6

利用 SPSS 20.0 对长江经济带四大核心城市的高技术制造业和知识密集型服务业的各年环境容量与共生作用项、制度环境作用项、产业环境作用项,进行线性、二次、三次的曲线拟合比较与逐步回归,并以模型的 F 检验最为显著,拟合度(R^2)最高为原则,判断环境容量与各作用项的关系,确定 $f_{12}(N_1)$、$f_{21}(N_2)$、$f_1(T)$、$f_2(T)$、$f_1(G)$、$f_2(G)$。通过四大核心城市高技术制造业和知识密集型服务业的环境容量拟合比较和回归分析,得到上海高技术产业和知识密集型服务业共生发展的环境容量表达式:

$$\begin{cases} K_1^{SH} = 9\,842.306 + 0.000\,007\,917(N_2)^2 - 220.228(T) \\ K_2^{SH} = 5\,852.336 + 0.000\,014\,12(N_1)^2 + 782.489(T) + 6.808(T)^3 \end{cases} \quad (9-5)$$

同理,长江经济带三个核心城市南京、武汉、重庆高技术产业与知识密集型服务业的共生发展的环境容量表达式如下:

$$\begin{cases} K_1^{NJ} = 3\,316.845 + 0.656(N_2) \\ K_2^{NJ} = 693.436 + 0.000\,053\,68(N_1)^2 + 34.255(T)^2 \end{cases} \quad (9-6)$$

$$\begin{cases} K_1^{WH} = 824.806 + 0.628(N_2) \\ K_2^{WH} = 382.102 + 0.66(N_1) + 37.839(T)^2 \end{cases} \quad (9-7)$$

$$\begin{cases} K_1^{CQ} = 831.98 + 0.978(N_2) + 593.387(T) \\ K_2^{CQ} = 1\,632.935 + 0.224(N_1) + 24.917(T)^2 \end{cases} \quad (9-8)$$

以上表达式可以说明:长江经济带四大核心城市两大产业种群共生作用系数均大于 0,即 $a_{21}>0$,$a_{12}>0$,即这四个核心城市产业生态发展中高技术制造业和知识密集型服务业之间存在明显的共生关系,每个城市两大产业间共生关系的存在进一步产生了"1+1>2"的共生效应,有力地相互促进了城市高技术制造业和知识密集型服务业的发展。

9.2.2　高技术制造业与知识密集型服务业共生关系

根据表 9-2,绘制四大核心城市两大产业的种群环境容量结构,可以清晰地看出不同城市两大产业间的种群关系,进而说明二者间的共生行为模式,见图 9-1。

不同城市两大产业的环境容量大小关系不同,可以看出四个核心城市的知识密集型服务业均处于上升发展阶段;在高技术制造业中,上海已处于较为饱和的状态,南京、武汉、重庆三大核心城市仍处于发展的阶段,但南京、武汉的发展速度明显趋缓,而重庆的高技术制造业仍存在较大的成长空间。同时可以看出,四个城市中,上海的知识密集型服务业发展最快,其两大产业之间发展已进入互惠共生阶段,未来随着上海在长江经济带的龙头定位及产业结构调整,其知识密集型服务业应继续保持快速发展态势,将在更大区域范围内满足高技术制造业的发展需求。南京的两大产业中知识密集型服务业发展速度高于高技术制造业,虽然两大产业存在较好的互惠共生,但南京作为区域中心城市,其知识密集型服务业发展速度不快,对区域发展的辐射作用还不够。武汉两大产业的发展已从偏利共生进入互惠共生阶段,且知识密集型服务业的发展速度也较快,说明知识密集型服务业的发展已在区域发展中形成了辐射作用,并在更大区域范围内满足区域高技术制造业发展需求。重庆两大产业的发展还处于偏利共生阶段,知识密集型服务业的发展更多地来自城市自身高技术制造业的发展需求。

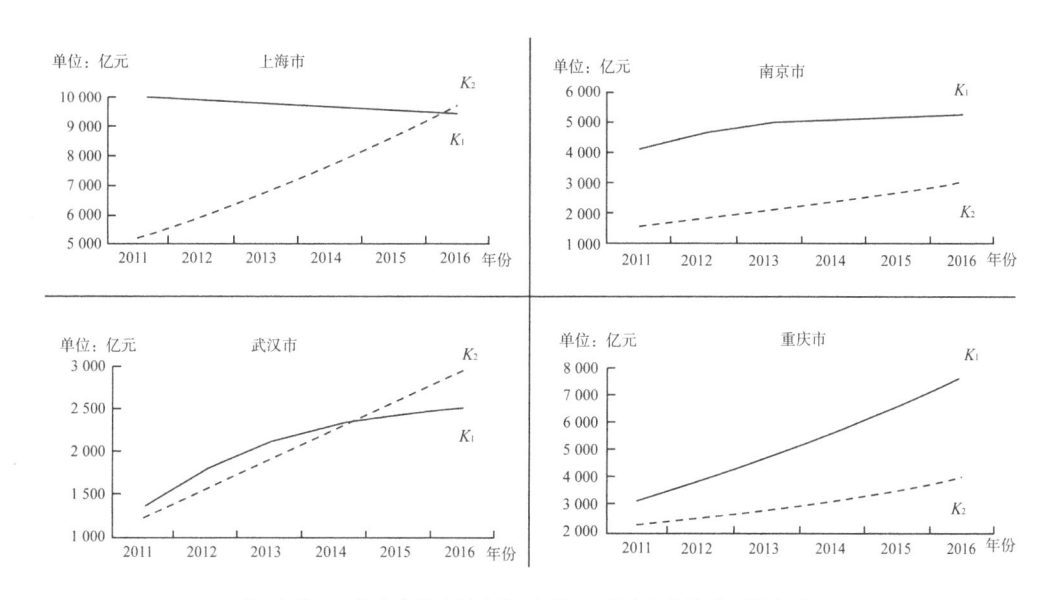

注:实线 K_1 代表高技术制造业;虚线 K_2 代表知识密集型服务业。

图 9-1　长江经济带四大核心城市两大产业种群的环境容量结构比较

9.2.3　高技术制造业与知识密集型服务业共生强度分析

共生强度是指长江经济带四大核心城市高技术制造业和知识密集型服务业间共生关系的密切程度,即彼此产生的共生作用引起其产业发展的变化存在差异。

根据式(9-5)至式(9-8),可以知道虽然长江经济带四大核心城市两大产业间存在共生关系,但每个城市高技术制造业和知识密集型服务业之间共生作用强弱不同。上海与武汉种群环境容量的共生作用系数说明这两大城市知识密集型服务业对高技术制造业环境容量的扩张作用较小。与之相反,南京和重庆种群环境容量的共生作用系数说明知识密集型服务业对高技术制造业环境容量扩张的促进作用大。

从高技术制造业的角度看,重庆产业间共生作用对环境容量的扩张作用最强,其次是南京、武汉、上海。上海作为长江经济带龙头城市,城市高技术制造业的发展相对成熟,呈现向周边区域发展的扩散趋势和辐射带动力。重庆处于高技术制造业快速发展阶段,对知识密集型服务业的需求旺盛。

从知识密集型服务业的角度看,武汉产业间共生作用对环境容量的扩张作用更强,其次是重庆、南京、上海。可以看出,上海高技术制造业对知识密集型服务业的共生作用产出影响较小,说明上海的知识密集型服务业更多地来自区域高技术制造业发展的需求和引领。而武汉和重庆的知识密集型服务业伴随人才流失、资金短缺及技术创新能力差等障碍被逐渐打破,辅以日益完善的产业体系与之相配套,发展空间大。

9.2.4 高技术制造业与知识密集型服务业的共生作用分析

共生作用分析主要是指长江经济带四大核心城市高技术制造业和知识密集型服务业种群环境容量的变动原因。根据本项目研究,主要从共生作用、制度作用和产业环境作用进行分析,并将制度作用和产业环境作用合称为环境作用。

1. 高技术制造业对知识密集型服务业

根据式(9-5)至式(9-8),画出知识密集型服务业环境容量扩张与共生作用、环境作用的关系(见图9-2)。

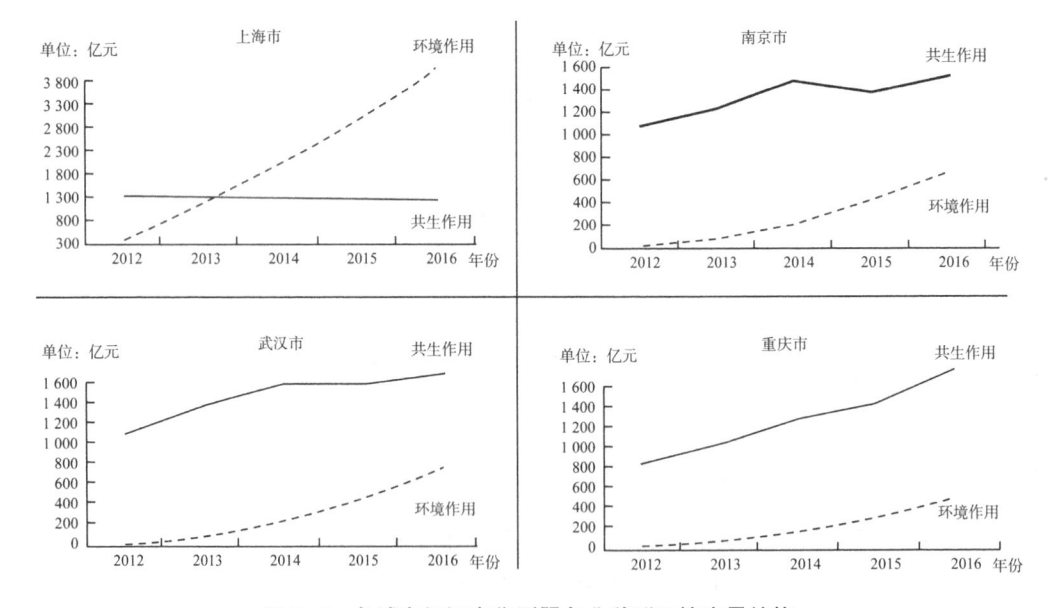

图 9-2 各城市知识密集型服务业种群环境容量结构

上海知识密集型服务业环境容量的扩张主要来源于渐进式改革产生的制度改善,其次来源于高技术制造业的共生作用,可以看出,上海的知识密集型服务业发展过程中的制度作用强于高技术制造业对它的共生作用,进一步显示了上海作为长江经济带龙头,国家的区域经济政策对上海知识密集型服务业的影响最大。同时,南京、武汉和重庆的高技术制造业对知识密集型服务业的共生作用影响强于制度环境作用,说明知识密集型服务业种群环境容量的扩张主要来自高技术制造业的发展带来的服务质量与服务效率的需求。此外,作为区域核心城市,知识密集型服务业还未对周边区域形成强有力的辐射带领作用,还不能满足区域高技术制造业发展对知识密集型服务业的发展需求,这些城市还需向成为区域的金融中心、高技术研发中心、区域信息中心等方向加大知识密集型服务业的发展。

2. 知识密集型服务业对高技术制造业

根据式(9-5)至式(9-8),画出高技术制造业环境容量扩张与共生作用、环境作用的关系(见图9-3)。

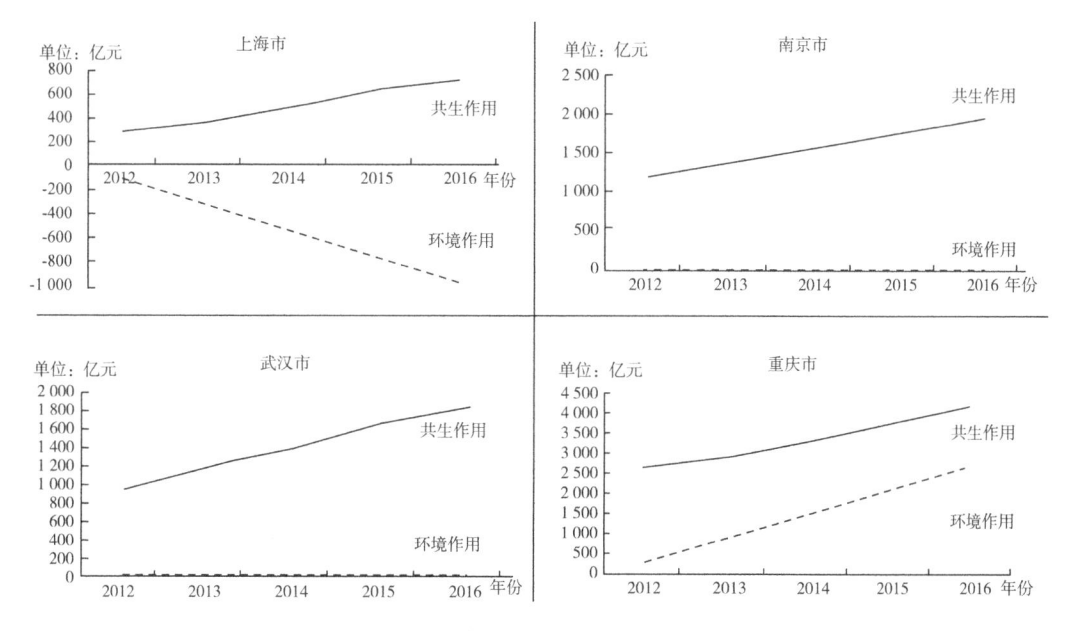

图 9-3 各城市高技术制造业种群环境容量结构

图 9-3 可以直观地反映出上海高技术制造业环境容量的扩张主要来源于知识密集型服务业的共生作用,环境作用尤其是制度环境作用为负,相对高技术制造业的发展,存在严重滞后性。受政策、制度、区域产业发展等因素影响,上海目前服务业发展迅速,制造业向周边区域转移,因此渐进式的环境制度改革对自身制造业发展促进作用不大。同时,南京、武汉和重庆的知识密集型服务业对高技术制造业的共生作用影响强于制度环境作用,说明高技术制造业种群环境容量的扩张主要来自知识密集型服务业自身专业化、知识化的技术创新。此外,这三大核心城市作为区域经济增长和产业结构调整的中心,高技术制造业对周边区域形成一定程度的辐射效应,还需进一步加强核心城市的引领功能,促进周边城市和省域制造业优化升级,形成各具特色的高端制造业产业链。

9.3 长江经济带省域两大创新产业共生分析

9.3.1 共生参数计算

本研究将长江经济带9省2市的高技术制造业和知识密集型服务业的产值作为种群密度。数据选自9省2市2012—2017年的统计年鉴、统计公报。两大产业行业细分如上,将标准中的产业分类产值进行加总,得到长江经济带两大产业的种群密度(见表9-4、表9-5)。

表9-4 长江经济带省域高技术制造业的种群密度(单位:亿元)

省市	2011年	2012年	2013年	2014年	2015年	2016年
上海	10 089.24	9 865.33	9 686.47	9 714.58	9 589.87	9 456.96
江苏	19 396.00	22 863.60	24 854.00	26 114.00	28 530.10	30 707.90
浙江	3 607.40	4 281.10	4 360.13	4 792.50	5 288.00	5 885.16
安徽	1 055.10	1 460.00	1 831.38	2 533.00	3 064.30	3 587.57
江西	1 431.90	1 856.70	2 289.59	2 611.90	3 318.10	3 913.60
湖北	1 552.00	2 027.30	2 445.27	2 948.00	3 655.20	4 211.88
湖南	1 473.40	1 880.80	2 564.89	2 834.40	3 280.20	3 661.29
重庆	3 152.39	3 822.00	4 687.35	5 752.00	6 436.32	7 993.91
四川	3 186.50	3 962.10	5 160.45	5 486.70	5 171.80	5 994.38
贵州	305.00	342.90	372.04	566.40	806.90	1 007.76
云南	188.80	239.50	291.12	312.10	349.90	462.10

数据来源:2012—2017年长江经济带9省2市的统计年鉴、统计公报。

表9-5 长江经济带省域知识密集型服务业的种群密度(单位:亿元)

省市	2011年	2012年	2013年	2014年	2015年	2016年
上海	5 285.10	5 833.86	6 659.24	7 681.04	8 861.65	9 473.1
江苏	5 198.68	6 268.07	8 128.21	9 657.29	11 017.78	13 003.28
浙江	4 351.58	4 647.34	5 190.74	5 587.70	6 314.10	7 323.37
安徽	1 126.61	1 292.90	1 681.61	1 947.62	2 549.31	3 021.90
江西	1 211.09	1 390.98	1 597.02	1 997.76	2 326.67	2 533.75
湖北	2 252.25	2 657.37	3 351.09	3 843.49	4 625.92	5 424.02
湖南	3 197.56	3 671.20	4 398.76	5 076.02	5 731.42	6 321.76
重庆	2 295.60	2 731.19	2 985.50	3 354.81	3 826.82	4 247.77
四川	2 700.25	3 459.88	4 072.57	4 602.05	5 060.13	5 556.03

续表

省市	2011年	2012年	2013年	2014年	2015年	2016年
贵州	695.36	833.57	990.72	1 083.08	1 294.57	1 499.07
云南	1 703.19	1 948.85	2 315.36	2 549.69	2 828.36	3 163.42

数据来源：2012—2017年长江经济带9省2市的统计年鉴、统计公报。

表9-4和表9-5反映出在高技术制造业和知识密集型服务业共同成长环境中，长江经济带9省和重庆市两大产业的种群密度（产值）整体呈现上升趋势，年平均增长速度在11.66%～48%之间，说明两大产业种群在各自区域处于健康稳健发展中，且生命力顽强，发展呈上升趋势。同时可以看到，2011—2016年期间安徽省高技术制造业和知识密集型服务业发展尤为迅速，年均增长率分别高达48%和33.63%，反映出安徽省这两大产业间存在良好的共生作用，二者互动融合，共同促进安徽省经济提质增效升级，但是产业基数较小，也反映出成长空间巨大。上海市在此时间段内高技术制造业呈现小范围下降趋势，详细分析见9.2.1节。

同理，根据表9-4、表9-5利用MATLAB软件"倒数总和法"的参数识别功能，由式(9-1)计算长江经济带9省2市的两大产业种群对应的环境容量K_1、K_2（见表9-6、表9-7），以及两大产业种群自然增长率r_1、r_2（见表9-8）。

表9-6　长江经济带省域高技术制造业的种群模拟各年环境容量（单位：亿元）

省市	2011年	2012年	2013年	2014年	2015年	2016年
上海	10 062.00	9 891.40	9 755.30	9 646.30	9 558.50	9 487.6
江苏	22 183.00	24 429.00	26 601.00	28 657.00	30 562.00	32 295.00
浙江	4 054.10	4 376.80	4 772.50	5 268.90	5 909.00	6 765.30
安徽	1 436.40	1 891.30	2 426.60	3 022.60	3 646.50	4 258.80
江西	1 806.30	2 219.00	2 710.30	3 287.80	3 956.70	4 718.40
湖北	1 971.00	2 430.20	2 970.20	3 593.40	4 297.00	5 071.40
湖南	1 949.00	2 476.60	2 950.60	3 328.70	3 602.70	3 787.40
重庆	3 116.60	3 875.90	4 737.20	5 678.70	6 667.70	7 663.60
四川	4 427.50	5 186.90	5 457.20	5 540.50	5 565.10	5 572.20
贵州	344.18	404.58	504.61	700.12	1 244.90	1 428.30
云南	233.84	279.18	327.10	375.83	423.51	468.40

表9-6、表9-7反映出长江经济带9省和重庆市高技术制造业和知识密集型服务业两大产业种群所能承载的最大环境容量和种群密度的变化方向相同，这两个共生单元在产业发展过程中均处于螺旋上升趋势。上海的高技术制造业的环境容量与种群密度变化均为负，详细分析见9.2.1节。表9-8反映出在理想无约束的外界环境中，政策环境

等无约束的理想状态下,湖南省的高技术制造业、四川省的知识密集型服务业拥有最快的自然增长率,扩张速度最快。

表 9-7　长江经济带省域知识密集型服务业的种群模拟各年环境容量(单位:亿元)

省市	2011 年	2012 年	2013 年	2014 年	2015 年	2016 年
上海	5 216.90	5 919.30	6 713.40	7 610.30	8 622.30	9 762.80
江苏	6 497.90	8 087.00	9 176.10	11 273.00	12 665.00	13 836.00
浙江	4 683.40	5 123.40	5 667.90	6 358.80	7 264.10	8 501.80
安徽	1 336.20	1 636.00	2 012.60	2 491.20	3 107.80	3 916.60
江西	1 405.90	1 646.10	1 925.90	2 251.50	2 629.40	3 067.30
湖北	2 712.10	3 286.00	3 932.80	4 642.90	5 400.80	6 185.40
湖南	3 752.80	4 404.30	5 068.70	5 720.30	6 335.30	6 895.10
重庆	2 302.90	2 523.60	2 786.90	3 106.30	3 501.70	4 004.00
四川	3 401.80	4 050.00	4 631.20	5 114.50	5 491.90	5 772.50
贵州	823.50	962.05	1 119.60	1 297.20	1 495.60	1 715.00
云南	1 980.50	2 286.60	2 585.50	2 865.60	3 118.10	3 338.20

表 9-8　长江经济带各省高技术制造业和知识密集型服务业种群自然增长率

名称	高技术制造业	知识密集型服务业
上海	0.196 5	0.129 6
江苏	0.214 7	0.377 4
浙江	0.040 9	0.022 2
安徽	0.361 5	0.181 1
江西	0.231 4	0.162 0
湖北	0.248 0	0.252 2
湖南	0.521 8	0.280 9
重庆	0.292 7	0.014 6
四川	0.242 0	0.417 7
贵州	0.121 8	0.178 8
云南	0.280 3	0.290 6

利用 SPSS 20.0 对长江经济带 9 省 2 市的高技术制造业和知识密集型服务业的各年环境容量与共生作用项、制度环境作用项、产业环境作用项,进行线性、二次、三次的曲线拟合比较与逐步回归,并按上文原则,确定 $f_{12}(N_1)$、$f_{21}(N_2)$、$f_1(T)$、$f_2(T)$、$f_1(G)$、$f_2(G)$。

根据计算，可以得到江苏省高技术制造业和知识密集型服务业共生发展的环境容量表达式：

$$\begin{cases} K_1^{JS} = 14\,485.669 + 1.547(N_2) - 78.861(T)^2 \\ K_2^{JS} = 707.303 + 0.000\,014\,54(N_1)^2 \end{cases} \quad (9\text{-}9)$$

同理，可以得到浙江省、安徽省等区域高技术制造业和知识密集型服务业共生发展的环境容量表达式：

$$\begin{cases} K_1^{ZJ} = 41.958 + 0.926(N_2) \\ K_2^{ZJ} = 4\,921.159 - 0.065(N_1) + 473.776(T) + 13.096(T)^3 \end{cases} \quad (9\text{-}10)$$

$$\begin{cases} K_1^{AH} = 329.439 + 0.001(N_2)^2 - 36.839(T)^3 \\ K_2^{AH} = 658.762 + 0.677(N_1) + 6.49(T)^3 \end{cases} \quad (9\text{-}11)$$

$$\begin{cases} K_1^{JX} = -545.016 + 1.977(N_2) \\ K_2^{JX} = 403.2 + 0.68(N_1) \end{cases} \quad (9\text{-}12)$$

$$\begin{cases} K_1^{HB} = -210.206 + 0.945(N_2) \\ K_2^{HB} = 1\,577.473 + 0.689(N_1) + 326.314(T) \end{cases} \quad (9\text{-}13)$$

$$\begin{cases} K_1^{HN} = 2\,894.017 - 0.000\,101(N_2)^2 + 996.411(T) \\ K_2^{HN} = 3\,177.721 + 0.000\,319(N_1)^2 - 4.185(T)^3 \end{cases} \quad (9\text{-}14)$$

$$\begin{cases} K_1^{SC} = 3\,944.282 + 0.33(N_2) \\ K_2^{SC} = -1\,720.738 + 2.299(N_1) - 1\,094.116(T) \end{cases} \quad (9\text{-}15)$$

$$\begin{cases} K_1^{GZ} = 151.371 + 0.000\,000\,443\,6(N_2)^3 \\ K_2^{GZ} = -678.772 + 0.254(N_1) + 0.228(G) \end{cases} \quad (9\text{-}16)$$

$$\begin{cases} K_1^{YN} = -44.658 + 0.164(N_2) \\ K_2^{YN} = 902.53 + 5.93(N_1) \end{cases} \quad (9\text{-}17)$$

以上表达式说明，在长江经济带9省2市高技术制造业与知识密集型服务业共生发展中，除浙江省、湖南省，其他省份或直辖市两大种群环境容量中共生作用系数大于0，说明两种群在研究区域内存在趋同效应，因为共生作用的存在并在对应产业集群发展过程中提供相应产品，产生了双赢效果。浙江省高技术产业对知识密集型服务业产生反方向作用，即$a_{21}>0$，$a_{12}<0$，说明两大产业间存在寄生共生，知识密集型服务业在经济发展中受害。同理，在湖南省产业环境容量表达式中，$a_{21}<0$，$a_{12}>0$，显示高技术制造业在产业共生发展中受益颇多，挤压了知识密集型服务业的发展空间。

9.3.2 高技术制造业与知识密集型服务业共生关系

1. 长江经济带下游省域

根据表 9-6 和表 9-7，绘制上海市、江苏省和浙江省高技术制造业与知识密集型服务业的种群环境容量结构示意图，可以清晰地看出长江经济带下游地区两大产业间的共生行为模式，见图 9-4。

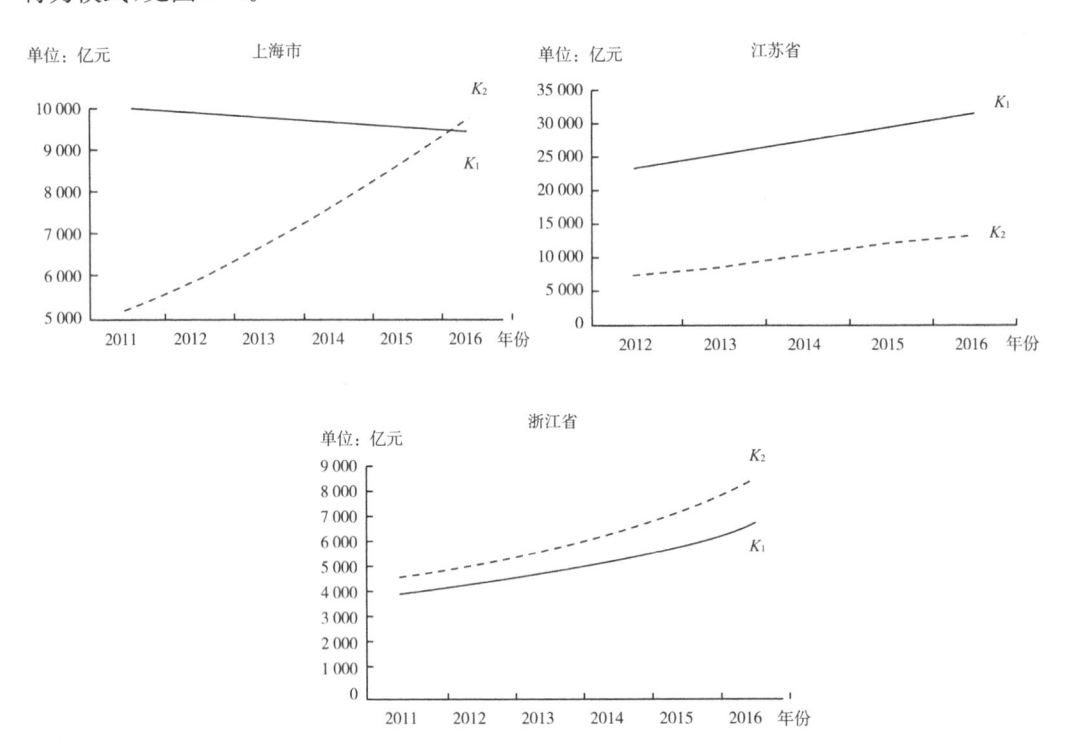

注：实线 K_1 代表高技术制造业；虚线 K_2 代表知识密集型服务业。

图 9-4　长江下游省域两大产业种群环境容量结构比较

根据图 9-4，可以知道上海市高技术制造业已处于缓慢滞长阶段，一是由于区域内部市场较饱和，市场需求空间小；二是地区的高技术产业对周边区域形成了一定扩散和辐射作用，进行了要素转移，促进周边区域进而推动城市群高技术制造业快速发展。上海知识密集型服务业处于成长期，其两大产业之间发展已进入互惠共生阶段。江苏省高技术制造业产值高于服务业，两大产业均处于上升阶段，两大产业的发展较为均衡，速度稳健且产值基数最大，且两大产业逐渐进入健康的互惠共生模式。浙江省高技术制造业和知识密集型服务业均处于产值增加阶段，知识密集型服务业的环境容量高于高技术制造业环境容量，且知识密集型服务业发展速度最快。随着信息技术等新技术在制造业中的应用和产业分工细化，浙江省软件企业数量与产品数量均居我国前列，区域分布较为集中，紧密贴合城市化、市场化脚步，取得良好的经济效益，继续保持知识密集型服务业的稳健发展,能够充分发挥其对高技术制造业的共生作用。随着长三角城市群在长江经济带的领先地位与产业结构调整,其知识密集型服务业应继续保持可持续快速发展,以便在长三角城市群以及更大范围内满足高技术制造业的发展需求。

2. 长江经济带中游省域

根据表 9-6 和表 9-7,绘制安徽省、江西省、湖北省和湖南省高技术制造业与知识密集型服务业的种群环境容量结构示意图,可以看出长江经济带中游地区产业间的共生行为模式,见图 9-5。

注:实线 K_1 代表高技术制造业;虚线 K_2 代表知识密集型服务业。

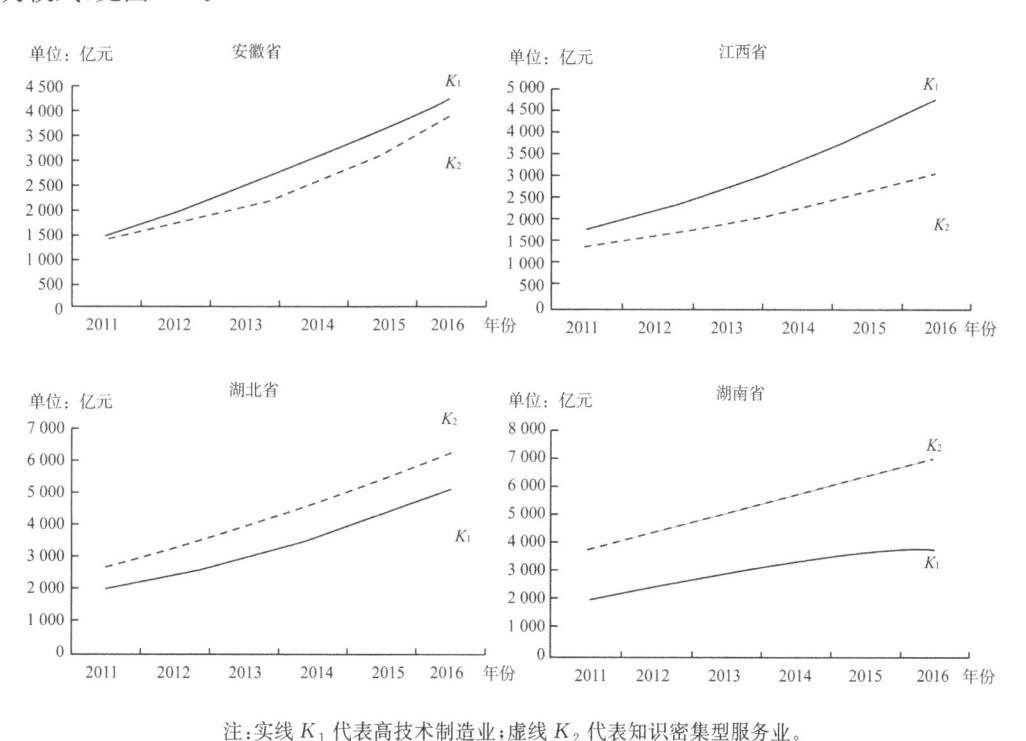

图 9-5 长江中游省域两大产业种群环境容量结构比较

根据图 9-5,可以得知安徽省和江西省的高技术制造业环境容量高于知识密集型服务业,湖北省和湖南省反之,但不同省份两大产业均处于增长阶段,仍具有发展空间。安徽省两大产业逐渐进入健康的互惠共生模式,且两大产业依旧保持较高速度增长,尤其是知识密集型服务业发展势头良好,增速加快,满足了本身高技术制造业的发展要求,继续提高产业集聚水平并带动其他中游省份产业转型是未来经济发展的方向。江西省知识密集型服务业的发展速度低于高技术产业,知识密集型服务业的发展更多来自自身高技术制造业的发展需求,还未能满足本身制造业转型需要,扩大工业结构调整对服务业的需求,推进知识、技术要素流动,是提高高端服务业产业质量的关键。湖北省高技术制造业和知识密集型服务业均处于产值不断增加阶段,知识密集型服务业的环境容量高于高技术制造业环境容量;但湖南省高技术制造业的增长速度趋于平缓,继续推动服务业结构调整，为高技术制造业提供更有利条件是经济绿色发展的关键。湖南省高技术制造业对周边区域已形成一定的辐射作用，带动了江西等省份高技术产业的进步，对其他地区的产业集聚与扩散有一定借鉴和启示，需要进一步加快知识密集型服务业发展，提高整体经济增长。为寻求进一步发展，应丰富区域内高端制造业产品种类，增加技术需求，同时与周边地区建立长久合作机制，实现优势互补，最终带动彼此两大产业的升级优化，推进长江经济带整体产业结构调整。

3. 长江经济带上游省域

根据表9-6和表9-7，绘制四川省、重庆市、贵州省和云南省两大产业的种群环境容量结构示意图，可以看出长江经济带上游地区高技术制造业和知识密集型服务业间的共生行为，见图9-6。

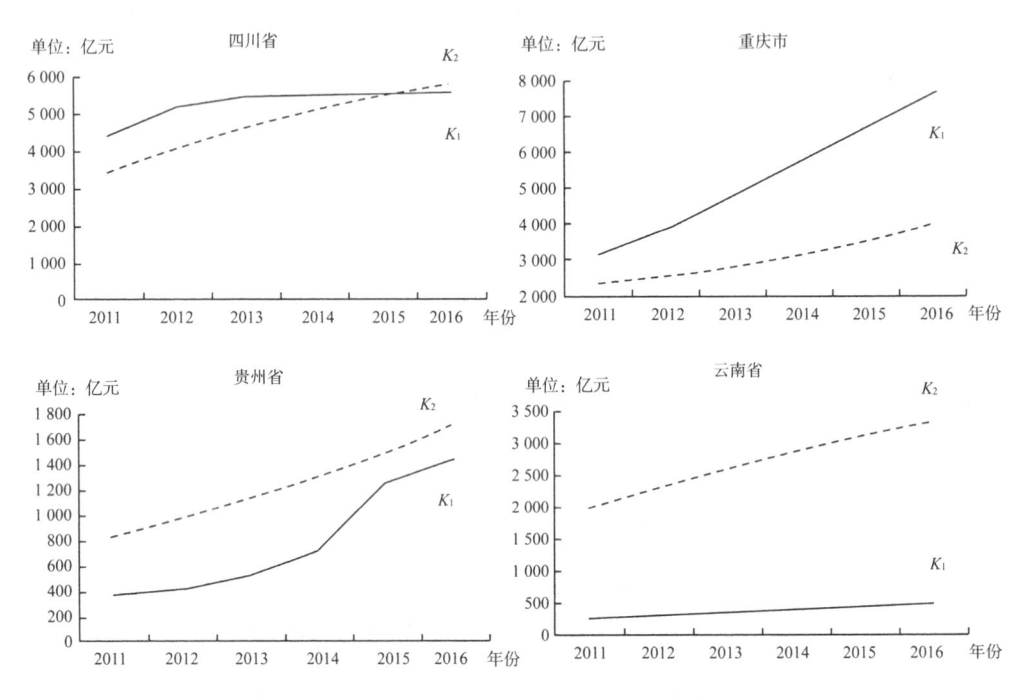

注：实线 K_1 代表高技术制造业；虚线 K_2 代表知识密集型服务业。

图 9-6　长江上游省域两大产业种群环境容量结构比较

根据图9-6，可以得知到2016年四川省、贵州省和云南省的高技术制造业环境容量低于知识密集型服务业，重庆市反之，但云南省高技术制造业的发展速度远远小于知识密集型服务业的发展。四川省的知识密集型服务业处于成长期，其两大产业之间发展已进入互惠共生阶段。随着四川省高技术产业较快增长，产业规模不断加大，世界一流企业如联想和戴尔等电子通信、信息化产业相继落户，加大在四川科研投资力度，对知识密集型服务业的需求加大，通过政府引导等加快服务业的产业集聚，才能更快产生向贵州等区域的扩散效应。贵州省的高技术制造业及知识密集型服务业均处于产值不断增加阶段，其高技术制造业从2014年开始有了突飞猛进的上升，成长空间巨大，促进了本地区知识密集型服务业发展，同时需要认识到其并未对周边区域形成强有力的辐射作用；为寻求进一步发展，应丰富区域内高端制造业产品种类，增加技术需求，同时与周边地区建立长久合作机制，实现优势互补，最终带动彼此两大产业的升级优化，推进长江经济带整体产业结构调整。云南省高技术制造业的发展最为缓慢，这可能与云南当地政策环境、产业规模和人才资源结构有关，如何推动本身制造业的转型是值得关注的问题。

9.3.3 高技术制造业与知识密集型服务业共生强度分析

根据式(9-5)、式(9-8)至式(9-17)，可以知道长江经济带9省2市分地区高技术制造业与知识密集型服务业间存在明显的共生关系，但共生作用大小不一、共生作用方向不同，引起对应产业环境容量的增加数量各异。在江西省和重庆市环境容量表达式中 $a_{21} > a_{12}$，说明知识密集型服务业对高技术制造业环境容量的扩张作用大于知识密集型服务业对高技术制造业环境容量的增加。湖南省、四川省和云南省与之相反，高技术制造业促进知识密集型服务业发展的作用更大。同时，湖南省高技术制造业和浙江省知识密集型服务业环境容量表达式中共生作用系数为负值，说明地区内对应产业对产业自身的发展起到了一定的阻碍作用。

从高技术制造业的角度看，江西省产业间共生作用对环境容量的扩张作用最强，其次是江苏省、重庆市、浙江省、四川省、云南省等。江西省环长株潭城市群建设是我国打造经济发展新增长极的重大发展战略之一，依托自身产业基础及自然资源，江西省自身及周边区域对高技术制造业需求增大，加快了制造业的高端转型升级。云南省拥有丰富的矿产资源，但人才资源短缺、资金供给乏力，导致技术创新能力低于长江经济带龙头地区，相信随着这些问题的解决，高技术制造业发展的阻碍被逐渐打破，加上国家及省委省政府的引导，尤其是生物医药制造业和大健康产业的快速布局，新的产业体系终将建立。

从知识密集型服务业的角度看，云南省产业间共生作用对环境容量的扩张作用最强，其次是四川省、湖北省、江西省、浙江省、贵州省等。云南省高技术制造业对知识密集型服务业环境容量的影响较大，说明重点高技术产业如新材料产业、食品与消费品制造等的建设，为服务业的发展提供了广阔市场，促进了该产业快速成长，并形成相应产业集群，引领经济新增长趋势。贵州省高技术制造业对知识密集型服务业的共生作用引起环境容量变化较少，说明该区域知识密集型服务业的发展更多来源于周边省份地区高技术制造业的推动。

9.3.4 高技术制造业与知识密集型服务业的共生作用分析

通过对长江经济带9省2市高技术制造业和知识密集型服务业种群环境容量的变动原因进行分析，可以看出不同作用对环境容量的影响。

1. 长江经济带下游省域

长江经济带下游主要包括上海市、江苏省和浙江省。根据式(9-9)、式(9-10)，画出江苏省和浙江省高技术制造业和知识密集型服务业环境容量扩张与共生作用、环境作用的关系(见图9-7、图9-8)。其中，上海市两大产业的共生作用分析见9.2.4节。

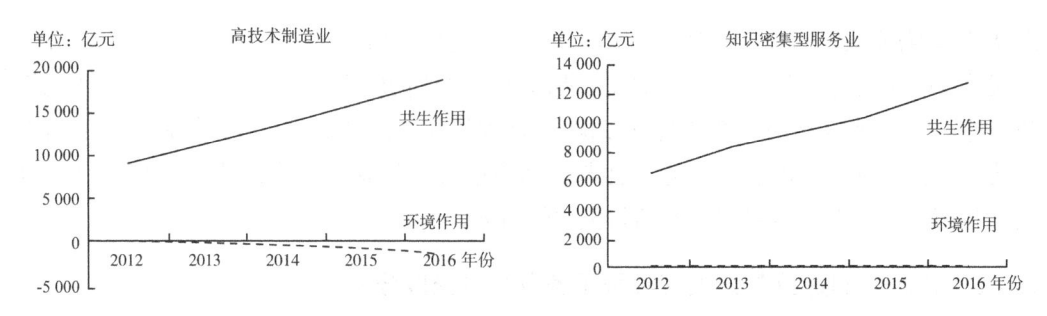

图 9-7　江苏省高技术制造业和知识密集型服务业种群环境容量结构比较

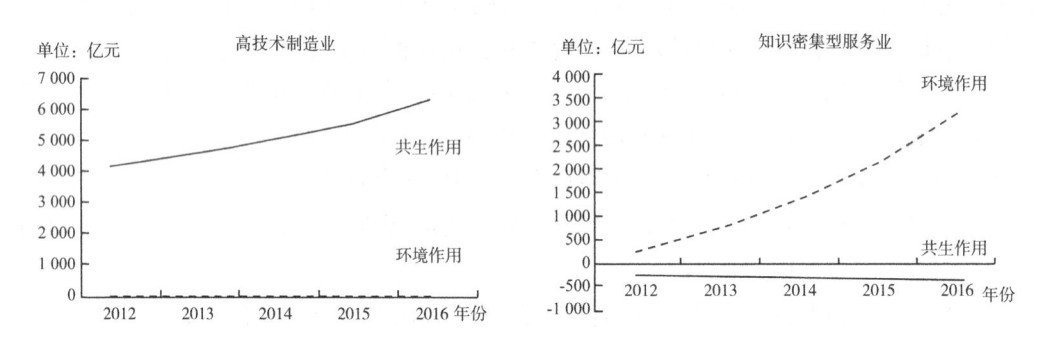

图 9-8　浙江省高技术制造业和知识密集型服务业种群环境容量结构比较

江苏省高技术制造业环境容量的扩大主要来源于知识密集型服务对它的共生作用，制度环境作用为负。作为高技术产业创新强省，2017 年江苏省高技术产业占全国比重的 15.25%，发展健康稳定，创新能力多年来稳居国家前列。为扩大高端制造业影响，进一步提升服务业水平，应继续保持科学战略定位，坚持推动战略性新兴产业发展，加快转型步伐，并逐渐形成对安徽省等周边区域的辐射和扩散效应。同理，知识密集型服务业环境容量的扩张主要来源于高技术制造业的共生作用，制度环境和产业环境作用相互抵消，对环境容量的贡献微弱，侧面说明知识密集型服务业主要来源于本省高技术制造业的需求，制造业的转型需要知识与技术创新。

产业间的共生作用是浙江省高技术制造业发展的主要推动力，而知识密集型服务业环境容量的扩张主要来源于渐进式改革产生的制度改善，高技术产业在两大产业共生发展中占据有利地位。可以看出浙江省的知识密集型服务业发展进程中制度作用大于高技术制造业对其的共生作用。一是说明了浙江省作为国家信息经济示范区，国家和地方政府始终坚持创新发展提质增效，推动新产业、新服务的创新发展，据不完全统计，全省仅规模以上的信息服务业企业就有 5 066 家，产业利润净值比上一年增长 18.4%。二是说明本省内高技术制造业规模和发展速度仍需提升，加快产业转型，进一步为知识密集型服务业提供市场需求与产业创新活力；减少资源浪费，降低对高技术服务业的资源挤占效应。

2. 长江经济带中游省域

长江经济带中游主要包括安徽省、江西省、湖北省和湖南省。根据式(9-11)至式

(9-14),画出四个省份高技术制造业和知识密集型服务业环境容量扩张与共生作用、环境作用的关系(见图9-9至图9-12)。

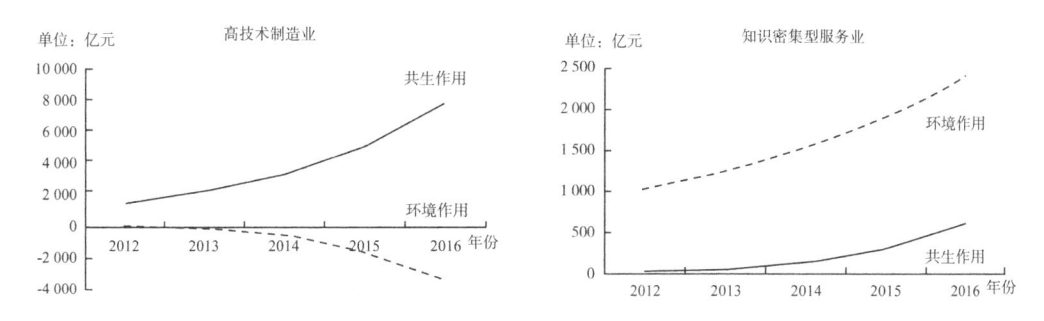

图 9-9 安徽省高技术制造业和知识密集型服务业种群环境容量结构比较

产业间的共生作用极大程度推动了安徽省高技术制造业的发展,制度环境作用存在滞后性。知识密集型服务业环境容量的扩张主要来源于渐进式改革产生的制度改善,其次来源于高技术制造业的共生作用。近年来国家对合肥的政策红利极大提升了本地人才聚集、产业发展优势,进一步提高了安徽省自主创新能力。如以京东方为首的新型平板显示企业带动了国家新兴产业区活力,带动和激活产业链反应。同时可以看出具有国内领先优势的高技术制造业的兴起加速了专业性、知识性等创新要素集聚,进一步说明安徽省知识密集型服务业正处于快速成长阶段,成长空间巨大。

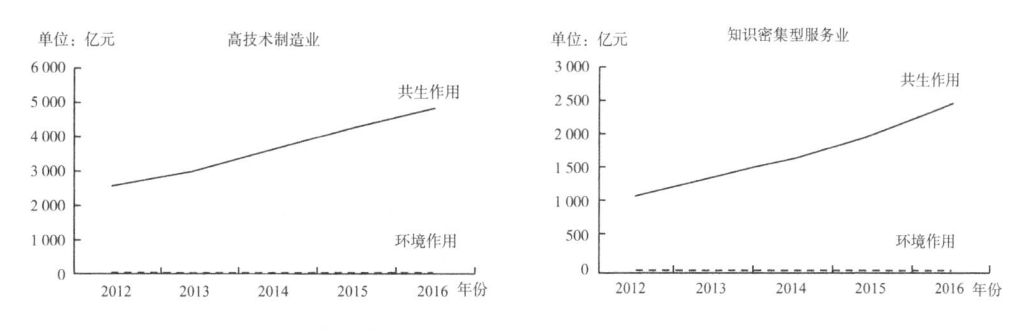

图 9-10 江西省高技术制造业和知识密集型服务业种群环境容量结构比较

江西省两大产业种群环境容量的扩张主要源于产业间的共生作用,环境作用影响不显著,两种作用整体推进高技术制造业和知识密集型服务业的发展。可以看出江西省两大产业间只能满足自身产业的发展需求,对周边城市和地区还未形成强有力的辐射带动作用。近年来,江西省加强了基础设施建设,力求为提升赣南苏区的发展提供支撑,推进赣闽、赣深等示范区建设,承接沿海、沿江地区先进产业转移,增强振兴发展内生动力,为振兴发展提供更有力的保障和支撑。进一步落实政府政策,提高自主创新能力,才能为产业转型注入新的生机与活力。

湖北省高技术制造业和知识密集型服务业环境容量的扩张主要来源于高技术制造业的共生作用,其次来源于渐进式改革产生的制度改善。从湖北省近年产业贡献率可知

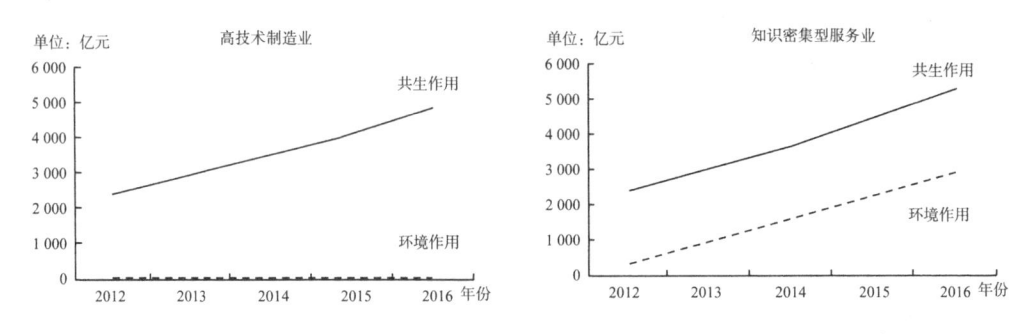

图 9-11　湖北省高技术制造业和知识密集型服务业种群环境容量结构比较

营利性服务业和金融业等功不可没,许多金融机构的落户进一步体现出知识密集型服务业对全省经济的支撑作用,同时看到该区域的高技术制造业还不能满足高端服务业的需求,而知识密集型服务业也未对周边形成强有力的引领作用,武汉都市圈应加强自身产业结构转型,深挖区位、科教等资源,并将其发展为高端产业集群优势。

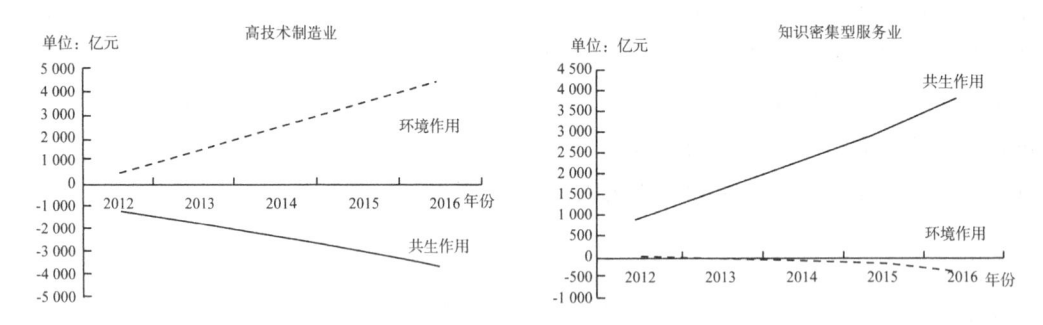

图 9-12　湖南省高技术制造业和知识密集型服务业种群环境容量结构比较

湖南省渐进式改革产生的制度改善对高技术制造业起到了正向引导作用,产业间共生作用为负,说明知识密集型服务业严重占用了高技术制造业发展所需资源,即人才资源、技术创新等。此外,本省内制造业的结构调整还需加强。同时,知识密集型服务业环境容量的扩张主要来源于高技术制造业的共生作用,渐进式改革产生的制度改善起到了反作用,但共生作用值大于环境作用值,环境容量总体呈现上升趋势。从政府功能与产业环境作用两方面进行分析:首先是政府的引导作用不能完全适应市场经济发展的脚步,存在滞后性,保障性有待提高;其次是其自然资源的稀缺,进口等渠道很大程度上未能满足目前产业发展的要求。由此认为国家、当地政府及相关行业和企业,在制定产业发展方面的战略方向、政策支持等方面要充分考虑更多利益群体的需求,并加大力度吸引并留住各类资源。

3. 长江经济带上游省域

长江经济带上游包括四川省、重庆市、贵州省和云南省。根据式(9-4)、式(9-15)至式(9-17),画出以上四个省市高技术制造业和知识密集型服务业环境容量扩张与共生作用、环境作用的关系(见图 9-13 至图 9-15)。其中,重庆市两大产业的共生作用分析见 9.2.4 节。

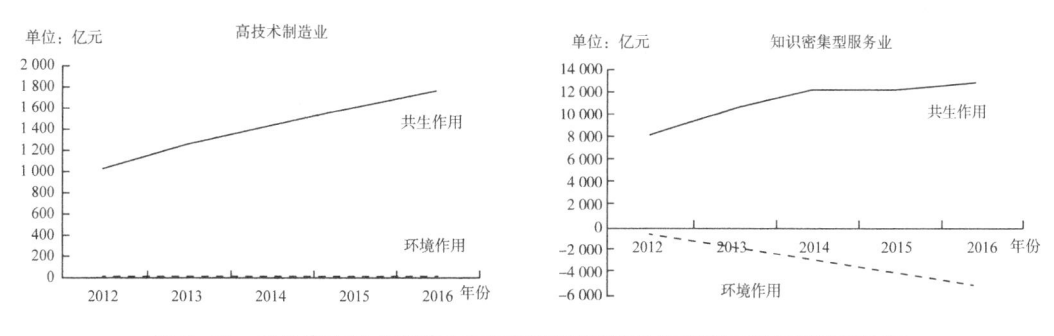

图 9-13　四川省高技术制造业和知识密集型服务业种群环境容量结构比较

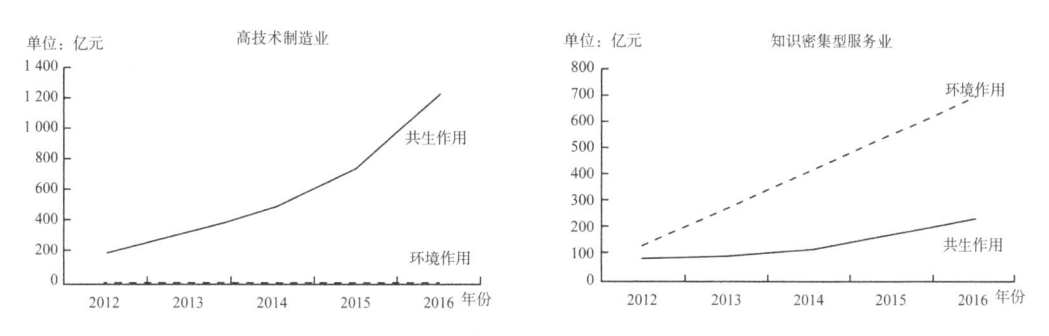

图 9-14　贵州省高技术制造业和知识密集型服务业种群环境容量结构比较

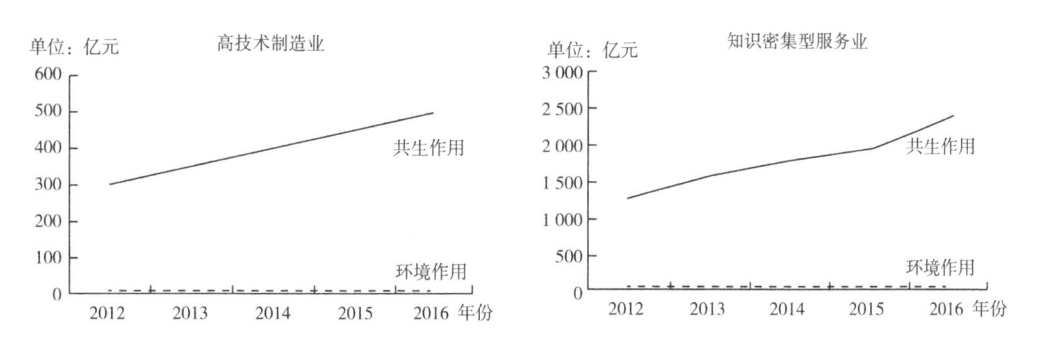

图 9-15　云南省高技术制造业和知识密集型服务业种群环境容量结构比较

四川省高技术制造业和知识密集型服务业环境容量的扩张主要来源于产业间的共生作用,渐进式改革产生的制度改善对知识密集型服务业起到了负面影响,不利于产业发展,但共生作用值大于环境作用值,环境容量总体呈现上升趋势。在省委、省政府的高度重视下,四川省科技部门扎实推进创新驱动发展战略重点工作,坚持转型发展,淘汰落后产能,构建国家级科技云服务产业技术创新战略联盟,加快成都高新区、绵阳高新区等国家级科技服务业区域建设,积极组织国家重大科技计划项目,提升技术创新能力,为高技术制造业和知识密集型服务业的共生发展提供良好氛围。同时可以看到制度环境存在滞后,相关政策的落实工作有待加强。

贵州省高技术制造业环境容量的扩张主要源于知识密集型服务业对其的共生作用,环境作用不显著。同时,产业布局中的其他行业需求极大地刺激了贵州省知识密集型服务业环境容量的扩张,其次是高技术制造业发展带来的服务质量与服务效率的需求。由于贵州在"十二五"期间大力推进工业强省建设,经济水平有所提高,但与全国平均水平相比,仍处于落后地位。同时政府加快服务业集群建设的决心和"三品一标"的特色农业、全域旅游开发有力地带动了知识密集型服务业的发展。继续保持产业集聚建设,才能实现资源的有效配置和产业的优化升级。

云南省的高技术制造业极大程度上推动了知识密集型服务业的发展,反之亦然,环境作用对两大产业环境容量的影响不显著。同时可以看到高技术制造业的市场需求不足以支撑知识密集型服务业的发展要求,同时知识密集型服务业的创新能力有待提升,应优化人才资源,增加对制造业知识要素、技术要素的供给。同时,政府和相关部门应认真贯彻和落实党中央精神,继续深化禄丰工业园区等产业新区、高新技术产业开发区建设,加强政府引导与政策支持,合理布局产业体系,加大产业集聚共性技术支撑,为知识密集型服务业提供市场需求,带动区域经济增长与结构调整。

9.4 长江经济带三大城市群两大创新产业共生分析

9.4.1 共生参数计算

本研究将长江三角洲城市群、长江中游城市群和成渝城市群所含城市的高技术制造业和知识密集型服务业的产值之和作为种群密度。数据选自对应城市 2012—2017 年的统计年鉴和统计公报。两大产业行业细分如上,将标准中的产业分类产值进行加总,得到长江经济带三大城市群高技术制造业和知识密集型服务业的种群密度(见表 9-9)。

表 9-9 长江经济带三大城市群高技术制造业和知识密集型服务业的种群密度(单位:亿元)

城市群	年份	2011	2012	2013	2014	2015	2016
长三角城市群	高技术制造业	30 341.44	34 576.09	36 514.09	28 622.39	41 828.33	44 536.73
	知识密集型服务业	14 265.19	16 190.37	19 479.83	22 569.41	25 922.61	30 159.47
长江中游城市群	高技术制造业	5 227.52	6 830.60	8 636.66	10 243.39	12 490.44	14 405.70
	知识密集型服务业	7 483.31	8 663.37	10 574.44	12 339.03	14 545.01	16 485.52
成渝城市群	高技术制造业	4 298.30	5 845.50	7 784.68	8 920.40	9 200.70	10 890.41
	知识密集型服务业	4 497.81	5 546.93	6 452.01	7 279.93	8 102.57	8 952.27

表 9-9 反映出在现有环境下,长三角城市群、长江中游城市群和成渝城市群的高技术制造业和知识密集型服务业的种群密度(产值)整体呈现上升趋势,年平均增长速度在 6.48%~16.35%之间,说明两大产业种群的产出是持续稳定增加的,且发展态势良好。相比而言,长江中游城市群 2011—2016 年高技术制造业发展迅猛,反映出该区域"去工

业化"成果明显,并为知识密集型服务业提供良好产业平台;长江三角洲城市群近几年知识密集型服务业增长速度较快,反映该区域产业结构调整步伐加快,高技术制造业的市场需求大,有力带动知识密集型服务业成长。

同理,根据表9-9、式(9-1)计算长江经济带典型城市群的两大产业种群对应的环境容量 K_1、K_2(见表9-10),以及两大产业种群自然增长率 r_1、r_2(见表9-11)。

表 9-10　长江经济带三大城市群高技术制造业和知识密集型服务业的种群模拟各年环境容量(单位:亿元)

城市群	年份	2011	2012	2013	2014	2015	2016
长三角城市群	高技术制造业	32 315.00	32 327.00	32 302.00	31 881.00	32 538.00	61 589.00
	知识密集型服务业	13 997.00	16 551.00	19 432.00	22 634.00	26 131.00	29 882.00
长江中游城市群	高技术制造业	6 767.10	8 507.40	10 431.00	12 451.00	14 459.00	16 349.00
	知识密集型服务业	8 841.10	10 527.00	12 404.00	14 446.00	16 615.00	18 861.00
成渝城市群	高技术制造业	6 046.60	7 737.90	8 982.60	9 760.50	10 198.00	10 430.00
	知识密集型服务业	5 474.00	6 416.60	7 325.50	8 158.00	8 885.60	9 495.70

表 9-11　长江经济带三大城市群高技术制造业和知识密集型服务业的种群自然增长率

城市群	高技术制造业	知识密集型服务业
长三角城市群	0.220 6	0.207 7
长江中游城市群	0.332 4	0.231 8
成渝城市群	0.279 9	0.327 8

表 9-10反映出长江经济带三大典型城市群高技术制造业和知识密集型服务业两大产业种群所能承载的最大环境容量与种群密度的变化趋势一致,两大种群共生单元间发展的总趋势是上升的。表 9-11反映出在政策环境等无约束的理想状态下,长江中游城市群的高技术产业和成渝城市群的知识密集型服务业应呈最快发展趋势。

利用 SPSS 20.0,基于上述计算方法与过程,确定 $f_{12}(N_1)$、$f_{21}(N_2)$、$f_1(T)$、$f_2(T)$、$f_1(G)$、$f_2(G)$。可得到长三角城市群和成渝城市群高技术制造业和知识密集型服务业共生发展的环境容量表达式:

$$\begin{cases} K_1^{\text{CSJ}} = 16\,223.871 + 0.000\,000\,8.416(N_2)^2 + 3\,335.417(T) \\ K_2^{\text{CSJ}} = 25\,677.301 + 0.000\,030\,22(N_1)^2 - 2\,183.358(T)^2 + 0.000\,000\,002\,071(G)^3 \end{cases}$$

(9-18)

式中:CSJ 代表长三角城市群。

同理,可得到长江中游城市群和成渝城市群两大产业环境容量表达式:

$$\begin{cases} K_1^{CZY} = 4\,800.318 + 0.259(N_2) + 1\,466.741(T) \\ K_2^{CZY} = 3\,083.033 + 1.092(N_1) \end{cases} \quad (9\text{-}19)$$

式中:CZY 代表长江中游城市群。

$$\begin{cases} K_1^{CY} = 2\,300.207 + 0.98(N_2) \\ K_2^{CY} = -2\,242.663 + 1.825(N_1) - 148.424(T)^2 \end{cases} \quad (9\text{-}20)$$

式中:CY 代表成渝城市群。

以上表达式中,长江经济带典型城市群两大产业种群共生作用系数均大于 0,即 $a_{21}>0, a_{12}>0$,说明这三个典型城市群产业生态发展中高技术制造业和知识密集型服务业之间存在明显的共生关系,每个城市群两大产业间共生关系的存在进一步呈现共生增长趋势,有力地相互促进了城市群内部高技术制造业和知识密集型服务业的发展。

9.4.2 高技术制造业与知识密集型服务业共生关系

根据式(9-18)至式(9-20),画出长江经济带三大城市群两大产业环境容量关系图(见图 9-16 至图 9-18)。

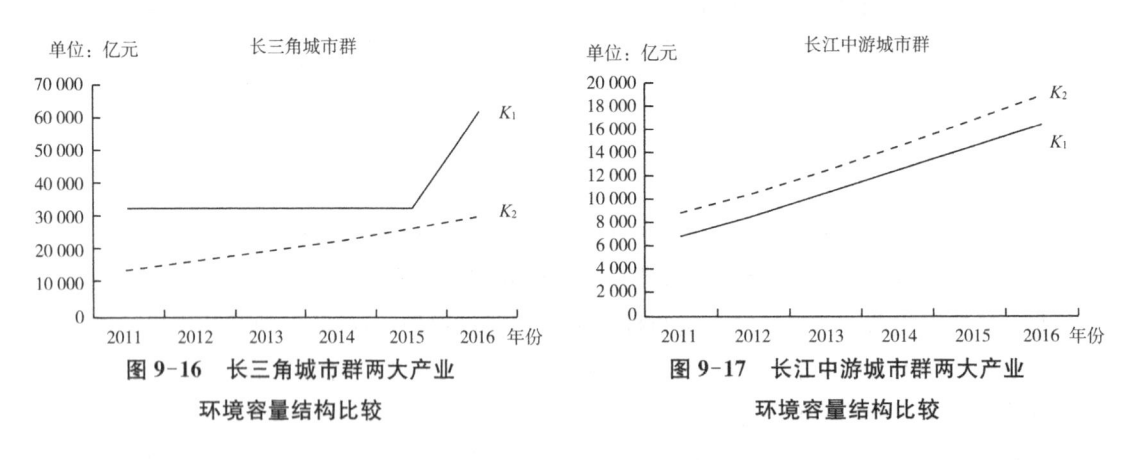

图 9-16 长三角城市群两大产业环境容量结构比较

图 9-17 长江中游城市群两大产业环境容量结构比较

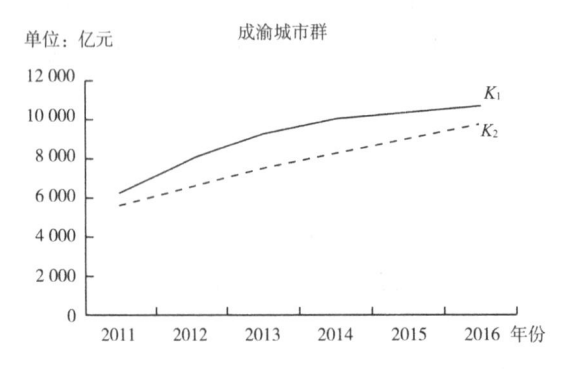

注:实线 K_1 代表高技术制造业;虚线 K_2 代表知识密集型服务业。

图 9-18 成渝城市群两大产业环境容量结构比较

图 9-15 至图 9-17 说明三个城市群的高技术制造业和知识密集型服务业均处于上升发展阶段。长三角城市群和成渝城市群高技术制造业环境容量高于知识密集型服务业环境容量,长江中游城市群反之。在高技术制造业中,成渝城市群已处于较为饱和的状态,发展速度缓慢;长三角城市群和长江中游城市群仍处于较快发展阶段,长三角城市群在 2011—2015 年间增长较为缓慢,2015—2016 年实现了质的飞跃,存在较大成长空间。长江中游城市群高技术制造业环境容量的发展速度高于成渝城市群,仍处于快速成长期。同时,在三个城市群中,长江中游城市群知识密集型服务业发展最快,与成渝城市群相似,两大产业之间发展逐渐进入互惠共生阶段。未来随着产业结构调整,其知识密集型服务业应继续保持快速发展态势,提高服务业创新水平,提升服务质量与服务效率,增强区域间合作,加快知识资源扩散、传播和输出,才能在更大区域范围内满足高技术制造业的发展需求。

9.4.3 高技术制造业与知识密集型服务业共生强度分析

根据式(9-18)至式(9-20),可以知道长江经济带三大城市群的高技术制造业和知识密集型服务业间存在共生关系,但每个城市群两大产业之间的共生作用大小不一,也就是产业由于彼此间共生作用引起的产业自身环境容量的变化不同。三个城市群两大产业环境容量的共生作用系数说明高技术制造业对知识密集型服务业环境容量的扩张作用大于高技术制造业对知识密集型服务业环境容量的增加。

从高技术制造业角度看,成渝城市群产业间共生作用对环境容量的扩张作用最强,其次是长江中游城市群、长三角城市群。可以得知,长三角城市群高技术制造业的发展水平最高,已经逐渐形成装备制造、生物制药、新材料新能源等先进高端制造产业链,提升了整体关键领域创新能力,并沿黄金水道向内陆城市群扩散。成渝城市群处于高技术制造业快速发展时期,作为西部地区经济基础最好、实力最强区域之一,其以装备制造业、电子信息化产业为首的高端制造业充分带动知识密集型服务业的技术创新水平。

从知识密集型服务业的角度看,成渝城市群的共生作用带动环境容量增加的速度最快,长江中游城市群次之,最小的是长三角城市群。可以看到长江经济带三大城市群的知识密集型服务业均处于快速稳定发展期,区域内的高技术制造业为其提供市场需求,进而在很大程度上刺激了该产业自主创新水平,在我国甚至世界范围内形成较强的国内国际影响,随着人才资源、技术创新要素的流域内快速转移扩散,新的开放共享经济体系形成,知识密集型服务业的发展空间和潜力巨大。

9.4.4 高技术制造业与知识密集型服务业的共生作用分析

1. 长三角城市群

根据式(9-18),画出长三角城市群高技术制造业和知识密集型服务业种群环境容量扩张与共生作用、环境作用的关系(见图 9-19)。

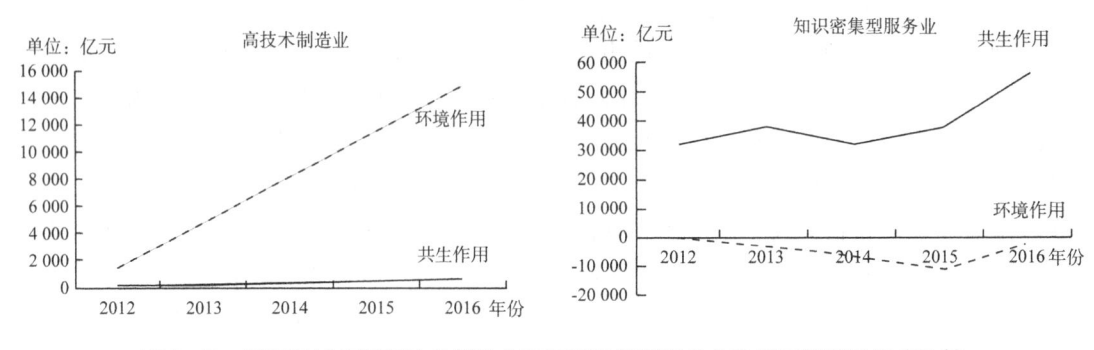

图 9-19　长三角城市群高技术制造业和知识密集型服务业种群环境容量结构比较

渐进式的制度变革极大程度上刺激了高技术制造业环境容量的扩大,产业间共生作用影响甚微。同时,长三角城市群知识密集型服务业环境容量的扩张主要来源于高技术制造业进步带来的市场需求与知识资源供给,其次来源于产业环境作用,而制度环境作用为负,导致最终环境作用阻碍该产业的发展。可以看出长三角城市群的知识密集型服务业发展中高技术制造业对其的共生作用大于环境作用,在研究时间段内,共生作用在某一区间内小范围波动,最终实现质的飞跃,进一步显示长三角城市群作为长江经济带经济发展龙头城市群,积极提高创新水平,形成高端产业集群,最终提升国际竞争力的态度。同时,作为我国经济最发达的城市群,知识密集型服务业还未对整个长江经济带形成强有力的辐射带领作用,还不能满足整体高技术制造业发展对其质量与效率的需求,应加快创新驱动步伐,积极打造金融、研发与物流行业集群。

2. 长江中游城市群

根据式(9-19),画出长江中游城市群高技术制造业和知识密集型服务业种群环境容量扩张与共生作用、环境作用的关系(见图9-20)。

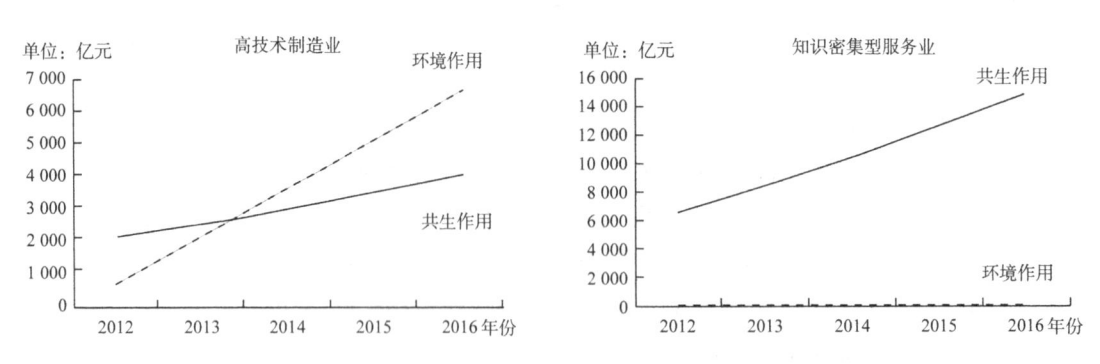

图 9-20　长江中游城市群高技术制造业和知识密集型服务业种群环境容量结构比较

分析可知,长江中游城市群高技术制造业环境容量的扩张在 2013 年前主要源于产业间的共生作用,之后源于渐进式制度改革带来的激励效用。知识密集型服务业环境容量的扩张主要来源于高技术制造业对其的共生作用,制度环境和产业环境作用相互抵消,对环境容量的贡献微弱。进一步看出区域内高技术制造业对服务业水平与效率的要求越来越高,刺激了本地服务业的知识密集程度,武汉城市群的人才资源、环鄱阳湖城市群的自然资源、环长株潭城市群的市场需求以及发达的交通运输网络加快知识资源的流通,进而推动长江中游城市群知识密集型服务业产业集聚。未来还要加快本区域知识密集型服务业向上游经济带和城市群的辐射扩散,在实现自身崛起战略同时推进西部地区高技术服务业进步。

3. 成渝城市群

根据式(9-20),画出成渝城市群高技术制造业和知识密集型服务业种群环境容量扩张与共生作用、环境作用的关系(见图9-21)。

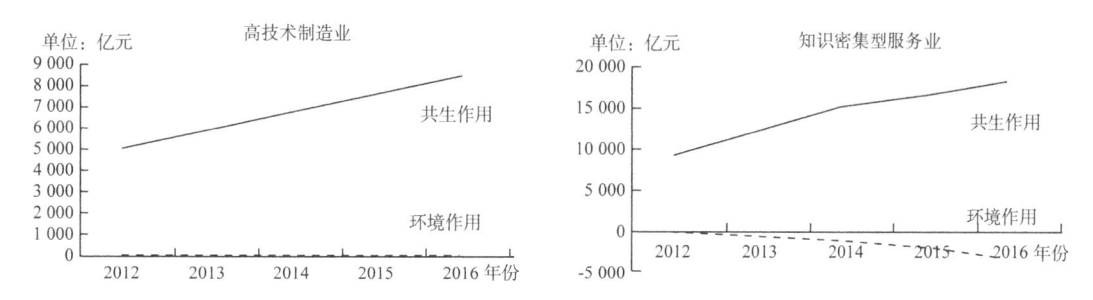

图9-21 成渝城市群高技术制造业和知识密集型服务业种群环境容量结构比较

成渝城市群高技术制造业和知识密集型服务业环境容量的扩张主要来源于产业种群间的共生作用,环境作用甚微,甚至不利于知识密集型服务业发展。研究时间序列内,知识密集型服务业对高技术制造业的共生作用稳定,显著促进高技术制造业环境容量的扩大,但对周边其他区域高技术制造业的辐射带动作用不强。同时,在2014年前,高技术制造业对知识密集型服务业的推动作用显著;2014年后,由于其引起的环境容量的增加速度减小,环境作用对环境容量的作用远小于产业间的共生作用,因此知识密集型服务业的环境容量仍呈现上升趋势。可以得知成渝城市群高技术制造业对周边区域存在一定辐射带动作用,知识密集型服务业的发展依旧能保持较快速度,由于周边区域对城市群本身的需求增加,有利于西部长江经济带的产业结构调整与转型。

第四篇

创新生态

第 10 章
长江经济带创新生态群落的演化理论基础分析

10.1 长江经济带创新生态群落的相关概念概述

10.1.1 创新生态群落的一般概念与内涵

1. 创新理论研究的侧重点变化

自 20 世纪 70 年代,随着国际经济的专业化、一体化发展,驱动经济的产业竞争形势发生了根本的转变,由有限资源下的零和博弈转变为追求互利互惠的合作共赢、合作创新,并逐步形成一个明确分工、彼此合作的系统。以新古典经济学为特征的均衡研究、边际分析开始陷入学术发展瓶颈期,技术更新的不确定性和产业间的密切合作,使得原有的经济学假设和模型受到冲击。在这样的学术背景下,以纳尔逊(Nelson)、温特(Winter)、多西(Dosi)等为代表的经济学家,提出借鉴生物演化的研究来剖析经济现象,探索内在演变规律。而在世界范围内,创新行为也不再是个体之间的投入产出的均衡移动与机械比较,而演化为生态体系的优胜劣汰。美国政府 1994 年的报告 *Science in the National Interests*(《科学与国家利益》)中就明确指出:"今天的科学和技术事业更像一个生态系统,而不是一条单一的生产线。"美国总统科技顾问委员会(President's Council of Advisors on Science and Technology,PCAST)在 2004 年的研究报告 *Sustaining the Nation's Innovation Ecosystems*,*Information Technology Manufacturing and Competitiveness*(《维护国家的创新生态系统、信息技术制造和竞争力》)和 *Sustaining the Nation's Innovation Ecosystem*:*Maintaining the Strength of Our Science & Engineering Capabilities*(《维护国家的创新生态系统:保持美国科学和工程能力之实力》)中正式将创新生态系统(innovation ecosystem)概念作为国家科技发展的纲领性核心概念,指出国家的经济繁荣和领导地位取决于有活力的、动态的"创新生态系统",而非终端对终端的机械过程。创新生态系统的概念与内涵超越了传统区域网络结构或产业链式集群,强调了生态系统的动态复杂性、自适应性与非线性发展,强调创新生态群落的整体效能并非个体部分的简单加总,内在蕴含着群落的层级作用、生态协同。对创新的研究经历了从微观到宏观,再聚焦于中观的演化,相关理论研究侧重总结如表10-1所示。创新理论研究从注重物理研究范式的均衡研究,向侧重生态非线性发展过渡,进入了创新生态系统时代。

表 10-1　不同视角下的创新理论研究侧重方面

研究层级	不同视角	核心创新要素	侧重方面
微观	创新能力视角	技术研发、创新决策、创新组织管理、制造能力和营销能力	以企业为主体,以技术创新为重点的能力要素
宏观	国家创新体系视角	知识创造、科技创新、人力资本、技术基础设施、市场成熟度和企业效率、体制机制	国家视角下的多创新主体互动系统,以知识创新、科技创新为主体的系统要素
中观	区域协同创新视角	创新资源集聚、科技成果影响力、创新创业环境、新兴产业发展和区域创新辐射力	区域视角下,围绕城市、区域的产业升级、技术扩散与辐射的协同要素
	创新生态群落视角	创新群体、创新资源、创新绩效、创新生境、自组织健康度、创新系统外部胁迫	以城市群、产业集群、企业群落为主体,主要反映创新生态适宜度的生境要素

2. 创新生态群落的内涵

创新生态群落的权威研究可以追溯至纳尔逊(Nelson)与温特(Winter)的演化经济学理论。创新生态群落的内涵和其所具有的生态学特征为国内外学者广泛讨论,主要包括组织行为、空间邻近、产业协同等视角。从组织行为的角度,Bertuglia 等分析了企业家活动对创新生态群落的影响。Baptista 与 Swann 认为技术活动使以企业为核心的创新生态群落在区域范围形成聚集。Athreye 则强调创新生态群落不仅包含企业单元,还包含其竞争者。从空间邻近的视角,刘友金与郭新指出创新生态群落以产业关联与地理邻近为基础,具有类似生物群落的特征。黄鲁成指出创新组织是区域创新系统的重要组成部分。沈丽冰和戴伟辉指出创新生态群落是多个单位协调互动的综合体,具有生物体的自适应、自组织和自协调特征。从产业协同的角度,曹如中等认为创新生态群落具有很强的生态链结构,创新活动主要围绕产业生态链展开。汪志波认为创新生态群落的内涵以产业为核心,强调创新生态群落和创新生态环境的协同演化促进技术的进步与发展。

本研究试图综合组织行为、地理邻近和产业协同的观点,总结创新生态群落的内涵。根据前人的研究,创新生态群落首先以企业为核心,企业作为人文经济活动的社会载体,具有天然的社会属性,直接或间接地与其他企业或组织产生联系与依存关系。对于个体的创新组织单元而言,在其从事科技创新的过程中,需要通过资源交换将创新要素投入转化为创新成果,再通过产品交换将创新产品转化为财物资源,由此通过交换活动,与其他的创新产业链上的相关组织机构构成物质、能量和信息的交互系统。然后,随着个体创新单元的聚集,围绕地理邻近或产业联系,科研机构、科技金融机构、高等院校、咨询机构、产业孵化园区、政府组织等相关经济活动组织构成了一个具有类似生态组织特性的大型创新生态系统,使技术转移、成果转化的主要受体和消化吸收者都聚集于其中,由此形成了群落的发展与演进,促进内部的技术合作、知识扩散与创新经验和隐性知识传递。

在中观视角下,创新生态群落直观表现为创新型城市,以及围绕创新产业链的相关城市集群。因此,本研究所关注的创新生态群落概念,指的是以创新产业单元为核心的集合,涵盖科学技术研发机构、科技金融机构、高等院校、相关咨询机构、产业孵化园区、政府组织,通过组织互动、机构协同、技术交换、产业政策、科技合作机制等形式而组成的相互作用以实现共同发展的生态集聚整体,在长江经济带创新生态群落演化研究的现实层面上,表现为城市、城市群以及经济带的中观群落。

3. 创新生态群落与自然生态群落的概念比较

通过对创新生态群落与自然生态群落的比较,有助于更加深入地理解创新生态群落的概念内涵。创新生态组织作为从属于社会经济系统的创新生态群落,与自然界的生态组织结构具有相似性,同样需要通过对环境的适应,不断改变和发展。这两者之间的异同,主要体现于主体层次、主体关系结构、生态因素、生态演化效应上。在主体层次上,创新生态系统内的要素依次为:创新个体、创新生态种、创新生态种群、创新生态群落、创新生态系统;而自然生态要素依次为:生物个体、物种、种群、群落、生态系统。在主体关系结构网络上,创新生态系统包括创新产出者、创新购买者、创新网络;而自然生态系统包括生产者、消费者与食物链。从生态因素方面看,创新生态系统包括创新生态位、创新生态因子、创新要素、创新生态环境等概念;而自然生态系统包括生态位、生态因子、能量/物质、生态环境等概念。从生态演化方面来看,创新生态系统包括创生、组织迭代、渐进式创新、突破式创新、协同创新等形式;而相应地,自然生态系统包括繁殖、遗传、进化、变异、协同等形式。详细概念与对比如表10-2所示。

表10-2 创新生态群落与自然生态群落的相关概念比较

类别归类	创新生态系统要素	概念内涵	自然生态系统要素	概念内涵
主体层次	创新个体	独立的个体创新单位,包括创新型企业、高校、科研机构及相关创新创业服务机构等	生物个体	具有生长、发育、繁殖功能的生物有机个体
	创新生态种	具有相似资源能力和创新特质的创新型组织或创新型机构的集合	物种	在生物圈内,具有相同基因频率及生理特征的个体生物的集合
	创新生态种群	在一定地域范围内,具有相似的资源能力及创新特质的创新实体的集合	种群	在一定时空范围内,同一物种的个体的集合体,也是分析物种存在、繁殖、进化的基本单位
	创新生态群落	特定时空范围内,各创新物种与环境相互适应而形成的具有一定结构和功能特质的创新集合体	群落	在特定时空范围内,各生物种群相互适应而形成的具有一定结构的生物集合体
	创新生态系统	在一定时空内,由创新实体集群与环境协调互动、相互作用而形成的统一体	生态系统	在一定时空内,生物群落与环境间不断进行物质、能量和信息交换而形成的统一体

续表

类别归类	创新生态系统要素	概念内涵	自然生态系统要素	概念内涵
主体关系	创新产出者	利用各种资源进行知识创新、科技创新等系列创新的创新个体的总称	生产者	将无机物转化为有机食物的自养有机个体
	创新购买者	为了实现组织延续和发展,而吸收、应用创新成果的创新载体或组织	消费者	为了维持及繁衍生命而消化或吸收有机物的生命体
	创新生态链	各创新主体在创新过程中,通过创新资源的传递、扩散、转化而形成的链式/网络关系	食物链/网	生产者所固定的物质、能量通过一系列的取食和被食关系传递而形成的链式/网络关系
生态因素	创新生态位	在特定地域范围内,创新组织对各类要素资源的利用与对环境适应性的总和	生态位	在特定时空内,某一生物单位对各类资源的利用和对环境适应性的总和
	创新生态因子	对各组织创新有影响作用的环境要素	生态因子	对生物成长具有影响的环境要素
	创新要素	介入并促成创新的人、财、物等智力资本	能量/物质	流转于生态系统的物质、能量等自然资源
	创新生态环境	创新主体所处的以技术市场为主体的创新生境,包含人文、基础设施、公共部门政策等	生态环境	生物个体和种群生活的、与大自然紧密联系的环境
生态演化	创生	孵化新的创新主体	繁殖	生物繁育后代的过程
	演进	个体通过持续的微小改进实现技术进步与完善	进化	物种的代际间可遗传性基因变化过程
	遗传	创新能力与资源通过主体的积累与传递,维持并发展组织规模	遗传	将性状由亲代传递给子代的生物过程
	变异	创新主体在变化的要素、环境冲击下实现的促进跨越式发展的激进创新	变异	物种遗传物质的可遗传性改变导致生物性状的变化
	协同	为适应市场变化,各创新主体通过竞合实现协同发展	协同	为适应环境变化,各物种相互作用与适应而共同进化

注:该表由本项目研究组研究整理撰写,着重参考了傅羿芳与朱斌的《高科技产业集群持续创新生态体系研究》、黄鲁成的《基于生态学的技术创新行为研究》、栾永玉的《高科技企业跨国创新生态系统:结构、形成、特征》、梅(Robert May)的《理论生态学》、张贵与刘雪芹的《创新生态系统作用机理及演化研究——基于生态场视角的解释》等文献资料。

通过对创新生态群落的概念梳理和相关概念比较分析可知,创新生态群落研究更强调创新生态单元间的协同作用,以及对创新生态环境的适应。创新生态群落的演化发展正在于把握群落的生存状态、空间协同和动态发展。第一,要明确创新生态群落的发展与资源之间存在相互依赖和制约的生态状况,注意创新生态群落的属性特点,设法对这些要素以及潜在的系统关系进行显性化的评价与测度。第二,分析创新生态群落与资源要素在空间禀赋上的差异与特点,创新生态群落的产生与物种扩张和特定空间的要素禀赋、生态环境有着密切联系,创新生态群落不仅具有类生命周期的形态变化特征,也具有与空间特征和环境相适应的形态差异。从空间性的角度探寻创新的分异特征,寻找区域创新的突破点,调整产业布局,通过合理的空间布局促进群落发展。第三,要把握创新生态群落和创新要素的动态演化规律,创新生态群落在时空中具有动态演化特点,这样的动态演化特征规律一方面源于单个创新生态种的新陈代谢、遗传变异活动,另一方面源于创新生态种之间、创新生态种与环境的协同与互动,最后反映于创新生态群落在特定时期特定范围内的生态特点上,要理解动态演化规律,促进创新生态群落的良性协同作用,推动创新生态系统的均衡与可持续发展。

10.1.2 长江经济带的经济社会发展概况

1. 经济带发展历程

长江经济带是一条围绕长江沿岸而串联起来的高密度经济走廊,经济带的战略发展经历了长期的探索,是产业经济升级发展和国家政策战略规划共同作用的结果。20世纪80年代,中国生产力经济学研究会提出了"长江产业密集带",以长江下游的上海、南京,长江中游的武汉,长江上游的重庆等超级城市或特大城市为核心,来驱动流域腹地的城市和农村组成经济区,产业分工,协同发展。陆大道院士更进一步提出"T"形空间结构战略,将沿江发展与沿海发展定位为两条战略轴线,打造海岸经济带和长江经济带,形成世界上最大的以水运为主的产业经济带。然而,在20世纪末至21世纪初的发展中,由于经济全球化和政策的影响,中国以东南沿海的发展更为迅速,而内陆区域的沿江经济带发展并不均衡。长江经济带的概念也因此淡化。直到2006年4月长江经济带的具体发展有了进一步推进,中共中央、国务院出台的《关于促进中部地区崛起的若干意见》明确要求加快发展沿长江经济带,长江中游和长江上游开始打造中心发展城市群。2013年十八届三中全会通过的《中共中央关于全面深化改革若干重大问题的决定》中提出要扩大内陆沿边开放,形成横贯东中西、联结南北方对外经济走廊。2014年3月,十二届全国人大二次会议上,李克强同志在《政府工作报告》中首次提出,要依托黄金水道,建设"长江经济带"。2014年9月,国务院发布《国务院关于依托黄金水道推动长江经济带发展的指导意见》,明确长江经济带的发展规划;2014年12月9日至11日,中央经济工作会议将长江经济带发展与京津冀协同发展并列为要重点实施的国家战略。2016年9月,《长江经济带发展规划纲要》(以下简称《纲要》)正式印发,《纲要》明确了长江经济带格局规划,提出"一轴、两翼、三极、多点"的发展格局。即以长江黄金水道这一发展轴为依托,结合沪瑞高速与沪蓉高速这两个沟通南北方向的运输通道,着力发展长江三角洲城市群、长江中游城市群以及成渝城市群这三大核心城市群,并注重通过中心城市的辐射作用以点带面,驱动整个经济带的产业结构升级转型与创新型经济可持续发展。2018年4月,习近平总书记在深入推动长江经济带发展座谈会上进一步指出,要"坚持新发展理念,坚持稳中求进工作总基调,加强改革创新、战略统筹、规划引导,使长江经济带成为引领我国经济高质量发展的生力军"。

2. 经济带发展状况

目前,长江经济带自西向东包括贵州、云南、四川、重庆、湖南、湖北、江西、安徽、浙江、江苏、上海,共计9个省份和2个直辖市,是以长江流域为核心而形成的具有较强影响力的经济区域,覆盖面积接近 205 万 km²,核心范围内的人口占全国人口的 40% 以上,而生产总值更占全国的 45% 左右。根据国家统计局 2018 年的公开数据,可以得到长江经济带 2012—2016 年经济社会发展相关指标统计,如表 10-3 所示。

表 10-3　2012—2016 年长江经济带经济社会发展相关指标统计表

统计指标	2012 年	2013 年	2014 年	2015 年	2016 年
地区生产总值(亿元)	235 915	261 476	284 689	305 200	337 182
第一产业增加值(亿元)	21 550	22 462	23 800	25 324	27 136
第二产业增加值(亿元)	115 745	123 985	132 488	135 301	144 575
第三产业增加值(亿元)	98 620	115 029	128 401	144 575	165 472
年末常住人口(万人)	57 851	58 160	58 425	58 768	59 140
普通高等学校在校学生数(万人)	1 020	1 048	1 079	1 114	1 148
社会消费品零售总额(亿元)	88 608	100 463	112 693	125 342	139 650
技术市场成交额(亿元)	1 586	2 089	2 545	2 902	3 446
工业增加值(亿元)	100 271	106 576	113 212	114 798	122 685
工业污染治理完成投资总额(万元)	1 755 191	2 978 049	2 786 397	2 667 223	3 222 470

数据来源:国家统计局,http://data.stats.gov.cn/

由国家统计局数据可知,从经济发展来看,长江经济带的地区生产总值保持着持续增长,第二、第三产业增长迅速,工业及服务业对地方经济增长贡献明显,区域内的产业结构布局日趋完善。从社会发展来看,长江经济带的人口发展相对稳定,教育人数持续增加,而社会消费品零售额持续增长,说明人力资源基础雄厚,人均生活水平不断提高,社会稳定发展。从产业升级来看,长江经济带的技术市场成交额、工业增加值和工业污染治理投资额呈指数上升趋势,技术升级和环境治理日益受到重视。综合来看,作为一个横跨我国东中西三大区域、围绕长江沿岸串联的带状经济系统,长江经济带蕴含着巨大的发展潜力,具有资源禀赋优越、人力资源丰富、产业结构完整、经济辐射明显的特点。

(1) 资源禀赋优越。长江经济带以流域为特点,具有极其丰沛的淡水资源,能够支持和孕育人口的增长与发展。与此同时,长江经济带蕴藏着储量庞大且种类丰富的矿产资源,可以为工业发展提供坚实的物质基础。此外,经济带内还拥有丰富的农业生物资源,以及众多闻名遐迩的旅游资源,为相关服务产业发展、区域产业链转型升级和社会建设提供完整的市场支持。丰富的创新生态资源使得长江经济带的创新生态群落成长潜力巨大。

(2) 人力资源丰富。长江流域历史上就是中华民族的文化摇篮之一,人才荟萃,科教事业发达,具有良好的文化底蕴和历史积淀。从人才培育来看,长江经济带 11 省市高校在校生人数长期占全国 43% 左右,是中国高教资源最为集中的区域。从人口迁移来看,

2012—2016年长江经济带总计流入人口上千万,充足的人力资源流入,不断增强长江经济带的创新生态发展潜力。

(3) **产业结构完整。** 由于腹地富饶而广阔、交通条件便捷,长江经济带汇集了中国大部分钢铁、汽车、电子、石化等现代工业,并且随着时代发展,产业链不断升级完善。目前主要以高新技术、机电工业、重化工这三大产业群作为战略支撑。其中,高新技术产业以信息技术、生物技术、新材料技术为主体,属于知识密集型产业,相关产业集群主要集中于经济带上大中型区域中心城市,以上海、南京、武汉、重庆、成都等为代表。机电工业产业以汽车制造、装备生产和电子产品加工为主体,产业集群在长江经济带上颇具规模并且分布相对均匀,基本每个省市都有一定的机电产业资源积累。重化工产业包括钢铁、石化、能源、建材等行业,主要以大型龙头企业为核心聚集在长江经济带上,产业规模可观。

(4) **经济辐射明显。** 长江经济带是中国重要的工业基地,传统产业与高科技产业兼备。2016年,长江经济带的工业增加值超过12万亿,占全国的一半。同时,长江经济带横贯我国核心区域,经济腹地广阔,不仅把东、中、西三大地带连接起来,而且还与京沪、京九、京广、皖赣、焦柳等南北铁路干线交会,承东启西,接南济北,通江达海,对全面的创新生态发展有着巨大的影响力。

3. 经济带战略发展规划

长江经济带的战略发展规划具有政策性和长远性,从城市、城市群的高质量发展来看,长江经济带的建设以《纲要》提出的"一轴、三极、多点"为发展核心。《长江经济带发展规划纲要》在2016年9月正式印发,是长江经济带战略规划的重要政策基础。《纲要》明确了长江经济带格局规划,提出"一轴、两翼、三极、多点"的发展格局。其中,"一轴"指的是以长江黄金水道为依托,构建拉动沿江绿色经济的发展轴,发挥轴线上的节点城市的驱动作用。通过上海、南京、武汉、成都、重庆等系列核心城市,推动创新型经济由沿海溯江而上,实现转型升级。"两翼"指的是沪瑞高速与沪蓉高速这两条沟通南北方向的运输通道,这两条交通要道促进着南北两侧腹地的互联互通,有助于长江经济带上重要节点城市的人口流动和产业集聚,是长江经济带发展的有力基石。"三极"指的是长江经济带的三大核心城市群,分别为长江三角洲城市群、长江中游城市群以及成渝城市群,这些区域是驱动长江经济带的核心增长极,通过中心城市群的辐射作用驱动整个经济带的产业结构转型升级与经济可持续发展。"多点"指的是三大城市群以外地级城市与区域中心,这些部分属于长江经济带节点单元,对推进流域经济发展起着支撑作用,通过加强与中心城市的经济联系、知识交换与产业互动,促进着区域经济的长效发展与稳定。《纲要》以长江黄金水道发展轴为依托,着力发展长江三角洲城市群、长江中游城市群以及成渝城市群这三大核心城市群,并注重通过中心城市的辐射作用以点带面,驱动整个经济带的产业结构转型升级与创新型经济可持续发展。

长江三角洲城市群位于长江入海之前的冲积平原,经济腹地广阔,接海临江,是"一带一路"与长江经济带的重要交汇地带,又被简称为长三角城市群,被视为长江经济带的引领区域经济社会发展的重要引擎。在2016年国务院批准的《长江三角洲城市群发展规划》中,长三角城市群以上海为核心,紧密联系江苏、浙江、安徽三省内的多个城市,涵盖上海经济圈、宁镇扬都市圈、苏锡常都市圈、杭湖嘉绍经济圈等次级区域中心,具体包括:上海市,江苏省的南京市、苏州市、无锡市、常州市、南通市、扬州市、镇江市、盐城市、泰州市,浙江省的杭州市、嘉兴市、金华市、宁波市、舟山市、湖州市、绍兴市、台州市,安徽省的合肥市、芜湖市、铜陵市、滁州市、马鞍山市、池州市、安庆市、宣城市等 26 个城市单元,约占全国国土面积的 2.2%,达到 21.17 万 km^2,而经济和人口仅 2014 年地区生产总值就达到 12.67 万亿元,并拥有总人口 1.5 亿人,分别约占全国的 18.5%、11.0%。长三角城市群是中国城镇化发展程度最高的地区之一,拥有现代化的江、海港口群和机场群,高速公路网发展健全,公路、铁路、水运、航空线路等交通干线密度全国领先,立体综合交通网络基本形成。因此,它对国家经济发展和社会繁荣有着巨大影响,在中国国家现代化建设大局和全方位开放格局中具有举足轻重的战略地位。《长江三角洲城市群发展规划》明确指出,长三角城市群要建设面向全球的世界级城市群,打造亚太地区重要的国际门户,使长三角区域成为辐射全球的现代服务业、先进制造业中心和科技创新高地,引领新一轮改革开放的战略布局。

长江中游城市群位于长江流域中游,研究选取中部地区和长江经济带重叠的省市,是包括湖南、湖北、江西、安徽四省区域的超特大城市群组合,以武汉、长沙、南昌、合肥四大中心城市为中心,又被称为"中四角"或"长中游",涵盖武汉城市圈、环长株潭城市群、环鄱阳湖城市群、江淮城市群、洞庭湖生态经济圈等多个区域集群。参考 2012 年国务院发布的《国务院关于大力实施促进中部地区崛起战略的若干意见》、2015 年国家发展和改革委员会印发的《长江中游城市群发展规划》,在市域层面具体包括以下空间单元:湖北省的武汉、黄石、黄冈、鄂州、孝感、咸宁、仙桃、天门、潜江、襄阳、宜昌、荆州、荆门;湖南省的长沙、岳阳、益阳、常德、株洲、湘潭、娄底、郴州、衡阳;江西省的南昌、九江、景德镇、上饶、鹰潭、新余、宜春、萍乡、抚州、吉安;安徽省的合肥、六安、芜湖、安庆、马鞍山、池州、铜陵、黄山,共计 40 个城市,占地约 31.7 万 km^2,总面积约为长江三角洲城市群的 3 倍,是目前世界上最大的内陆城市集群。2014 年,长江中游城市群的经济总量超过 4.5 万亿元,经济总量紧追长三角城市群、京津冀城市群、珠三角城市群、中原城市群,被视为驱动国家经济发展的第五增长极,并在《长江中游城市群发展规划》中被正式确立为中西部新型城镇化先行区、内陆开放合作示范区和"两型"社会建设引领区。长江中游城市群目前的主要阶段性发展布局规划为城乡统筹发展、基础设施互联互通、产业协同发展、生态文明共建、公共服务共享、深化开放合作。在产业方面,主要是依托中游腹地的产业基础进行产业联动整合,发挥各个区域的比较优势打造优势产业集群,构筑现代服务业集聚区,发展现代农业基地,对接长江下游产业的转移,建立具有区域特色的现代产业体系。

成渝城市群位于我国西南部,地处四川盆地,又被称为四川盆地城市群,本研究涉及的范围包括重庆市和四川省,以重庆和成都为核心,包含乐山、遂宁、内江、南充、自贡、资阳、德阳、眉山、广安等主要城市。2016 年国家发展和改革委员会发布的《成渝城市群发展规划》指出目前成渝城市群总面积 18.5 万 km^2,占全国国土面积的 1.92%,2014 年常住人口9 094万人左右,占全国的6.65%,2014年地区生产总值达到了3.76万亿元,占全国国内生产总值的5.49%。计划在2020年,将成渝城市群建设为立足西南、辐射西北,引领西部开发开放的国家级城市群,到2030年实现由国家级城市群向世界级城市群的跨越,辐射欧亚大陆。以重庆、成都两个核心城市作为区域核心增长极点,辐射带动西南片区,同时将绵阳、乐山发展为成都平原南北区域的中心城市,将南充发展成四川东北的中心城市,带动四川东北的城乡均衡发展;把泸州、宜宾建设成川南的区域中心城市,带动四川南部的丘陵地区以及长江经济带的沿线城镇发展。根据成渝城市群资源环境承载水平和产业发展特点,挖掘区域发展潜力,形成集约高效、疏密有致的空间开发格局,强化对"一带一路"建设、长江经济带发展、西部大开发等的支撑作用。在产业发展上,发挥长江上游高地的沿江区位和港口优势,依托长江黄金水道,打造沿江绿色生态廊道,强化与长江中下游的合作;在原有的产业基础上,壮大先进制造业和现代服务业,强化科研成果转化,发展关键技术,推动军民科技融合,将成渝城市群打造成国家重要的先进制造业和战略性新兴产业基地,并建设世界级文化旅游目的地、全国重要的商贸物流中心、长江上游区域金融中心,丰富相关现代服务性产业,完善产业链结构,建构西部创新驱动先导区。

10.1.3 长江经济带的创新生态群落及特点

1. 创新生态群落的一般属性特点

创新生态群落的一般属性特点源于创新生态群落本身所具有的特征和为了适应创新生态环境的动态发展,主要包含生态适应性、生态多样性、生态持续性三个方面。

(1) 创新生态群落的生态适应性。由于创新生态群落包含着多个创新生态种群,围绕邻近空间的创新资源或产业关联的创新技术而集中,群落内所具有的生态单元,在创新活动中产生的作用各异,具有自组织、自演化性质,会形成一定的生态位势,相互促进与制约,由此形成了群落的生态适应性。创新生态群落的生态适应性是群落内所具有的生态单元,在创新活动中相互促进与制约,而具有的自组织、自演化性质。从仿生学视角来看,在生物与环境相互关系中,一方面,环境对生物具有生态作用,影响着生物的形态结构与生理生化特性;另一方面,生物对环境也具有适应性,生物会通过自身的变异来适应外在的环境变化。生物的生态适应性就是生物在生存竞争中为了适应具体环境而形成特定性状的一种自然表现。生物对环境中各生态因子的综合作用,最终会表现出趋同和趋异的生态适应。所谓趋同适应,是指亲缘关系相当疏远的生物,由于长期生活在相同的环境中,通过选择、变异与适应,在器官形态等方面变得近似的现象。其结果使得一定空间范围的不同生物在形态、生理和发育上,表现出很强的一致性或相似性。趋异适应,则是指同种生物的不同个体群,由于分布地区的差异,长期接受不同环境条件的综合影响,在形态、生理等方面产生相应的生态变异。创新生态群落的生态适应性即是不同创新生态水平下的异变性质。创新生态群落的生态适应性是创新生态单元在复杂创新环境下的性能表现。

(2)创新生态群落的生态多样性。由于创新生态群落内部不同功能的群、种组合,会影响群落的外在形态与适应性能力,仅当创新活动的多个功能单元相互作用形成规模,才具有群落特征,和谐多样的创新生态种群发展才能推进群落的跃迁,由此形成了群落的生态多样性。创新生态群落的生态多样性是创新活动的多个功能单元相互作用所形成的,影响着创新生态种、群、群落的外在形态与适应性能力的总体多样性和变异性。根据联合国环境规划署(UNEP,United Nations Environment Programme)1995 年在权威研究报告《全球生物多样性评估》中的定义,生态多样性(ecological diversity)本是用来描述生物和它们组成的系统的总体多样性和变异性。类似地,从仿生学角度,创新生态群落内部存在着不同功能的种、群的组合,使得创新生态组织具有丰富性和空间分布均一性的综合特征。生态多样性是生物系统中在一定区域与时间范围内的所有生物复杂性的总称,生态学中一个物种所包含的基因越丰富,其对环境的适应能力越强;一个群落包含的物种越丰富,其系统适应能力也越强大。

(3)创新生态群落的生态持续性。由于创新生态群落会不断地根据外部环境做出调整,通过信息流动、产品交换实现演化与跃迁,这种群落的演化在时间或空间上一般是非均衡的,而这种非均衡的演化特点,形成了群落的生态持续性。创新生态群落的生态持续性即指创新生态群落根据科技潜力和产业环境的承载能力,通过信息流动、产品交换保持可持续的演化与跃迁,实现非均衡的连续性演化发展的属性。创新虽然不是以自然资源为基础,完全依赖于生态环境的协调,具有一定的破坏性,但是创新的发展不能超越产业需求和经济、社会的发展。创新生态群落要不断地根据外部环境做出调整,要在保护创新产业环境和创新生态资源永续利用的条件下,进行创新型经济建设,保证以可持续的方式发挥创新生态群落的科技潜力,使创新产业的发展控制在组织承载力与产业辐射之内。生态持续性是生态群落形成后,群落能否持续发展、延续与扩张的表征量。创新生态群落的生态持续性就是创新生态是否可以持续地发展下去,创新生态群落特质能否保持,并不断产生积极影响以推进种群演化发展的性质。创新生态群落的生态持续性要求创新生态组织的发展要与创新生态的承载能力相协调。创新生态的发展是具有限制性的,没有限制性的把握,就没有发展的持续。可持续的创新生态群落发展意味着对科技潜力和创新产业辐射的思辨与反思。通过不断更新发展思维,转变发展模式实现对创新生态发展非均衡的再平衡。

2. 长江经济带创新生态群落的属性特点

从创新生态群落的属性特征来看,长江经济带的创新生态群落互动范围广,具有良好的生态适应性、生态多样性与生态持续性。

(1)长江经济带的创新生态群落整体适应性好,内部子群落适应性分布不均。由于创新生态腹地广袤,资源禀赋充足,具有良好的创新生态群落适应性发展环境;依托丰富的淡水、林、矿资源,人口增长迅速,工业化水平高;同时也由于经济带的生态腹地广袤,经济带内各区域发展水平受到不同的资源禀赋影响而存在差异,因而创新生态群落的生态适应性分布不均。

(2) 长江经济带的创新生态群落整体多样性丰富，各区域各有不同。经济带内产业结构具有空间层次，存在多个创新产业功能单元的相互作用，创新生态多样性丰富；各个区域的发展侧重又略有不同，高新技术产业相对集中于经济带上大中型区域中心城市，重化工产业主要以大型龙头企业为核心分布于不同省份，相对而言东南沿海城市侧重于知识密集型服务业，西南内陆城市侧重于高新技术工业生产。

(3) 长江经济带的创新生态持续性发展潜力巨大，部分中心城市发展突出。创新生态群落在经济带中可以根据科技潜力和产业环境的承载能力，通过信息流动、产品交换保持可持续的演化与跃迁，实现非均衡的连续性演化发展。从研发强度来看，2017年长江经济带核心城市投入比重较高，上海、武汉、杭州、南京等重点城市研发经费占GDP比重高于3%，而经济带总体研发投入比重约为2.12%，高于欧盟的平均水平。从专利发明来看，根据2017年的《中国科技统计年鉴》，上海、苏州、杭州等流域重点城市的专利授权量都超过2万件，处于全国先进水平；经济带的总体专利授权量占全国专利授权总量的30%以上，驱动着国家的创新发展。从创新的应用市场潜力来看，长江经济带的城市化水平约为50%，城市密度为全国平均密度的2.16倍，居民收入水平相对较高，各种消费需求也十分可观，对于国内外投资者有很强的吸引力，可以为新技术、新产品的研发与应用提供广阔的市场环境。

总结长江经济带创新生态群落的属性特点，呈现出总体发展、局部突出、不断演化的成长态势。有必要根据区域空间的创新生态要素禀赋特性，结合创新生态群落的状态分异特征进行研究，以实现创新生态资源的合理布局与全局最优化配置，引导长江经济带创新生态群落实现健康可持续发展。

10.2 长江经济带创新生态群落的结构特征分析

10.2.1 创新生态群落的空间结构与层级结构

1. 创新生态群落的空间结构

自然界中的生物个体难以脱离族群独立存在，要通过族群的集合来抵御环境的变化，获得生存的优势。在特定时空范围的同种生物的集合便形成了生物学意义上的种群；而特定时间里聚集在一定地域或生境中所有生物种群的集合又会形成群落。最初出现的生物比较稀少，个体相互之间协同作用较弱，决定生存的是对环境的适应。随着种群的发展壮大，生物之间的相互作用和竞争影响增强，物种多样性的作用开始显现。在物竞天择的演化过程中，不同族群彼此相互适应，物种结构有所变化，不断演替，进入稳定状态，实现群落的生态持续。根据达尔文的物竞天择理论，群落结构的演化发展，很大程度是群落为了生存而对环境的适应性调节。肖笃宁等将群落结构定义为"某个等级或尺度（种群、群落）的生态系统中不同性状与大小的组成单元在空间上的分布与排列"。在生态学视角下，群落活动会形成以不同区域为特点、围绕不同核心群落的空间结构。而人类组织也具有类似的结构特点，为了研究这些特点，Doxiadis提出了聚居概念，并将自然空间结构分为基础单元、核心单元、聚居单元三个结构。Gary Moll 指出以不同的时空尺度来观测生态变化,会得到不同的结果,提出生态梯度结构,划分了生态群落的总体生存环境、局部生存环境、个体生存环境等梯度。结合这些分析方法与创新生态群落的自身属性特点,可以得到创新生态群落的空间结构,如表 10-4 所示。

表 10-4　创新生态群落的空间结构

级别	空间结构单元	空间单元特征	相关文献作者
Ⅲ级	整体结构单元	具有多中心结构,占有的空间范围大,空间与创新功能的配合更加紧密,结构更加复杂和稳定	年猛、孙久文; 杨荣; 冉奥博、刘云; 董铠军
Ⅱ级	核心结构单元	围绕核心创新生态群落形成中心化的聚集组织结构,占有的空间范围增加	陈修颖; 刘艳军等; 郭荣朝、苗长虹; 赵璟、党兴华
Ⅰ级	基础结构单元	由创新生态要素聚集,形成松散的组织结构,占有的空间范围小	张运生; 于喜展、隋映辉; 王治莹、李春发

2. 创新生态群落的层级结构

由于群落的发展是一个动态过程,不同的组织在生态系统内部会有着不同的变化。这就使得群落内部产生出不同的结构特征。从群落内部的层级复杂性看,会形成大小不同的层级组织,形成种、群、群落的结构。创新生态群落的演化与自然界的生态组织类似,也是由低级向高级、由简单向复杂的方向发展的,经过长期不断的演化,最后进入相对稳定的状态,因此创新生态群落也具有相应的层级结构。

创新生态群落的层级结构强调的是创新生态群落内在具有的生态结构特征,群落由物种、种群、群落依次组成,最终形成创新生态群落。首先,在物种层级上,创新物种以企业为核心。在创新企业层面的创新水平主要聚焦于生态适应性,体现在以价值链为核心的创新能力要素,是内部活动的创新。其次,在种群层级上,创新种群以集群为主体。创新集群层面的创新水平考量不仅限于适应性,还包含生态多样性。这一层面的生态适应性不仅体现于价值链的创新能力,还包括知识链上知识创造、知识流动;而生态多样性,体现于产品链上产业发展程度。最后,在群落层级中,创新生态群落的范围涵盖多个集群,一般以创新型城市、创新区域为表现形式。这个层面的创新水平考量包括群落的生态适应性、生态持续性和生态多样性。这一层面的创新主体由企业为主,转向"政用产学研"多主体,因此对适应性的考量不再限于服务于盈利的价值链,关注的是综合的资源获取、资源转化与环境适应;生态持续性体现在技术发展与产业扩张两大方面;此外,该层级更关注物种的多样性平衡,比及集群层面,关注多个产业的协同,因此包括创新个体的多样性与创新产业的多样性。总结创新生态群落的层级生态特征,具体如表 10-5 所示。

表 10-5　创新生态群落的层级结构

级别	层级	主体	核心创新要素	主要属性	相关文献作者
Ⅲ级	群落	创新城市群,以核心城市形成的创新生态群落为代表,包含多个创新集群	创新资源聚集、资源转化、环境适应力;创新个体多样性、产业多样性	生态适应性、生态多样性、生态持续性	黎鹏等;许广永;孙丽文、李跃
Ⅱ级	种群	创新集群,以产业园区、高新开发区等为代表,包含多个创新单元	知识创造、知识的流动、企业的创新能力、创新的基础设施、创新成果转化	生态适应性、生态多样性	柳卸林、胡志坚;严北战;范斐等
Ⅰ级	物种	创新单元,以企业、科研机构、科技投资机构、孵化器等为代表	技术研发、创新决策、创新组织管理、制造能力和营销能力	生态适应性	傅家骥等;魏江、许庆瑞;曹崇延、王淮学

10.2.2　长江经济带的创新生态群落空间结构特征

长江经济带的创新生态群落空间结构特征表现为一个整体生态群落、三个核心城市群发展区域、多个城市增长极点,创新生态群落发展呈现出非均衡特点。这是由长江经济带的经济发展环境和国家政策规划影响所决定的。根据《长江经济带发展规划纲要》,长江经济带的创新生态群落空间结构以"一轴、三极、多点"为中心,创新生态群落在空间上分为一个经济带、三大核心城市群和多个以省会为代表的重点城市。其中三大核心城市群是长江经济带创新生态群落的重要依托,包括长江三角洲城市群(简称"长三角城市群")、长江中游城市群(简称"长中游城市群")、长江上游城市群(简称"成渝城市群")。本研究参考相关城市群发展规划以及促进地区崛起战略的若干意见,结合长江经济带上相关城市的创新发展禀赋情况,重点关注的区域及其具体空间结构特征如表 10-6 所示。

表 10-6　长江经济带的创新生态群落空间结构特征

级别	结构特征	群落划分	创新生态群落的空间范围
Ⅲ级	一轴	经济带	由长江黄金水道串联的经济带,涉及的省市:青海、西藏、四川、重庆、云南、湖北、湖南、江西、安徽、江苏、上海
Ⅱ级	三极	长三角城市群	长江下游的核心群落,包括:舟山、池州、铜陵、安庆、台州、金华、绍兴、宁波、杭州、宣城、湖州、嘉兴、上海、苏州、无锡、常州、马鞍山、南京、镇江、芜湖、合肥、滁州、泰州、南通、盐城、扬州
		长中游城市群	长江中游的核心群落,包括:鄂州、萍乡、襄阳、宜昌、益阳、娄底、常德、荆门、岳阳、长沙、湘潭、株洲、鹰潭、吉安、宜春、南昌、池州、铜陵、衡阳、抚州、九江、上饶、景德镇、郴州、安庆、黄石、咸宁、黄冈、武汉、新余、黄山、芜湖、合肥、六安、天门、孝感、马鞍山、潜江、仙桃、荆州
		成渝城市群	长江上游的核心群落,包括:攀枝花、西昌、宜宾、乐山、自贡、内江、达州、遂宁、广安、泸州、资阳、雅安、眉山、康定、广元、巴中、南充、绵阳、德阳、成都、马尔康、重庆
Ⅰ级	多点	区域中心城市	以上海、南京、杭州、合肥、南昌、武汉、长沙、重庆、成都、贵阳、昆明等省会城市、直辖市为代表的区域中心城市

10.2.3　长江经济带的创新生态群落层级结构特征

长江经济带的创新生态群落层级结构特征,表现为多极增长、多点支持。长江经济带的层级结构与空间结构具有一定的特殊性和统一性。由于长江经济带的发展过程中,受经济全球化和开放经济的作用,以下游的东南沿海产业发展周期更长,产业结构更为完善,而中上游的开放型经济红利依次减弱,形成多极增长的差异化结构。同时,以省会为代表的区域中心城市在政策红利的引导下,区别于一般城市,在人才、政策、市场环境等方面的创新生态聚集效应相对明显。因此,长江经济带有多个增长层级和多个增长极点,其具体结构特征如表10-7所示。

表10-7　长江经济带的创新生态群落层级结构特征

级别	群落划分	层级发展特征	对应空间
Ⅲ级	经济带	发展潜力大、资源禀赋优越、人力资源丰富、产业结构完整、经济辐射明显	一轴,由长江黄金水道串联的11个省市,包含129个城市单元
Ⅱ级	长三角城市群	产业辐射广、科技成果转化水平高、创新产业链处于高端层级、创新市场规模大	三极中的长江下游核心增长极,包含26个城市单元
	长中游城市群	创新市场潜力巨大、创新产业辐射广、承接经济带的上下游发展、创新产业链完整	三极中的长江中游核心增长极,包含40个城市单元
	成渝城市群	应用与创新产业的自然资源丰富、科技创新潜力大、创新产业升级与市场开发趋势明显	三极中的长江上游核心增长极,包含22个城市单元
Ⅰ级	区域中心城市	占有优势创新生态资源,在人才、政策、市场环境等方面的创新生态聚集效应相对明显	多点,以区域省会城市为代表,包含11个城市单元

10.3　长江经济带创新生态群落的内在功能作用分析

10.3.1　创新生态群落的增殖扩张作用

增殖扩张是创新生态群落在群落演化发展中的基本作用,发端于种的层级。创新生态种是构成创新生态群落的基本单元,以科技企业为核心,包括创新产业链上的企业、相关中介服务机构、创新孵化机构、科技资本机构及技术监管机构等。创新生态种层级的主导属性为生态适应性,这种生态适应性导致生态单元在创新活动中相互促进与制约,因而具有自组织、自演化的增殖扩张性质。为了更明晰地理解这种增殖扩张作用,根据Mairesse 和 Sassenou、Lööf 和 Heshmati 的内生技术能力假设条件,可以建立创新生态种的内生创新演化生产模型加以阐释说明,其模型建构与分析具体如下:

$$F(X,I) = Se^{\alpha t} X^{\beta} I^{\gamma} \tag{10-1}$$

式中:S 为地区的创新生产条件(为了简化模型,这里视 S 为外生的恒定值);α 为外部的技术变化条件;X 为要素投入;β 为要素投入弹性;I 为创新生态群落的内在能力(主要为生态适应性);γ 为创新产出弹性;e 为自然数;t 为时间。将 I 进行内生化处理,则式

(10-1)可以转化为:

$$F(X,I)=Se^{at}X^{\beta}I(X) \tag{10-2}$$

根据创新生态群落的生态适应性分型特点,可以将创新生态适应性分为:要素生态适应性(Y)、成果转化适应性(C)、创新环境适应性(H),于是可以将$I(X)$进一步分解,即有$I(X)=I(Y,C,H)$,因此式(10-2)可以转化为:

$$F(X,I)=Se^{at}X^{\beta}I(Y,C,H) \tag{10-3}$$

为了简化理论模型的推导,这里假设要素生态适应性(Y)、成果转化适应性(C)、创新环境适应性(H)都为线性函数,则有:

$$Y_i=\lambda y_i，C_i=\mu c_i，H_i=\tau h_i \tag{10-4}$$

式中:λ、μ、τ 为创新生态种的属性系数,创新行为具有连续性、外溢性特征;并且,创新要素聚集、创新成果转化、创新生态环境适应属性之间存在着较强的关联性,λ、μ、τ 为正且相互之间正相关。因此,根据创新生态群落演化的仿生学假设,设定创新生态种的属性之间满足一定的正向影响,其数学表达式为:

$$Y_i=\mu(C_i,C_j)，Y_i=\tau(C_i,C_j) \tag{10-5}$$

其中 j 为与 i 不同的创新单元状态,即 $i\neq j$,而函数 $\mu(\cdot)$ 和 $\tau(\cdot)$,都分别满足非递减的凸函数性质,使创新生态种的内生作用效果为正。由此可知创新生态群落具有正向的增殖扩张作用,演化的结果是创新生态种的增长与发展,会促进更高层级的创新生态系统多样性与系统稳定性发展。

10.3.2 创新生态群落的环境调节作用

创新生态群落的环境调节作用相较于增殖扩张更加复杂,发端于种群层级,更多地来自多样性种群间的协同。创新生态种群是以创业园区为代表的创新产业集群,通过地理邻近或产业联系而聚集,形成链式网络结构。这一层级保留了创新生态种的生态适应性,同时更具有生态多样性,在创新生态种的增殖扩张实现内生增长的同时,更具有来自多样性创新生态种群的种间协同,产生环境调节的作用,其作用路径如图10-1所示。

创新生态种群间协同产生的环境调节作用可以引发良性循环机制,促进创新生态系统的发展。在图10-1中,创新领域的资源集聚是指各种产业和经济活动在空间上集中产生的经济效果,以及吸引经济活动向一定地区靠近的向心力,是导致城市形成和不断扩大的基本因素。创新领域的知识溢出,则是指一个组织在进行某项活动时,不仅会产生活动所预期的效果,而且会对组织之外的人或社会产生影响。创新领域的产业辐射,是指以城市为经济发展的基点,通过其较强的经济、文化、教育、科技、人才等资源优势,带动周围乡村经济、文化、教育、科技的发展。规模乘数是一种宏观的经济效应,是指经济活动中某一变量的增减所引起的经济总量变化的连锁反应程度。这些协同能改进创

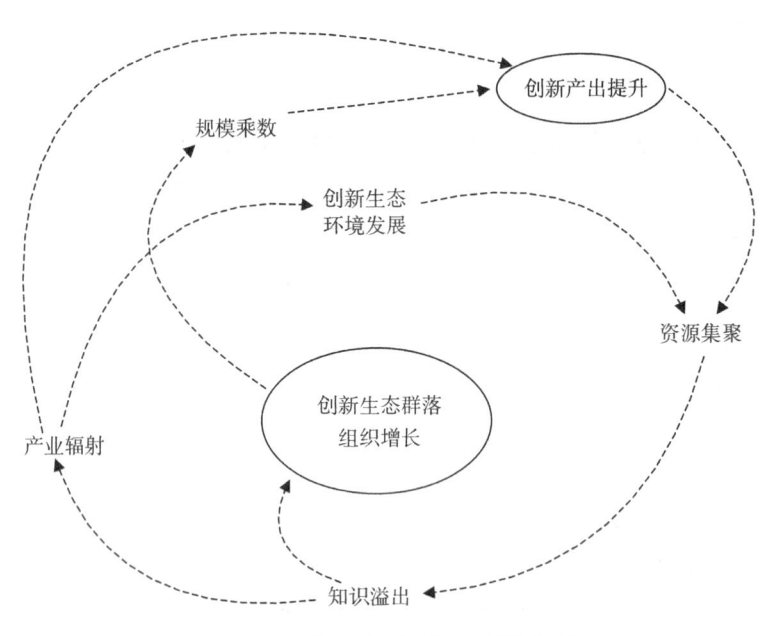

图 10-1　创新生态群落的环境调节作用

新生态环境,促进创新生态组织的增长,提高创新产出,并进一步吸引创新领域的要素富集,引发更大溢出与协同效应。创新生态种群的种间协同将使得种群规模(N)与创新生态水平(IN)具有很强的似然相关性,令 $N_{创新生态种} \approx IN_{创新生态种}$。从层级视角来看,创新生态种群的环境调节作用能够放大创新生态种的增殖扩张影响,促进创新生态组织的和谐发展,使创新生态系统更快速有效地响应生存环境的变化。

10.3.3　创新生态群落的生态稳定作用

创新生态群落的生态稳定作用使得创新生态群落在演化发展的过程中逐渐收敛于某种均衡状态,以保护群落的复杂多样性和生态持续性,是高级群落的重要功能。创新生态群落是高于创新生态种群层级的生态集合体,是以创新城市为代表的创新生态集群,内部包含多个创新园区、创新种群的生态微系统,有产业、政府、用户、高校、研究机构等。随着群落层级的延展,创新生态群落在包含生态适应性和生态多样性这两个属性的基础上,更强调生态持续性。创新生态群落的发展具有阶段非均衡特点,从整体群落发展来看,在创新生态水平达到一定程度后会由于受到外部创新生态要素的约束而发展放缓,并形成内外生态系统的均衡稳态。若从数值曲线上来看,即创新生态群落在不断发展后,进入阻滞增长状态并最终形成一个类似于 S 形曲线的结构,创新生态水平最终会在高位收敛。从创新生态学来看,创新生态群落的这种生态持续性发展曲线符合阻滞增长模型。阻滞增长模型,也就是逻辑斯蒂模型(Logistic Model),该模型是指数模型的修正改进型,在指数增长方程中增加了阻滞增长因子(修正因子),使模型包含了自我抑制作用,以描绘群落规模达到生态极限值而进入饱和状态的演化轨迹。由于阻滞增长因子能够很好地拟合现实中的群落发展趋势,Logistic 函数模型被认为是一个很好的种群分析工具,能够有效描述生态种群演化与成长过程。Logistic 模型最初由一个比利时数学家皮埃尔·弗朗索瓦·韦吕勒(Pierre-François Verhulst)(1804—1849)在研究人口增长关系时提出,而后因 Robert M. May 在 Nature(《自然》)杂志上发表的"Simple Mathematical Models with Very Complicated Dynamics"(《具有非常复杂动力学特点的简明数学模型》)而引起学术界极大的关注,揭示出了 Logistic 方程所蕴藏的超越生态学领域本身的丰富内涵。由此 Logistic 函数被广泛应用于涉及规模变化和长周期演化的领域,在经管领域,学者常常借鉴 Logistic 函数,结合数据特点模型改进,进行创新生态、技术的扩散和经济的周期性波动研究。

在生态学视角下,长江经济带创新生态群落的成长是一个持续不断的共生演化过程,其实质是"创新生态系统内部的种、群数量增长驱动创新生态水平提升,同时受到创新生态资源要素的影响与制约并趋于稳态的过程"。这一演化过程与自然界中各类种群所构成的群落生态演化系统有着天然的相似性,会经历初创期、成长期和成熟期等发展阶段,其发展过程的轨迹与 Logistic 模型具有很好的拟合性,Logistic 模型的基本表达式为:

$$\frac{\mathrm{d}x}{\mathrm{d}t}=rx(1-x) \tag{10-6}$$

式中:$\frac{\mathrm{d}x}{\mathrm{d}t}$ 代表整体随着时间 t 变化的增长率;r 是自然增长率;$(1-x)$ 代表模型的阻滞增长因子。

根据 Logistic 模型的阻滞增长性质以及长江经济带创新生态群落的层级协同作用特征,设创新生态规模为 N_x,创新生态种的增殖扩张性带来组织自然增长率 r_x,而种间协同作用产生的种群的空间关联影响为 g [来自其他种群的作用集合记为 $g_{n-x}\sum\frac{N_{n-x}(t)}{H_{n-x}(t)}$],群落层级上,在既有的给定创新生态资源要素及创新生态环境下所能够承载的最大创新生态容量记为 H_x,则 Logistic 表达式(10-6)可以转化为:

$$\frac{\mathrm{d}N_x}{\mathrm{d}t}=r_xN_x(1-\frac{N_x}{H_x}+g\sum\frac{N_{n-x}}{H_{n-x}}) \tag{10-7}$$

创新生态系统内部的种、群数量增长会驱动创新生态水平提升,可以创新生态规模 N_x 似然表示群落的创新生态水平 IN_x,而群落的创新生态水平 IN_x 也满足 Logistic 改进表达式(10-7),由此可以整理得式(10-8):

$$\frac{\mathrm{d}IN_x(t)}{\mathrm{d}t}=r_x[1-\frac{IN_x(t)}{H_x}+g\sum\frac{IN_{n-x}(t)}{H_{n-x}(t)}] \tag{10-8}$$

式(10-7)和式(10-8)即为层级作用下的群落演化模型一般表达式,所有的创新生态群落都满足表达式的函数性质,由此产生不同的群落演化轨迹。但是,由于各个群落规模和生态水平数值特点的不同,存在不同的演化动力机制,分别为:遗传、变异、协同;其中遗传和变异主要是由创新生态水平 IN_x 所驱动,协同演化主要是由空间关联作用 g_x 所驱动。群落内在不同层级的多种作用以及作用间产生的叠加效应,导致了创新生态群落持续演化并收敛于不同的稳定状态。

10.4 长江经济带创新生态群落的演化动力机制分析

10.4.1 创新生态群落的遗传演化机制

创新生态群落由多个创新种群组成,而群落内部各个种群间会通过相互的知识学习,呈现出围绕某一个或几个核心种群的组织趋同、业务范围趋同;由此,核心种群的属性会影响整个创新生态群落的外在特点。以命题形式来表达:在一个统一规则约束下的创新生态群落内,单一类型创新单元的聚集会呈现出趋同性与延续性的特点。这样的趋同性与延续性特点,即是创新种群遗传的表现,其背后是创新种群基因对种、群演化的影响。从生物学与遗传学角度,根据孟德尔遗传规律,决定生命体的生物特征与行为表现的是基因。而创新生态种的演化同样与其内在创新基因息息相关,一方面,由于创新要素聚集、创新环境、创新成果转化、科技潜力、产业辐射力的不同,导致了创新个体的不同发展选择;另一方面,创新生态种的个体属性也影响着其演化路径及演化作用机制,每个创新个体以创新行为为起点,以创新的价值实现为终点,形成链式结构,并通过链式的传递将创新的价值基因传递于群落中。创新主体在一段时间内具有连续性和稳定性的行为特征,这些习惯具有可复制与可遗传的特点。生物组织的选择的集合构成了生物群落的表现形态,同样地,创新生态种、群的行为集合导致了创新生态群落外在表现形态。这一过程即创新基因对创新生态群落的作用过程。

1. 遗传过程中的创新基因型与基因频率

创新基因作为创新生态种的遗传因子对创新生态群落的演化发展有着重要影响,正如生物的基因表达需要某种媒介,创新生态种的基因作用依托于创新生态种在创新过程中的决策行为,包括经营模式、结构设计、信息传递等诸多具体形式。由于这些具体的基因型通常具有不同的特征,并内生于创新生态种中,进而构成了创新生态种的等位基因。而受这些基因型影响,所产生的创新生态种在经营和竞争等方面的具体表现,即创新生态种的基因表现型。基因型和表现型之间的关系即本质与现象的关系。研究创新生态种的演化,首先一个重要内容就是要探寻创新生态种基因型的变化规律,创新生态种作为人文组织,其基因不像生物基因那样具有散点遗传的特点或代际特点,但是创新生态种具有连续遗传性,在特定时段的约束下具有行为一致性和持续性。与此同时,创新生态种在不同的管理者或资源约束下,可能会在某个时段具有某种基因型,而在另一个阶段又存在不同的基因型,这种转变不是一蹴而就的,一般会通过基因型频率结果及等位基因频率表达出来,表现在创新单元的组织模式上。创新生态种形成的演化一致性,可以被归结为某种遗传特征在特定时期内的相对稳定。

为了进一步分析创新生态种的基因与演化关系,从群体的视角进行定性比较与定量分析,需要进一步研究创新生态种的基因型频率与等位基因频率。所谓创新生态种的基因型频率(genotype frequency)指的是创新生态种的某基因型个体数占总个体的百分比。创新生态种内存在着数量不同的基因,这些基因在种群中占据的位置即基因位点,而在一个基因位点上,同时存在的基因,可以被称为等位基因。举个例子,创新生态群落中的某核心组织在一项创新行动的决策选择上,既可以选择独创,也可以选择模仿改进。若独创倾向的基因为 A,而模仿改进的基因为 a,则 A 与 a 为创新路径选择上的等位基因。在生态学领域中,基因位点多存在若干等位基因(allele),同时,一对等位基因中包含多种基因型,而本章节的重点在于对创新基因演化机制的推导而非实际测度,因此仅考虑基因位点上存在一对等位基因的简单情况。为了简化模型,假设创新路径只有 AA、Aa、aa 三种模式,即独立创新型(AA)、原创与模仿结合的混合创新型(Aa)以及模仿改进创新型(aa),设其占族群的数量分别为 N_{AA}、N_{Aa}、N_{aa},以 Dc 代表独立创新占比,Hc 代表混合创新占比,Mc 代表模仿创新占比,得到的基因型与基因频率如表 10-8 所示。为分析创新基因对创新生态种演化动力机制的影响,还需要在创新生态种的基因型频率基础上,进一步分析创新生态种的等位基因频率。等位基因频率(allelic frequency)是创新生态群落内形成创新种群中某个基因的数目与该等位基因座位上等位基因总数目的百分比。

表 10-8 创新生态种等位基因的基因型与基因频率

分类	独创型	混合型	模仿型	合计
基因型	AA	Aa	aa	—
数量	N_{AA}	N_{Aa}	N_{aa}	N
基因频率	$\dfrac{N_{AA}}{N}$	$\dfrac{N_{Aa}}{N}$	$\dfrac{N_{aa}}{N}$	1

假设基因 A 在种群基因库内的频率为 p,而基因 a 在种群基因库内的频率为 q。若创新生态种仅有 A 与 a 这两种创新基因,符合生物学上的二倍体特征,则其在同一位点上等位基因的总数,是创新生态种的个体总数的 2 倍,结合表 10-8 中创新生态种的基因型与基因频率可推导出式(10-9)和式(10-10),其中 $p+q=1$:

$$p=\frac{2N_{AA}+N_{Aa}}{2N}=Dc+\frac{Hc}{2} \tag{10-9}$$

$$q=\frac{2N_{aa}+N_{Aa}}{2N}=Mc+\frac{Hc}{2} \tag{10-10}$$

创新生态种的基因频率反映了创新个体所具有的某种基因库内的遗传因子属性,而等位基因型频率则表明了这些遗传变异是如何组成基因型的,进一步从表现型的角度反映实际主导外在形态的基因型的占比。

2. 遗传过程中的基因频率变化分析

从生物遗传学角度看,基因频率变化所带来的群落演化过程是一种基于基因承继的改变,改变基因频率的因素包括:自然选择(natural selection)、突变(mutation)、基因流动(gene flow)和随机遗传漂变(random genetic drift)。根据遗传平衡定律,对于一个大且随机交配的种群,在理想状态下,各等位基因的频率与等位基因的基因型频率在遗传中不会发生变化,处于基因平衡的稳定状态,这种理论均衡又被称为哈代-温伯格定律(Hardy-Weinberg Principle)。参照生物学的遗传平衡定律和创新生态群落的特点,假设在没有外在强制力影响种群变异的动力时,在一个规模较大而没有信息垄断的创新生态群落内,种群的起始变异性将会保持不变,则创新生态群落的均衡推导满足以下几个条件:①种、群内部的信息交流与知识学习是自由的,种、群内部的创新个体通过相互交流而直接获得信息的概率是相同的;②创新生态种群的生命周期相同,或具有很大程度的似然接近性,周期带来的差异性可以被忽略;③种群具有足够大的规模,使得个体间可供分享的创新基因频率相同;④在所考虑的演化位点上,自然选择、突变、基因流和随机遗传漂变的影响可以忽略。在这样的假设下,新一代创新生态种的基因型频率可以根据原基因频率按下列二项式展开计算:

$$f'_t = (p+q)^2 = p^2 + 2pq + q^2 \qquad (10\text{-}11)$$

式(10-11)中: $p+q=1$;新一代创新种群的基因频率总和 f'_t 保持不变,基因组合的变化如表10-9所示。在二倍体基因模式中,创新生态种之间的遗传需要通过几个阶段来实现,这些阶段中对等位基因的存留或散失,从 AA 型到 Aa 型或 aa 型,会通过代际的演化影响创新生态种的属性特征。

表10-9 新一代创新生态种的基因型频率分布矩阵

		创新个体 X	
		A(p)	a(q)
创新个体 Y	A(p)	AA(p^2)	Aa(pq)
	a(q)	Aa(qp)	aa(q^2)

在遗传过程中,不同的基因频率会导致创新生态种的基因适合度变化,进而影响群落的遗传演化。生态学中的适合度指的是某种基因型个体所携带的基因传递到下一代的相对值,或者该基因型个体对下一代基因库的相对贡献。而创新生态适合度指的是创新个体相对于特定基因型对下一代种群的贡献率,创新生态种的基因型与不同生态因子相匹配会产生相应的适合度,创新生态个体具有主观能动性,会通过迁移或适应性调整来融入其共生的生态环境,从而改变一定范围内的创新生态种基因频率分布,影响生态演化特征。假设在某创新生态种内,创新个体仅有 A 和 a 两种基因型,基因型之间具有排他性,则基因适合度 R 可以表示选择对应基因的创新个体的生存比例。如果100个创新单元选择了 A,且有99个创新单元存活下来,则有 $R_A=0.99$;若100个创新单元选择了 a,且95个创新单元都存活了下来,则 $R_a=0.95$。从基因选择的角度来看,等位基因适合度小的种群将随着种的进化而被淘汰,设其内部种的延续的平均代数为 $\bar{n}$,则 $\bar{n}=$

$\frac{1}{1-R}$。当某一代的两种创新个体选择了不同的基因型时,虽然开始时只有微小的差异,在 n 代的代际遗传中可能表现出巨大变化。

进一步对表 10-8 的情况进行分析,设基因型 AA、Aa、aa 对应的相对适合度分别为 R_{AA}、R_{Aa}、R_{aa},种群的平均适合度为 $\overline{R}$,这里的 $\overline{R}$ 是不同基因型相对贡献率的加总,不同基因型的相对贡献率经由平均适合度标准化之后,即为代际选择之后种群内不同基因型的频率。则经过一次代际遗传后,基因型 A 的频率 p 与基因型 a 的频率 q 将分别变为:

$$p_1 = \frac{p_0^2 R_{AA}}{\overline{R}} + \frac{1}{2}(\frac{2p_0 q_0 R_{Aa}}{\overline{R}}) = \frac{p_0^2 R_{AA} + p_0 q_0 R_{Aa}}{\overline{R}} \tag{10-12}$$

$$q_1 = \frac{1}{2}(\frac{2p_0 q_0 R_{Aa}}{\overline{R}}) + \frac{q_0^2 R_{aa}}{\overline{R}} = \frac{p_0 q_0 R_{Aa} + q_0^2 R_{aa}}{\overline{R}} \tag{10-13}$$

而 $\overline{R} = p^2 R_{AA} + 2pq R_{Aa} + q^2 R_{aa}$

由此可以算出基因型改变率 Δp、Δq 以及平均适合度的变化量 $\Delta \overline{R}$:

$$\Delta p = p_1 - p_0 = \frac{p_0^2 R_{AA} + p_0 q_0 R_{Aa}}{\overline{R}} - p_0 = \frac{p_0^2 R_{AA} + p_0 q_0 R_{Aa} - p_0 \overline{R}}{\overline{R}}$$

$$= \frac{p_0 q_0 [p_0(R_{AA} - R_{Aa}) - q_0(R_{aa} - R_{Aa})]}{\overline{R}}$$

$$\Delta q = q_1 - q_0 = \frac{p_0 q_0 R_{Aa} + q_0^2 R_{aa}}{\overline{R}} - q_0 = \frac{p_0 q_0 R_{Aa} + q_0^2 R_{aa} - q_0 \overline{R}}{\overline{R}}$$

$$= \frac{p_0 q_0 [q_0(R_{aa} - R_{Aa}) - p_0(R_{AA} - R_{Aa})]}{\overline{R}}$$

$$\Delta \overline{R} = \overline{R}_1 - \overline{R}_0 = (p_1^2 R_{AA} + 2p_1 q_1 R_{Aa} + q_1^2 R_{aa}) - (p_0^2 R_{AA} + 2p_0 q_0 R_{Aa} + q_0^2 R_{aa})$$
$$= R_{AA}(p_1^2 - p_0^2) + 2R_{Aa}(p_1 q_1 - p_0 q_0) + R_{aa}(q_1^2 - q_0^2)$$

由于 $p_0 + q_0 = 1$,$p_1 + q_1 = 1$,对 $\Delta \overline{R}$ 进行拆分,并合并同类项,可得:

$$\Delta \overline{R} = R_{AA}[(p_1 - p_0)(p_1 + p_0)] + 2R_{Aa}[(p_1 - p_0)(1 - p_1 - p_0)] +$$
$$R_{aa}[(p_1 - p_0)(p_1 + p_0 - 2)]$$

提取公因式 $(p_1 - p_0)$,并代入 $(p_1 - p_0) = \Delta p$,$p_1 = \frac{p_0^2 R_{AA} + p_0 q_0 R_{Aa}}{\overline{R}}$,则有:

$$\Delta \overline{R} = (\Delta p)^2 (R_{AA} p_0 + 2R_{Aa} + R_{aa} + \frac{2\overline{R}}{p_0 q_0}) \tag{10-14}$$

合并多项式可得:$\Delta \overline{R} = 2p_0 q_0 [p_0(R_{AA} - R_{Aa}) - q_0(R_{aa} - R_{Aa})]^2$。

当 $\Delta \overline{R} = 0$ 时,基因型相对贡献率为 0,种群的基因遗传趋于稳定,在 $p_0 q_0 \neq 0$ 时,则

必然满足 $p_0(R_{AA}-R_{Aa})-q_0(R_{aa}-R_{Aa})=0$，由此得到基因遗传的均衡：

$$\frac{R_{aa}-R_{Aa}}{R_{AA}-R_{Aa}}=\frac{p_0}{1-p_0} \tag{10-15}$$

根据以上关于创新生态种遗传模型的推导，如果能测度等位基因 A 和 a 的变化值 Δp 和 Δq，就能够判断主导基因影响下的种遗传演化方向和可能特征。在单一种中（$p_0q_0=0$），种的特征将维持而不会出现演化；同时影响种、群演化的决定性因素不是等位基因适合度的大小 $\overline{R}$，而是其差异值 ΔR。一般情况下创新生态种的聚集会呈现出趋同特征，在具备足够多的种群生境信息时才能判断某群落的主导基因型，在遗传演化的过程中，主导基因的频率会提高，最终收束于某种比例均衡，例如二倍体基因模式的均衡为 $\frac{R_{aa}-R_{Aa}}{R_{AA}-R_{Aa}}=\frac{p_0}{1-p_0}$。从创新生态群种的一般发展历史来看，无论基因型与其生境的状态如何，在一定时间段的观测范围内，种群内必然存在某种显性的发展倾向，可能源自定向选择，也可能是妥协的结果，但在形态上最终只有一种基因型特征呈现在生态系统中。

10.4.2 创新生态群落的变异演化机制

变异是生物进化的根本动力之一，生物需要与生存环境的改变相适应才能获得更大的生存空间与发展机会，而创新个体需要在创新生境中变异延续，保持创新能力。创新生境是创新生态系统中影响创新生态群落发展的生态环境，强调群落和相关创新要素是相互作用、有着密切联系的统一体。创新生境的概念源于生态学，生境（Habitat）是生态学中环境的概念，不同于一般概念中的环境，更强调决定生物分布的生态因子；生境指的是生物的个体、种群或群落生活地域的环境，包括必需的生存条件和其他对生物起作用的生态因素。生境概念强调将生物群落作为统一体，生物因素与生物间是相互作用而具有联系的。在物种与生境的互动中，基于遗传因素或环境因素，会导致变异。生物学中的变异（variation）指生物繁衍后代时亲子之间性状表现出现差异。类似地，在创新生态系统中，创新生态群落与创新要素也有着交互影响，诸如宏观创新政策、创新企业间的业务竞争、创新中介机构的服务与调整都会对创新生态种有着影响，由于创新生境的变化，创新生态种也有产生变异的可能，使得创新生态种的生态性状发生改变，进而影响群落的演化路径及作用机制。这种变异具有不确定性，为了简化模型复杂性，这里着重讨论具有负面影响的变异情况，分析对创新产生惰性的个体对种、群演化的影响。

假设某创新生态种内部，各创新个体呈均匀分布，在 t 时间内，创新生态种包含的个体总数为 $X(t)$，创新生态种的增长率为 r，种群产生创新惰性的比例（也称为惰性变异率）为 $D(t)$，创新生境内的创新惰性变异浓度为 $E(t)$，本节将借鉴毒理动力学模型，研究外部创新惰性环境 $E(t)$ 对创新生态种规模 $X(t)$ 与种群内创新变异情况 $D(t)$ 的影响。

假设创新生态种规模 $X(t)$ 在不考虑创新惰性的情况下满足 Logistic 方程：

$$\frac{\mathrm{d}x}{\mathrm{d}t} = x(r - mx) \tag{10-16}$$

式中：m 为生态群落的密度制约因子；$\frac{r}{m}$ 代表着创新生境的容纳量。

当创新生境中的惰性因素 $D(t)$ 增加时，创新生态种的增长率为 r，它会随着惰性因素增加而减小：

$$\dot{r} = r_0 - F(D) \tag{10-17}$$

且函数 $F(D)$ 满足剂量反应函数特点，$D(0) = 0$，当 $D_1 \geqslant D_0$ 时满足 $F(D_1) \geqslant F(D_0)$。函数式反映对于创新生态种 x，当创新惰性为 0 时，其种增长率 r_0 不变；而在创新惰性变异下，其创新增长率会出现 $F(D)$ 比例的降低。

创新生态种与创新生境存在交互影响，这里假设 i 为创新生态种受到外在生境影响的系数，w 为创新生态种维持内在状态、抵抗变异影响的系数，$iE(t)$ 为创新生态种受到外部影响产生的创新惰性变异，$wD(t)$ 为创新生态种受到外部影响产生的创新惰性变异。而创新生态种的变异率可以用一阶微分方程表示：

$$\frac{\mathrm{d}D(t)}{\mathrm{d}t} = iE(t) - wD(t) \tag{10-18}$$

根据以上分析可以得到种群变异模型 Mod：

$$Mod = \begin{cases} \dfrac{\mathrm{d}x}{\mathrm{d}t} = x(r - mx) \\ \dot{r} = r_0 - F(D) \\ \dfrac{\mathrm{d}D(t)}{\mathrm{d}t} = iE(t) - wD(t) \\ x(0) = x_0 \geqslant 0 \\ 0 \leqslant D(t) \leqslant 1, 0 \leqslant E(t) \leqslant 1 \\ 0 \leqslant t \leqslant +\infty \end{cases} \tag{10-19}$$

模型 Mod 从数理上刻画了创新生态种在创新生境内的变异演化，创新生态种的数量与创新生境中的创新个体与非创新个体存在量化关系。通过模型可知对于种群内部创新性的维持需要持续投入或正向激励，不然由于创新惰性的变异终将导致创新生态群落规模的衰减。结合现实情境来看，对创新的激励政策比如人才奖励政策、税收减免和办公用地的优惠在短期内将促进创新企业单元的增加，但创新激励需要具有持续性，才能保证创新企业的创新性，不然创新企业会异化为一般企业或者被激烈的市场竞争淘汰。而创新生态种不断创新的过程也是不断做出选择的过程，创新生态种必然生存在复杂的市场环境中，创新单元会时刻受到外界的干扰，选择进行创新活动还是非创新活动并不是固定的。从遗传变异的角度看，在一个创新生态群落中，只要存在生存环境的差异，变异就必然产生。创新生态种、群的变异与衰减也属于生物进化学上的自然选择，这种演化将使最具活力的种、群在自然选择中得到保留。

10.4.3　创新生态群落的协同演化机制

创新生态群落的协同演化机制可以用数学模型来表示。假设某创新生态群落中，存在两个创新生态种群 a 和 b，其种群的数量 N 随时间 t 的增长率（或增长变量）分别为 r_a、r_b，设创新生态种的规模极限为 H，当创新生态种达到 H 时就会停止增长，则根据生物协同演化方程洛特卡-沃尔泰勒（Lotka-Volterra）模型，可得方程：

$$\begin{cases} \dfrac{dN_a}{dt}=r_a N_a(1-\dfrac{N_a}{H_a}) \\ \dfrac{dN_b}{dt}=r_b N_b(1-\dfrac{N_b}{H_b}) \end{cases} \quad (10\text{-}20)$$

其中，Lotka-Volterra 模型是在 Logistic 方程基础上由阿弗雷德·洛特卡（A. J. Lotka）与维多·沃尔泰勒（V. Volterra）两位学者提出。该模型是对包含了竞争机制的扩散过程的数学描述，其主要思想是根据不同种、群的独立性与互相作用，分析种、群间的正负效益值，以变换多个种群 Logistic 方程，通过联合求解，分析种、群的增长关系。其一般方程式为 $\dfrac{dN}{dt}=rN(1-\dfrac{N}{H})$，表示每当种群中实际增加一单位个体，受制于生态约束，会对种群产生压力，使其增长率下降 $\dfrac{r}{H}$；其中 $(1-\dfrac{N}{H})$ 为修正项，代表种群的增长潜力，当种群数量增加到生境负荷极值 H 时，当 $(1-\dfrac{N}{H})$ 降为 0 时，种群增长潜力随之为 0，则种群停止增长。根据函数性质，可知当 $N=\dfrac{H}{2}$ 时，$\dfrac{dN}{dt}$ 达到最大；当 $0 \leqslant N \leqslant \dfrac{H}{2}$ 时，创新生态种群处于增长加速期，$\dfrac{dN}{dt}$ 随种群增长而提升；当 $\dfrac{H}{2} \leqslant N \leqslant H$ 时，创新生态种群处于减速增长状态，$\dfrac{dN}{dt}$ 随种群增长而下降；当 $N=H$ 时群落达到饱和。在创新生态群落的 Lotka-Volterra 模型中，如果创新生态种群 a 和 b 之间相互独立，彼此不受对方影响，则创新生态种群增长部分为 $\dfrac{dN}{dt}=rN$；若 a 和 b 之间存在相互作用，则需在增长修正项中补充交互影响项 $g\dfrac{N}{H}$，对于创新生态种群 a 原方程拓展为 $\dfrac{dN_a}{dt}=r_a N_a(1-\dfrac{N_a}{H_a}+g_a\dfrac{N_b}{H_b})$，对于创新生态种群 b 原方程拓展为 $\dfrac{dN_b}{dt}=r_b N_b(1-\dfrac{N_b}{H_b}+g_b\dfrac{N_a}{H_a})$。

创新生态群落的协同演化最终是为了实现群落间的互利共生，达到共赢状态。在理想情况下,在创新价值链上相关的两个创新生态种群能够实现良性的相互影响,通过创新资本的投入、创新人才技术合作、创新产业渠道合作等方法促进创新产业发展,或是通过股权投资、产业合作等形式获得创新经济的收益回报。假设存在两个合作双赢的创新生态种群,分别为创新生态种群 a 和创新生态种群 b,则根据讨论,有 Lotka-Volterra 协同作用模型:

$$\begin{cases} \dfrac{\mathrm{d}N_a}{\mathrm{d}t} = r_a N_a (1 - \dfrac{N_a}{H_a} + g_a \dfrac{N_b}{H_b}) \\ \dfrac{\mathrm{d}N_b}{\mathrm{d}t} = r_b N_b (1 - \dfrac{N_b}{H_b} + g_b \dfrac{N_a}{H_a}) \end{cases} \quad (10-21)$$

两个种群间不存在依赖关系且修正收益项为正,指数增长部分为 $\dfrac{dN}{dt} = rN$ ($r \geqslant 0$)。方程组中 g_a 代表创新生态种群 a 受 b 影响,在价值创造 $\dfrac{N_b}{H_b}$ 时的增长贡献率,g_b 则是创新生态种群 b 受 a 影响,在价值创造 $\dfrac{N_a}{H_a}$ 时的增长贡献率。

令 $t \to \infty$,求解 Lotka-Volterra 共生方程组,则有:

$$\begin{cases} r_a N_a (1 - \dfrac{N_a}{H_a} + g_a \dfrac{N_b}{H_b}) = 0 \\ r_b N_b (1 - \dfrac{N_b}{H_b} + g_b \dfrac{N_a}{H_a}) = 0 \end{cases} \quad (10-22)$$

得到均衡点 $E_i(N_a^*, N_b^*)$ 共四个,分别为:$(0,0)$,$(H_a, 0)$,$(0, H_b)$,$(H_a \dfrac{g_a+1}{1-g_a g_b}, H_b \dfrac{g_b+1}{1-g_a g_b})$。进一步验算各点的稳定性,对原方程进行泰勒展开,得到方程组:

$$\begin{cases} \dfrac{\mathrm{d}N_a}{\mathrm{d}t} = r_a(1 - \dfrac{2N_a}{H_a} + g_a \dfrac{N_b}{H_b})(N_a - N_a^*) + r_a g_a \dfrac{N_a}{H_b}(N_b - N_b^*) \\ \dfrac{\mathrm{d}N_b}{\mathrm{d}t} = r_b g_b \dfrac{N_b}{H_a}(N_a - N_a^*) + r_b(1 - \dfrac{2N_b}{H_b} + g_b \dfrac{N_a}{H_a})(N_b - N_b^*) \end{cases} \quad (10-23)$$

泰勒展开下的方程组系数矩阵为:

$$A = \begin{bmatrix} r_a(1 - \dfrac{2N_a}{H_a} + g_a \dfrac{N_b}{H_b}) & r_a g_a \dfrac{N_a}{H_b} \\ r_b g_b \dfrac{N_b}{H_a} & r_b(1 - \dfrac{2N_b}{H_b} + g_b \dfrac{N_a}{H_a}) \end{bmatrix}$$

将均衡点 $(0,0)$,$(H_a, 0)$,$(0, H_b)$,$(H_a \dfrac{g_a+1}{1-g_a g_b}, H_b \dfrac{g_b+1}{1-g_a g_b})$ 分别代入可解

得特征方程系数 p 和 q,以及均衡稳定条件,如表 10-10 所示。

由于创新生态种群 a 与创新生态种群 b 为互利共生关系,g_a 与 g_b 皆大于 0,而均衡点 $(H_a,0)$ 和 $(0,H_b)$ 的稳定条件分别为 $g_b<-1$ 与 $g_a<-1$,因此 $(H_a,0)$ 和 $(0,H_b)$ 在现实中不稳定。而对于 $(H_a\dfrac{g_a+1}{1-g_ag_b},H_b\dfrac{g_b+1}{1-g_ag_b})$,稳定条件为 $0<g_a<1$,$0<g_b<1$,且 $g_ag_b<1$,意味着创新生态种群 a 与创新生态种群 b 互相可以促进对方的创新活动,产生创新价值。若能注意保持两者的互动,避免过度依赖(保持 $0<g_a<1$,$0<g_b<1$),则群落演化将处于协调状态,有 $\dfrac{g_a+1}{1-g_ag_b}>1$,$\dfrac{g_b+1}{1-g_ag_b}>1$,即两个创新生态种群的整体创新效能也将大于各自独立存在的状态。

表 10-10　创新生态种群的互利共生稳定性分析

均衡点取值	特征系数 p	特征系数 q	条件稳定性
$(0,0)$	$-r_a-r_b$	r_ar_b	不稳定
$(H_a,0)$	$r_a-r_b(1+g_b)$	$-r_ar_b(1+g_b)$	现实不稳定
$(0,H_b)$	$r_b-r_a(1+g_a)$	$-r_ar_b(1+g_a)$	现实不稳定
$(H_a\dfrac{g_a+1}{1-g_ag_b},H_b\dfrac{g_b+1}{1-g_ag_b})$	$\dfrac{r_a(g_a+1)+r_b(g_b+1)}{1-g_ag_b}$	$r_ar_b\dfrac{(g_a+1)(g_b+1)}{1-g_ag_b}$	$0<g_a<1$,$0<g_b<1$,且 $g_ag_b<1$

第 11 章
长江经济带创新生态群落整体分异特征分析

11.1 创新生态群落整体分异特征的创新生态位分析方法

11.1.1 创新生态群落整体分异特征的创新生态位分析原理

生态位(ecological niche)指生态系统中的某一生物种群单位在时间和空间上所占据的位置,以及该种群与相关种群之间的功能关系与作用。该概念最早由美国生态学者 Grinnell 提出,Grinnell 指出生物体对生存所需要的各种资源条件的选择可以用生态位来表示,对不同生态资源维度的加权计算可以反映出生物体的发展特征。由于资源环境包括多个维度,生态位也被拓展为 n 维度的超体模型。假设生态系统 E 中有多个生态因子可以影响生物族群与其生存环境的配适度,这些生态因子每增加一个就会使得生态模型中增加一个维度,在因子为 n 的生态系统中就存在着 n 个分析维度,因此形成了生态位的 n 维超体模型。自生态学中的生态位概念确立后,对生物群落的空间位置与环境内涵的研究不断增加,生态位的应用范围也不断扩展,将生态位理论应用于创新群落的分析就得到了创新生态位。根据生态位概念内涵,创新生态位(innovative niche,缩写"IN"),即是创新生态系统中的某一创新生态群落在时间、空间上所占据的创新生态维度的位置。

长江经济带是一个复杂而开放的经济生态系统,其创新生态水平以及群落整体分异特征,受到来自创新群体、创新资源、创新生境等一系列内外生态要素的影响,包括要素聚集、成果转化、环境适应、产业组织多样性、支持性组织多样性、科技潜力、产业辐射等一系列因素。从创新生态群落的视角来看,长江经济带受到众多创新生态要素的影响,而这些重要的创新生态影响因素,可以构成评价创新生态群落发展态势和判断创新生态水平的体系基础。将影响长江经济带创新生态发展的因素进行聚类、投影、维度化,即可得到一个 n 维超体模型,而创新生态群落在对应维度所占据的创新生态资源位置,反映了对应的创新生态发展水平。结合创新生态位分析方法和长江经济带的创新生态群落发展属性特点,由于两者之间的契合,可以构建创新生态位指数体系以用于评价长江经济带创新生态水平,对长江经济带的创新生态群落整体分异特征进行深入分析。

11.1.2　创新生态群落的创新生态位指标体系构建

1. 创新生态位指标选取原则

针对长江经济带的创新生态群落特点,创新生态位指数模型的指标将依据系统性、独立性、数据可获得性、客观有效性来进行指标选取与测度体系构建。具体来看,这些原则包括:

(1) 系统性原则。创新生态系统的演化是一项由多主体参与的复杂非线性发展过程,对应用于评价创新生态群落的创新生态位指数也需要考虑到多主体、多层级的生态演化视角,对应的指标选择要体现出系统性、动态性的特点,而非单一的评价。因此,依托于创新生态群落理论,这里采用创新生态群落的三大属性作为创新生态位的测度指标,即创新生态群落的生态适应性、生态持续性、生态多样性,并且不考虑非生态系统的指标;通过指标之间关联与层次特点,形成有机统一的整体,体现创新的系统性特征。

(2) 独立性原则。创新生态位因其复杂性,需要多个指标进行全面表达,但指标的选取并非越多越好,而是要选择有鲜明特点的指标;在指标的选取过程中,要选择能够独立表示系统中某一个方面的指标,如不能选择既能表示生态适应性又表示生态多样性方面的指标,避免指标之间的自相关或共线性。

(3) 可获得性原则。创新生态位指数的构建目标在于通过分析创新生态群落的创新资源占用维度来指导创新,驱动区域发展。指标的选取要兼顾现实意义,要建立在数据可获得性的基础上,一方面要注意指标数据的历史连续性,另一方面要注意指标数据的区域完整性。需要考虑创新生态群落相关指标数据的获取难易程度,避免建立复杂而缺乏实用价值的模型体系。因此,在选择指标时要考虑到指标数据的可获得性,根据实际数据的可得性来综合考虑指标的设计,完善并提升测度模型的现实解释力。

(4) 客观有效性原则。在指标选取时,要注意到创新生态群落的复杂性,尽量实现客观有效。这里的客观有效指的是相对可靠,综合考虑到创新生态位的量化特点。一方面注意到创新生态群落在不同属性下的异质性和功能性特点,进行客观的量化处理、剔除冗余指标;另一方面注意到创新生态水平的发展具有长期性,有些创新主体行为在短期内并没有产生经济效应,但对群落的长远发展有着重要影响,选择具有代表性的有效指标,兼顾创新演化中具有不确定性的时间滞后因素,使创新生态位的指标体系符合创新生态群落演化的客观规律。

2. 创新生态位指标体系构建

结合文献梳理和创新生态群落的属性特征,创新生态群落的测度体系依托于生态适应性、生态多样性、生态持续性三个维度,以此为基础可以构建长江经济带创新生态群落的创新生态位 n 维超体积模型,如表 11-1 所示。其中,目标层为创新生态群落创新生态位(IN),一级指标层有3个指标,分别为生态适应性(S)、生态多样性(D)、生态持续性(C),下有二级指标7个,分别为要素聚集、成果转化、环境适应、产业组织多样性、支持性组织多样性、科技潜力、产业辐射。

表 11-1 长江经济带的创新生态位指数模型

目标层	一级指标	二级指标	指标表述
创新生态群落创新生态位(IN)	生态适应性(S)	要素聚集(s_1)	规模以上工业企业研发经费(万元);规模以上工业企业研发项目数(项);固定资产投资价格指数;规模以上工业企业研发人员全时当量(人);规模以上工业企业开发新产品经费(万元)
		成果转化(s_2)	年国际国内科技论文(篇);年国内专利申请授权量(项);规模以上工业企业新产品项目数(项);技术市场成交额(亿元);规模以上工业企业有效发明专利数(件);规模以上工业企业新产品销售收入(万元)
		环境适应(s_3)	知识产权保护水平;企业创新项目获得风险资本支持的难易程度;地方税收与区域国民经济产出比(%);产业链发展程度;财产险保费收入与区域国民经济产出比(%)
	生态多样性(D)	产业组织多样性(d_1)	第三产业增加值占地区生产总值比重(%);金融服务业增加值占地区生产总值比重(%);知识密集型服务业增加值占生产总值比重(%);其他行业增加值占生产总值比重(%)
		支持性组织多样性(d_2)	科技机构数与地方注册企业比(%);研究与开发机构数与地方注册企业比(%);科技企业孵化园数与地方注册企业比(%);风险投资机构数与地方注册企业比(%);高等院校数与地方注册企业比(%)
	生态持续性(C)	科技潜力(c_1)	普通高等学校预计毕业生数占区域人口比率(%);居民信息互联网覆盖比率(%);研发经费支出增额增长率(%);研发人员增长率(%);有效发明专利增长率(%);技术市场合同成交率增长率(%)
		产业辐射(c_2)	外商投资企业进出口总额增速(%);规模以上工业企业新产品出口销售收入增速(%);货运量增速(%);技术市场交易额占全国技术市场交易额的比重(%);规模以上工业企业利润增速(%)

(1) 指标层构建

在指标层级的构建方面,各个指标层级划分依托于创新生态群落在不同创新生态位上表现出的群落特点。具体包括以下方面:

①生态适应性(S)指的是创新生态单元在复杂创新环境下的性能表现,包括要素聚集(s_1)、成果转化(s_2)、环境适应(s_3)。适应性作为生态学术语,本指物种在自然选择压力下的性能。而创新生态学中的生态适应性不但表征了与自然环境的互动,更表达了创新生态群落在人文组织互动中与创新生态系统的交互影响。因此,创新生态群落的生态适应性包括创新要素聚集、创新成果转化和创新环境适应这几个维度。其中,要素聚集主要测度创新人力、创新财力等资源对创新生态群落的支持;创新成果转化反映了要素聚集下,创新生态群落对要素资源的利用与转化,包括专利授权、技术市场成交额、新产品项目数等;环境适应,则测度创新生态群落与环境的互动,包括知识产权保护、资金可得性、地方税等。

②生态多样性(D)是生物系统在一定区域与时间范围内的所有生物复杂性的总称,生态学中一个物种所包含的基因越丰富,其对环境的适应能力越强;一个群落包含的物种越丰富,其系统适应能力也越强大。创新生态系统也是如此,在创新生态群落,完整的创新产业链与创新支持性族群,将提升创新生态系统的适应能力与持续性,是群落影响健康的重要一环。因此,创新生态群落的生态多样性包括产业组织多样性(d_1)、支持性组织多样性(d_2)这两个维度。其中,产业组织多样性包括第三产业占比、知识密集型服务业占比、金融服务业占比;支持性组织多样性包括科技企业、孵化园区、高校、科研机构等。

③生态持续性(C)是生态群落形成后,群落能否持续发展、延续与扩张的表征量。创新生态系统的生态持续性就是创新生态是否可以持续地发展下去,创新生态群落特质能否保持,并不断产生积极影响以推进群落演化发展的性质,包括科技潜力(c_1)、产业辐射(c_2)两个方面。其中,科技潜力反映了创新生态群落对技术方面的推进,是群落内在生态水平的成长,包括科研增长、人力资源潜力、技术市场发展潜力等;而产业辐射反映了创新生态群落在技术应用范围的扩张,包括高技术产业出口、外资辐射、技术交易占比等。

(2) 二级指标及指标表述

在各个指标的测度方面,研究指标依据创新生态位理论,并参考了2.1节提及的"创新联盟记分牌""全球创新指数""全球竞争力报告""国家创新指数""上海科技创新指数",具体包括以下部分:

①要素聚集指标(s_1)的测度综合考虑科技人才、技术资源、科技资本等创新要素的聚集因素,具体的测度内容包括:规模以上工业企业研发经费(万元);固定资产投资价格指数;规模以上工业企业研发人员全时当量(人);规模以上工业企业开发新产品经费(万元);规模以上工业企业研发项目数(项)。

②成果转化指标(s_2)的测度综合考虑知识创新、科技创新、企业技术交易等涉及科技创新转化的因素,具体的测度内容包括:年国际国内科技论文(篇);年国内专利申请授权量(项);技术市场成交额(亿元);规模以上工业企业有效发明专利数(件);规模以上工业企业新产品项目数(项);规模以上工业企业新产品销售收入(万元)。

③环境适应指标(s_3)的测度综合考虑知识产权、企业税、创新项目融资等创新环境情况,具体的测度内容包括:知识产权保护水平;企业创新项目获得风险资本支持的难易程度;地方税收与区域国民经济产出比(%);产业链发展程度;财产险保费收入与区域国民经济产出比(%)。

④产业组织多样性指标(d_1)的测度综合考虑高新产业、科技服务业及相关产业增长率等产业方面因素,具体的测度内容包括:第三产业增加值占地区生产总值比重(%);金融服务业增加值占地区生产总值比重(%);知识密集型服务业增加值占生产总值比重(%);其他行业增加值占生产总值比重(%)。

⑤支持性组织多样性指标(d_2)的测度综合考虑科技孵化园区、风险投资机构、高等

院校、科研机构等方面,具体的测度内容包括:科技机构数与地方注册企业比(%);研究和开发机构数与地方注册企业比(%);科技企业孵化园数与地方注册企业比(%);风险投资机构数与地方注册企业比(%);高等院校数与地方注册企业比(%)。

⑥科技潜力指标(c_1)的测度综合考虑创新人才培育、经济活力、高新技术增长率等因素,具体的测度内容包括:普通高等学校预计毕业生数占区域人口比率(%);居民信息互联网覆盖比率(%);研发经费支出额增长率(%);研发人员增长率(%);有效发明专利增长率(%);技术市场合同成交率增长率(%)。

⑦产业辐射指标(c_2)的测度综合考虑对外商投资吸引、产品的进出口情况、技术市场增长率等方面,具体的测度内容包括:外商投资企业进出口总额增速(%);规模以上工业企业新产品出口销售收入增速(%);货运量增速(%);技术市场交易额占全国技术市场交易额的比重(%);规模以上工业企业利润增速(%)。

11.1.3 创新生态群落的创新生态位指数测度方法

1. 指标计算的数据来源

指标计算的数据主要来源于国家统计局公开数据、中国科学技术信息研究所的统计数据、CNKI中国经济社会大数据研究平台的数据统计资料,以及2001—2017年的《中国科技统计年鉴》、《2017中国科学技术协会统计年鉴》与长江经济带上各地方的统计年鉴。

根据《长江经济带发展规划纲要》中长江经济带"一轴、三极、多点"的发展格局,参考《长江三角洲城市群发展规划》《长江中游城市群发展规划》《国务院关于大力实施促进中部地区崛起战略的若干意见》《成渝城市群发展规划》中的重点城市范围划分,结合长江经济带上相关城市的创新发展禀赋情况,确定具体的研究范围。长江经济带的整体分异特征分析将以经济带、长三角城市群、长江中游城市群、成渝城市群和各省会城市为重点研究对象,以2007年至2016年共十年的创新生态数据为基础展开分析。

长江经济带的创新生态群落整体分异特征研究范围包括:萍乡市、舟山市、鄂州市、香格里拉、泸水、临沧市、普洱市、楚雄市、蒙自市、大理市、芒市、保山市、景洪市、丽江市、攀枝花市、西昌市、文山市、曲靖市、六盘水市、宜宾市、资阳市、雅安市、眉山市、乐山市、自贡市、内江市、遵义市、达州市、遂宁市、广安市、泸州市、康定、广元市、巴中市、南充市、毕节市、凯里市、贵阳市、安顺市、兴义市、昭通市、绵阳市、德阳市、成都市、铜仁市、重庆市、怀化市、马尔康市、十堰市、襄阳市、宜昌市、恩施市、张家界市、吉首市、益阳市、娄底市、常德市、荆门市、岳阳市、新余市、宜春市、南昌市、九江市、长沙市、湘潭市、株洲市、衡阳市、邵阳市、永州市、抚州市、蚌埠市、淮北市、宿州市、亳州市、孝感市、鹰潭市、吉安市、赣州市、郴州市、上饶市、景德镇市、黄山市、池州市、铜陵市、安庆市、黄石市、咸宁市、黄冈市、武汉市、随州市、阜阳市、淮南市、都匀市、温州市、台州市、丽水市、衢州市、金华市、绍兴市、宁波市、杭州市、宣城市、湖州市、嘉兴市、上海市、苏州市、无锡市、常州市、马鞍山市、南京市、镇江市、芜湖市、合肥市、六安市、滁州市、泰州市、南通市、盐城市、淮安市、宿迁市、昆明市、玉溪市、扬州市、天门市、潜江市、仙桃市、徐州市、连云港市、荆州市,共计 129 个城市单元。

长三角城市群的创新生态群落整体分异特征研究范围包括：舟山市、池州市、铜陵市、安庆市、苏州市、无锡市、绍兴市、宁波市、杭州市、宣城市、台州市、金华市、湖州市、嘉兴市、上海市、常州市、镇江市、芜湖市、合肥市、滁州市、泰州市、马鞍山市、南京市、南通市、盐城市、扬州市，共计 26 个城市单元。

长江中游城市群的创新生态群落整体分异特征研究范围包括：鄂州市、萍乡市、襄阳市、宜昌市、益阳市、娄底市、常德市、荆门市、岳阳市、长沙市、湘潭市、株洲市、衡阳市、抚州市、鹰潭市、吉安市、郴州市、新余市、宜春市、南昌市、九江市、上饶市、景德镇市、黄山市、黄石市、咸宁市、黄冈市、武汉市、孝感市、马鞍山市、芜湖市、合肥市、池州市、铜陵市、安庆市、六安市、天门市、潜江市、仙桃市、荆州市，共计 40 个城市单元。

成渝城市群的创新生态群落整体分异特征研究范围包括：攀枝花市、康定市、广元市、巴中市、乐山市、西昌市、宜宾市、南充市、资阳市、自贡市、泸州市、绵阳市、内江市、达州市、遂宁市、广安市、德阳市、成都市、马尔康市、雅安市、眉山市、重庆市，共计 22 个城市单元。

重点省会城市及直辖市的创新生态群落整体分异特征研究范围包括：上海、武汉、南京、南昌、成都、贵阳、长沙、合肥、重庆、杭州、昆明，共计 11 个城市单元。

2. 指标计算的数据预处理

为了减少指标信息重复对评价结果的影响、保证评价结果的有效性，在指标量化的基础上，首先可以通过相关系数检验式来进行指标的预处理，剔除冗余的指标数据，具体公式为：

$$Re_{ij} = \frac{\sum_{k=1}^{n} B_{ki} B_{kj}}{\sqrt{\sum_{k=1}^{n} B_{ki}^2} \sqrt{\sum_{k=1}^{n} B_{kj}^2}} \tag{11-1}$$

对于任意的系数指标 B_i 和 B_j，若其相关系数 Re_{ij} 大于相关度临界值 0.8，则应剔除；若小于相关度临界值 0.8，则予以保留。

通过相关性分析剔除冗余的指标数据后，对于不同单位数据需要进行数值的无量纲标准化。在指标数据的量纲标准化处理方面，由于各项指标之间的单位与量纲不统一，在计算各指标前需要对相应的原始数据进行数据标准化处理，生态计量与空间计量更注重得到变量间的相对关系与关系显著性，在乘数的精确度上有一定容错范围，因此这里采用 Max-Min 标准化方法，使数据在处理后落于 0~1 区间，消除指标间的量纲差别。其具体计算公式如下：

$$x_i' = \frac{x_i - \min(x_i)}{\max(x_i) - \min(x_i)} \tag{11-2}$$

Max-Min 标准化方法是对原始数据进行线性变换，对于变量 x_i，设 $\max(x_i)$ 和

$\min(x_i)$ 分别为 x_i 所能取得的最大值和最小值，则将原始值 x_i 代入 Max-Min 公式处理，通过标准化映射成在区间 $[0,1]$ 中的值 x_i'。其中需要特别注意的是，上式为正指标计算公式，在创新生态群落的创新生态位指标测度中，大部分指标为正向指标，即数值越大代表指标状态值越好；而指标体系中也存在一小部分负向指标，即数值越小对应指标状态越好，这时的映射公式变换为：

$$x_i' = \frac{\max(x_i) - x_i}{\max(x_i) - \min(x_i)} \tag{11-3}$$

3. 指标权重的处理

指标权重的确定方法主要分为客观赋权法和主观赋权法两个大类。客观赋权法，顾名思义是根据客观数值的序列特点或分布特征进行指标的权重赋值，常见的方法包括均方差法、变异系数法、熵权法、主成分分析法等；而主观赋权法是基于主观判断的赋值方法，一般需要结合专业知识与经验保证权重的有效性，常见的方法包括层次分析法、灰色关联度分析法等。由于创新行为的复杂性和不确定性，相关研究中的常用赋值方法主要包括：以模糊数学为基础的模糊综合评价法，基于降维投影思想而构建的投影寻踪评价模型，通过数值离散度来对指标进行客观赋权的熵权法，又称熵值权重估计法，以专家主观判断的权重作为评价的层次分析法，通过动态供需平衡计算的动态模拟推算法。这些权重赋值方法都各有利弊：①模糊综合评价法是将定性分析和定量分析综合集成的一种常用方法，已在创新生态评价领域得到广泛应用，但评价指标的权重具有模糊性和主观成分，在全面分析创新生态群落的影响因素过程中需要结合一定的技术处理来增加模型信度。②投影寻踪方法虽然在一定程度上能解决多指标样本分类、创新的不规则变化等非线性问题，但对于多元数据的复杂拓扑结构，模型无法保证找到最优的投影方向；同时，投影寻踪对于样本量的要求较高，如果样本量较少可能导致建立的数学模型不够准确，容易产生模型误差。③熵权法的优点是可以避免权重赋予过程的主观性，使权重指标符合数学规律，具有严格的数学意义，但往往会忽视决策者主观的意图，偏离评价体系的目标。④层次分析法改变了运筹学只能处理定量问题的传统观点，但是难点在于合理构造、检验和修正判断矩阵的一致性，计算创新生态群落利用系统的要素的权重方面还不够成熟。⑤动态模拟推算法是一种计算机学习的方法，其难点在于创新生态群落发展的影响因素多而复杂，简单的动态模拟很难精确拟合创新生态群落发展的动态平衡状态。

创新生态群落创新生态位的指标权重赋值需要综合考量各种方法的特点，用各种方法之长，使模型构建更加合理。在指标权重的确定上，需要根据创新生态群落的性质特点，综合考量，选择切合的方法。由于创新生态系统的演化发展具有不确定性和复杂性，在指标权重赋值时需要综合客观数值的规律性和对专业问题的研究经验；同时，创新领域常用的权重赋值方法存在各自的优点与不足，但可以通过方法的综合应用来获取各种分析优点，改善单一方法的瑕疵。因此，本研究将采用综合权重赋值法，具体来说，就是在模糊综合层次分析评价法的基础上结合熵权法做权重修正,最后得到综合权重值以保证权重可靠性。详细的权重赋值步骤如下文所示。

4. 指标权重的计算

(1) 进行模糊综合层次分析评价法的主观权重赋值计算。假设被评价的创新生态群落有 m 个,评价指标有 n 个,构建模糊评价矩阵 $\boldsymbol{R}=(r_{ij})_{m\times n}$,并对矩阵 $\boldsymbol{R}$ 进行标准化处理;设代表综合评判因素和评语所组成的集合分别为:$U=\{u_1,u_2,u_n\}$ 和 $V=\{v_1,v_2,v_n\}$,则模糊综合评判为:$\boldsymbol{B}=AR$。式中:A 为各评判因素的相对重要程度;B 为评判对象对特定评语的总隶属度;R 为由评价因素 u_n 对评语 V 的隶属度 V_{ij} 构成的模糊关系矩阵:

$$R = \begin{pmatrix} r_{11} & r_{12} & \cdots & r_{1n} \\ r_{21} & r_{22} & \cdots & r_{2n} \\ \cdots & \cdots & r_{ij} & \cdots \\ r_{m1} & r_{m2} & \cdots & r_{mn} \end{pmatrix}$$

在矩阵 $\boldsymbol{R}$ 中:r_{ij} 表示某个被评价对象从因素 u_i 来看对等级模糊子集的隶属度。通过上面的合成运算,可得出评价对象从整体上来看对各评语等级的隶属度;再对该隶属度向量的元素取大或取小,就可确定评价对象的最终层级水平,实现指标体系的初步模糊综合评价。经过计算,可以得出长江经济带创新生态位指标准则层的主观权重赋值 $\{S,D,C\}$ 为 $\{0.381,0.293,0.326\}$。

(2) 进行熵权分析法的客观权重赋值计算。运用熵权法计算信息熵,一个指标的信息熵越小,则该指标所提供的信息量就会越大,相应地,该指标在评价体系中的权重也越大;评价矩阵中第 j 个评价指标的熵为 $H_j=-k\sum_{i=1}^{m}f_{ij}\ln f_{ij}$,其中 $f_{ij}=p_{ij}/\sum_{i=1}^{m}p_{ij}$,$k=1/\ln m$;根据熵权法 j 评价指标的权重计算表达式为 $w_j=(1-H_j)/\sum_{j=1}^{n}(1-H_j)$,其中 $w_j \in [0,1]$,且 $\sum_{j=1}^{n}w_j=1$。经过计算,可以得出长江经济带创新生态位指标准则层的主观权重赋值 $\{S,D,C\}$ 为 $\{0.456,0.195,0.349\}$。

(3) 根据前两种赋权的计算数值进行综合赋权计算,计算最终的综合权重值。根据丁敬达和邱均平的研究,在创新领域的综合赋权处理上,以乘法集成权的赋权效果最优。因此,采用乘法集成权方法进行综合权重计算,其计算方法如下:假设 α_j 和 β_j 分别是基于模糊权重赋权法和熵值法赋权生成的指标 x_j 的权重系数,则综合赋权为 $w_j=\alpha_j\beta_j/\sum_{i=1}^{n}\alpha_i\beta_i$,$j=1,2,\cdots,m$。经过计算,可以得到长江经济带创新生态位指标准则层的综合权重 $\{S,D,C\}$ 为 $\{0.406,0.242,0.352\}$,即:

$$IN=(S,D,C)\times(0.406,0.242,0.352)=0.406\times S+0.242\times D+0.352\times C$$

5. 创新生态群落的状态划分

根据综合权重可以计算出长江经济带的创新生态群落创新生态位,而不同的创新生态群落会具有不同的发展状态,因此需要对创新生态群落的发展水平进行进一步的状态划分。这里采用 TOPSIS 分析的理想状态截距法对创新生态群落进行状态划分,具体计算步骤如下:

首先,根据综合权重计算加权矩阵 $IN=(r_{ij})_{m\times n}$;然后,根据理想解计算公式 $IN_j^+=\text{Max}(r_{1j},r_{2j},\cdots,r_{nj})$ 和 $IN_j^-=\text{Min}(r_{1j},r_{2j},\cdots,r_{nj})$,计算正理想解 IN^+ 和负理想解 IN^-,并通过计算结果求出各创新生态位数值与正负理想解的距离,即有 $S(IN_j^\pm)=\sqrt{\sum_{j=1}^n (IN_j^\pm - r_{ij})^2}$;最后,对计算所得的正负理想数值的截距进行三分法计算,以计算值为标准即可将创新生态群落划分为高、中、低三个类别。代入长江经济带创新生态群落的创新生态位相关属性数值,可以得到群落分类标准,如表 11-2 所示。

表 11-2 长江经济带创新生态群落的创新生态发展水平分类标准表

生态适应性 (S)分类标准	生态多样性 (D)分类标准	生态持续性 (C)分类标准	创新生态位 (IN)分类标准	群落分类	发展水平
0<S≤0.52	0<D≤0.31	0<C≤0.46	0<IN≤1.21	一类创新群落	低
0.52<S≤1.12	0.31<D≤0.63	0.46<C≤0.91	1.21<IN≤2.39	二类创新群落	中
S>1.12	D>0.63	C>0.91	IN>2.39	三类创新群落	高

11.2 核心城市群的创新生态群落整体分异特征测度分析

11.2.1 长三角城市群的创新生态群落整体分异特征分析

1. 长三角城市群的创新生态位指数计算

根据创新生态位指标体系及权重计算方法,可以计算得到 2007 年至 2016 年长三角城市群的创新生态群落创新生态位指数。结合长江经济带"一轴、三极、多点"的群落特点,整理长三角城市群的重点城市上海、南京、杭州,以及长三角城市群的创新生态位指数,如表 11-3 与图 11-1 所示。

表 11-3 长三角城市群创新生态位指数测度

群落	2007 年	2008 年	2009 年	2010 年	2011 年	2012 年	2013 年	2014 年	2015 年	2016 年
上海市	3.434	3.704	4.176	4.593	4.985	5.155	5.494	5.784	6.079	6.375
南京市	2.509	2.789	3.032	3.678	4.298	4.989	5.523	5.191	5.514	5.836
杭州市	2.928	3.386	3.581	4.144	4.845	5.342	4.531	5.407	5.743	6.079
长三角城市群	1.854	2.137	2.352	2.792	3.184	3.501	3.580	3.719	3.959	4.151

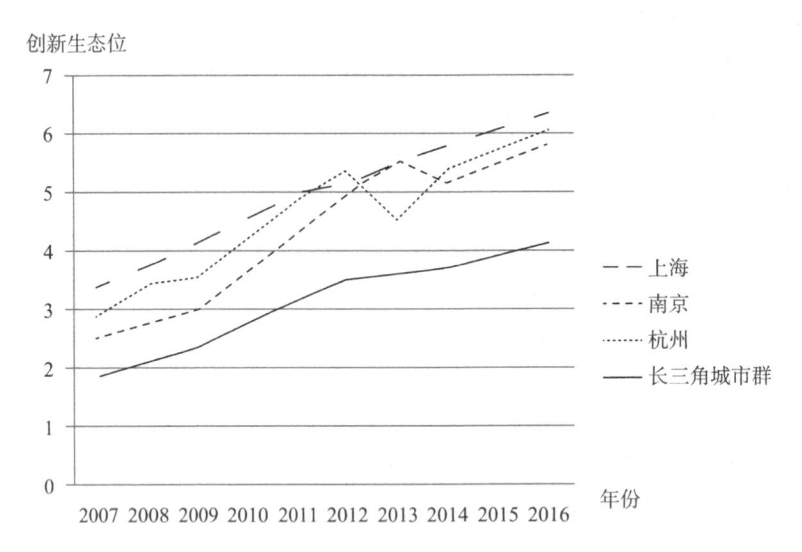

图 11-1 长三角城市群重点创新生态群落创新生态位指数

长三角城市群创新生态位指数的测度结果表明,长三角城市群在2007—2016年的创新生态发展保持着稳定增长的势头。而在长三角城市群的重点城市发展上,上海、南京、杭州的创新生态群落发展明显高于平均水平,区域增长极的作用相对显著,以上海的创新生态水平发展最优,保持着稳定增长态势;而南京和杭州的创新生态水平伴随着波动增长,可能与区域的创新产业结构调整有关。

2. 长三角城市群的创新生态位整体分异特征分析

在创新生态位数值计量的基础上,结合创新生态群落发展水平分类表(表11-2),借助地理信息系统软件 ArcGIS 进行空间可视化分析,以空间单元的颜色分布表示创新生态群落的创新生态位分异特征,颜色越深表示对应城市单元的创新生态水平越高,可以得到2007年至2016年的长三角城市群创新生态群落生态位分异特征变化,如图11-2所示。

由长三角城市群的创新生态位分异特征,可以看出长三角城市群的创新生态水平处于相对高位,且东部沿海区域发展较优,深色空间单元较多。从分异特征的演化发展来看,一开始主要有上海、苏州、杭州、南京、宁波等城市处于深色区域,创新生态群落发展良好,随着时间发展,围绕在上海、南京、杭州一片的创新生态群落逐渐发展,空间单元颜色不断变深,在2007年至2013年的快速发展后,于2013年至2016年分异特征变化相对稳定,处于高位稳定的状态。与此同时,也要注意到滁州、安庆、宣城、池州一带一直为浅色区域,属于长三角城市群创新生态群落整体发展相对不足的区域,这些区域处于长江下游和长江中游的交界区域,说明要加强长三角城市群的创新辐射水平,通过产业链上协同互动和知识溢出,进一步促进城市群自身和整个经济带的创新生态发展。

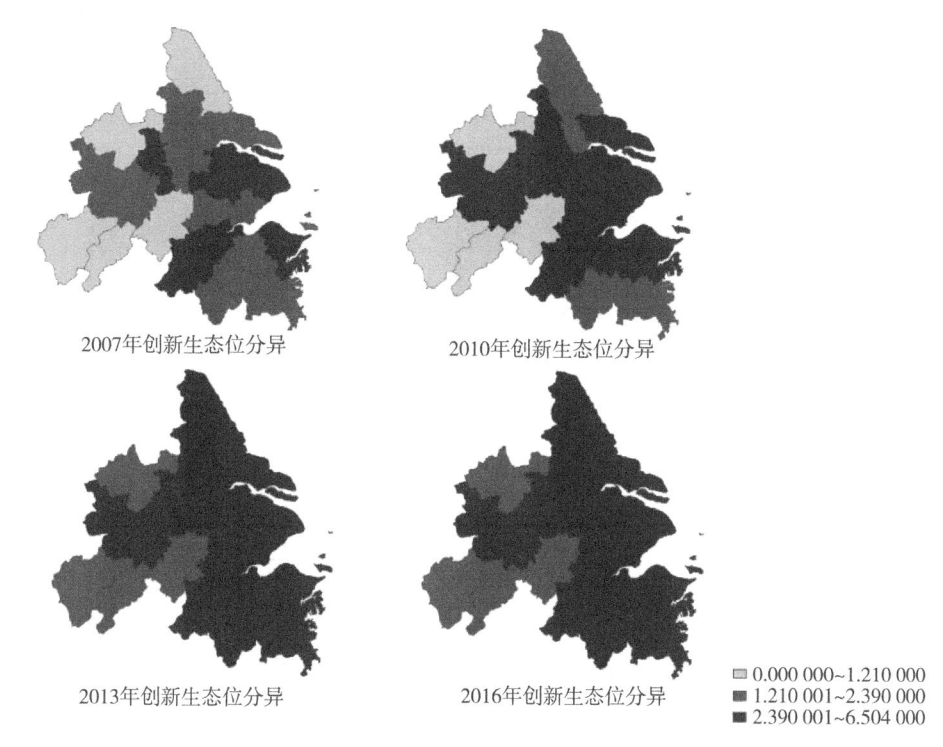

图 11-2　长三角城市群创新生态群落创新生态位分异特征

11.2.2　长江中游城市群的创新生态群落整体分异特征分析

1. 长江中游城市群的创新生态位指数计算

根据创新生态位指标体系及权重计算方法,可以计算得到 2007 年至 2016 年长江中游城市群的创新生态群落创新生态位指数。结合长江经济带"一轴、三极、多点"的群落特点,整理长江中游城市群重点城市合肥、南昌、武汉、长沙,以及长江中游城市群的创新生态位指数,得到表 11-4 与图 11-3。

表 11-4　长江中游城市群创新生态位指数测度

群落	2007 年	2008 年	2009 年	2010 年	2011 年	2012 年	2013 年	2014 年	2015 年	2016 年
合肥市	1.387	1.735	2.092	2.431	2.443	2.776	3.105	3.145	3.368	3.59
南昌市	1.533	1.817	1.996	2.212	2.668	2.954	3.271	3.21	3.427	3.643
武汉市	1.790	2.295	2.650	3.056	3.540	4.119	4.635	4.321	4.610	4.899
长沙市	1.696	2.050	2.536	2.976	3.561	4.025	4.482	4.244	4.556	4.884
长江中游城市群	0.881	1.092	1.321	1.495	1.780	1.990	2.220	2.136	2.286	2.417

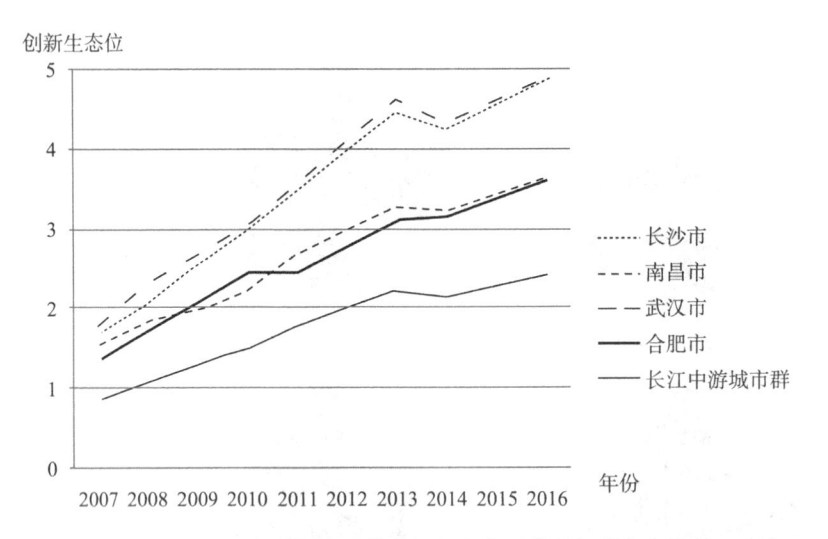

图 11-3　长江中游城市群重点创新生态群落创新生态位指数

长江中游城市群创新生态位指数的测度结果表明,长江中游城市群 2007—2016 年的创新生态发展在小幅波动中稳定增长。在长江中游城市群的重点城市发展方面,合肥、南昌、武汉、长沙都高于区域内的创新生态平均水平,以武汉、长沙发展靠前,南昌、合肥次之。城市群和重点城市的创新生态位都处于稳定增长状态。

2. 长江中游城市群的创新生态位整体分异特征分析

在创新生态位数值计量的基础上,结合创新生态群落发展水平分类表(表 11-2),借助地理信息系统软件 ArcGIS 进行空间可视化分析,以空间单元的颜色分布表示创新生态群落的创新生态位分异特征,颜色越深表示对应城市单元的创新生态水平越高,可以得到 2007 年至 2016 年的长江中游城市群创新生态群落生态位分异特征变化,如图 11-4 所示。

由长江中游城市群的创新生态位分异特征,可以看出长江中游城市群的创新生态水平处于中等水平,呈现出高低混杂的创新发展态势。从分异特征的演化发展来看,长江中游城市群的空间单元以浅色居多,随着时间发展不断加深,最终形成了中度色彩居多,深浅色混杂的格局。这反映出创新生态群落随着时间不断发展,从一开始的合肥、南昌、武汉、长沙,四个增长极逐渐发展为多点支撑、协同发展的创新态势。结合具体的空间单元来看,长江中游城市群的创新生态群落以长沙、武汉、新余、宜昌、铜陵、马鞍山的创新生态发展水平较高,局部创新生态位发展较优。而六安、黄冈、上饶、吉安一带长期呈现为浅色,属于创新生态发展不足的区域,需根据创新生态群落的整体分异特征改进创新生态水平。根据长江中游城市群相对分散的创新生态群落空间结构,要加强区域的创新生态要素流动,促进长江中游区域的创新产业升级发展。

2007年创新生态位分异　　2010年创新生态位分异

2013年创新生态位分异　　2016年创新生态位分异

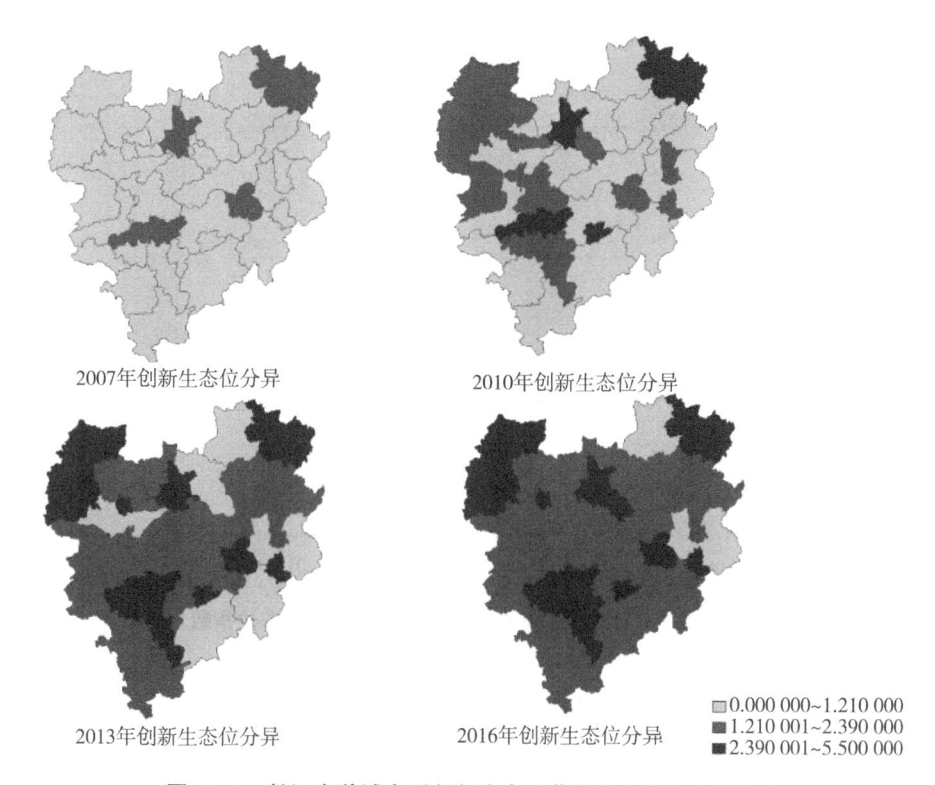

□ 0.000 000~1.210 000
■ 1.210 001~2.390 000
■ 2.390 001~5.500 000

图 11-4　长江中游城市群创新生态群落创新生态位分异特征

11.2.3　成渝城市群的创新生态群落整体分异特征分析

1. 创新生态位指数计算

根据创新生态位指标体系及权重计算方法，可以计算得到 2007 年至 2016 年成渝城市群的创新生态群落创新生态位指数。结合长江经济带"一轴、三极、多点"的群落特点，整理成渝城市群的重点城市重庆、成都以及成渝城市群的创新生态位指数，可以得到表 11-5 与图 11-5。

表 11-5　成渝城市群创新生态位指数测度

群落	2007 年	2008 年	2009 年	2010 年	2011 年	2012 年	2013 年	2014 年	2015 年	2016 年
重庆市	0.839	1.036	1.163	1.398	1.766	1.958	2.163	2.039	2.192	2.396
成都市	1.351	1.57	1.772	2.076	2.487	2.899	3.132	2.95	3.14	3.329
成渝城市群	0.627	0.738	0.821	0.996	1.246	1.423	1.558	1.472	1.574	1.675

成渝城市群创新生态位指数的测度结果表明，成渝城市群在 2007—2016 年的创新生态发展稳中有进，在小幅波动中持续增长。在成渝城市群的重点城市发展方面，成都、重庆的创新生态发展状况都高于城市群内的平均水平，又以成都的创新生态发展为最优。相比于长三角城市群和长江中游城市群，成渝城市群及其内部重点城市的创新生态

位处于相对低位,属于不断提升发展的阶段。

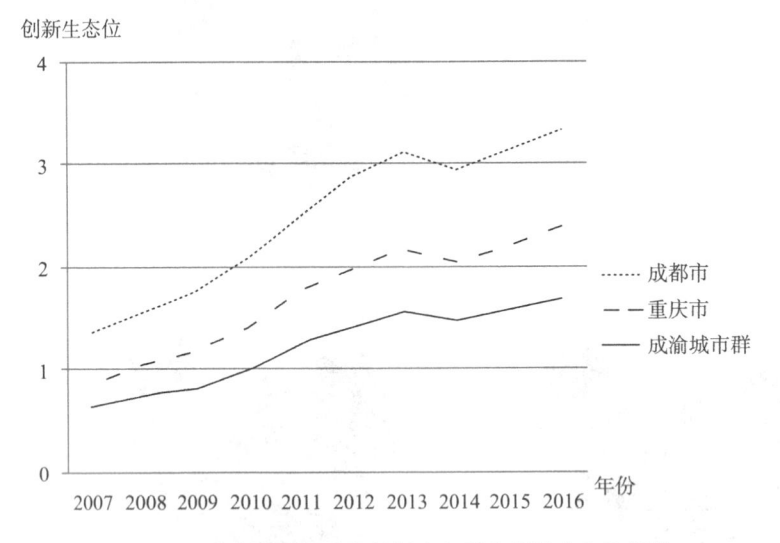

图 11-5 成渝城市群重点创新生态群落创新生态位指数

2. 创新生态位整体分异特征分析

在创新生态位数值计量的基础上,结合创新生态群落发展水平分类表(表 11-2),借助地理信息系统软件 ArcGIS 进行空间可视化分析,以空间单元的颜色分布表示创新生态群落的创新生态位分异特征,颜色越深表示对应城市单元的创新生态水平越高,可以得到 2007 年至 2016 年的成渝城市群创新生态群落生态位分异特征变化,如图 11-6 所示。

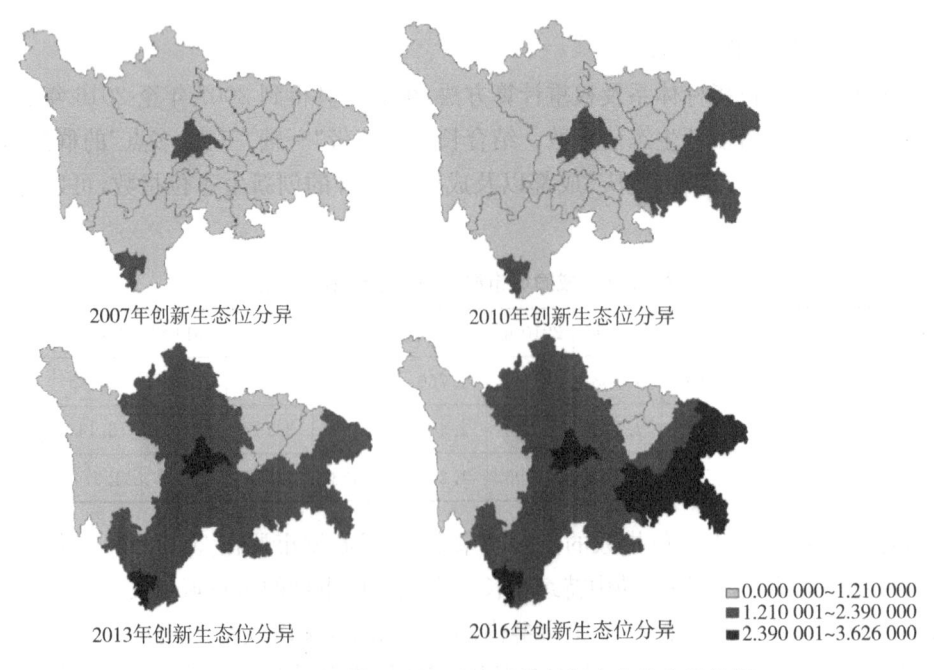

图 11-6 成渝城市群创新生态群落创新生态位分异特征

由成渝城市群的创新生态位分异特征,可以看出成渝城市群的创新生态单元以浅色为主,创新生态发展水平稍弱,并呈现出东南较优,西部发展迟缓的演化态势。从分异特征的演化发展来看,成渝城市群的空间单元以浅色居多,随着时间发展,逐渐在成都和重庆一带创新生态单元颜色加深,可见成都和重庆在成渝城市群创新生态发展过程中的重要作用。此外,攀枝花也持续处于相对高值区域,局部创新生态位发展较优。而巴中、康定、广元一带一直为浅色单元,整体上属于创新生态发展不足的区域,需要区域的资源集聚调节创新生态水平。

11.3 经济带的创新生态群落整体分异特征分析

11.3.1 创新生态群落的创新生态位指数计算

根据创新生态位指标体系及权重计算方法,可以计算得到 2007 年至 2016 年长江经济带的创新生态群落创新生态位指数。结合长江经济带"一轴、三极、多点"的群落特点,整理其 11 个重点城市及经济带的创新生态位指数,可以得到表 11-6;结合核心城市群创新生态群落分析得到的长江上、中、下游增长极重点城市成都、武汉、上海与经济带的计量结果,可以得到图 11-7。

经济带的创新生态位指数测度结果表明,长江经济带在 2007—2016 年的创新生态发展稳中有进,在小幅波动中持续增长。结合长江经济带的重点城市发展来看,长江经济带的创新生态发展呈现出鲜明的层次性,从增长极来看,以下游的重点城市上海为最优,中游的重点城市武汉次之,上游的重点城市成都居于末位。呈现出分异明显,东高西低的发展态势。

表 11-6 经济带创新生态位指数测度

群落	2007 年	2008 年	2009 年	2010 年	2011 年	2012 年	2013 年	2014 年	2015 年	2016 年
上海市	3.434	3.704	4.176	4.593	4.985	5.155	5.494	5.784	6.079	6.375
南京市	2.509	2.789	3.032	3.678	4.298	4.989	5.523	5.191	5.514	5.836
杭州市	2.928	3.386	3.581	4.144	4.845	5.342	4.531	5.407	5.743	6.079
合肥市	1.387	1.735	2.092	2.431	2.443	2.776	3.105	3.145	3.368	3.590
南昌市	1.533	1.817	1.996	2.212	2.668	2.954	3.271	3.210	3.427	3.643
武汉市	1.790	2.295	2.650	3.056	3.540	4.119	4.635	4.321	4.610	4.899
长沙市	1.696	2.050	2.536	2.976	3.561	4.025	4.482	4.244	4.556	4.884
成都市	1.351	1.570	1.772	2.076	2.487	2.899	3.132	2.950	3.140	3.329
重庆市	0.839	1.036	1.163	1.398	1.766	1.958	2.163	2.039	2.192	2.396
贵阳市	0.981	1.038	1.237	1.319	1.596	1.946	2.320	2.036	2.168	2.300
昆明市	1.145	1.323	1.477	1.688	1.954	2.327	2.630	2.371	2.513	2.655
长江经济带	0.891	1.056	1.226	1.409	1.675	1.882	2.039	1.991	2.125	2.256

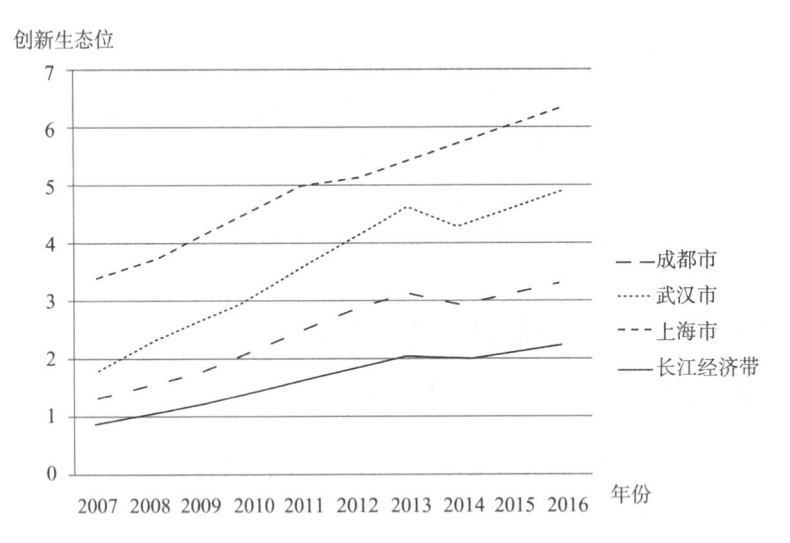

图 11-7　长江经济带重点创新生态群落创新生态位指数

11.3.2　创新生态群落的创新生态位属性分异特征分析

在创新生态位数值计量的基础上,结合创新生态群落发展水平分类表(表 11-2),借助地理信息系统软件 ArcGIS 进行空间可视化分析,以空间单元的颜色分布表示长江经济带创新生态群落的生态适应性、生态多样性、生态持续性水平,颜色越深表示对应城市单元的创新生态水平越高。得到经济带创新生态群落在 2007 年至 2016 年创新生态位属性分异特征变化,如图 11-8 至图 11-10 所示。

2007年生态适应性分异　　2010年生态适应性分异

2013年生态适应性分异　　2016年生态适应性分异

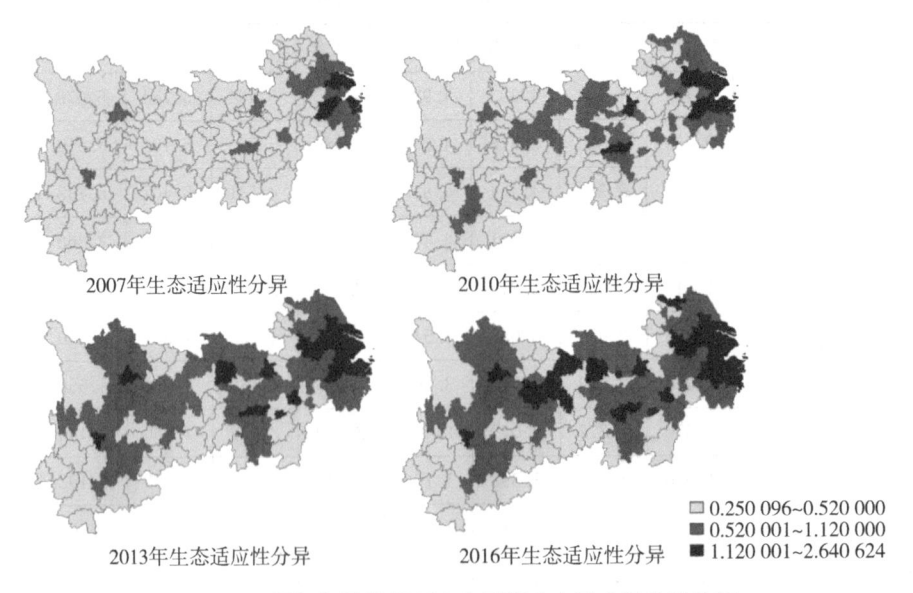

□ 0.250 096~0.520 000
■ 0.520 001~1.120 000
■ 1.120 001~2.640 624

图 11-8　长江经济带创新生态群落生态适应性分异特征

2007年生态多样性分异　　2010年生态多样性分异

2013年生态多样性分异　　2016年生态多样性分异

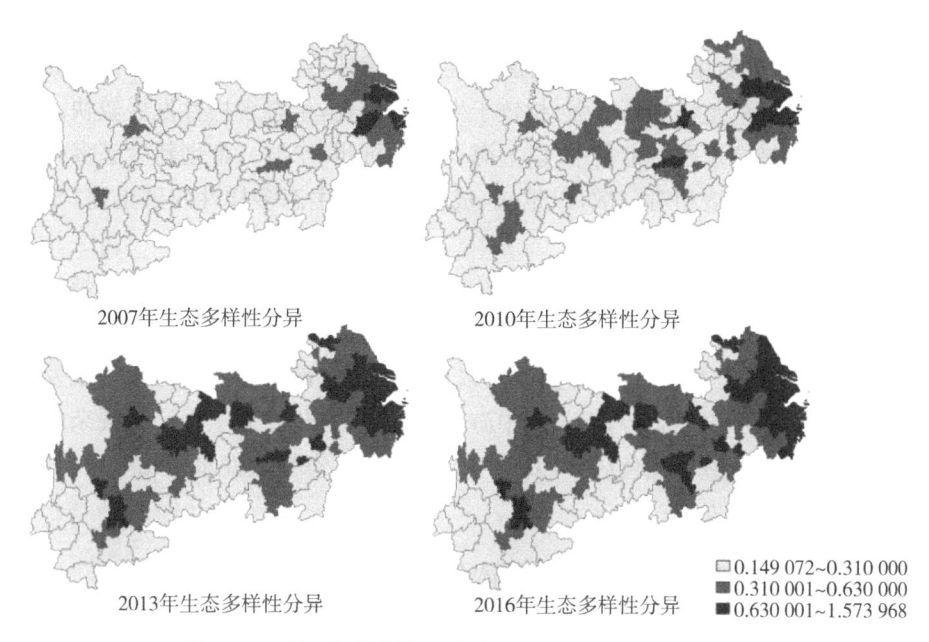

☐ 0.149 072~0.310 000
■ 0.310 001~0.630 000
■ 0.630 001~1.573 968

图 11-9　长江经济带创新生态群落生态多样性分异特征

2007年生态持续性分异　　2010年生态持续性分异

2013年生态持续性分异　　2016年生态持续性分异

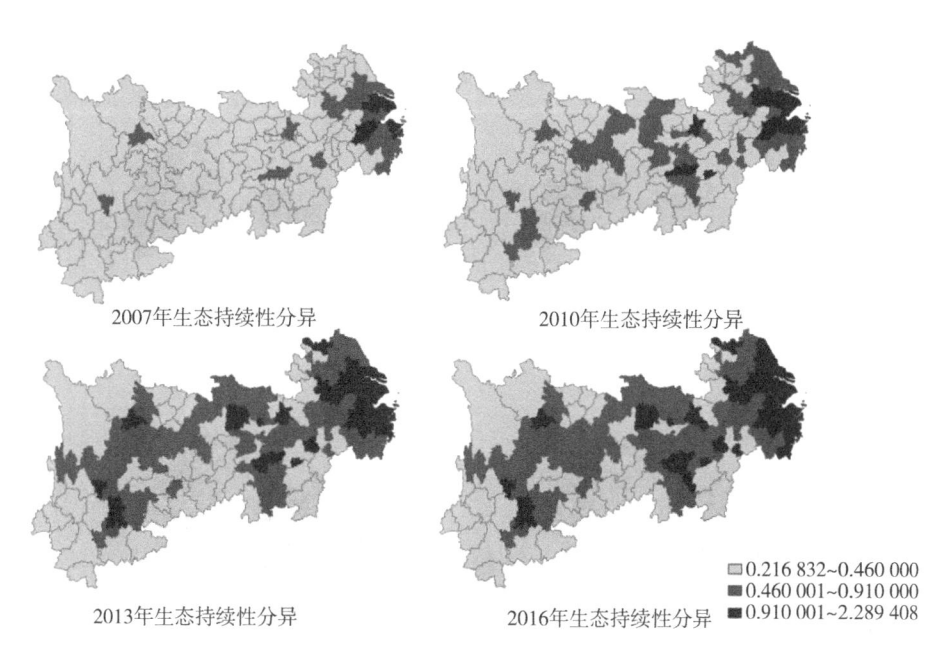

☐ 0.216 832~0.460 000
■ 0.460 001~0.910 000
■ 0.910 001~2.289 408

图 11-10　长江经济带创新生态群落生态持续性分异特征

由长江经济带创新生态群落的生态适应性分异特征，可以看出长江经济带的生态适应性随着时间的变化，自东向西整体发展水平不断增强。在演化发展过程中，东部沿海的长三角区域的发展较优，深色空间单元较多，创新生态群落的生态适应性水平高；中西部区域随着时间变化，生态群落的生态适应性稳步发展，呈现出深浅交杂，多增长极点的态势,重庆、成都、武汉、长沙等城市的增长极作用逐渐突显。

由长江经济带创新生态群落的生态多样性分异特征,可以看出长江经济带的生态多样性随着时间的推移,整体不断增强,相较于生态适应性,生态多样性发展较快。在演化过程中,长三角区域高水平城市集中,以上海、南京、杭州、宁波一带创新生态多样性发展优先;而中西部区域发展相对分散,以重庆、成都一带的生态多样性发展迅速,是长江上游影响较大的区域增长极点。

由长江经济带创新生态群落的生态持续性分异特征,可以看出长江经济带的生态持续性随着时间的变化,整体不断增强,但相较于生态适应性和生态多样性发展,长江上游区域的发展相对迟缓。在演化发展过程中,以长江下游东部沿海的长三角区域发展水平居高,且呈现出高水平聚集态势;而长江中游区域,随着演化发展呈现高低混杂的多中心发展趋势;长江上游区域以浅色居多,创新生态群落的生态持续性水平相对较低,需要挖掘科技潜力,提升区域发展。

11.3.3 创新生态群落的创新生态位整体分异特征分析

在创新生态位数值计量的基础上,结合创新生态群落发展水平分类表(表 11-2),借助地理信息系统软件 ArcGIS 进行空间可视化分析,以空间单元的颜色分布表示创新生态群落的创新生态位分异特征,颜色越深表示对应城市单元的创新生态水平越高,可以得到 2007 年至 2016 年长江经济带的分异特征,如图 11-11 所示。

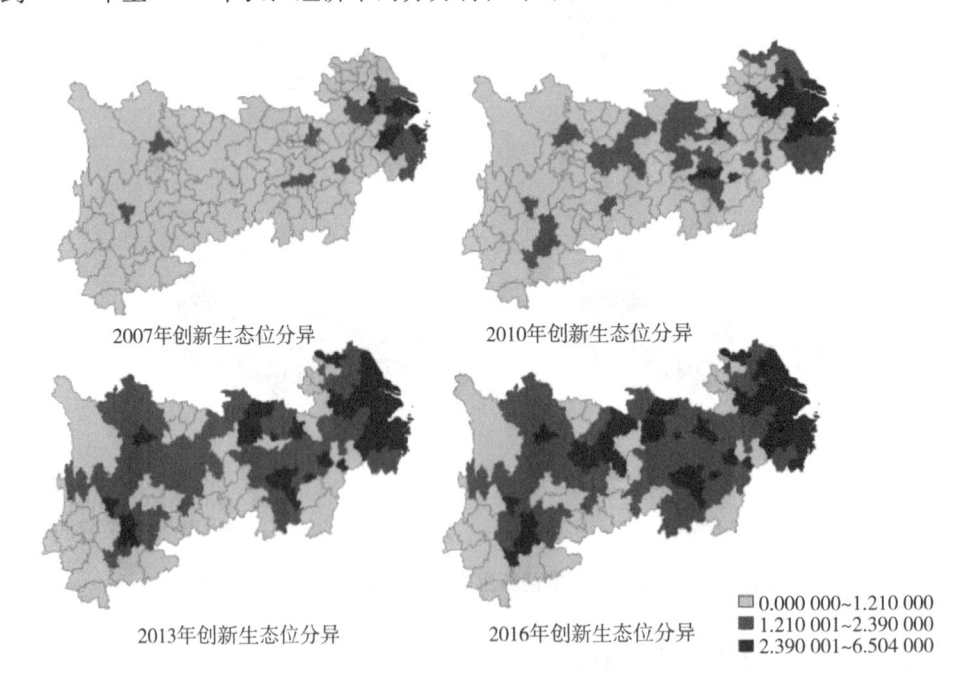

图 11-11 长江经济带创新生态群落创新生态位分异特征

由长江经济带的创新生态位分异特征,可以看出长江经济带的创新生态水平分异明显,呈现出东高西低的发展态势。东部沿海的长三角区域发展较优,深色空间单元较多,创新生态群落空间聚集明显,而中西部区域发展相对分散,呈现出深浅交杂、相对松散、多增长极点的态势,不过随着演化发展长江经济带整体上由东向西不断加深的演变趋势明显。创新生态位的分异特征反映出长三角区域作为长江经济带创新生态水平的领头区域,驱动着流域的创新生态升级发展。长江经济带中游的创新生态群落由多极支撑,在不断发展。长江经济带上游的创新生态群落发展较弱,具有持续发展的潜力,可以进一步提升。

综合长江经济带创新生态位指数与相关属性变化,以及不同层级的整体分异特征分析,结合长江经济带上重点创新生态群落的创新生态位均值计算,可以归纳长江经济带的创新生态群落整体分异特征,如表 11-7 所示。

表 11-7 长江经济带创新生态群落整体分异特征归纳表

空间区域	创新生态群落	重点城市	生态位指数 IN	整体分异特征
长江经济带	长江经济带	上海、南京、杭州等	2.256	分异明显,东高西低
长江上游	成渝城市群	成都、重庆等	1.675	相对低位,东南较优
长江中游	长中游城市群	长沙、武汉等	2.417	中等水平,高低混杂
长江下游	长三角城市群	上海、南京、杭州等	4.151	相对高位,沿海较优

11.4　创新生态群落分异特征的创新生态位宽度与重叠度分析

通过经济地理分析软件,前文对长江经济带核心城市群的创新生态群落发展状态的整体分异特征进行了可视化分析,结合创新生态位指数的计量结果,从绝对值的比较,研究了重要核心城市群落和经济带的创新生态水平变化。在创新生态位计量统计的基础上,可以进一步对各个城市进行点对点的二元比较分析,通过相对值比较分析,分析长江经济带内的创新生态群落内部的点对点的群落分异特征,接下来分析侧重相对值比较的创新生态位宽度和重叠度的计算方法,并以经济带的重点城市为例进行计量分析,揭示重点城市的创新生态发展态势。

11.4.1　创新生态位的宽度与重叠度测度方法

1. 创新生态位的宽度测量方法

生态位宽度,是生态单元对环境资源的利用情况的表征量,也被称为生态位大小或生态位广度,反映了一个物种在生态系统中所能利用的各种资源总和。从生态学角度看,当生物生存所需的可用资源减少时,其生态位的宽度将增加,例如在食物匮乏的环境中,捕食者要减少摄食次数和增加猎食的范围以保证生存。在创新生态学和企业研究中的生态位具有相似的特点:假设在创新生态系统 E 中,存在 n 个生态单元,占用着 t 种资源,这些创新生态单元的生态位宽度为 S_n,若其对创新资源的占用越多,则对应的生态位宽度也将越宽,而对应创新生态单元在创新生态系统中所起的作用也会相应增加。用矩阵形式可以表述,如表 11-8 所示。

表 11-8　创新生态资源矩阵

	创新生态资源							合计
创新生态单元	M_{11}	M_{12}	M_{13}	⋯	M_{1j}	⋯	M_{1t}	C_1
	M_{21}	M_{22}	M_{23}	⋯	M_{2j}	⋯	M_{2t}	C_2
	M_{31}	M_{32}	M_{33}	⋯	M_{3j}	⋯	M_{3t}	C_3
	⋯	⋯	⋯	⋯	⋯	⋯	⋯	⋯
	M_{i1}	M_{i2}	M_{i3}	⋯	M_{ij}	⋯	M_{it}	C_i
	⋯	⋯	⋯	⋯	⋯	⋯	⋯	⋯
	M_{n1}	M_{n2}	M_{n3}	⋯	M_{nj}	⋯	M_{nt}	C_n
合计	R_1	R_2	R_3	⋯	R_j	⋯	R_t	

由于存在 n 个创新生态单元、t 种创新资源,因此形成了 $n\times t$ 的创新资源矩阵。在创新生态资源矩阵表之中,M_{nt} 代表着创新生态单元 I 对创新资源要素 R 的利用度,$C_i=\sum_{i=1}^{n}M_{ij}$ 是 n 个创新生态单元的集合,$R_j=\sum_{j=1}^{t}M_{ij}$ 代表着被占用的 t 种创新生态资源要素,$\sum_{i=1}^{n}\sum_{j=1}^{t}M_{ij}$ 表示全部创新生态单元与资源的加总。不同的创新生态单元对不同的创新资源的利用存在差异,以 $P_{ij}=\dfrac{M_{ij}}{C_i}$ 表示第 i 个创新生态单元对资源 j 的占用,则创新生态位宽度的公式为:

$$S_i=\dfrac{1}{\sum_{j=1}^{t}P_{ij}^2} \tag{11-4}$$

式中:S_i 代表生态位宽度值,一般而言 S_i 值越小则对创新资源的利用越广,生态位也越大;而 S_i 值越大则对创新资源的占有能力越弱,对应生态位越小。

2. 创新生态位的重叠度测量方法

生态位重叠度指的是不同生态单元在生态位上的重叠,反映了两个不同的生态单元在占据的生态位上的相似程度,生态位重叠度的数值越大,则生态单元间的竞争也愈加激烈。假设创新生态系统中存在 n 个群落,这些群落对创新生态资源的利用呈正态分布,在二维生态坐标中创新生态位的宽度即坐标轴的积分值,以 d 来表示创新生态群落之间的峰值距离,以 w 来表示各创新生态群落占有的创新生态资源宽度半径,如图 11-12 所示。

当 $d/w<1$ 时,创新生态群落间的重叠度较高;当 $d/w>1$ 时,创新生态群落间的生态位分类不存在生态位重叠;当 $d/w=1$ 时,创新生态群落间的资源利用不重叠,并且系统中的资源得到充分利用,属于理想状态,现实中由于创新生境与创新生态要素的动态变化,生态位重叠也会不断变化。当 $d>w$ 时,创新生态群落间的生态位重叠较少;而当 $d<w$ 时,创新生态群落间的生态位重叠较多。

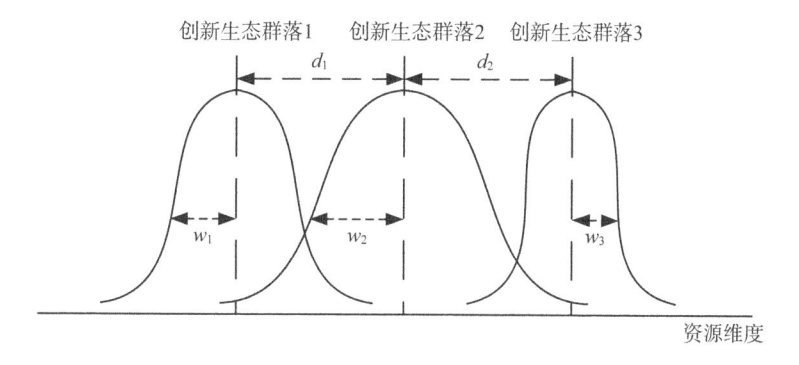

图 11-12 创新生态群落资源宽度与生态位重叠

计算创新生态位重叠度的常见方法包括:曲线平均模型、对称阿尔法测度法、不对称阿尔法测度法、阿尔法和与阿尔法积、信息函数模型测度法、似然估计模型、概率比测度法、群落间缀块指数模型、函数映射法等。由于长江经济带的数据统计需要统一数值口径,对原始数据进行比例转化,综合各方法特点,不对称阿尔法没有群落均匀分布的要求,并能表示多个群落之间的竞争压力,因此本节采用不对称阿尔法进行具体的实证研究。不对称阿尔法测度法也被称为 Levins 公式,其具体计算公式如下:

$$\alpha_{ij}=\frac{\sum_{t=1}^{R}P_{it}P_{jt}}{\sum_{t=1}^{R}P_{it}^{2}} \tag{11-5}$$

式中:α_{ij} 代表生态单元 i 和 j 在创新生态资源 R 上的重叠程度;P_{it} 代表生态单元 i 对资源 t 的利用程度;而 P_{jt} 则代表生态单元 j 对资源 t 的利用程度;公式中的 R 是资源维度的极限阈值,即 $t=1,2,\cdots,R$。

11.4.2 创新生态群落的创新生态位宽度分析

为了对长江经济带的创新生态群落分异特征进行细化的点对点比较分析,这里以区域中心城市为例,以长江经济带上的直辖市及重点省会城市为主体,计算 2007—2016 年流域内重点城市的创新生态位宽度情况。创新生态位宽度的计算方法如公式 11-4 所示,由于部分指标并非每年统计,这里做平滑处理,取多年平均值。经过数据处理和折算,可以得到长江经济带重点城市生态位宽度的数值,如表 11-9 所示。

根据创新生态位宽度值的计量分析结果,长江经济带的生态位宽度值域落在[0,80]的区间中,创新生态位宽度值越小说明创新生态系统发展良好,竞争适度,统计表明长江经济带创新生态系统的发展总体状态良好。通过进一步分析可知长江经济带创新生态系统中不同区域的创新生态水平:首先,上海、南京、杭州这三个重点城市的生态位宽度依次为18.937、23.377、28.691,其值域在(0,30]的区间中,可以被归为三类创新生态群落,这三个城市在整个长江经济带的流域创新生态系统中发展态势良好,对创新要素的利用相对充分;其次,武汉、成都、合肥、长沙这四个重点城市的创新生态位宽度依次为34.593、38.482、46.412、49.898,这几个城市的创新生态位宽度值域落在(30,50]的区间中,可以被归为二类创新生态群落,这些城市创新生态群落所拥有的创新资源禀赋不如三类群落,需要更大的生态位宽度来维持群落发展,但可以通过进一步挖掘创新生态潜力以提升创新要素利用效率,从而实现创新生态群落水平的升级跃迁;最后,重庆、贵阳、昆明、南昌这四个重点城市的创新生态位宽度依次为50.829、53.076、69.128、76.388,这几个城市的创新生态位宽度值域落在(50,80]的区间中,可以被归为一类创新生态群落,其创新资源的可占用量相对较小,不得不依赖更大的生态位宽度来维持群落发展,需要提高创新资源利用率,通过整合内部资源或组织调整,进一步挖掘创新要素以扩大资源范围,或提升创新资源的利用能力,强化创新生态系统的适应能力。总结以上分析,可知长江经济带重点城市创新生态群落发展水平的具体分类,如表11-10所示。

表11-9 长江经济带重点城市生态位宽度测度结果表

群落	生态适应性	生态多样性	生态持续性	生态位宽度
上海市	0.134	0.163	0.091	18.937
南京市	0.139	0.116	0.1	23.377
杭州市	0.137	0.103	0.074	28.691
合肥市	0.079	0.067	0.104	46.412
南昌市	0.061	0.053	0.081	76.388
武汉市	0.102	0.09	0.102	34.593
长沙市	0.084	0.077	0.084	49.898
重庆市	0.071	0.083	0.088	50.829
成都市	0.083	0.091	0.104	38.482
贵阳市	0.056	0.084	0.093	53.076
昆明市	0.055	0.071	0.08	69.128

表11-10 长江经济带重点城市创新生态群落发展水平分类表

群落分类	发展水平	城市名称	创新生态位宽度值域范围
三类创新群落	高	上海、南京、杭州	(0,30]
二类创新群落	中	武汉、成都、合肥、长沙	(30,50]
一类创新群落	低	重庆、贵阳、昆明、南昌	(50,80]

从创新群落分类整体上看,长江下游区域的东部沿海省域创新生态群落较为发达,创新发展势头良好,而长江上游区域的西部省份创新生态群落发展较为缓慢,整体呈现出一种西低东高、自西向东创新生态水平逐步增强的趋势。值得一提的是,从流域局部发展来看,西部城市中成都、重庆、贵阳受国家创新政策倾斜,创新生态发展在区域范围内较优。而从细分指标上看,每个重点城市具有各自的禀赋特点:在创新的生态适应性上,南京、杭州、上海、武汉、长沙排名在前;在创新的生态多样性方面,上海、南京、杭州、成都、武汉排在前列;在创新的生态持续性方面,前五则依次为成都、合肥、武汉、南京、贵阳。创新生态位在长江经济带上的空间分布呈现出非均衡特点,这种区域非均衡提示着我们:在创新经济的发展过程中要处理好东部沿海发达省市与中西部欠发达省市的创新极点作用,以此来带动创新系统的良性发展,同时也要挖掘中西部欠发达省市的创新潜力,实现充分对接和全面发展。发达地区拥有相对优越的地理位置、高度发展的产业链和人力资源市场,会吸引创新要素的集聚,形成阶段性创新增长极优势,但同时也有可能产生收敛效应与竞争泛化,进入增长瓶颈期,而欠发达地区有可能通过区域优势资源挖掘,产生追赶效应。因此,必须综合分析整个长江经济带的创新生态系统,以指导创新型经济的发展。本章节接下来将在生态位宽度的基础上,进一步分析长江经济带创新生态群落的发展态势,从重叠度和时空格局方面进一步分析长江经济带的创新生态位情况。

11.4.3 创新生态群落的创新生态位重叠度分析

创新生态位重叠度的计算建立在创新生态位宽度分析的基础上,是对创新生态群落分异特征之间的相对影响的进一步分析。为了对长江经济带的创新生态群落分异特征进行细化的点对点比较分析,这里同样以区域中心城市为例,以长江经济带上的直辖市及重点省会城市为主体,计算2007—2016年流域内重点城市的创新生态位重叠度情况。因为直辖市及省会城市往往占有经济带的优势创新生态资源,在人才、政策、市场环境等方面的聚集效应相对明显,对这些重点城市的计量分析与比较有助于提纲挈领地把握整个经济带的创新生态群落分异特征。根据创新生态位重叠度的计算方法,将数据代入公式11-5,可以得到长江经济带的创新生态位重叠度,如表11-11所示。

创新生态位重叠度的计算结果表明,长江经济带上不同流域范围的重点城市的创新生态群落之间存在着非均衡、不对称的创新生态资源竞争。总体而言,上海、南京、杭州占据最优的创新生态位势,对长江经济带上大部分创新群落都具有影响。根据创新生态位重叠度的计算结果,设重叠度大于1则影响较大,从计量结果可知:上海的创新生态群落受其他城市影响较小,主要受到南京的影响;而南京受上海影响较大,同时也受到杭州的一些影响;杭州的创新生态群落主要受到南京和上海的影响,两者对杭州的影响相近;武汉的创新生态群落主要受到上海、南京、杭州的影响;成都的创新生态群落主要受到上海、南京、杭州、武汉的影响;合肥的创新生态群落主要受到上海、南京、杭州、武汉、成都的影响;长沙、重庆、贵阳、南昌都一定程度地受到流域内其他重点城市的创新生态群落的影响。

表 11-11　长江经济带重点城市生态位重叠度表

城市	上海	南京	杭州	合肥	南昌	武汉	长沙	重庆	成都	贵阳	昆明
上海	1	1.090	1.202	1.437	1.847	1.301	1.569	1.578	1.363	1.574	1.813
南京	0.883	1	1.101	1.353	1.736	1.204	1.447	1.438	1.250	1.424	1.651
杭州	0.793	0.897	1	1.18	1.513	1.065	1.28	1.26	1.094	1.232	1.436
合肥	0.586	0.682	0.729	1	1.283	0.854	1.024	1.033	0.903	1.047	1.204
南昌	0.458	0.531	0.568	0.779	1	0.666	0.799	0.806	0.705	0.817	0.940
武汉	0.712	0.814	0.883	1.146	1.471	1	1.201	1.204	1.049	1.208	1.394
长沙	0.596	0.678	0.736	0.953	1.223	0.833	1	1.004	0.874	1.008	1.162
重庆	0.588	0.661	0.711	0.943	1.211	0.819	0.985	1	0.87	1.015	1.164
成都	0.671	0.76	0.816	1.089	1.399	0.943	1.133	1.149	1	1.166	1.337
贵阳	0.562	0.627	0.666	0.915	1.176	0.787	0.947	0.972	0.845	1	1.140
昆明	0.497	0.558	0.596	0.809	1.039	0.697	0.839	0.856	0.744	0.875	1

结合空间结构特点,可以进一步分析创新生态群落发展,按照经济带的地理划分可以得到重叠度分类,如表 11-12 至表 11-14 所示。

表 11-12　长江下游创新生态群落重叠度

城市	上海	南京	杭州
上海	1	1.090	1.202
南京	0.883	1	1.101
杭州	0.793	0.897	1

表 11-13　长江中游创新生态群落重叠度

城市	合肥	南昌	武汉	长沙
合肥	1	1.283	0.854	1.024
南昌	0.779	1	0.666	0.799
武汉	1.146	1.471	1	1.201
长沙	0.953	1.223	0.833	1

表 11-14　长江上游创新生态群落重叠度

城市	重庆	成都	贵阳	昆明
重庆	1	0.87	1.015	1.164
成都	1.149	1	1.166	1.337
贵阳	0.972	0.845	1	1.140
昆明	0.856	0.744	0.875	1

从重叠度计量的结果来看：首先根据表 11-12，长江下游群落刚好与三类创新群落构成相同，其特点与前面论述的三类创新群落特点相同，相对而言，上海的创新生态群落处于长江下游的创新城市群落的中心位置。其次根据表 11-13，在长江中游的创新生态群落中，合肥的创新生态群落受到武汉的影响最大，长沙次之；南昌的创新生态群落同时受到武汉、长沙、合肥的影响，以武汉的影响最大；武汉的创新生态群落本身受到邻近群落的影响相对较小；长沙的创新生态群落主要受武汉和合肥影响，也是受到武汉的影响最大。对比可知，湖北武汉的创新生态群落在长江中游处于相对中心位置，影响着周边生态群落的发展。最后根据表 11-14，在长江上游的创新生态群落中，重庆的创新群落主要受到成都的影响；而成都的创新生态群落受周边群落影响相对较小；贵阳主要受到成都和重庆的创新生态群落影响，而成都的影响较大；昆明的创新生态群落受周边的邻近城市群落作用，成都、重庆、贵阳对昆明都有影响，也以成都影响最大。因此，总体而言，成都的创新生态群落处于相对中心位置，对周边的创新生态发展都具有影响。总结流域划分下的创新群落重叠度，可以发现区域创新生态发展具有一定程度的极点特征，上海、武汉、成都分别处在长江下、中、上游的创新城市发展的中心位置，对周边的创新生态群落发展影响相对较大。

通过分类、比较、分析，可以进一步理解创新生态群落的发展水平，创新生态群落的重叠度发展水平分类如表 11-15 至表 11-17 所示。

对比重叠度的结果来看：首先根据表 11-15，在三类创新生态群落中，上海的创新生态群落受到南京的影响大于杭州的影响；对于南京的创新生态群落而言，其受到上海的影响略大于杭州的影响；而杭州的创新生态群落受到上海的影响与南京的影响相接近。由此从局部创新生态系统的结构上看，可以通过促进上海创新生态群落的积极发展，产生创新的辐射作用，同时对南京和杭州起到促进作用。其次根据表 11-16，二类创新群落在受到一类、三类创新群落影响的同时，其内部的同类群落间呈现出非对称的影响特点：合肥的创新生态群落主要受到武汉的创新影响；而武汉的创新群落受到成都的创新影响最大；长沙受到武汉和成都的影响相接近；而成都主要受到武汉的影响；但是整体上二类创新生态群落之间都存在着相近的创新影响，而创新群落之间的生态位竞争要弱于三类创新群落。最后根据表 11-17，一类创新群落在受三类、二类创新群落影响的同时，其内部的同类群落间影响与二类群落类似，群落间相互影响接近，但生态位的竞争不强。总结创新群落发展水平分类下的重叠度特点，可以发现创新生态群落的发展水平类别越高，创新生态资源要素的影响也越大；而群落层级发展水平越低，创新生态群落间的联系越紧密，群落个体的影响也有所降低。

表 11-15 三类创新生态群落重叠度

城市	上海	南京	杭州
上海	1	1.090	1.202
南京	0.883	1	1.101
杭州	0.793	0.897	1

表 11-16　二类创新生态群落重叠度

城市	合肥	武汉	长沙	成都
合肥	1	0.854	1.024	0.903
武汉	1.146	1	1.201	1.049
长沙	0.953	0.833	1	0.874
成都	1.089	0.943	1.133	1

表 11-17　一类创新生态群落重叠度

城市	南昌	重庆	贵阳	昆明
南昌	1	0.806	0.817	0.940
重庆	1.211	1	1.015	1.164
贵阳	1.176	0.972	1	1.140
昆明	1.039	0.856	0.875	1

综合前文创新生态位重叠度比较,上海、南京、杭州是驱动整个流域经济带创新生态发展的重点城市,占有较高的创新生态位,对长江经济带的其他区域也有着重要影响;而上海、武汉、成都是区域发展的中心城市,这些中心城市对其周边的创新生态群落有着重要的生态影响,促进了局部创新生态水平的提升。结合测度与分析,可以将创新生态群落重叠度综合分析结果进行归纳和整理,如表 11-18 所示。

表 11-18　长江经济带重要区域创新生态群落重叠度综合分析

重点城市分类	城市名称	重要性说明
经济带重要城市	上海、南京、杭州	占有较高的创新生态位,驱动整个流域经济带创新生态发展
区位中心城市	上海(长江下游中心) 武汉(长江中游中心) 成都(长江上游中心)	区域发展的中心城市,对周边的创新生态群落有着重要的生态影响

第 12 章
长江经济带创新生态群落空间关联分异特征分析

12.1 长江经济带创新生态群落的空间关联指数分析方法

12.1.1 创新生态群落的空间关联特征分析原理

1. 空间关联特征分析的数学原理

空间关联特征分析,区别于传统的时序数据分析,在统计单元中引入空间矩阵,通过空间数据的属性信息和空间模型的联合分析来测度与分析空间单元的潜在特征与关联性,依托于空间矩阵对传统人文经济领域的时序计量模型进行了补充和拓展。著名经济地理学者瓦尔多·R.托布勒(Waldo R. Tobler)在"地理学第一定律(Tobler's First Law)"中指出"任何事物皆有联系,而邻近事物之间的相关性更强烈(Everything is related to everything else, but near things are more related to each other)"。地理上的邻近关系隐含着空间单元间的经济、文化交流,会使得各个空间单元的变量之间呈现出不可忽视的相关关系。而随着计算机科学技术的飞速发展,将地理信息以数字形式储存,并结合人文经济活动进行数据挖掘成为可能。基于以上原理诞生了空间关联特征分析。

空间关联特征分析原理在数学上表现为空间权重矩阵。空间权重矩阵,作为空间关联特征分析的核心环节,表现为空间单元间邻接关系的数学矩阵,用于表征各个单元在空间上的位置关系。空间权重矩阵是空间建模(spatial modeling)的重要组成部分,也是空间关联特征分析的基础。具体来看,空间权重矩阵通常被表示为一个非负的 n 阶矩阵,如 W 所示:

$$W = \begin{bmatrix} w_{11} & w_{12} & \cdots & w_{1n} \\ w_{21} & w_{22} & \cdots & w_{2n} \\ \cdots & \cdots & \cdots & \cdots \\ w_{n1} & w_{n2} & \cdots & w_{nn} \end{bmatrix}$$

其中，n 为空间模型中的分析单元的个数；w_{ij} 表示空间单元 i 所处的区域和空间单元 j 所处的区域之间的空间依赖程度，权重值 w_{ij} 的测度值越大，则两个空间单元之间所具有的空间依赖性越强，反之 w_{ij} 的测度值越小，则两个空间单元之间空间依赖性也越弱。标准的空间权重矩阵是根据地理上邻接关系构建的，矩阵 W 在主对角线上的元素皆为 0，且 $W^T=W$ 为对称矩阵。对角线元素为 0，表示各空间单元不与自身相邻；而由于空间性质，若空间单元 i 所处的区域和空间单元 j 为相邻关系，则空间单元 j 所处的区域和空间单元 i 也必然为相邻关系，即权重值 w_{ij} 与 w_{ji} 必然相等，$w_{ij} \equiv w_{ji}$，因此矩阵 W 具有对称矩阵的属性。

空间权重矩阵隐含的空间假设为空间单元间的依赖性会随着"距离"的增加而衰减，以 $w_{ij}=0$ 表示空间不相关，以 $w_{ij}=1$ 表示空间邻近。矩阵计算的一般表达式为条件判别式：

$$W = \begin{cases} w_{ij}=1 & \text{满足给定的空间性质} \\ w_{ij}=0 & \text{其他} \end{cases} \tag{12-1}$$

2. 空间关联特征分析在人文研究领域的改进

由于创新要素的流动，创新生态群落之间会有天然而密切的知识交换并产生溢出效应。创新生态群落的空间关联特征分析是对创新生态群落在空间特征差异上的计量测度，通过比较创新生态群落在空间范围的差异，分析总结创新生态群落活动的空间区位特点，有助于指导长江经济带创新生态群落的协同发展。常见的空间权重矩阵的处理方法包括：几何判定和函数判定两大类。几何判定，包括一阶邻近、高阶邻近等，具体判定的条件包括：空间单元 i 所处的区域和空间单元 j 是否存在公共顶点、公共边，是否仅间隔一至两个邻近空间单元等。而函数法则是通过阈值进行判定，同时由于函数具有连续性，空间权重值 w_{ij} 可取 0 到 1 区间的数值，例如 K-最近相邻权重法（K-Nearest Neighbor）就采用了地理函数判定，其表达式为：

$$W = \begin{cases} w_{ij}=1/d_{ij} & d_{ij} \leqslant d_i(k), i \neq j \\ w_{ij}=0 & \text{其他情况} \end{cases} \tag{12-2}$$

式中：$d_i(k)$ 表示空间单元 i 到第 k 个邻近空间单元的地理距离。如果空间单元 j 不属于空间单元 i 的第 k 个邻居，则权重值 w_{ij} 为 0，意味着两个空间单元之间不存在空间依赖关系；而如果空间单元 j 和空间单元 i 为邻近关系，则权重值 w_{ij} 由空间单元 i 和空间单元 j 之间的地理距离倒数表示。K-最近相邻权重法的应用范围广泛，不仅可以构建空间权重矩阵，还可作为非参数识别方法解决数据分类等问题。

在地理函数 K-最近相邻权重矩阵的基础上，令 $w_{ij}=1/\Delta GDP$ 的经济距离空间权重；令 $w_{ij}=1/std(\varepsilon)$（权重值区域经济变量动态协方差的倒数）的协动空间权重等方法被引入空间矩阵处理中。这些单一空间矩阵处理方法所具有的优缺点如表 12-1 所示。为了更好地实现对空间单元的测度，综合多种权重处理方法的优点，多维度复合空间权重矩阵法被应用于创新生态相关领域中。

表 12-1　不同空间权重矩阵判定方法对比

空间矩阵判定	优点	缺点
几何邻近	客观赋值、计算量小、简单直观、设定方便	对空间特征的描述能力有限，空间分析的灵活性和适用性差
地理距离阈值	设定相对简单；可根据研究中的具体问题选择适合的阈值优化分析	计算量较大；参数的设定可能对最终结果产生较大影响
人文经济阈值	能够衡量由于经济、贸易、政策等人文经济活动产生的空间影响	计算量大，部分数据获取难度大；变量选择存在主观性，模型设定对结果影响大

所谓复合空间权重矩阵，即在阈值判定的基础上，利用加权平均或因子乘积的方法对空间权重值进行修正，以兼顾多个维度的空间特征属性。典型的复合空间权重例子包括：Dacey 矩阵 $w_{ij}=d_{ij}\times\alpha_i\times\beta_{ij}$，其中 α_i 和 β_{ij} 为面积修正因子，用于修正距离参数；Bodson-Peeters 可达矩阵 $w_{ij}=\sum_j k_j f(d_{ij})$，通过加权函数修正空间权重值。由于创新活动的空间特征难以用单一维度测度，所以这里在空间矩阵处理中将参考复合空间矩阵处理方法，空间权重值公式如下：

$$W=\begin{cases} w_{ij}=\sum \alpha_{ij}f(d_{ij},x_{ij}) & \sum \alpha f(d_{ij},x_{ij})\leqslant p, i\neq j \\ w_{ij}=0 & 其他情况 \end{cases} \quad (12-3)$$

式中：d_{ij} 为由地理坐标计算的空间距离；x_{ij} 为由创新生态位重叠度和国民经济产值拟合的人文经济地理距离；α_{ij} 为空间修正系数；p 为设定的空间阈值。

在复合空间权重矩阵的基础上，首先分析长江经济带创新生态群落的空间相关度，在确认群落相关性的基础上，进一步通过空间回归模型，计算空间关联指数，综合空间相关度和空间关联指数，分析长江经济带创新生态群落的空间关联分异特征，剖析影响这些分异特征的创新生态要素。

12.1.2　创新生态群落的空间相关度测量方法及步骤

创新生态群落的空间相关度测量的目的在于确认创新生态群落在不同空间单元的相互关联程度，确认创新生态群落的空间相关程度是提取创新生态群落空间关联指数，展开空间关联分异特征分析的前提。如果创新生态群落间不存在空间上的差异性作用及相互影响，那么空间关联分异特征分析也就失去了意义。而相较于传统创新生态学的个体分析、创新生态水平的状态分异特征分析，空间相关度计量更注重区域单元的系统性联系与作用。创新生态群落的空间相关度分析有三个步骤，具体为：划分空间测度范围；全局 Moran's I 测度分析；局部 Moran's I 测度分析。

1. 创新生态群落的空间测度范围划分

创新生态群落的空间测度范围划分首先借助地理信息系统软件 ArcGIS 进行空间单

元绘制,然后为地图中的空间单元设立相应的空间属性指标,代入创新生态群落的指标统计数据。空间计量的显著性会因样本量缺失而下降,为了保证测度的科学性,样本量一般要达到 20 以上,因此本研究将以市域范围作为空间因子分析的基本单元,并根据长江经济带"一轴、三极、多点"的发展格局与层级特点,以核心城市群和经济带作为创新生态空间相关度、空间关联指数测度以及空间关联分异特征分析的研究主体。具体而言,在核心城市群的测度研究方面,根据长江经济带上、中、下游非均衡发展的创新生态位特点,以长三角城市群为长江下游的核心创新生态群落,以长中游城市群为长江中游的核心创新生态群落,以成渝城市群为长江上游的核心创新生态群落,分别对长江下游的长三角城市群、长江中游城市群、长江上游的成渝城市群进行分区域的空间差异度分析。其中,长三角城市群为江苏、浙江、安徽、上海三省一直辖市范围内,位于长江三角洲的 26 个城市空间单元。长中游城市群为湖北、湖南、江西、安徽四省范围内的 40 个城市空间单元。长江上游成渝城市群为四川、重庆一省一直辖市范围内的 22 个城市空间单元。在经济带的测度研究中,整体创新生态群落范围的空间测度包括长江经济带九省两直辖市范围内 129 个城市空间单元。通过核心城市群到经济带由核心到整体的空间分析构架,完整全面地分析长江经济带创新生态群落的空间关联分异特征。

2. 创新生态群落的全局 Moran's I 测度分析

全局 Moran's I 测度分析以上一章测得的创新生态位数值为基础,创新生态位下的创新生态群落全局 Moran's I 测度分析具体步骤及方法如下:首先,需要定量计算与测度创新生态群落的创新生态位数值;然后,通过创新生态群落的空间属性,依照 12.1.1 中的空间权重综合赋值方法进行空间权重设置;最后结合空间单元的创新生态位与空间属性,进行探索性空间数据分析(Exploratory Spatial Data Analysis,简称 ESDA)。由于第十一章已详细介绍了创新生态位的计算,因此本节对创新生态位的测度方法介绍从略,重点介绍 ESDA 空间相关度测度分析方法。

ESDA 空间分析是一种在统计学原理的基础上结合地理位置信息、图形信息与单元特征图表,充分挖掘数据的空间性的研究方法,研究的核心在于检验测度单元间的数据是否存在空间相关性,彼此间的空间相关作用是否具有显著性,其主要的分析方法包括全局空间自相关分析和局部空间自相关分析。这两种方法的本质都在于通过数据计量来表征测度单元在空间上的相关联程度与分布特征状态。而两者的区别则显而易见:一个是面向全局的统计测度,目的是判断整体的空间关联程度;另一个则是针对局部的统计测度,目的是分析指出局部单元的空间分布特征。一般的标准测度步骤是:首先,做全局空间自相关分析,确定是否存在空间相关性;其次,在空间相关性显著的基础上再做局部空间自相关分析,确定局部的空间差异性与分布特征。若全局空间自相关分析的结果为空间关联不显著,则可停止局部空间自相关分析,因为当全局空间相关性的结果为不显著时,局部空间分布特征值的代表性和科学性也会具有局限。

全局空间自相关分析的测度中,通常采用计量指数 Moran's I 来衡量全局空间相关性,其数学表达式如下:

$$I = \frac{n}{S} \times \frac{\sum_{i=1}^{n}\sum_{j=1}^{n} w_{ij}(x_i - \overline{x})(x_i - \overline{x})}{\sum_{i=1}^{n}(x_i - \overline{x})^2} \tag{12-4}$$

式中：x_i 是要测度的空间单元特征属性；$\overline{x}$ 为该属性在空间上的平均值；w_{ij} 为空间单元 i 和空间单元 j 之间的空间权重值；n 为所测度的空间单元的总数；而 S 为所有空间权重的集合，其数学表达式为 $S = \sum_{i=1}^{n}\sum_{j=1}^{n} w_{ij}$。统计检验的 z_I 得分值按以下形式计算：

$$z_I = \frac{I - E(I)}{\sqrt{E(I^2) - E(I)^2}} \tag{12-5}$$

式中：I 为所测全局 Moran's I 值，而 $E(I) = -1/(n-1)$。

Moran's I 的值域范围在 -1 到 1 之间，当统计检验的 z_I 得分落在一定的置信区间内，若 Moran's I 的计量结果在 0 到 1 之间，说明测度区域的空间单元间存在正向的空间相关性，有空间聚集效应；若 Moran's I 的计量结果在 -1 到 0 之间，则说明测度区域的空间单元间存在负向的空间相关性，有空间排斥效应，有离散趋势。同时，Moran's I 的绝对值越大，空间效应越强。反映在创新生态群落的测度中，即 Moran's I 的绝对值越大，空间关联的作用效应越强。若 Moran's I 为正则说明创新生态群落间有空间聚集，有良性的规模效应与聚集效应；反之，若 Moran's I 为负则说明创新生态群落间有空间离散，相互之间竞争排斥，未形成良性生态系统。

3. 创新生态群落的局部 Moran's I 测度分析

局部 Moran's I 测度分析属于局部空间自相关分析，是 ESDA 空间分析的一部分，与全局 Moran's I 的空间自相关分析紧密联系，相较于整体的相关度更侧重空间单元的局部空间差异性与空间分布特征。局部空间自相关分析的测度中，通常运用 Local Moran's I 进行分析，具体的测度分析方法又被称为 LISA 模型（Local Indicators of Spatial Association），该方法由美国亚利桑那州立大学的地理与规划学院院长 Luc Anselin 教授提出，因此 Local Moran's I 被称为"Anselin Local Moran's I"，其相应测度公式如下：

$$I = \frac{x_i - \overline{x}}{S_L} \sum_{j=1}^{n} w_{ij}(x_j - \overline{x}) \tag{12-6}$$

在 Local Moran's I 中各参数含义基本与全局 Moran's I 相同，其原理是将 Moran's I 值分解到各个空间单元中，通过比较 I_i 和 I_j 以及各个单元的空间指标的 Z 值统计得分与显著性来做局部空间相关度的聚类与异常值分析，其中 $S_L = \dfrac{\sum_{j=1}^{n} x_j^2}{(n-1) - \overline{x}^2}$，$Z$ 值的计算方法与全局 Moran's I 中的 z 值计算方法相同。

根据 I_i 和 z_i 的不同计量值，可以将创新生态群落划分为四种不同的空间关系：①当

$I_i>0$,且 $z_i>0$ 时,为高-高空间集聚(high-high),在创新生态群落空间相关度分析中,意味着邻近的空间单元都是创新水平高值区域,创新生态群落之间有正向促进的影响,形成创新生态群落的"增长极化区域"。②当 $I_i>0$,且 $z_i<0$ 时,为低-低空间集聚(low-low),在创新生态群落空间相关度分析中,意味着邻近的空间单元都是创新水平低值区域,且创新生态群落之间空间负相关,有资源挤占趋势,彼此间呈现竞争态势,形成创新生态群落的"增长阻滞区域"。③当 $I_i<0$,且 $z_i>0$ 时,为高-低空间集聚(high-low),表示测度的空间单元高于邻近的空间单元,在创新生态群落空间相关度分析中意味着局部呈现出多个低水平群落围绕一个高水平群落的创新生态集聚,且发展水平高的创新生态群落对创新水平落后的群落产生了正向的空间关联作用,存在极点效应或辐射效应,带动着局部群落的良性发展,形成创新生态群落的"极点辐射区域"。④当 $I_i<0$,且 $z_i<0$ 时,为低-高空间集聚(low-high),表示测度的空间单元低于邻近的空间单元,在创新生态群落空间相关度分析中意味着局部呈现出一个低水平群落居于多个高水平群落中间,且低水平群落成为局部低点,未与周围的创新生态群落产生良性互动,形成创新生态群落的"极点滞后区域"。

12.1.3 创新生态群落的空间关联指数计量方法及步骤

空间关联指数计量分析是空间计量方法在创新生态领域的应用。空间关联指数计量分析的研究重点是结合空间属性和群落特点构建空间回归模型,代入创新生态群落的创新生态位相关指标,以测度驱动创新的核心要素、计算空间回归系数值,根据空间回归系数值确定创新生态群落的空间关联指数影响大小,并通过回归模型的判定来检验驱动创新生态群落的演化动力机制。空间关联指数计量分析的具体步骤与方法如下文所示。

1. 空间关联指数计量模型原理

空间关联指数计量模型主要依托于空间回归分析,通过引入空间权重,将地区间的关系纳入回归分析中。这里主要运用的是空间计量中的空间误差模型(Spatial Error Model)和空间滞后模型(Spatial Lag Model)。传统的计量回归分析以空间单元相互独立为假设前提,忽略了区域之间的相互作用,在实际测度中存在着估计偏差,而空间计量通过引入空间权重,将地区间的关系纳入分析中,弥补了传统计量的不足,并能通过测度反映空间上协同与溢出效应。其中,空间误差模型(SEM 模型)重点关注的是空间单元的随机干扰项误差对本地区测度值的影响,反映了创新生态系统的遗传变异性质,即创新生态群落受不可控因素影响而产生的数值变化;而空间滞后模型(SLM 模型)则着重分析空间单元测度值之间的相互影响,反映了创新生态系统的协同演化特质,即创新生态群落受周边空间的影响,而产生的创新扩散或溢出现象。由于空间误差模型和空间滞后模型这两种常用的空间计量模型可以很好地反映空间的属性变异与演化特点,因此,这两种模型适用于创新生态群落的空间关联分异特征分析,其具体运算步骤如下文所示。

2. 空间关联指数计量模型构建

空间误差模型数学表达式如下:

$$Y = X\beta + u \tag{12-7}$$

式中：Y 为因变量；X 为外生解释变量；β 为自变量系数，其反映 Y 与 X 之间影响程度；u 为随机误差扰动项，在 SEM 模型中扰动项 u 的生成过程为：$u = \rho W u + \varepsilon$，其中 W 为空间权重矩阵，ρ 为空间误差系数，用于衡量样本观测值之间的空间影响程度。

空间滞后模型被简称为 SLM 模型，其数学表达式如下：

$$Y = \rho W y + X\beta + u \tag{12-8}$$

在 SLM 模型中，Y 为因变量；X 为外生解释变量；随机误差由 u 表示；而空间滞后因变量由 Wy 来表示；W 为空间权重矩阵；ρ 为空间回归系数，用于衡量相邻空间单元观测值 Wy 对本地观测值 y 的空间影响程度；β 为自变量系数，反映 Y 与 X 之间影响程度。

根据以上空间回归计量模型方法，可以对长江经济带创新生态群落的空间关联指数进行计量测度分析，以人均创新产出值为因变量，以第十一章测度的创新生态位相关测度指标为自变量，提取驱动创新生态群落发展的主要空间关联分异特征作用因素。在测度中代入创新产出（CXCC）和创新生态群落的创新生态位相关细节指标，包括：要素聚集（YSJJ）、成果转化（CGZH）、环境适应（HJSY）、产业组织多样性（CYDY）、支持性组织多样性（ZZDY）、科技潜力（KJQL）、产业辐射（CYFS）。回归分析的测度数据主要源于国家统计局、中国科学技术信息研究所、CNKI 中国经济社会大数据研究平台的数据统计资料，以及 2001 年至 2017 年的《中国科技统计年鉴》、《2017 中国科学技术协会统计年鉴》与长江经济带上各地方的统计年鉴。其中，因变量创新产出值由科技贡献率和各省市人均 GDP 折算得到，科技贡献率参考李兰兰等人和曾光等人的实证研究结果，各个城市的 GDP 数据取自国家统计局官方数据，和前文的创新生态群落创新生态位指标一致，取 2007 年至 2016 年的平均值并做对数处理。由于长江经济带范围内 129 个城市空间单元统计量较大，非中心城市的指标数据可得性有限，其中部分指标得分通过实地调研、网络搜索和百度指数折算而成。Ettredge 分析和论证了网络数据对宏观经济活动分析与预测的有效性，其后国内外学者将网络检索与宏观经济结合进行数据研究，包括 Choi 和 Varian 应用谷歌趋势的发展预测与人文现状研究，世界银行的 Chadwick 等人基于谷歌搜索的就业活动研究，Li 等人基于百度指数的经济指标分析。因此，在官方统计年鉴的基础上，对部分地区缺失的创新活动指标结合百度搜索指数进行估值折算具有合理性。

3. 空间关联指数计量模型判定

空间关联指数计量模型检验，即对空间回归模型的应用判定。通过计量软件 Stata 或 GeoDa 可以得到数值分析表，其中 Constant 为回归方程常数项；w 为空间滞后项，其系数反映了邻近的空间单元对测度单元带来的空间关联作用；LAMBDA 项为空间误差，其系数反映了空间单元间扰动所带来的影响；模型判定显著的 w、LAMBDA，即为空间关联指数；R-squared 为回归方程拟合度，反映了方程的解释力；Lagrange Multiplier 和 Robust LM 为空间回归模型的拉格朗日乘数（Lagrange Multiplier）检验和鲁棒性（Robust）检验。在对两种空间模型的判定选择上，一般通过 Moran's I 检验值，同时也存在拉格朗日乘数值下的 LM 残差/滞后检验，或参考鲁棒性的 R-LM 残差/滞后检验。一般通过这些数值检验的显著性来综合判断空间回归模型的选择。在创新生态群落演化的研究中，SEM 模型显著意味着创新生态群落的演化受遗传变异作用更强，区域内的创新更多地源自个体变异；而 SLM 模型显著则意味着创新生态群落的协同作用更强，区域内的创新更多地源自种群间创新协同带来的空间溢出效应。而如果非空间的基本回归模型反而最显著（本研究采用的基本回归模型为 OLS，Ordinary Least Square，普通最小二乘回归模型），则反映样本群落的创新更多源于个体遗传。简而言之，可以通过回归模型的判定来检验创新生态群落的演化动力机制，OLS 模型意味着遗传演化主导，SEM 模型意味着变异演化主导，SLM 模型意味着协同演化主导。

12.2 核心城市群的创新生态群落空间关联分异特征分析

12.2.1 长三角城市群的创新生态群落空间关联分异特征分析

1. 长三角城市群的全局 Moran's I 空间相关度分析

长三角城市群的创新生态群落全局 Moran's I 空间相关度分析依托于创新生态位展开，空间相关度测度范围包括 26 个城市空间单元，借助地理信息系统软件 ArcGIS，代入长三角城市群创新生态群落的创新生态位相关指标统计数据，利用空间分析软件 GeoDa 进行全局 Moran's I 计量测度，得到的具体测度结果如表 12-2 所示。

表 12-2　2007—2016 年长三角城市群创新生态群落空间相关度全局 Moran's I

指标级别	测度指标	Moran's I	Z 值统计	p 值
一级指标	创新生态位	0.040	0.471	0.292
二级指标	生态适应性	0.327	2.045	0.029**
	生态多样性	0.139	1.085	0.136
	生态持续性	−0.180	−0.847	0.196
三级指标	要素聚集	0.407	2.488	0.006***
	成果转化	0.364	2.813	0.015**
	环境适应	0.208	1.441	0.084*
	产业组织多样性	0.206	1.648	0.061*
	支持性组织多样性	0.055	0.570	0.266
	科技潜力	0.178	1.288	0.099*
	产业辐射	−0.151	−0.739	0.233

注：***、**、* 分别表示表中对应指标在 1%、5%、10% 的置信水平上通过了显著性检验。

从表 12-2 的全局空间相关度计量的结果可以看出，在长三角城市群范围内的全局 Moran's I 大部分为正值，总体上存在着正向的空间演化作用，但统计指标的 p 值除要素聚集、成果转化、生态适应性这三个指标显著性高，其他的指标显著性不强，说明长三角的资源禀赋具有空间分异特征，且创新要素流动良好，存在空间关联作用，但创新生态群落间保有相对独立的特点。而生态持续性、产业辐射等指标值为负,虽然统计上缺乏显著性,p 值大于 0.1,但对研究长江经济带的创新生态群落态势仍具有启发性,说明长三角城市群的创新生态群落在发展态势上虽然总体相对独立,但创新生态群落之间还是存在着一定程度的产业竞争。

2. 长三角城市群的局部 Moran's I 空间相关度分析

局部 Moran's I 空间相关度分析,以存在全局空间关联为前提。根据表 12-2 的全局 Moran's I 测度结果,在长三角城市群的创新生态位指标中有一部分呈现出空间显著性,其中要素聚集指标的 p 值为 0.006,小于 0.01,显著;成果转化、生态适应性的 p 值分别为 0.015、0.029,小于 0.05,相对显著;产业组织多样性、环境适应、科技潜力的 p 值分别为 0.061、0.084、0.099,小于 0.10,弱显著。因此,接下来对这 6 个空间相关度数值显著的指标进行局部 Moran's I 测度,局部空间相关度的测度结果如图 12-1 至图 12-6 所示。

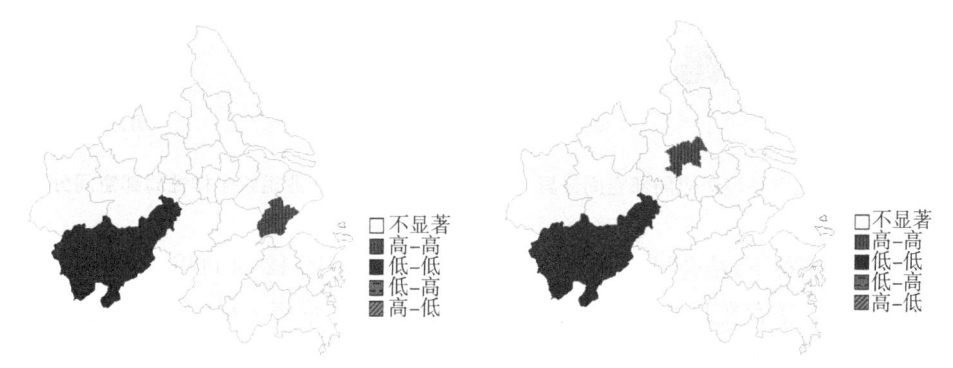

图 12-1 长三角要素聚集局部空间分异   图 12-2 长三角成果转化局部空间分异

在要素聚集指标下,结合局部 Moran's I 的计量结果与图 12-1 可以知道,长三角城市群的创新生态群落存在两种具有差异性的空间关联特征形态,具体来看:①存在一个创新生态群落的增长极化区域,在空间特征上表现为高-高(high-high)形态,即嘉兴,说明嘉兴的创新生态群落处在局部高值聚集区域,拥有相对良好的创新要素资源,并且对周围的创新生态群落产生了正向的空间关联作用,提高了周边创新生态族群的创新要素积累水平。②此外,长三角还存在多个创新生态群落的增长阻滞区域,在空间特征上表现为低-低(low-low)形态,包括 4 个空间单元,具体是池州、铜陵、安庆、芜湖这四个城市。这些城市单元处于创新要素的低值空间集聚区域,说明处在这些区域的创新生态群落资源禀赋薄弱,阻碍了局部创新生态群落发展,呈现出负向的空间效应,未能形成良性的创新生态,是需要改进要素积累的重点区域。

在成果转化指标下,结合局部 Moran's I 的计量结果与图 12-2 可以知道,长三角城市群的创新生态群落存在两种具有差异性的空间关联特征形态,具体来看:①存在一个创新生态群落的增长极化区域,在空间特征上表现为高-高(high-high)形态,即镇江,说明镇江的创新生态群落处在局部高值聚集区域,创新成果转化水平较高,并且对周围的创新生态群落产生了正向的空间关联作用,通过创新生态群落间的交流对周边创新生态族群的创新成果转化起到积极影响。②此外,长三角城市群还存在多个创新生态群落的增长阻滞区域,在空间特征上表现为低-低(low-low)形态,包括 4 个空间单元,具体是池州、铜陵、安庆、芜湖这四个城市。这些城市单元为创新成果转化的低值空间集聚,说明处在这些区域的创新生态群落在成果转化方面有所不足,且空间关联作用为负向,对周边群落存在负面影响,可能与这些区域的主导产业并不聚焦于创新有关,是需要提高成果转化效率的区域。

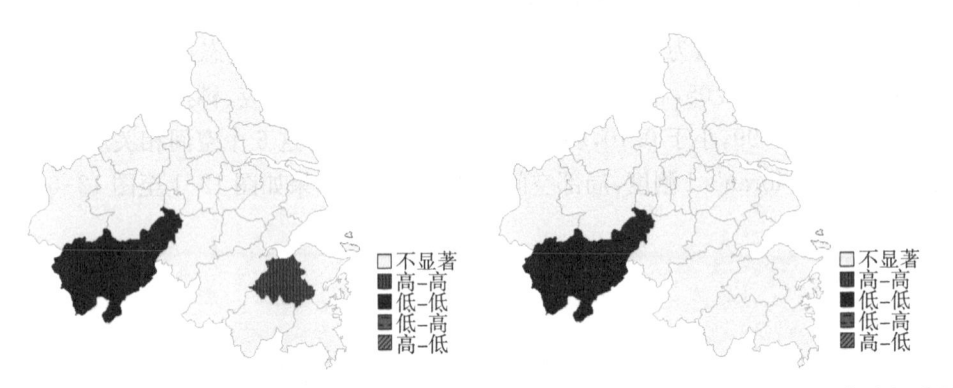

图 12-3　长三角环境适应局部空间分异　　图 12-4　长三角产业组织多样性局部空间分异

在环境适应指标下,结合局部 Moran's I 的计量结果与图 12-3 可以知道,长三角城市群的创新生态群落存在两种具有差异性的空间关联特征形态,具体来看:①存在一个创新生态群落的增长极化区域,在空间特征上表现为高-高(high-high)形态,即绍兴,说明这里的创新生态群落处在局部高值聚集区域,群落环境适应水平较高,并且对空间范围内的创新生态群落产生了正效应,通过创新生态群落间的交流改善了周边生态族群的创新环境,提高了周围单元的创新环境适应能力。②与此同时,长三角城市群还存在多个创新生态群落的增长阻滞区域,在空间特征上表现为低-低(low-low)形态,包括 4 个空间单元,具体是池州、铜陵、安庆、芜湖这四个城市。这些城市单元在环境适应方面属于低值空间集聚,说明处在这些区域的创新生态群落在环境适应水平发展方面相对滞后,环境适应能力弱,且空间关联作用为负向,对周边群落存在负面影响,亟待改善创新环境适应水平。

在产业组织多样性指标下,结合局部 Moran's I 的计量结果与图 12-4 可以知道,长三角城市群的创新生态群落存在一种具有差异性的空间关联特征形态,具体来看,即存在多个创新生态群落的增长阻滞区域,在空间特征上表现为低-低(low-low)形态,包括 4 个空间单元,具体是池州、铜陵、安庆、芜湖这四个城市。这些城市单元在产业组织多样性方面属于低值空间集聚,说明这些区域范围内创新生态群落的产业组织水平发展方面相对滞后,产业结构化较差且空间关联作用为负向,对周边群落存在负面影响,需要改善产业组织形态以提升创新水平。

在科技潜力指标下,结合局部 Moran's I 的计量结果与图 12-5 可以知道,长三角城市群的创新生态群落存在两种具有差异性的空间关联特征形态,具体来看:①存在多个创新生态群落的增长极化区域,在空间特征上表现为高-高(high-high)形态,具体分别为马鞍山和滁州。高值空间特征说明处在这两个空间单元上的创新生态群落具有较强的科技潜力,并发挥了正向的空间关联作用,对周边的空间单元产生促进作用,对邻近区域的科技提升起到积极影响。②与此同时,长三角城市群还存在着多个创新生态群落的极点辐射区域,在空间特征上表现为高-低(high-low)形态,具体分别为杭州、苏州,说明杭州和苏州在创新的科技潜力方面发挥着局部创新极点的作用,自身科技潜力高于周边空间单元,并对周边的科技潜力较低的创新生态群落起到促进作用。

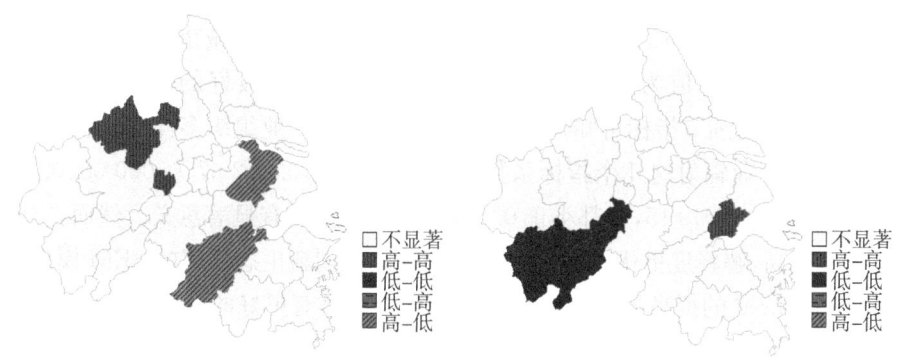

图 12-5　长三角科技潜力局部空间分异　　图 12-6　长三角生态适应性局部空间分异

在生态适应性指标下,结合局部 Moran's I 的计量结果与图 12-6 可以知道,长三角城市群的创新生态群落存在两种具有差异性的空间关联特征形态,具体来看:①存在一个创新生态群落的增长极化区域,在空间特征上表现为高-高(high-high)形态,其具体空间单元为嘉兴。高值空间特征说明嘉兴的创新生态群落具有较强的复杂适应能力,受到来自上海、杭州等高水平创新生态群落的增长极辐射,同时对邻近的空间单元产生了正向的空间演化作用,通过要素流动、组织交流等形式对周边创新生态群落的适应能力提升起到积极作用和影响。②与此同时,长三角城市群还存在多个创新生态群落的增长阻滞区域,在空间特征上表现为低-低(low-low)形态,包括 4 个空间单元,具体是池州、铜陵、安庆、芜湖这四个城市。这些城市单元在生态适应性方面属于低值空间集聚,说明处在这些区域范围内的创新生态群落对创新的不确定性适应能力弱,并且对周边的创新生态群落存在负面影响,空间演化作用为负向,降低了邻近创新生态群落的复杂适应能力,是需要着重改进的重点区域。

总结长三角城市群的创新生态群落空间相关度与创新生态发展的空间分异特征:首先,从全局 Moran's I 看,该区域的创新要素资源禀赋具有较强的正向空间关联作用,而支持性组织发展和产业辐射相对独立,属于合作共赢、轻度竞争的势态。其次,从局部 Moran's I 看,长三角创新水平落后区域主要集中在池州、铜陵、安庆、芜湖这四个城市。这几个空间单元的创新水平是由要素聚集、成果转化、创新环境和产业水平等因素综合导致的,是需要关注的薄弱区域。而嘉兴则是长江三角洲城市群创新水平较高且空间正效应显著的区域,具有区位发展优势,嘉兴的位置处于长三角的中部核心区域,邻近并连接着多个高水平创新单元,东接上海,西邻杭州,北靠苏州,南濒杭州湾,与宁波隔江相望。此外,从细节指标上看,绍兴、镇江、马鞍山和滁州也具有一定的局部创新优势,而杭州和苏州的科技潜力水平较高并发挥着创新极点作用,影响着相关创新生态群落的发展。

3. 长三角城市群的空间关联指数分析

为了计算长三角城市群的空间关联指数,如前文 12.1.3 所述,代入数值变量对长三角城市群的创新生态群落进行 OLS 最小二乘回归分析和 SEM、SLM 空间回归测度,可得模型计量参数表,如表 12-3 所示。由表 12-3 可知,长三角城市群创新生态群落的 OLS 模型的 R-squared 值为 0.913 864,回归拟合方程具有较好的解释能力。根据表 12-3 中 OLS 模型的细节指标可知,要素聚集、环境适应、产业组织多样性、支持性组织多样性、科技潜力、产业辐射这几个指标系数的 p 值分别为 0.012 67、0.000 08、0.000 08、0.016 34、0.000 14、0.019 15,全都小于 0.05,在统计学上具有显著意义。然而,空间回归的 R-squared 更高,解释度更优。其中以长三角城市群创新生态群落的 SEM 模型相较于 OLS 模型 R-squared 的提高最为明显,表明 SEM 方程具有更好的解释能力。

表 12-3　长三角城市群创新生态群落空间关联指数模型测度

Variable	OLS	SLM	SEM
YSJJ	−3.127 41** (0.012 67)	−3.195 25*** (0.000 37)	−3.735 18*** (0.000 00)
CGZH	1.444 95 (0.166 32)	1.576 79*** (0.048 14)	2.042 22*** (0.004 41)
HJSY	6.211 06*** (0.000 08)	6.407 33*** (0.000 00)	6.310 38*** (0.000 00)
CYDY	−12.566 5*** (0.000 08)	−13.224 1*** (0.000 00)	−13.467 9*** (0.000 00)
ZZDY	6.136 42** (0.016 34)	6.484 17*** (0.000 46)	6.353 19*** (0.000 03)
KJQL	−4.741 12*** (0.000 14)	−4.674 76*** (0.000 00)	−5.174 04*** (0.000 00)
CYFS	4.156 73** (0.019 15)	3.972 19*** (0.002 04)	4.886 59*** (0.000 00)
Constant	8.198 13*** (0.000 00)	8.305 81*** (0.000 00)	8.218 93*** (0.000 00)
w		−0.018 32 (0.106 08)	

续表

Variable	OLS	SLM	SEM
LAMBDA			−0.624 02*** (0.016 43)
R-squared	0.913 86	0.921 73	0.944 77
Lagrange Multiplier		2.358 61 (0.124 60)	3.648 52* (0.056 12)
Robust LM		2.049 83 (0.152 23)	3.339 71* (0.067 63)

注：***、**、*分别表示表中对应指标在1%、5%、10%的置信水平上通过了显著性检验。

根据表12-3的模型判定可以看出，Lagrange Multiplier(error)和Robust LM(error)的 p 值大于0.05但小于0.1，弱显著；而Lagrange Multiplier(lag)和Robust LM(lag)的 p 值大于0.1，不显著。表12-3中LAMBDA为空间误差，其系数反映了单元间扰动带来的影响，由测度可知长三角城市群创新生态群落SEM模型的LAMBDA系数为−0.624 02，且 p 值为0.016 43，小于0.05，在统计学上具有显著意义，因此，长三角城市群的创新生态群落空间关联指数即为−0.624 02。而各个创新相关生态水平特征细节指标在SEM模型都显著，其中创新成果转化、环境适应、支持性组织多样性、产业辐射指标为正值，依次为2.042 22、6.310 38、6.353 19、4.886 59；而要素聚集、产业组织多样性、科技潜力为负值，依次为−3.735 18、−13.467 9、−5.174 04。

12.2.2 长江中游城市群的创新生态群落空间关联分异特征分析

1. 长江中游城市群的全局Moran's I空间相关度分析

长江中游城市群的创新生态群落全局Moran's I空间相关度分析依托于创新生态位展开，空间相关度测度范围包括40个城市空间单元，借助地理信息系统软件ArcGIS，代入长江中游城市群创新生态群落的创新生态位相关指标统计数据，利用空间分析软件GeoDa进行全局Moran's I计量测度，得到的具体测度结果如表12-4所示。

表12-4　2007—2016年长江中游城市群创新生态群落空间相关度全局Moran's I

指标级别	测度指标	Moran's I	Z值统计	p 值
一级指标	创新生态位	−0.010	0.169	0.364
二级指标	生态适应性	0.057	0.969	0.160
	生态多样性	0.165	1.949	0.034**
	生态持续性	−0.044	−0.278	0.439

续表

指标级别	测度指标	Moran's I	Z值统计	p值
三级指标	要素聚集	0.073	0.937	0.161
	成果转化	0.158	1.894	0.036**
	环境适应	0.010	0.397	0.290
	产业组织多样性	0.405	4.292	0.001***
	支持性组织多样性	0.006	0.341	0.313
	科技潜力	0.049	0.753	0.209
	产业辐射	−0.001	−0.292	0.335

注：***、**、*分别表示表中对应指标在1%、5%、10%的置信水平上通过了显著性检验。

根据表12-4中全局Moran's I测度结果，在长江中游城市群范围内的创新生态群落创新生态位指数总体呈现出的空间显著性较弱，仅有产业组织多样性指标的 p 值为0.001，小于0.01，空间相关度的数值效应显著；成果转化和生态多样性这两个指标的 p 值分别为0.036、0.034，小于0.05，具有一定程度的显著性；其他创新生态指标的 p 值皆大于0.1，都不具有空间显著性。测度结果反映长江中游城市群的创新要素流动和组织交流有限，并存在轻微的竞争。区域内的创新生态群落发展相对独立，各个群落之间空间作用相对较弱，需要改进创新生态群落之间的创新要素流动。

2. 长江中游城市群的局部Moran's I空间相关度分析

根据全局Moran's I的测度结果显著性，接下来对成果转化、产业组织多样性、生态多样性3个指标进行局部Moran's I测度。借助空间分析软件GeoDa的计量分析，可以得到局部空间相关度的测度结果，如图12-7至图12-9所示。

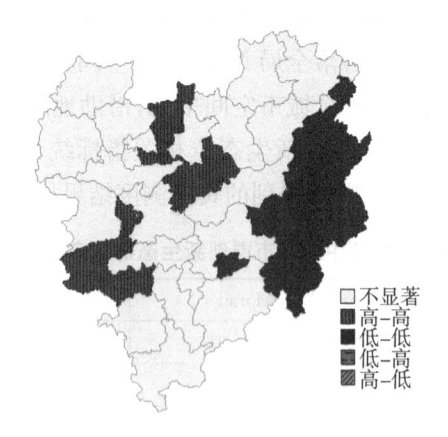

图12-7 长江中游产业组织多样性局部空间分异

在产业组织多样性指标下，结合局部Moran's I的计量结果与图12-7可以知道，长江中游城市群的创新生态群落存在两种具有差异性的空间关联特征形态，具体来看：①存在多个创新生态群落的增长极化区域，在空间特征上表现为高-高(high-high)形态，具体包括8个空间单元,分别为鄂州、益阳、娄底、湘潭、黄石、咸宁、孝感、仙桃。这些城市单元在产业组织多样性方面属于高值空间集聚,说明这些区域范围内创新生态群落的产业组织水平较高、结构完整,具有丰富的产业形态,并且对周边的创新生态群落存在积极影响,具有正向的空间关联作用,促进了局部的产业多样性水平提升。②与此同时,长江中游区域还存在多个创新生态群落的增长阻滞区域,在空间特征上表现为低-低(low-low)形态,具体包括9个空间单元,分别为抚州、鹰潭、新余、南昌、上饶、景德镇、黄山、池州、芜湖。这些城市单元为产业组织多样性的低值空间集聚,说明处在这些区域的创新生态群落存在产业结构问题,产业发展水平滞后并对周边群落存在负面影响,空间关联作用为负向,是需要改进产业水平的主要区域。

在成果转化指标下,结合局部 Moran's I 的计量结果与图12-8可以知道,长江中游城市群的创新生态群落存在三种差异性的空间关联特征形态,具体来看:①存在多个创新生态群落的增长极化区域,在空间特征上表现为高-高(high-high)形态,具体包括3个空间单元,分别为鄂州、孝感、仙桃。高值空间集聚反映了这些空间单元内的创新生态群落在成果转化方面具有局部发展优势,并发挥了正向的空间关联作用,对周边的空间单元产生促进作用,通过与周边群落分享成果转化的技术经验,促进了空间范围内的创新成果转化水平。②与此同时,长江中游还存在多个创新生态群落的增长阻滞区域,在空间特征上表现为低-低(low-low)形态,共计5个空间单元,具体包括:抚州、鹰潭、吉安、新余和上饶。这些城市属于创新成果转化的低值空间集聚,说明处于这些区域范围内的创新生态群落在创新成果转化方面水平有限,居于劣势地位,成果转化能力弱并对周围形成负向空间作用,存在竞争与成果挤占,未能形成良性的创新生态。③最后,长江中游区域存在着一个创新生态群落的极点辐射区域,在空间特征上表现为高-低(high-low)形态,即南昌。这说明南昌在创新成果转化方面发挥着区域创新极点的作用,对周边创新生态群落的创新成果转化水平发展有着促进作用,但影响相对有限。

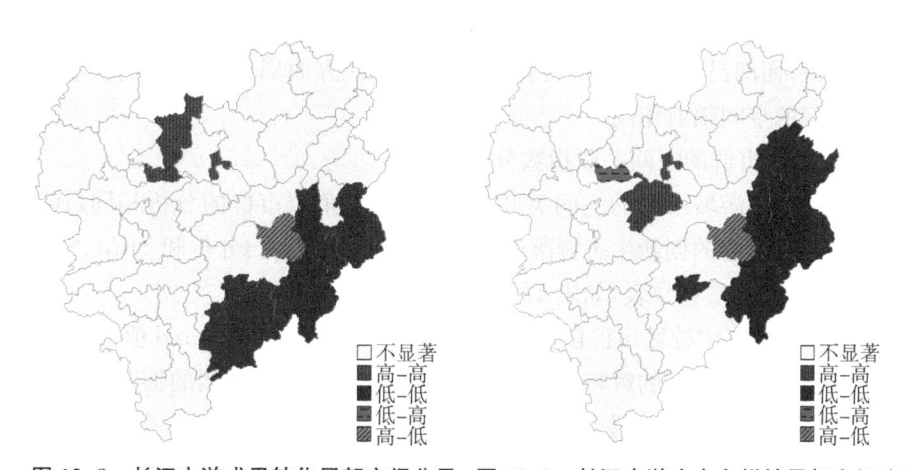

图12-8　长江中游成果转化局部空间分异　　图12-9　长江中游生态多样性局部空间分异

在生态多样性指标下,结合局部 Moran's I 的计量结果与图12-9可以知道,长江中游城市群的创新生态群落存在四种差异性的空间关联特征形态,具体来看:①存在多个创新生态群落的增长极化区域,在空间特征上表现为高-高(high-high)形态,具体包括2个空间单元,分别为鄂州和咸宁。这两个城市为生态多样性的局部高值聚集区,说明鄂州和咸宁的创新生态群落具有较为完善的组织结构,创新组织发展水平高,且在保持生态多样性的同时对周围产生了正向的空间关联作用,对周边创新生态群落与空间单元的组织发展也有着一定的积极影响。②与此同时,长江中游城市群还存在多个创新生态群落的增长阻滞区域,在空间特征上表现为低-低(low-low)形态,共计7个空间单元,具体包括:抚州、鹰潭、新余、上饶、景德镇、黄山、池州。这七个城市是长江中游城市群中生态多样性水平方面的低值空间集聚区域,这些城市单元内创新生态组织结构单一且发展水平相对滞后,群落间的空间关联作用上也为负向,未能形成良性的创新生态,局部组织发展劣势区域需要着重调整。③此外,长江中游城市群存在一个创新生态群落的极点滞后区域,在空间特征上表现为低-高(low-high)形态,即仙桃市,说明该地区的创新生态群落在生态多样性方面存在发展短板,虽然周边存在组织发展的高水平区域,但仙桃市的创新生态群落未能通过空间互动、组织交流来提升自身的生态多样性水平,因此形成一个局部低值点。④最后,长江中游城市群存在一个创新生态群落的极点辐射区域,在空间特征上表现为高-低(high-low)形态,即南昌,说明南昌的创新生态多样性水平发展程度高于周边空间单元,并对周边的科技潜力较低的创新生态群落起到促进作用。

总结长江中游城市群的创新生态群落空间相关度与创新生态发展的空间分异特征:首先,从全局空间 Moran's I 的计量结果可以看出,长江中游城市群的创新要素流动和组织交流有限,创新生态群落之间存在轻微的竞争,各空间单元相对独立。其次,从局部空间 Moran's I 来看,长江中游区域的主要空间关联作用体现在产业组织多样性、成果转化和生态多样性,以东部江西境内的城市发展较为滞后,而中西部区域较优。相对处于创新发展劣势的创新生态群落集中于抚州、鹰潭、吉安、新余和上饶;相对高值聚集区域为鄂州、孝感、仙桃;而南昌在创新成果转化和生态多样性方面属于局部的创新增长极点,对周围具有一定的空间辐射作用。

3. 长江中游城市群的空间关联指数分析

为了计算长江中游城市群的空间关联指数,与长三角城市群的分析相同,代入数值变量对长江中游城市群的创新生态群落进行 OLS 最小二乘回归分析和 SEM、SLM 空间回归测度,可得模型计量参数表,如表 12-5 所示。

根据表 12-5,长江中游城市群创新生态群落 OLS 模型的 R-squared 值为 0.971576,方程在拟合效果上具有较好的解释能力。根据表 12-5 中 OLS 模型的细节指标可知,环境适应、产业组织多样性、支持性组织多样性、科技潜力、产业辐射 5 个指标系数的 p 值均为 0.00000,全都小于 0.01,在统计学上具有显著意义。此外,SEM 模型、SLM 模型的 R-squared 值相较于 OLS 模型的 R-squared 值,并未有显著增长。

表 12-5　长江中游城市群创新生态群落空间关联指数模型测度

Variable	OLS	SLM	SEM
YSJJ	0.681 67 (0.633 54)	0.524 76 (0.672 21)	0.559 76 (0.661 56)
CGZH	−0.314 73 (0.841 48)	0.553 16 (0.710 57)	−0.297 43 (0.828 47)
HJSY	−15.475 30*** (0.000 00)	−14.573 31*** (0.000 00)	−15.645 21*** (0.000 00)
CYDY	−22.864 90*** (0.000 00)	−23.648 51*** (0.000 00)	−22.779 30*** (0.000 00)
ZZDY	82.998 20*** (0.000 00)	84.020 31*** (0.000 00)	82.881 72*** (0.000 00)
KJQL	−7.425 63*** (0.000 00)	−7.587 08*** (0.000 00)	−7.447 74*** (0.000 00)
CYFS	−20.996 7*** (0.000 00)	−23.021 8*** (0.000 00)	−20.566 91*** (0.000 00)
Constant	8.020 31*** (0.000 00)	8.191 82*** (0.000 00)	8.003 72*** (0.000 00)
w		−0.010 10 (0.153 31)	
LAMBDA			−0.204 19 (0.393 59)
R-squared	0.971 58	0.972 98	0.972 22
Lagrange Multiplier		1.939 81 (0.163 69)	0.428 30 (0.512 83)
Robust LM		1.884 82 (0.169 79)	0.373 32 (0.541 23)

注：***、**、* 分别表示表中对应指标在1%、5%、10%的置信水平上通过了显著性检验。

在长江中游城市群创新生态群落的模型判定指标中，Lagrange Multiplier(error)和Robust LM(error)的 p 值远大于0.1，不显著；而Lagrange Multiplier(lag)和Robust LM(lag)的 p 值也大于0.1，均不显著。由模型判定结果可知，长江中游城市群的创新生态群落较为独立，共生关系弱，无须采用SEM模型或SLM模型进行分析。结合前文的空间相关度分析结果，长江中游城市群的创新生态群落存在微弱的空间相关作用，因此这里综合计量结果，取长江中游城市群的空间关联指数为−0.000 1。

综合测度结果可知，长江中游城市群的创新生态群落呈现空间独立特点，从创新生态群落演化的视角来看，这一区域的创新生态群落的演化发展主要源于群落自身的基因遗传。同时根据OLS模型的测度结果，支持性组织多样性系数为正值且显著，说明与创新生态发展相关的支持性组织活动对长江中游的创新生态群落促进较大，支持性组织的发展有助于局部创新生态水平的提升。而环境适应、产业组织多样性、科技潜力、产业辐射这几个指标的系数为负且显著,说明这几个方面对长江中游的创新生态发展驱动力有所欠缺,长江中游城市群的创新生态环境发展水平有限,并且中游区域的产业尚未完成产业结构升级调整,以粗放型经济为主,需要提高科技发展水平,引入高新技术产业,并调整局部的创新生态环境,以形成对创新生态群落演化发展的正向促进。

12.2.3 成渝城市群的创新生态群落空间关联分异特征分析

1. 成渝城市群的全局 Moran's I 空间相关度分析

成渝城市群的创新生态群落全局 Moran's I 空间关联分异特征分析依托于创新生态位展开,空间相关度测度范围包括 22 个城市空间单元,借助地理信息系统软件 ArcGIS,代入成渝城市群创新生态群落的创新生态位相关指标统计数据,利用空间分析软件 GeoDa 进行全局 Moran's I 计量测度,得到的具体测度结果如表 12-6 所示。

根据表 12-6 的全局 Moran's I 测度结果,成渝城市群的创新生态群落创新生态位指数总体上呈现空间显著性弱,仅要素聚集、成果转化、支持性组织多样性、科技潜力略小于 0.1,分别为 0.093、0.097、0.098、0.088,有弱显著性;其他创新生态指标的 p 值皆大于 0.1,都不具有空间显著性。从全局空间相关度计量的结果可以看出,在成渝城市群范围内的全局 Moran's I 大部分为负值,在[-0.20,-0.14]之间,总体上存在着一定水平的负向空间效应,但统计指数的显著性 p 值整体偏低,空间相关度测算计量结果说明成渝城市群的创新生态群落演化发展态势一般,尚未形成良性创新生态发展态势。

表 12-6 2007—2016 年成渝城市群创新生态群落空间相关度全局 Moran's I

指标级别	测度指标	Moran's I	Z 值统计	p 值
一级指标	创新生态位	-0.181	-1.228	0.110
二级指标	生态适应性	-0.179	-1.175	0.115
	生态多样性	-0.175	-1.167	0.118
	生态持续性	-0.185	-1.247	0.111
三级指标	要素聚集	-0.167	-1.208	0.093*
	成果转化	-0.186	-1.295	0.097*
	环境适应	-0.170	-1.098	0.136
	产业组织多样性	-0.144	-0.846	0.212
	支持性组织多样性	-0.192	-1.400	0.098*
	科技潜力	-0.195	-1.412	0.088*
	产业辐射	-0.171	-1.133	0.119

注:***、**、* 分别表示表中对应指标在 1%、5%、10% 的置信水平上通过了显著性检验。

2. 成渝城市群的局部 Moran's I 空间相关度分析

根据全局 Moran's I 的测度结果显著性,接下来对要素聚集、成果转化、支持性组织多样性、科技潜力这 4 个指标进行局部 Moran's I 测度。借助空间探索软件 GeoDa,局部空间相关度的测度结果如图 12-10 至图 12-13 所示。

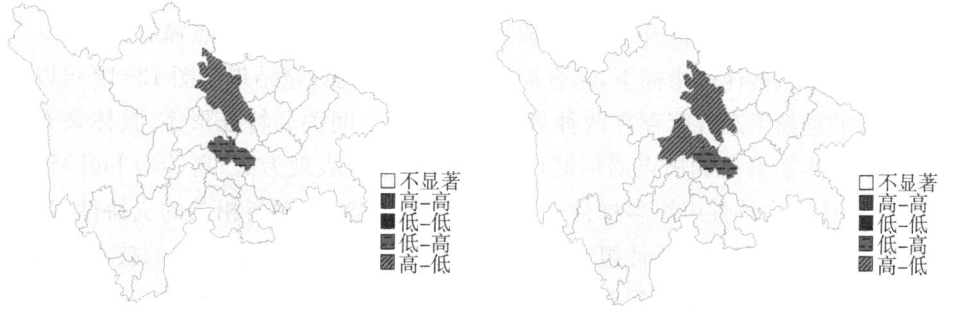

图 12-10　成渝要素聚集局部空间分异　　图 12-11　成渝成果转化局部空间分异

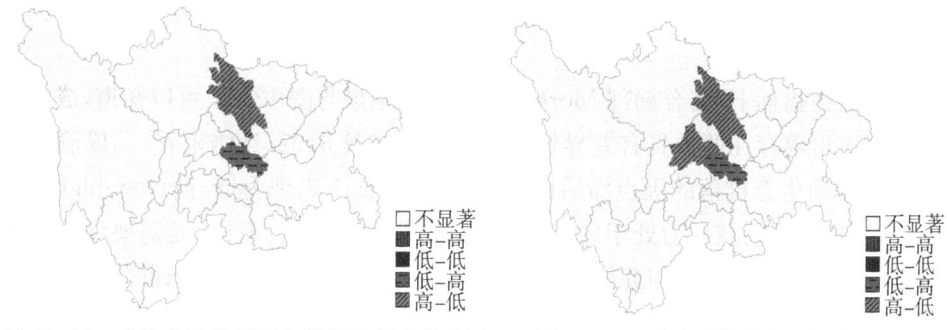

图 12-12　成渝支持性组织多样性局部空间分异　　图 12-13　成渝科技潜力局部空间分异

在要素聚集指标下,结合局部 Moran's I 的计量结果与图 12-10 可以知道,成渝城市群的创新生态群落存在两种具有差异性的空间关联特征形态,具体来看:①存在一个创新生态群落的极点滞后区域,在空间特征上表现为低-高(low-high)形态,即资阳,说明资阳在创新要素聚集方面存在发展劣势,处于局部创新资源禀赋数值低点,虽然周围存在高值区域,但并未很好地通过创新生态资源的互动交流追赶上周边的地区,是局部区域发展的短板。②与此同时,成渝城市群还存在一个创新生态群落的极点辐射区域,在空间特征上表现为高-低(high-low)形态,即为绵阳,说明该城市具有一定的资源优势,并对周边的创新生态群落的创新要素资源发展有着积极影响,促进了创新生态要素的空间流动,在创新要素聚集方面发挥了区域创新极点的作用。

在成果转化指标下,结合局部 Moran's I 的计量结果与图 12-11 可以知道,成渝城市群的创新生态群落存在两种具有差异性的空间关联特征形态,具体来看:①存在一个创新生态群落的极点滞后区域,在空间特征上表现为低-高(low-high)形态,即资阳,说明资阳的创新成果转化水平较弱,处于局部创新生态成果转化的低点位置,未能利用区位特点学习邻近高值空间单元的创新成果转化经验,是需要提高成果转化效率的局部劣势区域。②与此同时,成渝城市群还存在两个创新生态群落的极点辐射区域,在空间特征上表现为高-低(high-low)形态,即绵阳和成都,说明这两个城市的创新成果转化发展水平较高,并且对周围的创新生态群落产生了一定的正向空间作用,有限程度地影响着邻近单元的创新成果转化水平提升,在创新成果转化上起到区域创新极点辐射的作用。

在支持性组织多样性指标下,结合局部 Moran's I 的计量结果与图 12-12 可以知道,成渝城市群的创新生态群落存在两种具有差异性的空间关联特征形态,具体来看:①存在着一个创新生态群落的极点滞后区域,在空间特征上表现为低-高(low-high)形态,即资阳,说明资阳在支持性组织多样性方面存在发展劣势,与创新相关的支持性组织发展水平有限,虽然周围存在支持性组织发展较好的区域,但并未形成有效的技术追赶,是局部创新生态发展的短板,亟待提升支持性组织群落生态水平。②与此同时,成渝城市群还存在一个创新生态群落的极点辐射区域,在空间特征上表现为高-低(high-low)形态,即绵阳,说明该城市为局部创新生态多样性的增长极点,其支持性组织多样性发展水平高于周边群落,并对邻近单元有着正向空间关联作用,在有限范围内促进着创新生态组织多样性的发展。

在科技潜力指标下,结合局部 Moran's I 的计量结果与图 12-13 可以知道,成渝城市群的创新生态群落存在两种具有差异性的空间关联特征形态,具体来看:①成渝城市群存在着一个创新生态群落的极点滞后区域,在空间特征上表现为低-高(low-high)形态,即资阳,说明资阳的科技潜力处于局部低点,科技发展资源潜力有限,是需要注意发展定位的局部创新劣势区域。②与此同时,成渝城市群还存在两个创新生态群落的极点辐射区域,在空间特征上表现为高-低(high-low)形态,分别为绵阳和成都,说明这两个城市的科技潜力大,有着很好的发展前景,并且对周围的创新生态群落产生了一定的正向空间作用,一定程度上促进了邻近单元的创新科技潜力挖掘与水平提升,起到了区域创新极点辐射的作用。

总结成渝城市群的创新生态群落空间相关度与创新生态发展的空间分异特征:首先,从全局空间 Moran's I 的计量结果可以看出,在成渝城市群存在着一定水平的负向空间关联作用,尚未形成良性创新生态发展态势,重庆和四川之间有一定的资源挤占与竞争,但总体上各城市发展具有独立性,空间演化作用需要进一步测度确认。其次,从局部空间 Moran's I 来看,在要素聚集、成果转化、支持性组织多样性、科技潜力这四个指标项存在弱显著,空间关联作用主要体现在成渝城市群的中部区域,其中资阳为创新生态演化发展的局部低点,在要素聚集、成果转化、支持性组织多样性、科技潜力这四个方面都有所不足,需要注意其空间定位。而绵阳和成都在成渝城市群相对处于增长极点位置,创新生态水平较优,并且对周围的创新生态群落产生了正向空间作用,一定程度上促进了邻近单元的创新生态水平提升。

3. 成渝城市群的空间关联指数分析

为了计算成渝城市群的空间关联指数,代入数值变量对成渝城市群的创新生态群落进行 OLS 最小二乘回归分析和 SEM、SLM 空间回归测度,可得模型计量参数表,如表 12-7 所示。由表 12-7 可知成渝城市群的创新生态群落 OLS 方程的数值回归效果较优,具有较好的解释能力,而 SLM 和 SEM 模型相较于 OLS 模型 R-squared 有所提高,解释能力更强。

表 12-7　成渝城市群创新生态群落空间关联指数模型测度

Variable	OLS	SLM	SEM
YSJJ	−12.453 01 (0.236 46)	−6.191 24 (0.290 20)	−11.160 90* (0.093 06)
CGZH	−77.574 51 (0.181 31)	−91.574 92*** (0.003 35)	−75.603 21* (0.053 42)
HJSY	−23.793 21 (0.437 56)	−4.428 63 (0.799 75)	−29.838 72 (0.120 99)
CYDY	−0.697 04 (0.984 71)	6.808 98 (0.735 82)	10.867 71 (0.623 34)
ZZDY	28.519 91 (0.528 91)	31.270 23 (0.209 09)	41.448 92 (0.129 46)
KJQL	−3.751 95 (0.874 42)	−0.850 86 (0.948 44)	−8.004 96 (0.613 11)
CYFS	55.747 62 (0.301 22)	24.666 31 (0.412 73)	48.690 12 (0.160 01)
Constant	7.696 88*** (0.000 00)	4.832 92*** (0.000 00)	7.687 12*** (0.000 00)
w		0.329 35*** (0.000 00)	
LAMBDA			0.601 61*** (0.001 76)
R-squared	0.968 06	0.984 06	0.975 28
Lagrange Multiplier		12.657 61*** (0.000 37)	1.679 32 (0.195 01)
Robust LM		10.980 43*** (0.000 92)	0.002 22 (0.963 00)

注:***、**、* 分别表示表中对应指标在 1%、5%、10% 的置信水平上通过了显著性检验。

根据成渝城市群创新生态群落的模型指标判定,Lagrange Multiplier(error)和 Robust LM(error)的 p 值大于 0.1,并不显著;而 Lagrange Multiplier(lag)和 Robust LM(lag)的 p 值小于 0.05,模型显著。可知成渝城市群的创新生态群落更符合 SLM 模型,模型判断表明成渝城市群的创新生态群落的演化存在群落共生关系的影响,更多地来自群落之间的协同演化作用。SLM 模型下各项指标的计量分析结果更具有参考意义,其中 w 为空间滞后项,其系数反映了邻近的空间单元对测度单元带来的空间关联作用,由测度结果可知,成渝城市群的创新生态群落的 SLM 模型中 w 系数为 0.329 35,且 p 值接近于 0,小于 0.01,在统计学上具有显著意义,因此,成渝城市群的空间关联指数即为 0.329 35。同时,在 SLM 模型的创新生态位相关细节指标上,仅成果转化指标 p 值为

0.003 35,小于 0.01,显著;而其他的创新生态群落创新生态位指标均不显著。

由综合测度结果可知,成渝城市群创新生态群落的空间关联指数测度结果为 0.329 35。从创新生态群落演化的视角来看,成渝城市群的空间关联指数为 w,正值且显著,说明成渝城市群的创新生态群落演化过程中存在正向的协同效应,这一区域的创新生态群落发展主要源于群落间的协同演化作用。但是从数值测度结果来看,成渝城市群的创新生态群落发展相对薄弱,许多创新指标为负值,说明成渝城市群内依然存在竞争态势和发展瓶颈,且产出主要依赖于粗放式经济拉动而非突破式创新活动。根据成渝城市群的创新生态群落发展特点,有可能通过一体化的政策协同和创新生态改进措施,发挥创新生态的乘数效应,推动成渝地区的创新发展并产生区域辐射作用,促进周边区域内的创新生态群落成长与发展。

12.3 经济带的创新生态群落空间关联分异特征分析

12.3.1 经济带创新生态群落的全局 Moran's I 空间相关度分析

长江经济带创新生态群落生态位的空间相关度测算计量范围包括 129 个空间单元。空间单元上的创新生态位测度数据取自上一章节计算整理的长江经济带创新生态群落的创新生态位统计。在空间相关度计量测算的具体过程中,首先借助地理信息系统软件 ArcGIS 进行长江经济带的空间单元绘制,然后代入创新生态群落的创新生态位相关指标属性统计结果,取 2007 年至 2016 年的多年平均值,并对整理后的统计数据进行了标准化处理。根据创新生态位指数,进行长江经济带创新生态群落的空间关联指数测度和分析,其中全局 Moran's I 测度结果如表 12-8 所示。

从表 12-8 的全局空间相关度计量的结果可以看出,在经济带层级下,长江经济带创新生态群落的创新生态位总体呈现出空间显著相关性,且大部分创新态势指标的全局 Moran's I 为正值,说明长江经济带内部的创新生态发展呈现良性互动,群落之间具有正向演化作用。从总体指标上来看,创新生态位的全局 Moran's I 值为 0.263,p 值为 0.001(显著),说明长江经济带内部的创新生态空间正向相关作用明显,内部的创新生态群落有相互促进的良性发展。而几个细节指标的全局 Moran's I 也支持了长江经济带创新生态群落发展相互促进的总体关联特征,其中要素聚集、成果转化等指标的正向作用尤为明显,而产业辐射态势的空间关联作用最弱,相对而言,其演化发展更具不确定性。

表 12-8 2007—2016 年长江经济带的创新生态群落空间相关度全局 Moran's I

指标级别	测度指标	Moran's I	Z 值统计	p 值
一级指标	创新生态位	0.263	4.497 8	0.001***
二级指标	生态适应性	0.539	9.093	0.001***
	生态多样性	0.196	3.504	0.004***
	生态持续性	−0.043	−0.613	0.269

续表

指标级别	测度指标	Moran's I	Z 值统计	p 值
三级指标	要素聚集	0.631	10.565	0.001***
	成果转化	0.625	10.375	0.001***
	环境适应	0.326	5.558	0.001***
	产业组织多样性	0.271	4.571	0.002***
	支持性组织多样性	0.248	4.367	0.002***
	科技潜力	0.138	2.345	0.018**
	产业辐射	−0.024	−0.290	0.398

注：***、**、* 分别表示表中对应指标在1%、5%、10%的置信水平上通过了显著性检验。

12.3.2 经济带创新生态群落的局部 Moran's I 空间相关度分析

根据全局 Moran's I 的测度结果显著性，长江经济带的空间相关度指标总体呈现显著性，仅产业辐射和生态持续性的 p 值不显著，分别为 0.398 和 0.269，皆大于 0.1，而其他指标都具有空间显著性。因此，在进一步的局部 Moran's I 空间相关度分析中剔除产业辐射和生态持续性，对剩余的 9 个指标进行测度分析，基于 GeoDa 的测度结果如图 12-14 至图 12-22 所示。

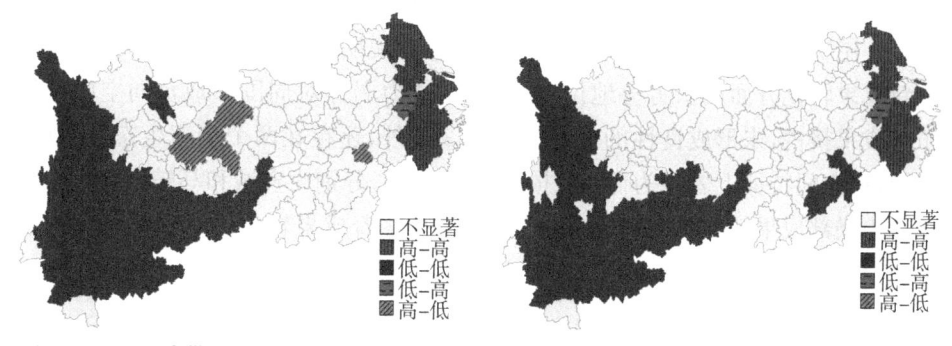

图 12-14　经济带的要素聚集局部空间分异　　图 12-15　经济带的成果转化局部空间分异

在要素聚集指标下，结合局部 Moran's I 的计量结果与图 12-14 可以知道，长江经济带的整体创新生态群落存在四种差异性的空间关联特征形态，具体来看：①经济带中存在多个创新生态群落的增长极化区域，在空间特征上表现为高-高（high-high）形态，包括 17 个城市单元，具体来看分别是丽水、衢州、金华、绍兴、杭州、上海、湖州、嘉兴、苏州、常州、南京、镇江、泰州、盐城、淮安、连云港、扬州。高值空间集聚说明处在这些空间单元上的创新生态群落具有创新要素聚集优势，并发挥了正向的空间关联作用，对周边的空间单元产生促进作用。②存在多个创新生态群落的增长阻滞区域，在空间特征上表现为低-低（low-low）形态，包括 26 个空间单元，分别为香格里拉、泸水、大理、保山、临沧、普洱、丽江、攀枝花、西昌、楚雄、蒙自、文山、凯里、贵阳、安顺、兴义、曲靖、六盘水、毕节、昭通、康定、绵阳、怀化、都匀、昆明、玉溪。低值空间集聚说明处在这些空间单元上的创新生态群落在创新要素聚集方面处于劣势,且相互间产生资源限制或挤占,未形成良性的发展态势。③此外,存在一个创新生态群落的极点滞后区域,在空间特征上表现为低-高(low-high)形态,即宣城,说明宣城的创新生态群落在要素聚集方面存在发展短板,周边存在高水平区域,但未能通过空间作用提升自身的创新生态要素聚集水平。④最后,存在多个创新生态群落的极点辐射区域,在空间特征上表现为高-低(high-low)形态,分别为南昌、重庆,说明南昌和重庆在创新要素聚集方面发挥了区域创新极点的作用,对周边的创新生态群落的创新要素资源发展有着促进作用。

在成果转化指标下,结合局部 Moran's I 的计量结果与图 12-15 可以知道,长江经济带整体创新生态群落存在三种差异性的空间关联特征形态,具体来看:①经济带中存在多个创新生态群落的增长极化区域,在空间特征上表现为高-高(high-high)形态,包括 16 个城市单元,分别为丽水、衢州、金华、绍兴、杭州、上海、湖州、嘉兴、常州、南京、镇江、泰州、盐城、淮安、连云港、扬州。高值空间集聚反映了这些空间单元内的创新生态群落在成果转化方面具有局部发展优势,并发挥了正向的空间关联作用,对周边的空间单元产生促进作用,分享成果转化的技术经验,提升了空间范围内的创新成果转化水平。②其次,存在多个创新生态群落的增长阻滞区域,在空间特征上表现为低-低(low-low)形态,共计 26 个空间单元,具体包括:泸水、大理、保山、临沧、普洱、丽江、西昌、楚雄、蒙自、文山、凯里、贵阳、安顺、兴义、曲靖、六盘水、毕节、遵义、康定、怀化、抚州、吉安、南昌、都匀、昆明、玉溪。这些区域为低值空间集聚,说明这些空间单元上的创新生态群落在创新成果转化方面居于劣势地位,成果转化能力弱并对周围形成负向空间作用,存在竞争与成果挤占,未形成良性的创新生态。③此外,还存在两个创新生态群落的极点滞后区域,在空间特征上表现为低-高(low-high)形态,分别为宣城和马鞍山,说明这两个空间单元为局部成果转化发展的低点,虽然周边存在着成果转化的高水平区域,但宣城和马鞍山的群落未能利用空间优势,通过交流模仿提升自身的创新成果转化水平。

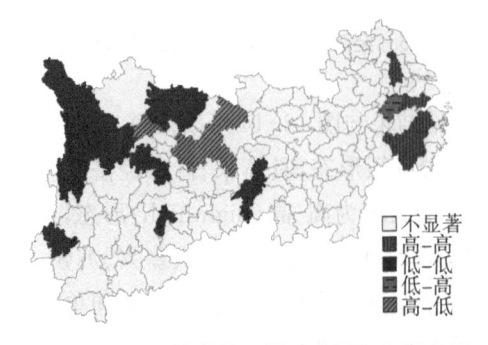

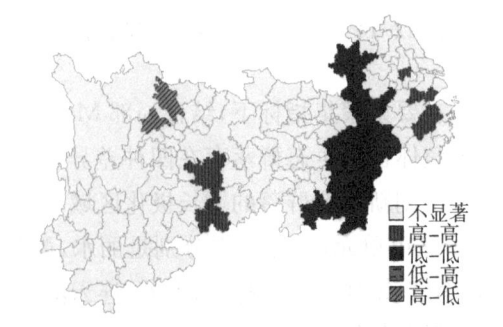

图 12-16 经济带的环境适应局部空间分异　　图 12-17 经济带的产业组织多样性局部空间分异

在环境适应指标下,结合局部 Moran's I 的计量结果与图 12-16 可以知道,长江经济带的整体创新生态群落存在四种差异性的空间关联特征形态,具体来看:①经济带中存在多个创新生态群落的增长极化区域,在空间特征上表现为高-高(high-high)形态,包括8个城市单元,分别是丽水、衢州、金华、绍兴、湖州、嘉兴、镇江、扬州,这些区域属于创新环境高值空间,说明这些区域的局部创新环境发展良好,且产生了正向的空间关联作用,对周边的空间单元有着一定的促进作用,改善了周围的创新环境,提高了空间范围内的创新生态群落的环境适应能力。②同时,存在多个创新生态群落的增长阻滞区域,在空间特征上表现为低-低(low-low)形态,共计13个空间单元,具体包括:香格里拉、保山、六盘水、宜宾、乐山、雅安、康定、广元、巴中、南充、绵阳、德阳、怀化。这些低值空间集聚说明处在这些区域的创新环境较差,创新生态群落的环境适应能力有限,未形成良性的创新环境发展态势,是需要重点注意进行创新环境改造的区域。③另外,存在一个创新生态群落的极点滞后区域,在空间特征上表现为低-高(low-high)形态,即宣城,意味着这里的创新环境发展水平为局部低点,未能吸收周边创新环境发展经验、学习周边的高水平区域。④最后,存在两个创新生态群落的极点辐射区域,在空间特征上表现为高-低(high-low)形态,分别为成都和重庆,说明成都与重庆是长江经济带上创新环境发展的局部增长极点,对区域的创新环境改进起到正向空间关联作用,促进了周边群落对其在环境适应方面的学习提高与模仿进步。

在产业组织多样性指标下,结合局部 Moran's I 的计量结果与图 12-17 可以知道,长江经济带的整体创新生态群落存在三种差异性的空间关联特征形态,具体来看:①经济带中存在多个创新生态群落的增长极化区域,在空间特征上表现为高-高(high-high)形态,包括7个城市单元,分别为遵义、都匀、金华、绍兴、湖州、嘉兴、镇江。这些区域属于产业组织多样性水平的局部高值区域,空间相关度的测量结果反映出这些区域的局部创新产业生态良好,且产生了正向的空间关联作用,对周边的空间单元有着一定的促进作用,对空间范围内的创新生态群落产业发展起到提高与促进作用。②与此同时,空间测度表明存在多个创新生态群落的增长阻滞区域,在空间特征上表现为低-低(low-low)形态,共计21个空间单元,具体包括:抚州、鹰潭、吉安、赣州、郴州、新余、宜春、南昌、九江、上饶、景德镇、池州、铜陵、安庆、阜阳、淮南、蚌埠、淮北、亳州、芜湖、六安。这些区域为产业生态低值空间集聚,说明处在这些空间单元的创新生态群落处于产业单一或产业发展不足的区域,产业发展态势有局部垄断或产业竞争激烈、产业发展薄弱的劣势,空间关联作用也为负向,未形成良性的创新产业发展态势,是需要改善产业环境的重点区域。③最后,存在两个创新生态群落的极点辐射区域,在空间特征上表现为高-低(high-low)形态,分别为成都与绵阳,说明成都和绵阳是长江经济带上创新产业多样性的局部增长极点,对区域的产业多样性发展有较为显著的正向空间关联作用,促进了周边创新生态群落的产业结构调整。

在支持性组织多样性指标下,结合局部 Moran's I 的计量结果与图 12-18 可以知道,长江经济带的整体创新生态群落存在四种差异性的空间关联特征形态,具体来看:①经济带中存在多个创新生态群落的增长极化区域,在空间特征上表现为高-高(high-high)形态,包括6个城市单元,分别为绍兴、湖州、嘉兴、常州、镇江、扬州。这些区域属于支持性组织多样性水平的局部高值区域,高值空间集聚说明处在这些空间单元上的创新生态群落具有支持性组织多样性的局部优势,并发挥了正向的空间关联作用,对周边的空间单元产生促进作用。这些区域的创新相关支持性组织发展水平较高,并对周边起到支持和帮助。②同时,空间测度表明存在多个创新生态群落的增长阻滞区域,在空间特征上表现为低-低(low-low)形态,共计 11 个空间单元,具体有泸水、大理、保山、临沧、普洱、丽江、文山、曲靖、康定、怀化、玉溪。这些城市单元为支持性组织多样性的低值聚集区,创新相关的支持性组织发展水平滞后。③此外,存在一个创新生态群落的极点滞后区域,在空间特征上表现为低-高(low-high)形态,为宣城,意味着这里是支持性组织多样性发展水平的局部低值点,周边虽然存在支持性组织水平高的空间单元,但宣城未能吸收周边群落的组织多样性发展经验,以提高与创新相关的支持性组织发展。④最后,存在多个创新生态群落的极点辐射区域,在空间特征上表现为高-低(high-low)形态,包括 4 个城市单元,分别为昆明、南昌、成都、绵阳,说明这 4 个城市单元是长江经济带上支持性组织发展的局部增长极点,对区域的创新相关支持性组织发展起到正向空间关联作用,促进了周边群落的支持性组织发展水平。

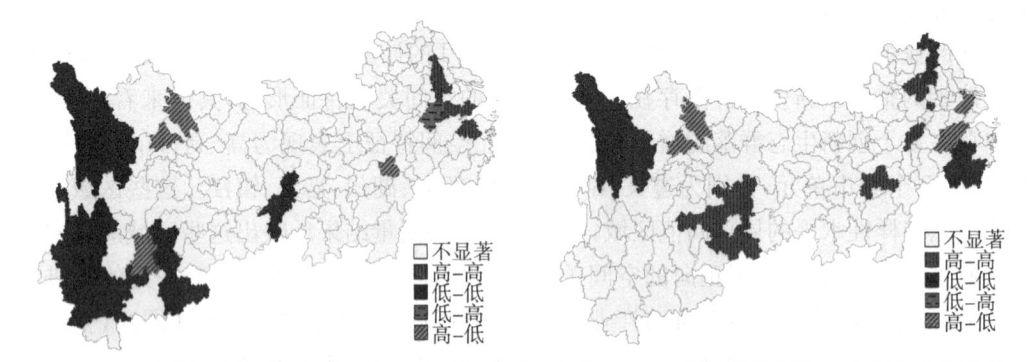

图 12-18　经济带的支持性组织多样性局部空间分异　　图 12-19　经济带的科技潜力局部空间分异

在科技潜力指标下,结合局部 Moran's I 的计量结果与图 12-19 可以知道,长江经济带的整体创新生态群落存在三种差异性的空间关联特征形态,具体来看:①经济带中存在多个创新生态群落的增长极化区域,在空间特征上表现为高-高(high-high)形态,包括 8 个城市单元,分别为安顺、毕节、遵义、宜春、池州、都匀、马鞍山、滁州。这些区域作为科技潜力的局部高值区域,不但具有巨大的科技潜力,而且对周边的空间单元产生了正向的空间关联作用,有助于周边创新生态群落的科技水平提升。②与此同时,存在多个创新生态群落的增长阻滞区域,在空间特征上表现为低-低(low-low)形态,共有 6 个空间单元,分别是康定、温州、丽水、金华、淮安、连云港。这些区域的科技潜力有限,处在低值区域并有着负向空间关联作用,未能形成良好的科技潜力发展机制,属于局部科技禀赋较差的区域。③最后,存在多个创新生态群落的极点辐射区域,在空间特征上表现为高-低(high-low)形态,包括 4 个城市单元,依次为绵阳、成都、杭州、苏州,这 4 个城市单元是科技潜力的局部增长极点,其科技潜力高于周边区域并对周边的科技发展起到正向空间关联作用,促进了周围创新生态群落的科技潜力挖掘与创新生态发展。

在生态适应性指标下,结合局部 Moran's I 的计量结果与图 12-20 可以知道,长江经济带的整体创新生态群落存在四种差异性的空间关联特征形态,具体来看:①经济带中存在多个创新生态群落的增长极化区域,在空间特征上表现为高-高(high-high)形态,包括 16 个城市单元,分别为丽水、南京、镇江、衢州、金华、杭州、绍兴、嘉兴、常州、上海、湖州、泰州、盐城、淮安、连云港、扬州。这些区域的创新生态群落属于生态适应性的局部高值区域,空间相关度的测量结果反映出这些区域的创新生态群落具有较强的适应能力,且产生了正向的空间关联作用,对周边的创新生态群落与空间单元也有着一定的促进影响,对空间范围内的创新生态群落的生存与发展起到了提高与促进的作用。②其次,存在多个创新生态群落的增长阻滞区域,在空间特征上表现为低-低(low-low)形态,共计 19 个空间单元,分别为:香格里拉、泸水、大理、保山、临沧、普洱、丽江、西昌、文山、凯里、安顺、兴义、曲靖、六盘水、毕节、康定、绵阳、怀化、都匀。这些区域为群落生态适应性的低值空间集聚,说明处在这些空间单元的创新生态群落具备的适应能力较差,受制于空间禀赋,创新生态群落对创新过程复杂性与不确定风险的承受与应对能力较差,群落间的空间关联作用也为负向,存在竞争和资源挤占现象,未形成良性的创新生态,是需要改进的重点区域。③与此同时,存在一个创新生态群落的极点滞后区域,在空间特征上表现为低-高(low-high)形态,为宣城,说明宣城的创新生态群落在生态适应性上能力薄弱,意味着这里是创新生态群落适应能力的局部低值点,周边虽然存在适应性强的高水平创新生态群落,但宣城未能吸收周边群落的发展经验,以提高创新的适应能力。④最后,存在多个创新生态群落的极点辐射区域,在空间特征上表现为高-低(high-low)形态,包括 5 个城市单元,分别为贵阳、成都、重庆、南昌、昆明,说明这 5 个城市单元是创新生态群落生态适应性发展的局部增长极点,在长江经济带上对区域创新生态与创新生态群落延续发展起到正向空间关联作用,促进了周边群落对创新过程的不确定性的适应能力。

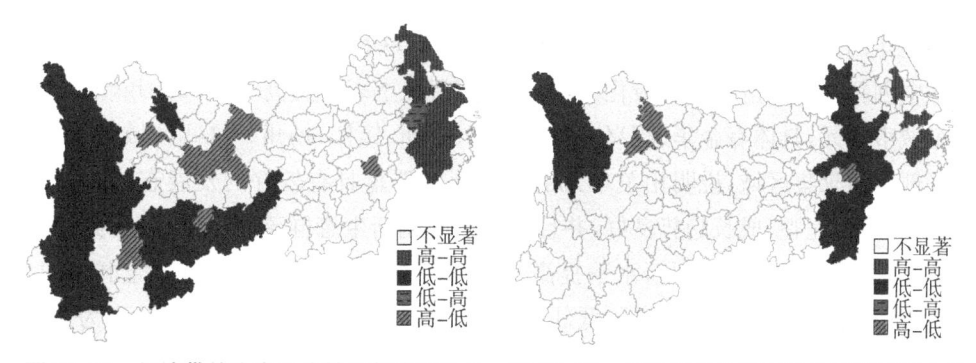

图 12-20 经济带的生态适应性局部空间分异   图 12-21 经济带的生态多样性局部空间分异

在生态多样性指标下,结合局部 Moran's I 的计量结果与图 12-21 可以知道,长江经济带的整体创新生态群落存在三种差异性的空间关联特征形态,具体来看:①首先,经济带中存在多个创新生态群落的增长极化区域,在空间特征上表现为高-高(high-high)形态,包括 6 个城市单元,分别为金华、绍兴、湖州、嘉兴、镇江、扬州。这些区域为生态多样性的局部高值聚集区域,说明这些区域的创新生态群落具有较为完善的组织结构,创新组织发展水平高,且在保持生态多样性的同时,对周围产生了正向的空间关联作用,对周边创新生态群落与空间单元的组织发展也有着一定的积极影响。②其次,存在多个创新生态群落的增长阻滞区域,在空间特征上表现为低-低(low-low)形态,共计 18 个空间单元,具体包括:康定、抚州、鹰潭、吉安、赣州、新余、九江、上饶、景德镇、池州、铜陵、安庆、阜阳、淮南、淮北、亳州、芜湖、六安。这些城市单元为创新生态组织发展的低值空间集聚,说明处在这些区域的创新生态群落组织结构单一、发展水平相对滞后,群落间的空间关联作用也为负向,未形成良性的创新生态,是需要改进的重点区域。③最后,存在多个创新生态群落的极点辐射区域,在空间特征上表现为高-低(high-low)形态,包括 3 个城市单元,分别为绵阳、成都、南昌,说明这 3 个城市单元是创新生态群落生态多样性发展的局部增长极点,在长江经济带上对区域创新生态的组织结构完善与生态多样性发展起到正向空间关联作用,促进了周边低水平群落的组织结构调整与生态多样性发展。

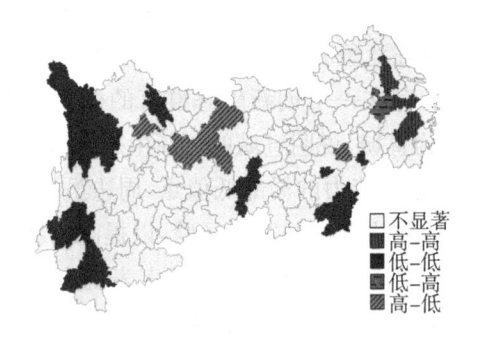

图 12-22 经济带的创新生态位局部空间分异

在创新生态位指标下,结合局部 Moran's I 的计量结果与图 12-22 可以知道,长江经济带的整体创新生态群落存在四种差异性的空间关联特征形态,具体来看:①经济带中存在多个创新生态群落的增长极化区域,在空间特征上表现为高-高(high-high)形态,包括 7 个城市单元,具体有金华、绍兴、湖州、嘉兴、常州、镇江、扬州。这些区域为创新生态位的局部高值聚集区域,说明相关单元的创新生态群落具有较好的发展态势,要素禀赋丰裕、组织结构完整、成长趋势良好,并且对周围的创新生态群落产生了正向的空间关联作用,促进相关生态族群的创新水平提高。②与此同时,存在多个创新生态群落的增长阻滞区域,在空间特征上表现为低-低(low-low)形态,包括 9 个城市单元,分别为大理、保山、普洱、康定、绵阳、怀化、鹰潭、赣州、新余。这些城市单元为创新生态水平的低值空间集聚,说明处在这些区域的创新生态群落资源禀赋薄弱,组织水平低,群落成长潜力有限,创新生态群落的发展水平差,在群落间的空间关联作用上也为负向,未形成良性的创新生态,是需要改进的重点区域。③此外,存在创新生态群落的极点滞后区域,在空间特征上表现为低-高(low-high)形态,包括 2 个城市单元,分别为宣城、马鞍山,说明这两个城市的创新生态群落发展水平为区域创新生态系统的局部低值点,周边虽然存在创新发展水平高的空间单元,但宣城和马鞍山未能吸收周边群落的创新生态发展经验,以提高自身的创新水平发展。④最后,测度显示还存在多个创新生态群落的极点辐射区域,在空间特征上表现为高-低(high-low)形态,包括 3 个城市单元,分别为成都、重庆、南昌,这 3 个城市单元是长江经济带上创新生态位的局部增长极点,说明这些区域的创新生态群落水平较高且对周围的低值区域起到正向空间关联作用,促进了空间范围内的创新生态群落整体状态的发展。

总结长江经济带创新生态群落的空间相关度及创新生态发展空间分异特征,包括以下几点:①首先,从城市群落的空间增长极点拉动效应来看,湖州、嘉兴、镇江、扬州在创新生态高水平区域的多个指标上局部正向空间关联作用明显,成都、重庆、南昌在创新生态低水平区域的多个指标上局部正向空间关联作用明显。②其次,可以发现长江下游区域的创新生态群落发展水平整体较高,并且产生了一定的空间辐射与创新水平拉动作用,但正向空间关联作用有限。从细节指标上看,其创新生态发展的主要优势体现在创新要素聚集与成果转化上,如图 12-14 和图 12-15 所示,长江下游区域聚集着较高的创新生态资源存量,对长江经济带创新生态群落的整体发展有着正向的空间影响,但这种空间影响偏向间接性的而非强有力的作用。③此外,长江中游地区的总体生态位水平一般,主要问题是产业水平、生态多样性发展比较薄弱,如图 12-17 和图 12-21 所示,虽然邻近长江中游的创新高水平区域,在创新要素与成果转化方面得到增长极点区域的拉动,但受产业水平限制,创新要素流动不足,创新生态发展的增长态势一般。④最后,长江上游地区的创新生态发展水平较差,尤以西部的城市为低值聚集区域。从细节指标上探究,主要是由于创新要素禀赋差、成果转化水平低和创新相关支持性组织发展薄弱导致,如图 12-14、图 12-15、图 12-18 所示。因此,对于长江上游地区的创新生态需要综合改进,从创新资源和组织支持多方面入手。

12.3.3 经济带创新生态群落的空间关联指数分析

为了计算经济带的空间关联指数,代入数值变量对长江经济带的创新生态群落进行 OLS 最小二乘回归分析和 SEM、SLM 空间回归测度,可得模型计量参数表,如表 12-9 所示。由表 12-9 可知长江经济带创新生态群落 OLS 模型的 R-squared 值为 0.804 054,具有较强的解释力,在整体的方程拟合效果上也具有较好的解释能力。从 OLS 回归的细节指标中可知,环境适应、产业组织多样性、支持性组织多样性、科技潜力这四个指标系数的 p 值分别为 0.000 00、0.000 00、0.014 67、0.026 03,全都小于 0.05,在统计学上具有显著意义。然而,空间回归的 R-squared 更高,解释度更优。其中以长江经济带创新生态群落 SEM 模型相较于 OLS 模型 R-squared 的提高最为明显,表明 SEM 方程具有更好的解释能力。Lagrange Multiplier(error)和 Robust LM(error)的 p 值接近 0.1,弱显著;而 Lagrange Multiplier(lag)和 Robust LM(lag)的 p 值远大于 0.1,不显著。因此,长江经济带的创新生态群落,更适合选择 SEM 模型分析,模型判断表明创新生态群落的演化存在共生关系的影响,并更多地来自遗传变异。

SEM 模型对各项指标的数值分析结果更具有参考意义,在测度表中 LAMBDA 项为空间误差,其系数反映了单元间扰动带来的影响,由测度结果可知长江经济带创新生态群落 SEM 模型的 LAMBDA 系数为 0.265 12,且 p 值为 0.016 43,小于 0.05,在统计学上具有显著意义,因此,经济带的空间关联指数即为 0.265 12。SEM 模型中的创新相关生态水平特征细节指标上,依然是环境适应、产业组织多样性、支持性组织多样性、科技潜力这四个指标系数的 p 值显著,分别为 0.000 00、0.000 00、0.020 81、0.007 91。

表 12-9　经济带创新生态群落空间关联指数模型测度

Variable	OLS	SLM	SEM
YSJJ	−0.227 82 (0.810 04)	−0.228 08 (0.803 99)	−0.053 52 (0.953 22)
CGZH	−0.197 95 (0.845 40)	−0.198 21 (0.840 18)	−0.613 91 (0.528 65)
HJSY	3.829 97 *** (0.000 00)	3.830 16 *** (0.000 00)	4.077 93 *** (0.000 00)
CYDY	−3.546 51 *** (0.000 00)	−3.546 62 *** (0.000 00)	−4.015 84 *** (0.000 00)
ZZDY	3.984 32 ** (0.014 67)	3.984 57 ** (0.010 64)	3.938 22 ** (0.020 81)
KJQL	−1.102 49 ** (0.026 03)	−1.103 01 ** (0.025 46)	−1.326 12 *** (0.007 91)
CYFS	−0.257 59 (0.856 41)	−0.256 92 (0.853 16)	−0.027 70 (0.985 02)
Constant	7.694 88 *** (0.000 00)	7.636 46 *** (0.000 00)	7.694 88 *** (0.000 00)
w		0.000 05 (0.997 09)	
LAMBDA			0.265 12 ** (0.016 43)
R-squared	0.804 05	0.804 05	0.812 69
Lagrange Multiplier		−0.240 91 (0.997 11)	4.921 22 (0.108 07)
Robust LM		−0.195 41 (0.858 75)	−5.357 11 (0.105 93)

注:***、**、* 分别表示表中对应指标在 1%、5%、10% 的置信水平上通过了显著性检验。

综合空间模型的测度结果可知,长江经济带创新生态群落在经济带层级下的整体空间关联指数为 0.265 12。由于空间回归模型的 Lagrange Multiplier 和 Robust LM 的 p 值判定结果仅为弱显著,经济带的创新生态群落受遗传变异多重因素影响。相对而言,经济带整体更符合 SEM 模型,具有互利共生特点,创新生态群落的发展态势相对较优。从创新生态群落演化的视角来看,空间关联指数 LAMBDA 为正值且显著,说明现阶段的创新生态群落发展主要是由遗传变异驱动,并处于互利共生的状态,彼此之间有着正向促进。

环境适应和支持性组织多样性这两个指标为正值且显著,反映出长江经济带的创新生态发展与良好的创新生态环境、有力的创新支持性组织密不可分,创新环境和支持性组织的良性发展极大地推动了长江经济带的创新生态演化发展。产业组织多样性为负值且显著,说明长江经济带原有的产业结构并非创新驱动,还存在很大一部分粗放式要素驱动型产业,且产业单元间存在一定程度的竞争,现阶段产业多样性的发展尚未有效地推进长江经济带创新生态水平的进步,说明产业结构调整对于长江经济带的发展意义重大。与此同时,科技潜力为负值且显著,说明创新生态群落间的科技挖掘达到了一定程度,科技水平增速放缓,科技潜力挖掘对创新的拉动有放缓趋势,需要调整科技要素布局,缓解区域间的竞争态势。

长江经济带创新生态群落的整体具有互利共生特点,发展态势相对较优。通过空间关联分异特征分析可知,长江经济带现阶段的创新生态群落演化发展主要是由遗传变异驱动,并处于互利共生的状态,从整体上看创新生态群落之间的空间相关度较高,并有着正向的关联作用。结合创新生态群落的创新生态位细节指标计量分析来看:一方面,创新环境和支持性组织的发展对长江经济带的创新产出促进最大;另一方面,产业发展和结构调整缓慢并存在着区域竞争,科技潜力挖掘对创新的拉动有放缓趋势。

总结长江经济带的创新生态群落演化发展,在整体具有互利共生特点的同时又在不同的核心区域体现出不同的空间分异特征,结合核心城市群的创新生态群落空间关联分异特征来看,具体如下。

长三角城市群的创新生态群落呈现出竞争性的共生态势,现阶段的创新生态群落发展受遗传变异的演化影响,主要是由变异驱动的,且非互利共生,存在创新生态群落间的竞争,环境适应、支持性组织多样性、产业辐射这几个方面很大程度地驱动着长三角城市群创新生态群落的发展,而创新要素聚集、产业组织多样性、科技潜力挖掘这些因素对局部创新产出的贡献放缓。

长江中游城市群的创新生态群落呈现出空间独立性,这一区域的群落发展主要源于自身的基因遗传。创新相关支持性活动的发展对长江中游的创新生态群落促进较大,而环境适应、产业组织多样性、科技潜力、产业辐射这几个方面对长江中游的创新发展驱动力不足。中游区域的产业尚未完成结构升级调整,以粗放型经济为主,需要改进科技水平和产业结构,并调整局部的创新环境以形成对创新生态的正向促进。

成渝城市群的创新生态群落发展主要受到协同演化的作用。创新生态资源禀赋薄弱,但存在正向的协同演化。虽然区域产出主要依赖粗放式经济拉动而非创新活动,区域内竞争态势显著,但有可能通过一体化创新生态改进,推动成渝地区的创新发展并产生区域辐射作用,促进周边区域的创新生态良性成长与发展。

最后,结合空间关联指数的计量结果和文章分析,对长江经济带创新生态群落的空间关联分异特征,以及空间关联作用下的演化动力机制与群落关联状态的分异情况进行总结,如表12-10所示。

表12-10 长江经济带创新生态群落的空间关联分异特征总结表

群落区域	模型检验	演化动力机制	空间关联指数 g	空间关联分异特征
长江经济带	OLS/SEM	遗传变异	0.265 12	互利共生
长三角城市群	SEM	变异	−0.624 02	竞争关系
长中游城市群	OLS	遗传	−0.000 1	中性作用
成渝城市群	SLM	协同	0.329 35	互利共生

第 13 章
长江经济带创新生态群落分异特征演化分析

13.1 创新生态群落的分异特征演化模型构建与分析

13.1.1 分时段叠加的 Logistic 综合指数模型构建

1. 创新生态位的 Logistic 基本模型

创新生态群落的发展具有阶段非均衡特点,从整体群落发展来看,在创新生态水平达到一定程度后会由于受到外部创新生态要素的约束而发展放缓,并形成内外生态系统的均衡,达到相对稳态。若从数值曲线上来看,即创新生态群落在不断发展后,进入阻滞增长期并最终形成一个类似于 S 形曲线的结构,创新生态水平最终会在高位收敛。从创新生态学来看,创新生态群落的这种生态持续性发展曲线符合 Logistic 函数。因此可以根据 Logistic 模型构建创新生态群落的分异特征演化模型。

创新生态位的 Logistic 演化基本模型,即只考虑创新生态水平 IN 围绕时间 t 而变化的模型。设长江经济带创新生态群落的创新生态水平为 IN_x,其群落生态水平自然增长率为 r_x,而 H_x 为长江经济带创新生态群落在既有的给定创新生态资源要素及创新生态环境下所能够承载的最大创新生态容量。当不考虑创新生态系统的内外交互作用,令这个创新生态群落独立发展,仅考虑创新生态位的演化时,假定创新生态水平 IN_x 为关于 t 变化的函数,即函数 $IN_x(t)$,则可以得到创新生态位指数的 Logistic 基本演化模型表达式:

$$\frac{dIN_x(t)}{dt}=r_x(1-\frac{IN_x(t)}{H_x})IN_x(t) \qquad (13\text{-}1)$$

长江经济带的创新生态群落,呈现出"一轴、三极、多点"的发展格局,"一轴"为整个经济带,包含 129 个市级区域,"三极"为长三角城市群、长江中游城市群、成渝城市群三大核心城市群,分别包含着 26、40、22 个市级区域,当仅考虑创新生态群落的创新生态位影响,将大大小小的创新城市视为一个个创新生态群落时,整体经济带群落和内部各个子群落都满足表达式(13-1)。

为了方便理解式(13-1),这里先假定长江经济带中只含有 2 个创新生态群落 a 和 b,它们的创新生态水平分别为 IN_a 和 IN_b,生态水平自然增长率分别为 r_a 和 r_b,最大创新生态容量分别为 H_a 和 H_b;则此时的 Logistic 基本模型可以表达为:

$$\begin{cases} \dfrac{\mathrm{d}IN_a(t)}{\mathrm{d}t} = r_a(1 - \dfrac{IN_a(t)}{H_a})IN_a(t), IN_a(t_0) = IN_{a0} \\ \dfrac{\mathrm{d}IN_b(t)}{\mathrm{d}t} = r_b(1 - \dfrac{IN_b(t)}{H_b})IN_b(t), IN_b(t_0) = IN_{b0} \end{cases} \quad (13\text{-}2)$$

式中:IN_{a0} 和 IN_{b0} 分别代表着观测期内创新生态群落 a 和 b 的初始创新生态水平[IN_{a0}、IN_{b0} 为式(13-2)中 $t=0$ 时的值];$1 - \dfrac{IN_a(t)}{H_a}$ 和 $1 - \dfrac{IN_b(t)}{H_b}$ 分别代表着群落 a 和 b 的创新生态水平发展的阻滞因子。由于两者同属于长江经济带创新生态群落,为简化模型运算,在利用 Logistic 基本模型式(13-1)、式(13-2)进行计量分析经济带整体群落时,可将不同创新生态群落的最大创新生态容量视为似然相等,即有 $H_a \approx H_b \approx H_x$。

创新生态位指数的 Logistic 基本模型反映了创新生态群落在自身的演化与发展过程中的收敛趋势。因为创新生态群落在发展过程中会不可避免地消耗既定创新要素资源,而在一定的技术条件下,整个创新生态系统的要素资源潜力是有限的,在持续创新达到一定程度后,就会进入发展的瓶颈期。在瓶颈期中,创新要素资源的限制会减缓创新生态群落的发展趋势。从理论上看,由于创新生态群落自身的演化发展和创新生态系统的阻滞约束作用,最终长江经济带的创新生态群落会进入一种创新生态水平的高位稳定状态。

2. 加入空间关联指数的 Logistic 改进模型

创新生态位指数的 Logistic 基本模型着重考虑了创新生态群落的自身发展水平,而创新生态群落间可能产生空间上的相互影响。加入空间关联指数的 Logistic 改进模型,既考虑了创新生态位水平 IN,又考虑了创新生态群落间的空间关联作用(以空间关联指数 g 作计量分析),是结合两者对创新生态群落的作用,围绕时间 t 变化所构建的改进型模型。同 Logistic 基本模型一样,假定创新生态水平 IN_x 为关于 t 变化的函数,即函数 $IN_x(t)$,设长江经济带创新生态群落的创新生态水平为 IN_x,其群落生态水平自然增长率为 r_x,而 H_x 为长江经济带创新生态群落在既有的给定创新生态资源要素及创新生态环境下所能够承载的最大创新生态容量。而这里考虑创新生态系统的内外交互作用,在原有模型中加入空间关联指数 g,令 $g_{n-x} \sum \dfrac{IN_{n-x}(t)}{H_{n-x}(t)}$ 代表其他创新生态群落对 IN_x 的空间协同作用,由此可以得到加入空间关联指数的 Logistic 改进模型表达式:

$$\dfrac{\mathrm{d}IN_x(t)}{\mathrm{d}t} = r_x[1 - \dfrac{IN_x(t)}{H_x} + g_{n-x} \sum \dfrac{IN_{n-x}(t)}{H_{n-x}(t)}]IN_x(t) \quad (13\text{-}3)$$

Logistic空间关联指数改进模型反映出,当两个创新生态群落相互作用、相互影响时,每一个创新生态群落的创新生态水平变化率都会受到两个创新生态群落作用的影响,即"个体群落本身在特定阶段的创新生态水平(IN_x)"和"创新生态系统内其他创新生态群落的影响(g_{n-x})"。

为了方便理解式(13-3),这里同样先假定长江经济带中只含有2个创新生态群落a和b,它们的创新生态水平分别为IN_a和IN_b,生态水平自然增长率分别为r_a和r_b,最大创新生态容量分别为H_a和H_b;g_b为创新生态群落b对创新生态群落a的作用,g_a为创新生态群落a对创新生态群落b的作用,则此时的Logistic改进模型可以表达为:

$$\begin{cases} \dfrac{dIN_a(t)}{dt} = r_a(1 - \dfrac{IN_a(t)}{H_a} + g_b\dfrac{IN_b(t)}{H_b})IN_a(t) \\ \dfrac{dIN_b(t)}{dt} = r_b(1 - \dfrac{IN_b(t)}{H_b} + g_a\dfrac{IN_a(t)}{H_a})IN_b(t) \end{cases} \quad (13\text{-}4)$$

在Logistic改进模型式(13-4)中,若g_b和g_a测度值都为0,则创新生态群落a和创新生态群落b相互独立,群落的演化主要来自自身的遗传演化;若g_b和g_a测度值不全为0或正负相异,则创新生态群落a和创新生态群落b相互存在偏利作用,群落的演化一定程度上来自群落的变异;若g_b和g_a测度值都大于0,则创新生态群落a和创新生态群落b之间相互存在正向协同作用,群落的演化发展一定程度上源于协同演化。

为了进一步深入分析,这里根据长江经济带创新生态群落Logistic改进模型的特点,令$\lambda_x = r_x(1 + g_{n-x}\sum IN_{n-x})$,$Z_x = IN_x(1 + g_{n-x}\sum IN_{n-x})$,代入Logistic改进模型式(13-3)中做模型简化,可得

$$\dfrac{dIN_x(t)}{dt} = \lambda_x(t)[1 - \dfrac{IN_x(t)}{Z_x(t)}]IN_x(t) \quad (13\text{-}5)$$

式(13-5)中,λ_x为长江经济带创新生态群落在空间关联指数作用下的创新生态水平协同演化增长率,由于其数值会伴随着创新生态水平$IN_x(t)$的变化而随着时间不断变化,这里记为$\lambda_x(t)$;Z_x为长江经济带创新生态群落在空间关联指数作用下的最大创新生态容量,$Z_x \approx \sum H_x$,其数值也会伴随着创新生态水平$IN_x(t)$的变化而随着时间不断变化,因此记为$Z_x(t)$。区别于Logistic基本模型,在Logistic改进模型中,$\lambda_x(t)$和$Z_x(t)$都会随着$IN_x(t)$的变化根据时间的发展不断演化。

3. 分时段叠加的Logistic综合指数模型

从创新生态的视角来看,长江经济带的创新生态群落是一个由多个次级生态群落构成的复杂的共生演化系统,包含着创新经济带、创新城市群、创新城市等多个层级,不同层级内部又包含创新区域集群、创新产业园、创新单元等多个单元层级,会呈现出多参数交互影响、分时段作用叠加和动态演化复合的群落变化特征。长江经济带创新生态群落遵循着生态种群演化的基本规律,演化模型符合Logistic改进模型的表达式(13-5),表

达式(13-5)中的 $\lambda_x(t)$ 和 $Z_x(t)$ 都不是固定值常数量,会随着创新生态水平 $IN_x(t)$ 的变化而变化,最简单的计算方法是用演化观测周期中平均值来估算 $\lambda_x(t)$ 和 $Z_x(t)$,然而这样的计量分析仅能描绘出大致的演化曲线,与实际数值可能存在偏差。为了更有效地对长江经济带创新生态群落的创新生态演化过程进行数值拟合分析,本研究将借鉴唐强荣等人在《南开管理评论》上提出的"分时段叠加的Logistic模型分析方法"对原有Logistic模型进行改进,以优化创新生态演化模型预测的效度,具体模型优化如下。

将长江经济带创新生态群落的演化时间划分区段,在较小的时间区间 $t \in [t_i, t_{i+1}]$($i=0,1,2,\cdots,n$),长江经济带创新生态群落的演化数值,可以近似看作由各个区间内的Logistic曲线连接构成。取任意两个相邻的时间区间 $[t_i, t_{i+1}]$,则这一区间的长度 $\Delta t = t_{i+1} - t_i = 1$,在这一创新生态演化曲线上,创新生态群落的创新生态水平增量为 $\Delta IN(t_{i+1}) = IN_{i+1} - IN_i$,平均值为 $\overline{IN}(t_{i+1}) = \dfrac{IN_{i+1} + IN_i}{2}$,区间两端点所连接的直线的斜率为 $\dfrac{\Delta IN(t_{i+1})}{\Delta t}$。

可以用 t_{i+1} 时刻的创新生态水平 $IN(t_{i+1})$ 近似替代区间中的平均值 $\overline{IN}(t_{i+1})$,即 $IN(t_{i+1}) = \overline{IN}(t_{i+1})$。由此,可以进一步推导,在较小时间段 $t \in [t_i, t_{i+1}]$($i=0,1,2,\cdots,n$)内,长江经济带创新生态群落的协同演化增长率 λ_x 和最大创新生态容量 Z_x 可近似表示为关于 t_{i+1} 的函数方程式,$\lambda_x^{i+1} = r_x[1 + g_{n-x} \sum \overline{IN}_{n-x}(t_{i+1})]$ 和 $Z_x^{i+1} = IN_x[1 + g_{n-x} \sum \overline{IN}_{n-x}(t_{i+1})]$。将这些推导代入式(13-5)可以解得:

$$IN_x(t) = \frac{Z_x^{i+1}}{1 + \dfrac{Z_x^{i+1} - IN_x(t_i)}{IN_x(t_i)} e^{-\lambda_x^{i+1} \cdot t}} \qquad (13\text{-}6)$$

如果时间区间 $[t_i, t_{i+1}]$ 的间距较小,则区间内线性模型曲率变化不大,可以用区间两个端点的连接线来似然代替模型值域区间 $[t_i, t_{i+1}]$ 中的各点斜率,由此可以构建分时段叠加的Logistic综合指数模型:

$$\frac{\Delta IN_x(t)}{\Delta t} = \lambda_x^{i+1}\left[1 - \frac{\overline{IN}_x(t_{i+1})}{Z_x^{i+1}}\right]\overline{IN}_x(t_{i+1}) \quad (i=0,1,2,\cdots,n) \qquad (13\text{-}7)$$

13.1.2 演化模型的参数估计与数据处理

Logistic模型中大部分数值可以代入直接观测数值,但有一部分数据则要进行参数估计以实现模型对实际变化的有效拟合。为了有效拟合长江经济带创新生态群落演化过程中的创新生态水平变化,需要对Logistic模型中的最大创新生态容量进行参数估计。

首先根据上一节的模型性质,可以得出最大创新生态容量 Z_x 的迭代公式:

$$Z_x^{i+1} = \frac{\overline{IN}_x(t_{i+1})}{1 - \dfrac{\Delta IN_x(t_{i+1})}{\lambda_x^{i+1} \cdot \overline{IN}_x(t_{i+1})}} (i = 0, 1, 2, \cdots, n) \tag{13-8}$$

由于现实中长江经济带创新生态群落的创新生态水平必然为大于 0 的正值,因此 $IN_x(t) > 0, Z_x > 0$,则必然有:

$$1 - \frac{\Delta IN_x(t_{i+1})}{\lambda_x^{i+1} \cdot \overline{IN}_x(t_{i+1})} > 0 \ (i = 0, 1, 2, \cdots, n) \tag{13-9}$$

对式(13-8)进行不等式变换可得:

$$\lambda_x^{i+1} > \frac{\overline{IN}_x(t_{i+1})}{\Delta IN_x(t_{i+1})} \ (i = 0, 1, 2, \cdots, n) \tag{13-10}$$

由此根据实际数据可以分别计算出 $\overline{IN}_x(t_{i+1})$ 和 $\Delta IN_x(t_{i+1})$,然后在固定值域范围 $[t_i, t_{i+1}]$ 中计算出相应的 λ_x^{i+1} 和 Z_x^{i+1},并以此来进行数值模拟分析。将计算得到的参数代入式(13-6)中,可以得到长江经济带创新生态群落的创新生态水平估值表达式:

$$IN_x(t) = \frac{Z_x^{i+1}}{1 + \dfrac{Z_x^{i+1} - IN_x(t_i)}{IN_x(t_i)} e^{-\lambda_x^{i+1} \cdot t}} \tag{13-11}$$

对模型估计值和长江经济带创新生态群落实际创新生态水平进行方差分析,则第 k 次估计值与实际值的平方差为:

$$\Delta E_x^2(k) = \sum_{i=0}^{n} \sum \left[IN_x(t_{i+1}) - \widetilde{IN}_x(t_{i+1}) \right]^2 \tag{13-12}$$

利用 Nelder-Mead 单纯形法(The Nelder-Mead simplex algorithm)对式(13-12)进行重复迭代计算,取方差最小值,即 $\text{Min}(\Delta E_x^2)$。当 $\Delta E_x^2(k) = \text{Min}(\Delta E_x^2)$ 时拟合数据和实际数据最为接近,拟合效果最好,由此便迭代出了模型最优参数,得到了相应年份中长江经济带创新生态群落对应的协同演化增长率 λ_x 和最大创新生态容量 Z_x。

13.1.3 演化模型的拟合效果检验

为了检验本节构建的 Logistic 演化模型能否有效地描述长江经济带创新生态群落的演化过程,这里选取长江经济带 2000 年至 2016 年的创新生态水平历史数据作为模型检验的依据,应用数据分析及算法开发软件 MATLAB(2015 版),进行模型运算编程并代入实际数值进行数据拟合分析,具体数值如表 13-1 以及图 13-1 至图 13-3 所示。

表 13-1　创新生态演化模型拟合值与实际数值对比表

	2000 年	2004 年	2008 年	2012 年	2016 年
Logistic 基本模型	0.336	0.525	0.821	1.283	2.005
Logistic 改进模型	0.336	0.563	0.936	1.508	2.245
分时段叠加模型	0.336	0.572	1.044	1.845	2.255
长江经济带实际值	0.336	0.573	1.056	1.882	2.256

分析可知,创新生态位指数的 Logistic 基本模型模拟曲线图 13-1 可以描绘出长江经济带创新生态群落的大致演化趋势,但不能很好地拟合实际曲线。在初期拟合中数值相对接近,但从 2004 年开始预测值和实际值的拟合差越来越大,至 2016 年,模型预测值为 2.005,与长江经济带创新生态水平实际值 2.256 已经有了较明显的离差。不过 Logistic 基本模型依然描绘了长江经济带创新生态群落的整体创新生态稳中有进的状态。

结合图表对比分析可知,加入空间关联指数的 Logistic 改进模型比创新生态位指数的 Logistic 基本模型的拟合曲线更接近长江经济带创新生态群落的实际演化曲线,但与长江经济带创新生态群落的实际演化还有差异。从图 13-2 趋势上看,加入空间关联指数的 Logistic 改进模型较好地描绘了长江经济带创新生态群落的整体创新生态稳中有进的状态,并且反映出创新生态群落自 2006 年进入加速发展状态。从细节数值上看,在 2000 年至 2006 年以及 2016 年模型预测值与实际观测值非常接近,但中间的 2007 年至 2015 年,预测模拟较为平滑而实际曲线存在波动。因此,Logistic 改进模型已经满足创新生态群落演化分析的基本需求,但还有改进提高的空间。

从图 13-3 可以看出分时段叠加的 Logistic 综合指数模型相较于前两种模型的拟合效果更好,预测曲线有效地拟合了长江经济带创新生态群落的实际演化状态。从趋势上看,分时段叠加的 Logistic 综合指数模型完整地描绘了长江经济带创新生态群落的整体创新生态稳中有进的状态,清晰地拟合了 2000 年至 2016 年的创新生态增长以及 2013 年、2014 年的微观波动。从数值上看,分时段叠加的 Logistic 综合指数模型预测值基本与长江经济带创新生态群落一致,除了小幅波动周期个别值略有差异,且数值差异远小于 5%。

以上分析结果表明,Logistic 模型能良好地描绘长江经济带创新生态群落的创新生态演化情况,但相较于创新生态位的 Logistic 基本模型和加入空间关联指数的 Logistic 改进模型,分时段叠加的 Logistic 综合指数模型有助于更加精确地描述和分析长江经济带创新生态群落的创新生态演化轨迹,因此下文将采用分时段叠加的 Logistic 综合指数模型对长江经济带整个经济带以及经济带核心城市群的创新生态群落进行演化预测分析。

第四篇　创新生态

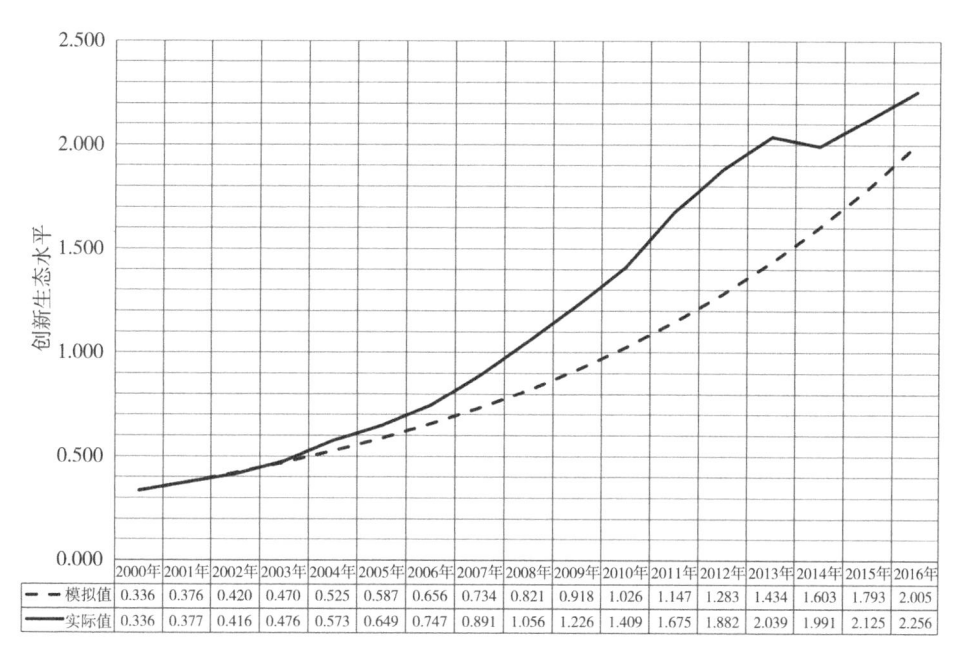

	2000年	2001年	2002年	2003年	2004年	2005年	2006年	2007年	2008年	2009年	2010年	2011年	2012年	2013年	2014年	2015年	2016年
---- 模拟值	0.336	0.376	0.420	0.470	0.525	0.587	0.656	0.734	0.821	0.918	1.026	1.147	1.283	1.434	1.603	1.793	2.005
—— 实际值	0.336	0.377	0.416	0.476	0.573	0.649	0.747	0.891	1.056	1.226	1.409	1.675	1.882	2.039	1.991	2.125	2.256

图 13-1　创新生态位指数的 Logistic 基本模型数值拟合检验

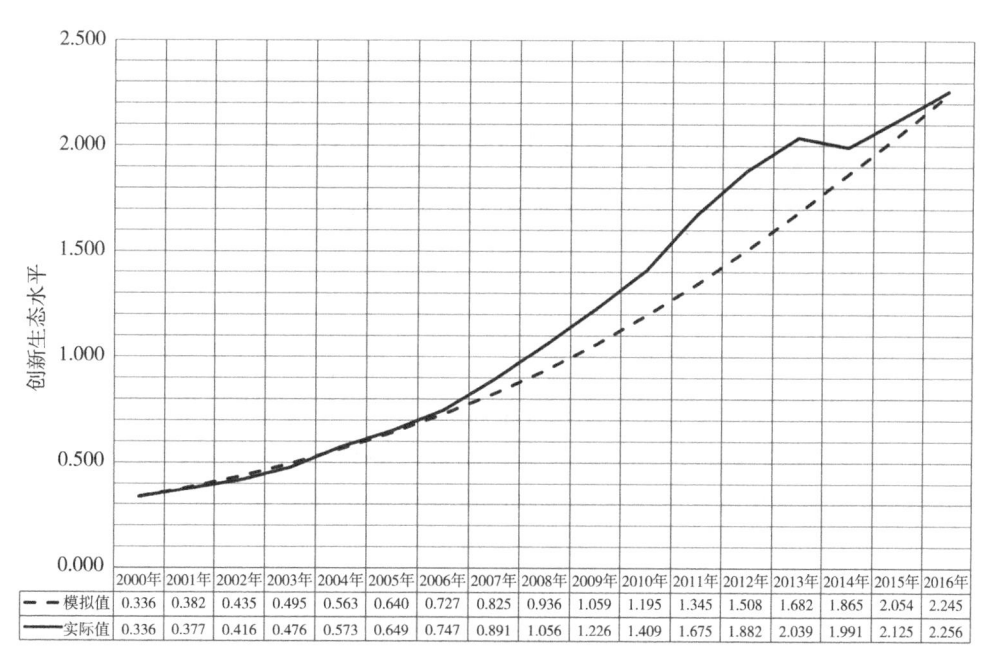

	2000年	2001年	2002年	2003年	2004年	2005年	2006年	2007年	2008年	2009年	2010年	2011年	2012年	2013年	2014年	2015年	2016年
---- 模拟值	0.336	0.382	0.435	0.495	0.563	0.640	0.727	0.825	0.936	1.059	1.195	1.345	1.508	1.682	1.865	2.054	2.245
—— 实际值	0.336	0.377	0.416	0.476	0.573	0.649	0.747	0.891	1.056	1.226	1.409	1.675	1.882	2.039	1.991	2.125	2.256

图 13-2　加入空间关联指数的 Logistic 改进模型数值拟合检验

	2000年	2001年	2002年	2003年	2004年	2005年	2006年	2007年	2008年	2009年	2010年	2011年	2012年	2013年	2014年	2015年	2016年
--- 模拟值	0.336	0.378	0.418	0.478	0.572	0.648	0.745	0.884	1.044	1.209	1.388	1.642	1.845	2.003	1.978	2.118	2.255
—— 实际值	0.336	0.377	0.416	0.476	0.573	0.649	0.747	0.891	1.056	1.226	1.409	1.675	1.882	2.039	1.991	2.125	2.256

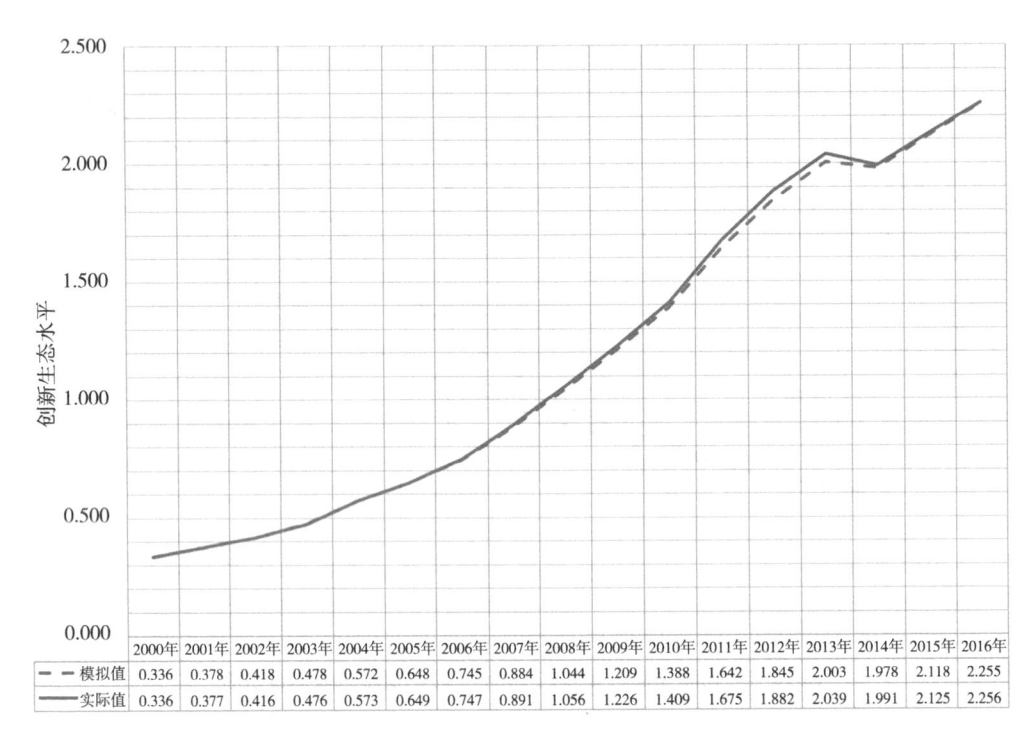

图 13-3　分时段叠加的 Logistic 综合指数模型数值拟合检验

13.2　核心城市群的创新生态群落分异特征演化分析

13.2.1　长三角城市群创新生态群落分异特征演化分析

1. 长三角城市群的 Logistic 演化发展趋势分析

长三角城市群创新生态群落分异特征演化分析首先将创新生态群落数据代入分时段叠加的 Logistic 综合指数模型,然后进行参数调节,分析演化趋势的变化。由第十一章和第十二章计算的创新生态群落的数据可知,长三角城市群的创新生态水平状态值 IN 为 4.151,空间关联指数 g 为 -0.62402,最大创新生态容量 Z 为 5.399,将这些数据代入分时段叠加的 Logistic 综合指数模型,可以得到预测结果,如图 13-4 所示。

由模型预测可知,长三角城市群创新生态群落的创新生态水平已经进入了高位稳态的成熟期,增长陷入了瓶颈。结合 Logistic 综合指数模型预测来看,在 2016 年至 2030 年长三角城市群创新生态群落将进入波动性衰减阶段;在没有突破性科技变革的情况下,在 2040 年至 2050 年长三角城市群的创新生态水平将趋于收敛状态,并最终收敛在 4.079 的水平。

2. 长三角城市群的变动创新生态群落自然增长率演化发展趋势分析

鉴于创新的不确定性,有必要控制模型,进行参数调整来分析不同因素对创新生态群落的影响,分时段叠加的 Logistic 综合指数模型预测分析图 13-4 的结果只描绘了

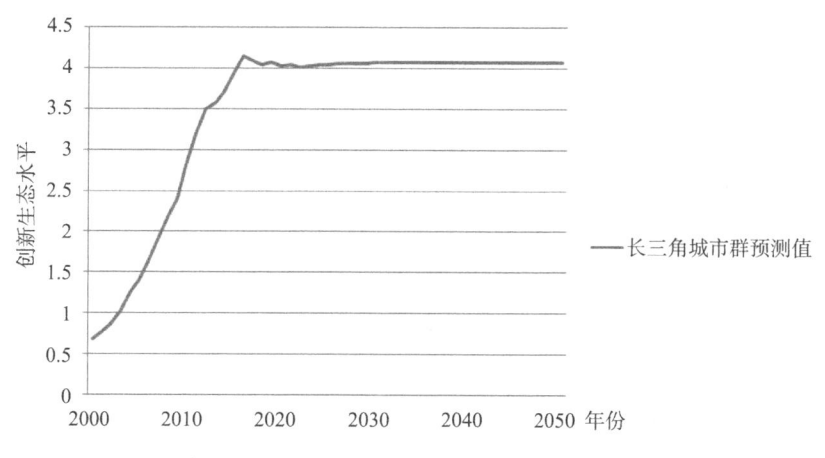

图 13-4　长三角城市群分时段叠加的 Logistic 综合指数模型预测

在无外部特殊干预下的长三角城市群创新生态群落的创新生态演化趋势。而基于这样的演化发展趋势,有可能通过有利的政策设置来对创新生态群落进行治理,调节创新生态群落的发展。由于创新生态群落自然增长率变动最容易受到技术变革的影响,这里首先对群落自然增长率进行参数变化分析,将演化参数值的变化控制在±20%的范围,代入分时段叠加的 Logistic 综合指数模型,可以得到趋势对比分析结果,如图 13-5 所示。

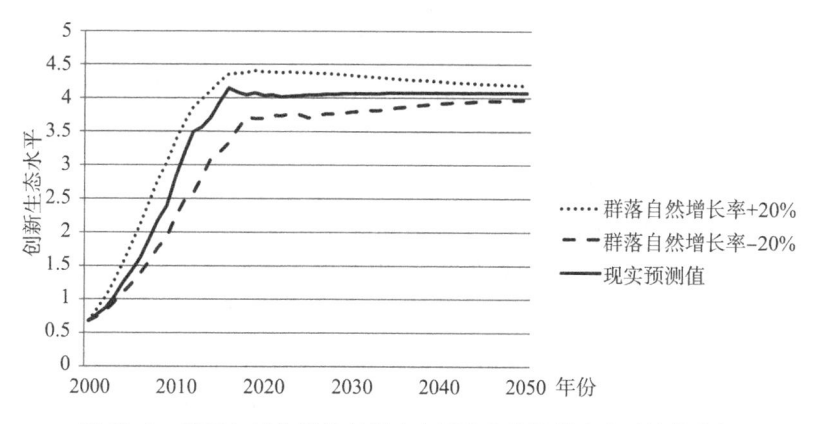

图 13-5　长三角城市群的创新生态群落自然增长率变动演化分析

长三角城市群的创新生态群落自然增长率变动演化分析图 13-5 的结果描绘了在群落自然增长率发生变化下的长三角城市群创新生态群落的创新生态演化趋势,反映了群落自身发展状态对群落演化的影响。从模型分析的演化趋势可知,群落自然增长率的变化会影响创新生态水平达到峰值的效率,但对最终群落的收敛状态影响较小。有可能通过有利的政策设置来对创新生态群落进行治理,调节创新生态群落的发展速率,提高多年累计的创新生态产出之和,产生更多的经济效益。

3. 长三角城市群的变动空间关联指数演化发展趋势分析

在创新生态发展的不确定性和复杂性下,群落之间的空间作用会在一定范围内波动,并产生多方面的影响。为了分析对应的演化发展趋势,对创新生态群落的空间关联指数 g 进行参数变化分析,将演化参数值的变化控制在±20%的范围,代入分时段叠加的 Logistic 综合指数模型,可以得到趋势对比分析结果,如图 13-6 所示。

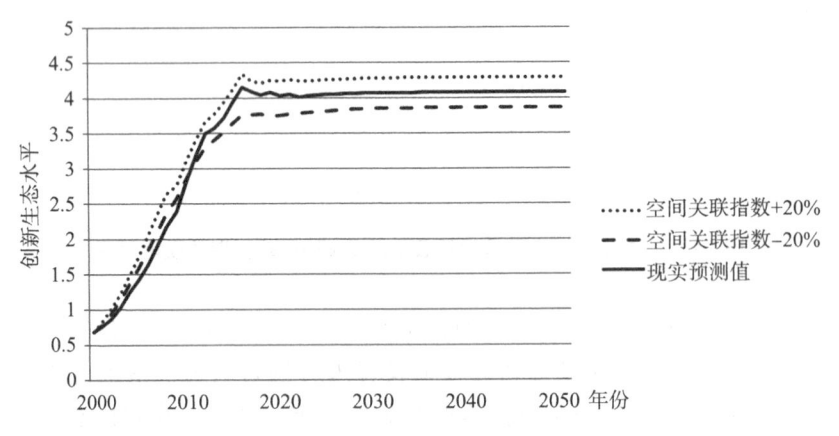

图 13-6 长三角城市群的创新生态群落空间关联指数变动演化分析

长三角城市群的创新生态群落空间关联指数变动演化分析图 13-6 的结果描绘了在空间关联指数发生变化下的长三角城市群创新生态群落的创新生态演化趋势,反映了群落间的相互作用对群落演化的影响。从模型分析的演化趋势可知,空间关联指数的变化主要会影响创新生态群落的峰值水平和最终收敛状态,同时对发展速率有微弱的影响。有可能通过有利的政策设置来对创新生态群落进行治理,调节创新生态群落之间的协同影响,通过协同创新,促进创新生态群落的发展。

4. 长三角城市群的变动最大创新生态容量演化发展趋势分析

在创新生态发展的不确定性和复杂性下,创新生态群落的环境约束有可能被突破性创新改变,进而产生一定范围的影响。为了分析对应的演化发展趋势,对创新生态群落的最大创新生态容量 Z 进行参数变化分析,将演化参数值的变化控制在±20%的范围,代入分时段叠加的 Logistic 综合指数模型,可以得到趋势对比分析结果,如图 13-7 所示。

长三角城市群的创新生态群落最大创新生态容量变动演化分析图 13-7 的结果描绘了在最大创新生态容量发生变化下的长三角城市群创新生态群落的创新生态演化趋势,反映了创新生境的生态约束对群落演化的影响。从模型分析的演化趋势可知,最大创新生态容量的变化会影响创新生态群落的峰值水平和最终收敛状态,同时对发展速率有微弱的影响。现实情境中要提升创新生态群落的最大创新生态容量有赖于突破性的科技创新活动,具有较大的不确定性,要改进创新生态群落的资源环境,提高创新生态群落的资源利用效率,通过合理的产业政策设置引导突破性创新,创造有利于创新生态群落发展的良好局面。

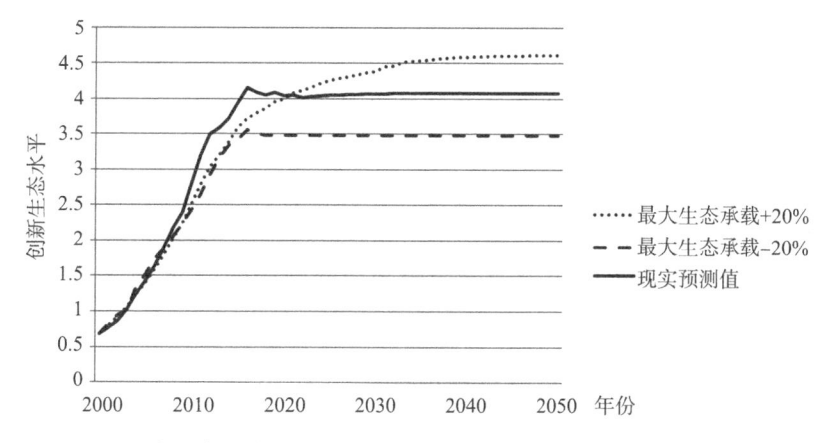

图 13-7　长三角城市群的创新生态群落最大创新生态容量变动演化分析

5. 长三角城市群的变动综合影响因素演化发展趋势分析

影响创新生态群落发展的因素并不单一,现实中可能出现多个因素同时变化,产生复合因素叠加作用,影响创新生态群落的演化发展。为了分析对应的演化发展趋势,以"群落自然增长率+20%,空间关联指数 g +20%,最大创新生态容量 Z +20%"作为"理想协同状态",以"群落自然增长率-20%,空间关联指数 g -20%,最大创新生态容量 Z -20%"作为"群落恶化状态",将变动参数值代入分时段叠加的 Logistic 综合指数模型,得到趋势对比分析结果,如图 13-8 所示。

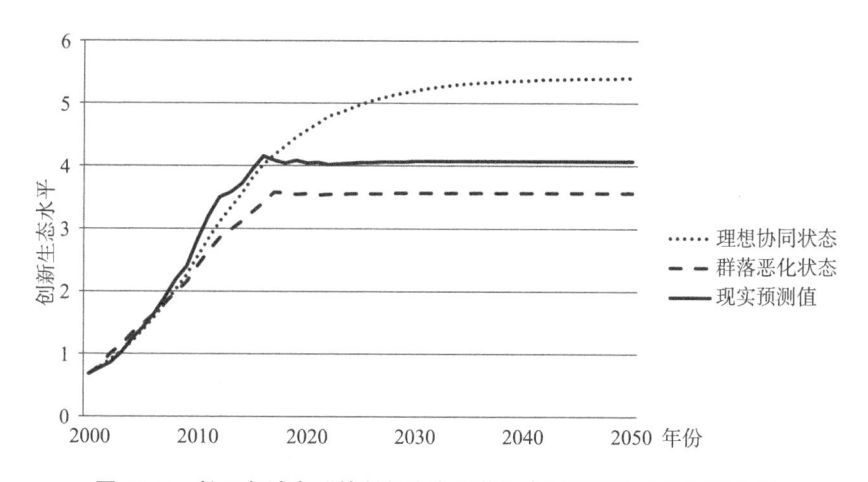

图 13-8　长三角城市群的创新生态群落综合影响因素变动演化分析

长三角城市群的创新生态群落综合影响因素变动演化分析图 13-8 的结果描绘了在群落自然增长率、空间关联指数、最大创新生态容量同时变化的情况下长三角城市群创新生态群落的创新生态演化趋势,反映了理想演化状态和群落发展恶化情况下的创新生态群落变化趋势。从演化趋势的分析可知,在适合的政策下,若群落自然增长率、空间关联指数、最大创新生态容量同时发挥正向作用,则长三角城市群的创新生态群落可以突破发展瓶颈,达到5.404的创新生态水平,是初始预测收敛值4.079的1.32倍,是2016年创新生态水平4.151的1.30倍;而当各项发展指数恶化时,长三角城市群创新生态群落的收敛水平将有所降低,变为3.568,是初始预测收敛值4.079的87.47%。综合各种情况的分析结果,就2016年发展来看,相比于长江经济带内的其他创新生态群落,长三角城市群已经经历了飞速发展,快速进入了群落发展成熟阶段,创新生态群落的自然增长潜力已经相对有限;结合前两章节的分析,现阶段长三角城市群创新生态群落的主要发展在于调节竞争态势,维持创新生态群落的高水平状态,并期待通过突破性科技变革突破创新生态约束,挖掘更大的创新生态发展潜力。

13.2.2 长江中游城市群创新生态群落分异特征演化分析

1. 长江中游城市群的 Logistic 演化发展趋势分析

长江中游城市群创新生态群落分异特征演化分析首先将创新生态群落数据代入分时段叠加的 Logistic 综合指数模型,然后进行参数调节,分析演化趋势的变化。由第十一章和第十二章计算的创新生态群落的数据可知,创新生态水平状态值 IN 为 2.417,空间关联指数 g 为 -0.0001,最大创新生态容量 Z 为 3.952,代入分时段叠加的 Logistic 综合指数模型,可以得到预测结果,如图 13-9 所示。

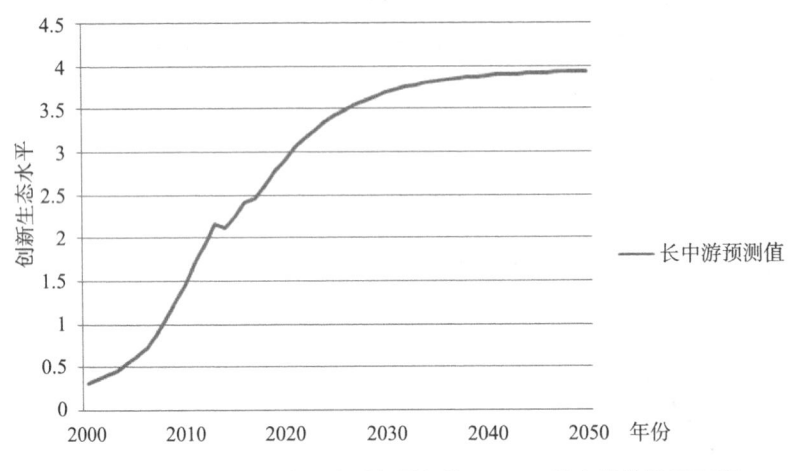

图 13-9 长江中游城市群分时段叠加的 Logistic 综合指数模型预测

由模型预测可知,长江中游城市群创新生态群落的创新生态水平处于增长周期中,在后续的发展中可以有力地支持长江经济带创新生态水平的整体发展。结合 Logistic 综合指数模型预测来看,在 2016 年的创新生态环境下,长江中游城市群的快速发展将持续至 2030 年左右,在 2030 年至 2040 年长江中游城市群的创新生态群落的发展将逐渐放缓;在没有突破性科技变革的情况下,在 2040 年至 2050 年长江中游城市群的创新生态水平将趋于高位收敛状态,并最终收敛在 3.935 的水平。相较于 2016 年的创新生态水平 2.417,长江中游城市群的创新生态水平还有一定的增长空间,具有很大的发展潜力。

2. 长江中游城市群的变动创新生态群落自然增长率演化发展趋势分析

鉴于创新的不确定性,有必要控制模型,进行参数调整来分析不同因素对创新生态群落的影响,分时段叠加的 Logistic 综合指数模型预测分析图 13-9 的结果描绘了在无外部特殊干预下的长江中游城市群创新生态群落的创新生态演化趋势。而基于这样的演化发展趋势,有可能通过有利的政策设置来对创新生态群落进行治理,调节创新生态群落的发展。由于创新生态群落自然增长率变动最容易受到技术变革的影响,这里首先对群落自然增长率进行参数变化分析,将演化参数值的变化控制在±20%的范围,代入分时段叠加的 Logistic 综合指数模型,可以得到趋势对比分析结果,如图 13-10 所示。

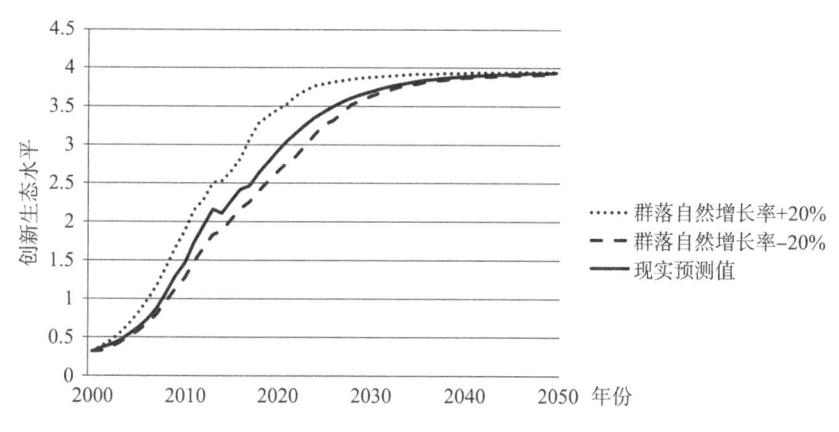

图 13-10　长江中游城市群的创新生态群落自然增长率变动演化分析

长江中游城市群的创新生态群落自然增长率变动演化分析图 13-10 的结果描绘了在群落自然增长率发生变化下的长江中游城市群创新生态群落的创新生态演化趋势,反映了群落自身发展状态对群落演化的影响。从模型分析的演化趋势可知,群落自然增长率的变化会影响创新生态水平达到峰值的效率,但对最终群落的收敛状态影响较小。有可能通过有利的政策设置来对创新生态群落进行治理,调节创新生态群落发展速率,提高多年累计的创新生态产出之和,长江中游城市群的发展潜力巨大,在适合的群落增长速度下可以产生可观的经济效益。

3. 长江中游城市群的变动空间关联指数演化发展趋势分析

在创新生态发展的不确定性和复杂性下,群落之间的空间作用会在一定范围内波动,并产生多方面的影响。为了分析对应的演化发展趋势,对创新生态群落的空间关联指数 g 进行参数变化分析,将演化参数值的变化控制在±20%的范围,代入分时段叠加的 Logistic 综合指数模型,可以得到趋势对比分析结果,如图 13-11 所示。

长江中游城市群的创新生态群落空间关联指数变动演化分析图 13-11 的结果描绘了在空间关联指数变化时,长江中游城市群创新生态群落的创新生态演化趋势,反映了群落间的相互作用对群落演化的影响。从模型分析的演化趋势可知,空间关联指数的变化主要会影响创新生态群落的峰值水平和最终收敛状态,同时对创新生态群落的发展速

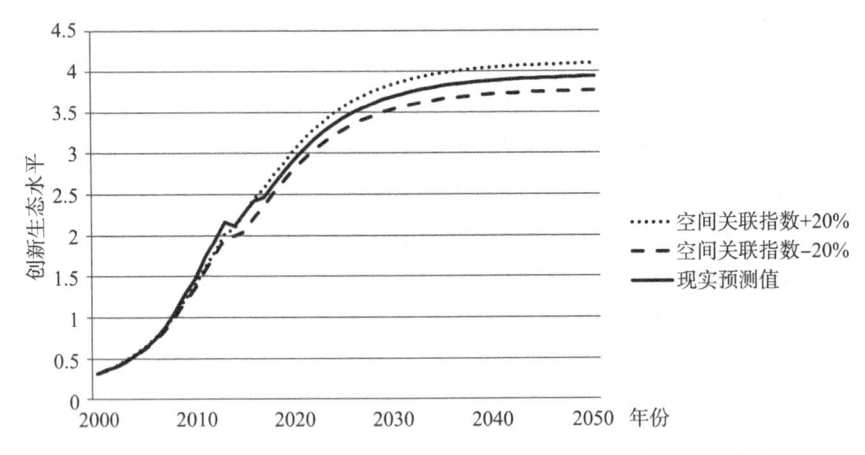

图 13-11　长江中游城市群的创新生态群落空间关联指数变动演化分析

率有微弱影响。长江中游城市群的创新生态资源流动可以迅速改进群落间的发展状态。有可能通过有利的政策设置来对创新生态群落进行治理，调节创新生态群落之间的协同影响，通过协同创新，促进创新生态群落的发展。

4. 长江中游城市群的变动最大创新生态容量演化发展趋势分析

在创新生态发展的不确定性和复杂性下，创新生态群落的环境约束有可能被突破性创新改变，进而产生一定范围的影响。为了分析对应的演化发展趋势，对创新生态群落的最大创新生态容量 Z 进行参数变化分析，将演化参数值的变化控制在 ±20% 的范围，代入分时段叠加的 Logistic 综合指数模型，可以得到趋势对比分析结果，如图 13-12 所示。

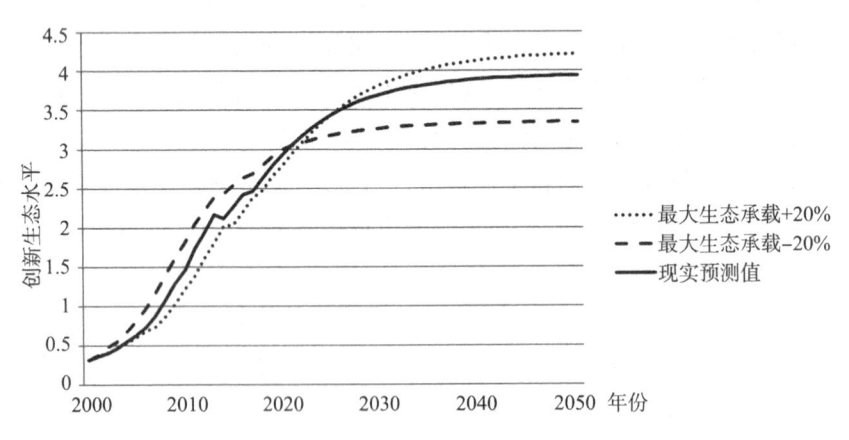

图 13-12　长江中游城市群的创新生态群落最大创新生态容量变动演化分析

长江中游城市群的创新生态群落最大创新生态容量变动演化分析图 13-12 的结果描绘了在最大创新生态容量发生变化下的长江中游城市群创新生态群落的创新生态演化趋势，反映了创新生境的生态约束对群落演化的影响。从模型分析的演化趋势可知，最大创新生态容量的变化会影响创新生态群落的峰值水平和最终收敛状态，同时对发展速率有一定影响。现实情境中要提升创新生态群落的最大创新生态容量有赖于突破性的科技创新活动,具有较大的不确定性,而长江中游城市群的创新生态水平发展受到生态承载力的约束相对较少,在发展过程中可以改进创新生态群落的资源环境,提高创新生态群落的资源利用效率,通过合理的产业政策设置引导突破性创新,创造有利于创新生态群落发展的良好局面。

5. 长江中游城市群的变动综合影响因素演化发展趋势分析

影响创新生态群落发展的因素并不单一,现实中可能出现多个因素同时变化,产生复合因素叠加作用,影响创新生态群落的演化发展。为了分析对应的演化发展趋势,以综合因素变动的"理想协同状态"和"群落恶化状态"为演化条件,将变动参数值代入分时段叠加的 Logistic 综合指数模型,得到趋势对比分析结果,如图 13-13 所示。

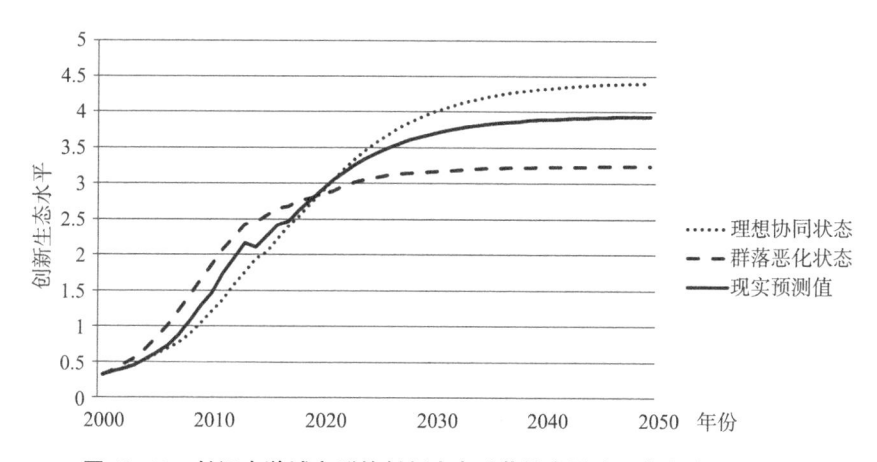

图 13-13 长江中游城市群的创新生态群落综合影响因素变动演化分析

长江中游城市群的创新生态群落综合影响因素变动演化分析图 13-13 的结果描绘了在群落自然增长率、空间关联指数、最大创新生态容量同时变化的情况下长江中游城市群创新生态群落的创新生态演化趋势,反映了理想演化状态和群落发展恶化情况下的创新生态群落变化趋势。从演化趋势的分析可知,在适合的政策下,若群落自然增长率、空间关联指数、最大创新生态容量同时发挥正向作用,则长江中游城市群的创新生态群落可以突破发展瓶颈,达到 4.407 的创新生态水平,是初始预测收敛值 3.935 的 1.12 倍,是 2016 年创新生态水平 2.417 的 1.82 倍;而当各项发展指数恶化时,长江中游城市群创新生态群落的收敛水平将有所降低,变为 3.242,是初始预测收敛值 3.935 的 82.39%。综合各种情况的分析结果,就 2016 年发展来看,长江中游城市群的创新生态群落具有很大的自然增长潜力,值得投入创新资源要素大力发展;结合前两章节的分析,2016 年长江中游城市群的主要问题是协同效应弱,创新生态群落间的正向作用不足,因此有必要调节长江中游区域的创新生态组织结构,把握区位特点,联系长江下游的产业辐射效应、长江上游的丰富基础产业资源,实现群落本身的内部正向协同、群落周边的相邻区域协调,有力地驱动创新生态高速可持续地稳步发展。

13.2.3 成渝城市群创新生态群落分异特征演化分析

1. 成渝城市群的 Logistic 演化发展趋势分析

成渝城市群创新生态群落分异特征演化分析首先将创新生态群落数据代入分时段叠加的 Logistic 综合指数模型,然后进行参数调节,分析演化趋势的变化。由第十一章和第十二章计算的创新生态群落的数据可知,创新生态水平状态值 IN 为 1.675,空间关联指数 g 为 0.329 35,最大创新生态容量 Z 为 2.874,代入分时段叠加的 Logistic 综合指数模型,可以得到预测结果,如图 13-14 所示。

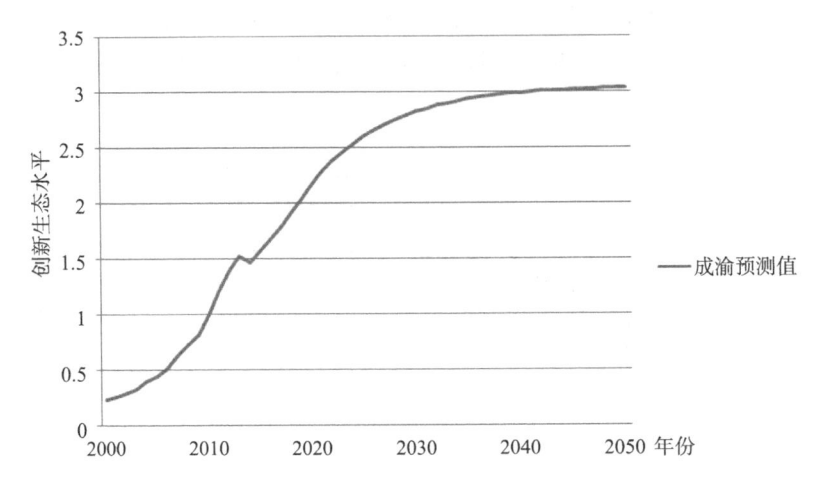

图 13-14 成渝城市群分时段叠加的 Logistic 综合指数模型预测

由模型预测可知,长江上游的成渝城市群创新生态群落的创新生态水平处于增长周期中,统计表明成渝城市群在 2000 年至 2016 年创新生态水平虽有一定波动,但整体保持着稳步发展趋势。结合 Logistic 综合指数模型预测来看,在 2016 年的技术环境下,成渝城市群的创新生态群落将保持快速发展至 2030 年,在 2030 年至 2040 年成渝城市群的创新生态群落发展将逐渐放缓,在没有突破性技术大变革的情况下,在 2040 年至 2050 年成渝城市群的创新生态水平将趋于收敛状态,并最终稳定在 3.036 的水平。相较于 2016 年的创新生态水平 1.675,成渝城市群的创新生态水平还有一定的增长空间,具有很大的发展潜力。

2. 成渝城市群的变动创新生态群落自然增长率演化发展趋势分析

鉴于创新的不确定性,有必要控制模型,进行参数调整来分析不同因素对创新生态群落的影响,分时段叠加的 Logistic 综合指数模型预测分析图 13-14 的结果描绘了在无外部特殊干预下的成渝城市群创新生态群落的创新生态演化趋势。而基于这样的演化发展趋势,有可能通过有利的政策设置来对创新生态群落进行治理,调节创新生态群落的发展。由于创新生态群落自然增长率变动最容易受到技术变革的影响,这里首先对群落自然增长率进行参数变化分析,将演化参数值的变化控制在±20%的范围,代入分时段叠加的 Logistic 综合指数模型,可以得到趋势对比分析结果,如图 13-15 所示。

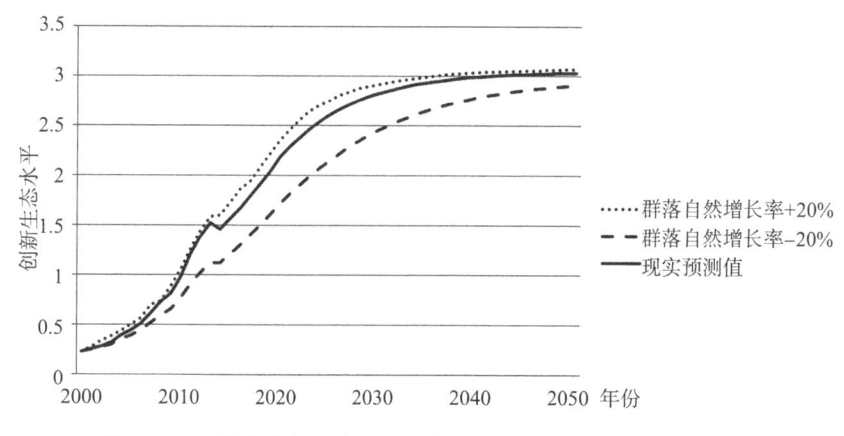

图 13-15 成渝城市群的创新生态群落自然增长率变动演化分析

成渝城市群的创新生态群落自然增长率变动演化分析图 13-15 的结果描绘了在群落自然增长率发生变化下的成渝城市群创新生态群落的创新生态演化趋势,反映了群落自身发展状态对群落演化的影响。从模型分析的演化趋势可知,群落自然增长率的变化会影响创新生态水平达到峰值的效率,但对最终群落的收敛状态影响较小。有可能通过有利的政策设置来对创新生态群落进行治理,调节创新生态群落发展速率,提高多年累计的创新生态产出之和,成渝城市群当前的创新生态发展稳中有进,具有良好的创新生态发展潜力,在适合的群落增长速度下可以产生可观的经济效益。

3. 成渝城市群的变动空间关联指数演化发展趋势分析

在创新生态发展的不确定性和复杂性下,群落之间的空间作用会在一定范围内波动,并产生多方面的影响。为了分析对应的演化发展趋势,对创新生态群落进行参数变化分析,将空间关联指数 g 的参数值变化控制在±20%的范围,代入分时段叠加的 Logistic 综合指数模型,可以得到趋势对比分析结果,如图 13-16 所示。

成渝城市群的创新生态群落空间关联指数变动演化图 13-16 的分析结果描绘了在空间关联指数发生变化下的成渝城市群创新生态群落的创新生态演化趋势,反映了群落间的相互作用对群落演化的影响。从模型分析的演化趋势可知,空间关联指数的变化主要会影响创新生态群落的峰值水平和最终收敛状态,同时对发展速率有微弱的影响。成渝城市群创新生态群落的空间相互作用相对稳定,可以通过有利的政策设置来对创新生态群落进行治理,调节创新生态群落之间的协同影响,通过协同创新,促进创新生态群落的整体发展。

4. 成渝城市群的变动最大创新生态容量演化发展趋势分析

在创新生态发展的不确定性和复杂性下,创新生态群落的环境约束有可能被突破性创新改变,进而产生一定范围的影响。为了分析对应的演化发展趋势,对创新生态群落的最大创新生态容量 Z 进行参数变化分析,将演化参数值的变化控制在±20%的范围,代入分时段叠加的 Logistic 综合指数模型,可以得到趋势对比分析结果,如图 13-17 所示。

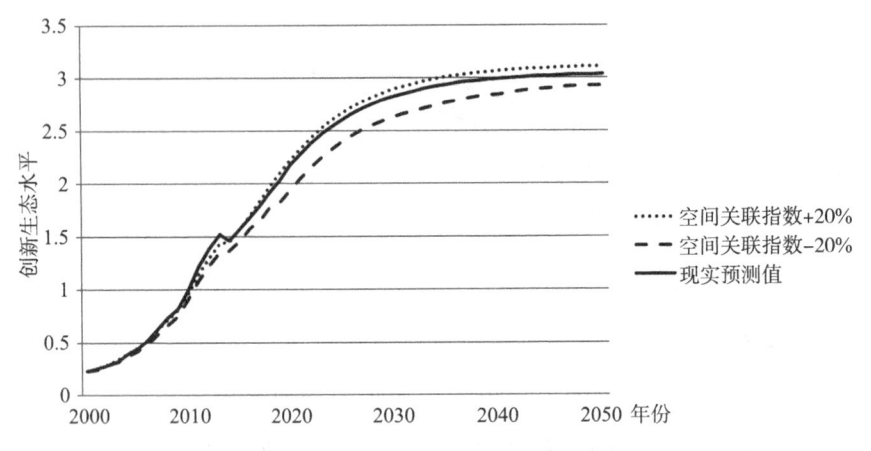

图 13-16　成渝城市群的创新生态群落空间关联指数变动演化分析

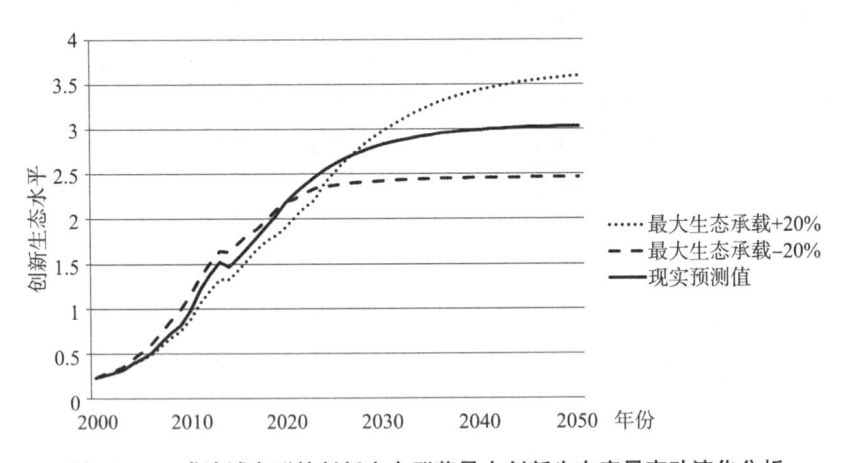

图 13-17　成渝城市群的创新生态群落最大创新生态容量变动演化分析

成渝城市群的创新生态群落最大创新生态容量变动演化分析图 13-17 的结果描绘了在最大创新生态容量发生变化下的成渝城市群创新生态群落的创新生态演化趋势,反映了创新生境的生态约束对群落演化的影响。从模型分析的演化趋势可知,最大创新生态容量的变化会影响创新生态群落的峰值水平和最终收敛状态,同时对发展速率有一定影响。现实情境中要提升创新生态群落的最大创新生态容量有赖于突破性的科技创新活动,具有较大的不确定性,在发展过程中可以改进创新生态群落的资源环境,提高创新生态群落的资源利用效率,通过合理的产业政策设置引导突破性创新,创造有利于创新生态群落发展的良好局面。成渝城市群的创新生态水平发展受到创新生态承载力的影响,有必要聚集创新生态资源,引导区域的长效发展。

5. 成渝城市群的变动综合影响因素演化发展趋势分析

影响创新生态群落发展的因素并不单一,现实中可能出现多个因素同时变化,产生复合因素叠加作用,影响创新生态群落的演化发展。为了分析对应的演化发展趋势,以综合因素变动的"理想协同状态"和"群落恶化状态"为演化条件,将变动参数值代入分时段叠加的 Logistic 综合指数模型,得到趋势对比分析结果,如图 13-18 所示。

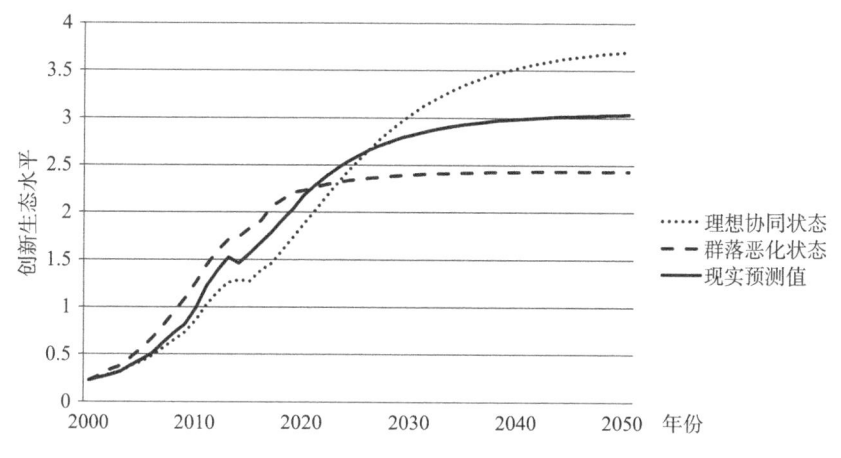

图 13-18　成渝城市群的创新生态群落综合影响因素变动演化分析

成渝城市群的创新生态群落综合影响因素变动演化分析图 13-18 的结果描绘了在群落自然增长率、空间关联指数、最大创新生态容量同时变化的情况下成渝城市群创新生态群落的创新生态演化趋势,反映了理想演化状态和群落发展恶化情况下的创新生态群落变化趋势。从演化趋势的分析可知,在适合的政策下,若群落自然增长率、空间关联指数、最大创新生态容量同时发挥正向作用,则成渝城市群的创新生态群落可以突破发展瓶颈,达到 3.697 的创新生态水平,是初始预测收敛值 3.036 的 1.22 倍,是 2016 年创新生态水平 1.675 的 2.21 倍;而当各项发展指数恶化时,成渝城市群创新生态群落的收敛水平将有所降低,变为 2.434,是初始预测值 3.036 的 80.17%。综合各种情况的分析结果,受制于创新生态资源的天然禀赋作用,成渝城市群创新生态群落的增长速度和成长极限要低于长江经济带上的其他创新生态群落。但就 2016 年发展来看,成渝城市群创新生态群落整体上具有很大的自然增长潜力;成渝城市群 2016 年处于互利共生的生态状况下,基础产业发展迅速,但高新科技型产业不足,主要的发展弊端在于缺少创新生态资源要素投入,因此要吸引创新资本的流动和投入,加强创新科技人才的培养,吸引高科技创新型企业的入驻和发展;由此,增加创新生态资源投入,保障创新生态的互利共赢,促进长江上游区域的产业升级和持续科技创新。

13.3　经济带的创新生态群落分异特征演化分析

13.3.1　分时段叠加的 Logistic 综合指数模型计量分析

根据前文分析,本节将长江经济带 2000 年至 2016 年的创新生态水平历史数据代入分时段叠加的 Logistic 综合指数模型,并代入核心城市群创新生态群落做数值对比,利用数据分析及算法开发软件 MATLAB(2015 版)进行综合指数模型算法数值分析。其中,经济带测算范围包括 9 省 2 市范围内 129 个城市空间单元;长三角城市群包括江苏、浙江、安徽、上海,3 省 1 市范围内,位于长江三角洲的 26 个城市空间单元;长江中游城市群包括湖北、湖南、江西、安徽,4 省范围内的 40 个城市空间单元;长江上游成渝城市群包括四川、重庆 1 省 1 市范围内的 22 个城市空间单元。经过计算,得到结果如表 13-2 及图 13-19 所示。

表 13-2 长江经济带创新生态群落综合指数模型演化分析结果表

创新生态群落	2016 年状态值 IN	空间关联指数 g	最大创新生态容量 Z	模型预测收敛值
长江经济带	2.256	0.265 12	3.812	4.203
长三角城市群	4.151	−0.624 02	5.399	4.079
长中游城市群	2.417	−0.000 1	3.952	3.935
成渝城市群	1.675	0.329 35	2.874	3.036

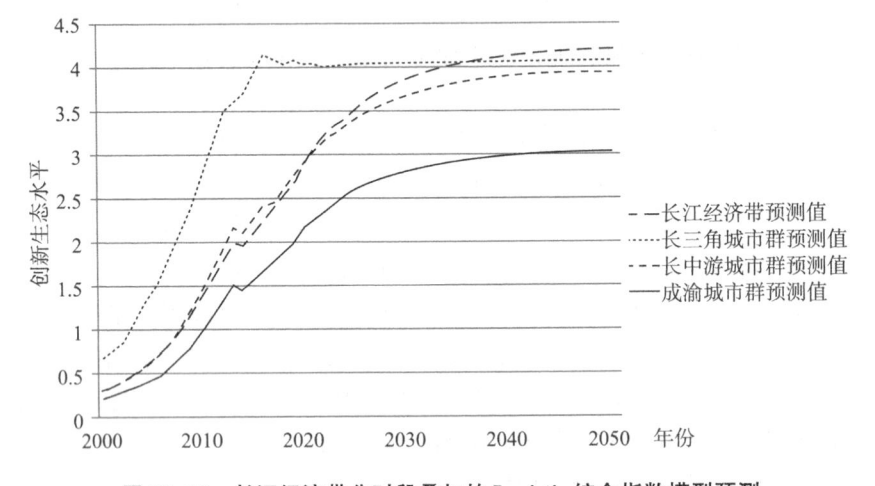

图 13-19 长江经济带分时段叠加的 Logistic 综合指数模型预测

表 13-2 反映了长江经济带创新生态群落和三大核心城市群创新生态群落的生态水平演化情况,注明了 2016 年长江经济带内相关重要创新生态群落的创新状态值 IN、空间关联指数 g、模型估计的创新生态群落最大创新生态容量 Z 以及创新生态水平的预测收敛值。图 13-19 截取了分时段叠加的 Logistic 综合指数模型分析中长江经济带 2000 年至 2050 年的创新生态群落演化轨迹。

根据表 13-2 和图 13-19 的长江经济带创新生态群落演化分析结果,可以发现长江经济带的整体创新生态水平呈现出稳步增长态势,并将在 2040 年至 2050 年左右进入高水平收敛状态。而由于空间范围的不同,从属于长江经济带不同区域的次级创新生态群落又有着不同的创新生态状况,随着时间变化会呈现出不同的演化轨迹,相对地也需要采取不同的治理策略,以促进创新生态群落的可持续协同发展。根据演化分析结果,可以得到具体结论如下:①长江经济带整体创新生态群落的创新生态水平处于增长周期中,统计表明长江经济带在 2000 年至 2016 年创新生态水平持续发展;结合 Logistic 综合指数模型预测来看,在当前科技环境下,长江经济带创新生态群落将保持高速发展至2030年,在2030年至2040年长江经济带创新生态群落的发展将逐渐放缓,在没有突破性科技变革的情况下,在2040年至2050年长江经济带的创新生态水平将趋于高位收敛状态,最终收敛在4.203。结合前两章节的分析,长江经济带当前处于互利共生的生态状况下,发展优势突出,因此要统筹兼顾推动经济带发展,并且结合不同区域的实际创新水平,因地制宜,促进整个长江经济带的创新生态协同发展。②长江经济带内部由于区域创新生态禀赋的不同,存在不同的发展趋势,长江经济带下游的长三角城市群创新生态群落的创新生态水平已经进入了高位稳态的成熟期,对经济带的演化发展起到增长极的驱动作用,但自身的创新生态群落自然增长潜力相对有限;长中游城市群创新生态群落的创新生态水平处于增长周期中,可以在一定时期内支持经济带的升级发展,目前的主要问题是协同效应弱,创新生态群落间的正向作用不足,有必要调节长江中游区域的创新生态组织结构;长江上游的成渝城市群当前处于互利共生的生态状况下,基础产业发展迅速,但高新科技型产业不足,受制于创新生态资源的天然禀赋作用,其创新生态群落的增长速度和成长极限相对较低,但就当前发展来看,成渝城市群创新生态群落整体上具有很大的自然增长潜力,值得加大创新生态要素的投入。

13.3.2 单一参数变动的分异特征演化趋势预测分析

分时段叠加的 Logistic 综合指数模型预测分析结果描绘了在无外部特殊干预下的长江经济带创新生态群落的创新生态演化趋势。而鉴于创新的不确定性,一方面有可能通过有利的政策设置来对创新生态群落进行治理,调节创新生态群落的发展;另一方面有可能由于意外情况的发生导致创新生态群落的恶化,出现特殊情况。因此,为了把握创新生态群落的变化趋势,接下来将通过控制变量,对单一参数的变动比较模型预测结果,进一步进行演化趋势的分析。

1. 经济带的自然增长率变动演化趋势分析

在创新生态发展的不确定性和复杂性下,创新生态群落自然增长率变动最容易受到技术变革的影响,因此首先对群落自然增长率进行演化数值调节分析,将变动参数值代入分时段叠加的 Logistic 综合指数模型,将参数变化控制在±20%的范围,可以得到趋势对比分析结果,如图 13-20 所示。

经济带的创新生态群落自然增长率变动演化分析图 13-20 的结果描绘了在群落自然增长率发生变化下的长江经济带创新生态群落的创新生态演化趋势,反映了群落自身发展状态对群落演化的影响。从模型分析的演化趋势可知,群落自然增长率的变化会影响创新生态水平达到峰值的效率,但对最终群落的收敛状态影响较小。有可能通过有利的政策设置来对创新生态群落进行治理,调节长江经济带的创新生态群落发展速率,提高多年累计的创新生态产出之和,长江经济带当前的创新生态发展稳中有进,具有良好的创新生态发展潜力,在适合的群落增长速度下可以产生可观的经济效益。

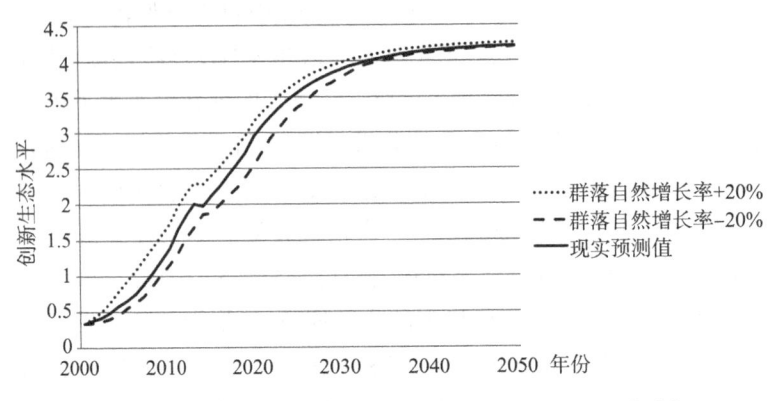

图 13-20　经济带的创新生态群落自然增长率变动演化分析

2. 经济带的空间关联指数变动演化趋势分析

鉴于创新生态发展的不确定性，创新生态群落之间的空间作用会在一定范围内波动，并产生多方面的影响。为了分析对应的演化发展趋势，对创新生态群落的空间关联指数 g 进行参数变化分析，将演化参数值的变化控制在±20%的范围，代入分时段叠加的 Logistic 综合指数模型，得到趋势对比分析结果，如图 13-21 所示。

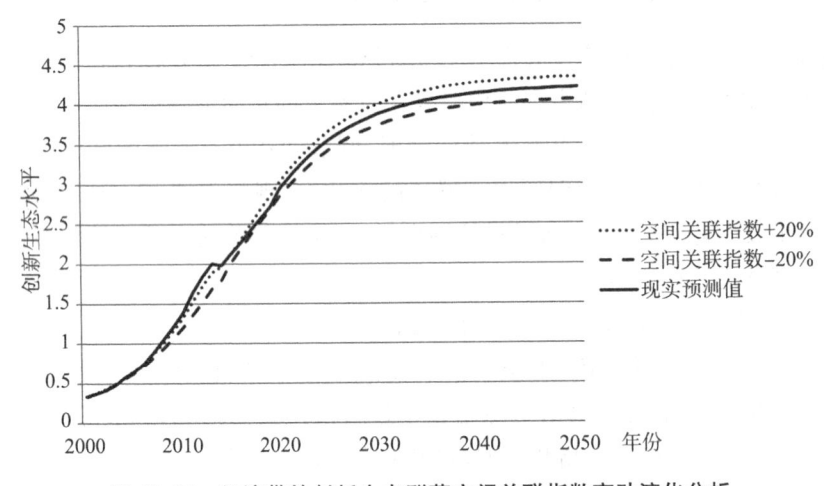

图 13-21　经济带的创新生态群落空间关联指数变动演化分析

经济带的创新生态群落空间关联指数变动演化分析图 13-21 的结果描绘了在空间关联指数发生变化下的长江经济带创新生态群落的创新生态演化趋势，反映了群落间的相互作用对群落演化的影响。从模型分析的演化趋势可知，空间关联指数的变化主要会影响创新生态群落的峰值水平和最终收敛状态，同时对发展速率有微弱的影响。长江经济带创新生态群落的空间相互作用相对稳定，可以通过有利的政策设置来对创新生态群落进行治理，调节创新生态群落之间的协同影响，通过协同创新，提高创新生态群落的整体发展水平。

3. 经济带的最大创新生态容量变动演化趋势分析

在创新生态发展的不确定性和复杂性下,创新生态群落的环境约束有可能被突破性创新改变,进而产生一定范围的影响。为了分析对应的演化发展趋势,对创新生态群落的最大创新生态容量 Z 进行参数变化分析,将演化参数值的变化控制在±20%的范围,代入分时段叠加的 Logistic 综合指数模型,可以得到趋势对比分析结果,如图 13-22 所示。

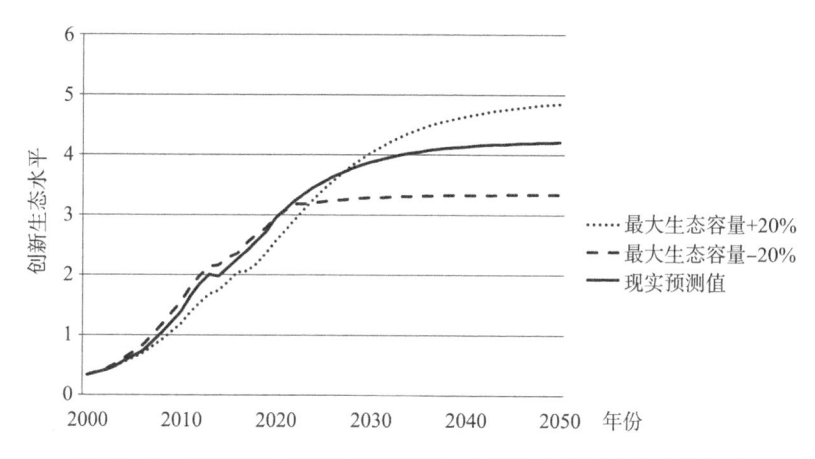

图 13-22　经济带的创新生态群落最大创新生态容量变动演化分析

经济带的创新生态群落最大创新生态容量变动演化分析图 13-22 的结果描绘了在最大创新生态容量发生变化下的长江经济带创新生态群落的创新生态演化趋势,反映了创新生境的生态约束对群落演化的影响。从模型分析的演化趋势可知,最大创新生态容量的变化会影响创新生态群落的峰值水平和最终收敛状态,同时对发展速率有一定影响。现实情境中要提升创新生态群落的最大创新生态容量有赖于突破性的科技创新活动,具有较大的不确定性,长江经济带的创新生态水平发展受到创新生态承载力的影响,在发展过程中可以改进创新生态群落的资源环境,提高创新生态群落的资源利用效率,通过合理的产业政策设置引导突破性创新,创造有利于创新生态群落发展的良好局面。

13.3.3　多参数变动的分异特征演化趋势预测分析

鉴于创新的复杂性和不确定性,影响创新生态群落发展的因素并不单一,现实中可能出现多个因素同时变化,产生复合因素叠加作用,影响创新生态群落的演化发展。为了分析对应的演化发展趋势,将综合因素变动的"理想协同状态"和"群落恶化状态"作为演化条件,以"群落自然增长率＋20%,空间关联指数 g ＋20%,最大创新生态容量 Z ＋20%"作为"理想协同状态",以"群落自然增长率－20%,空间关联指数 g －20%,最大创新生态容量 Z －20%"作为"群落恶化状态",将综合变动的多个参数值代入分时段叠加的 Logistic 综合指数模型,得到趋势对比分析结果,如图 13-23 所示。

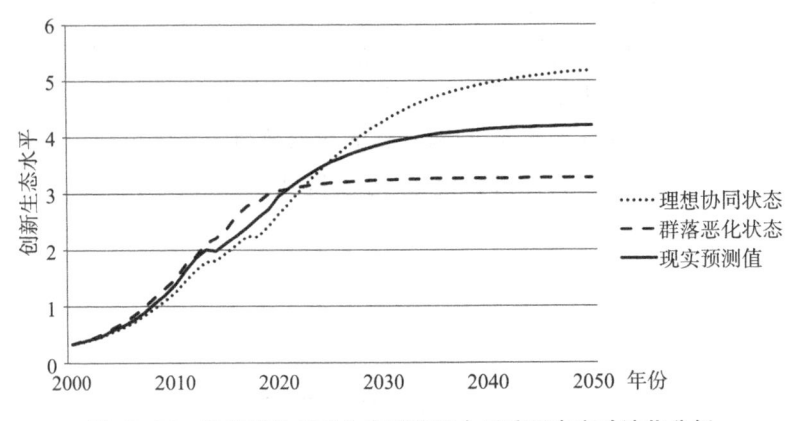

图 13-23　经济带的创新生态群落综合影响因素变动演化分析

经济带的创新生态群落综合影响因素变动演化分析图 13-23 的结果描绘了在群落自然增长率、空间关联指数、最大创新生态容量同时变化的情况下长江经济带创新生态群落的创新生态演化趋势,反映了理想演化状态和群落发展恶化情况下的创新生态群落变化趋势。从演化趋势的分析可知,在适合的政策下,若群落自然增长率、空间关联指数、最大创新生态容量同时发挥正向作用,则长江经济带的创新生态群落可以突破发展瓶颈,达到 5.185 的创新生态水平,是初始预测收敛值 4.203 的 1.23 倍,是 2016 年创新生态水平 2.256 的 2.30 倍;而当各项发展指数恶化时,长江经济带创新生态群落的收敛水平将有所降低,变为 3.272,是初始预测值 4.203 的 77.85%。综合各种情况的分析结果,长江经济带 2016 年处于互利共生的生态状况下,发展优势突出,因此要统筹兼顾推动经济带的创新生态水平提升,可以综合群落多种创新生态手段,促进整个长江经济带的创新生态协同发展。

总结多参数变动下的模型预测与演化分析结果,长江经济带创新生态群落的创新生态发展整体处于增长周期中。数据研究表明,长江经济带在 2000 年至 2016 年创新生态水平持续发展;结合 Logistic 综合指数模型预测来看,在当前科技环境下,长江经济带创新生态群落将保持高速发展至 2030 年,在 2030 年至 2040 年长江经济带创新生态群落的发展将逐渐放缓,在没有突破性科技变革的情况下,在 2040 年至 2050 年长江经济带的创新生态水平将趋于高位收敛状态,最终收敛在 4.203。就当前发展来看,长江经济带创新生态群落整体上具有很高的自然增长潜力,在良好的政策作用下创新生态水平还有一定的增长空间;结合前两章节的分析,长江经济带当前处于互利共生的生态状况下,发展优势突出,因此要统筹兼顾推动经济带发展,并且结合不同区域的实际创新水平,因地制宜,促进整个长江经济带的创新生态协同发展。最后,根据前述的长江经济带创新生态群落的演化模型分析结果以及章节分析,可以归纳出长江经济带创新生态群落演化态势及发展对策,如表 13-3 所示。

表 13-3　长江经济带创新生态群落演化态势分析表

创新生态群落	分异状态	当前发展阶段	自然增长潜力	发展对策
长江经济带	互利共生	增长期	高	统筹兼顾,因地制宜,促进创新生态群落协同发展
长三角城市群	竞争关系	成熟期	有限	调节竞争态势,提升科技水平,突破创新生态约束
长中游城市群	中性作用	增长期	高	调节生态组织结构,增加资源投入,促进群落协同
成渝城市群	互利共生	增长期	较高	增加创新生态资源投入,促进科技创新生态群落升级

长江经济带处于互利共生的创新生态状况,当前属于创新发展阶段的增长期,自然增长潜力大,对应的发展对策为:统筹兼顾,因地制宜,促进创新生态群落协同发展。而长江经济带中的不同核心城市群又有着不同的创新演化态势。首先,长三角城市群处于适度竞争的创新生态状况,当前属于创新发展阶段的成熟期,自然增长潜力有限,对应的发展对策为:调节竞争态势,提升科技水平,突破创新生态约束。其次,长中游城市群处于中性作用的创新生态状况,当前属于创新发展阶段的增长期,自然增长潜力大,对应的发展对策为:调节生态组织结构,增加资源投入,促进群落协同。最后,成渝城市群处于互利共生的创新生态状况,当前属于创新发展阶段的增长期,自然增长潜力较大,对应的发展对策为:增加创新生态资源投入,促进科技创新生态群落升级。

第五篇

创新模式

第 14 章
长江经济带创新驱动模式

14.1 长江经济带创新要素梯度驱动模式

构建长江经济带创新要素聚集的三个梯度，以上海、江苏、浙江为第一梯度，湖北和四川为第二梯度，安徽、江西、湖南、重庆、云南和贵州为第三梯度。在长三角区域的梯度层级上，引导创新资源要素在更高质量上聚集，保持创新梯度的高质量发展；湖北和四川围绕优势产业聚集创新资源，提升发展潜力；改变云南和贵州的发展方式，集聚创新资源。从长江经济带的全局发展上，形成创新资源聚集合理的差异度和不均衡，使得创新资源集聚释放出的整体效益达到最佳，以驱动区域经济的发展。

在要素聚集方面，引导要素流动，改善创新要素聚集在长江经济带东高西低空间的配置。疏解长三角城市群已趋于饱和的低水平高技术产业，引导区域创新要素聚集的辐射；根据长江中游城市群的产业优势，提升创新要素集聚水平；进一步积累成渝城市群的创新资源，以黔中和滇中城市群的产业发展为重点，集聚与当地的禀赋相配合的创新资源。突出长三角城市群对长江中游城市群的空间辐射作用，通过长江经济带的核心城市发展强化上海、南京、武汉和重庆的创新要素集聚水平，把握城市创新发展趋势，不断提升重点城市的创新空间辐射影响。

在创新极化作用方面，继续在更高水平上提升长江经济带核心城市的极化水平，仍然要加大最优质的创新资源向上海、南京、武汉、重庆、成都等城市集聚，以空间溢出带动长三角区域的省份、长江中游及成渝区域的省份、贵州和云南等长江上游区域省份的发展。

在创新辐射作用方面，加强长三角区域的创新辐射，对湖北和四川周边省份进行创新辐射，扩大上海、江苏与浙江的辐射范围，打造创新要素集聚的高度辐射区，带动长江中游江西、湖南等省份的创新资源的集聚；同时，优化发展弱于长三角地区的湖北和四川的资源配置，引导创新辐射转向西部省份如贵州、云南，提升创新资源的辐射水平，驱动创新要素水平提升。

14.2　长江经济带创新产业共生驱动模式

促进长江经济带创新产业的高技术制造业和知识密集型服务业共生发展,进一步加强南京和重庆高技术制造业对周边区域的辐射作用,推动共生关系发展,以上海和武汉知识密集型服务业带动周边区域制造业结构转型,在上海、江苏、重庆、四川和湖北等省市周围形成以核心城市为中心的高端产业集聚区,促进自身及周边区域的高技术产业能够满足服务业的需求。进一步加快产业结构调整,形成具有自身区域特色的高端产业链。加强长江经济带三大城市群的共生发展,发挥长三角城市群种群间产生的共生经济效益,带动长江中游城市群和成渝城市群,促进区域经济发展。

构建"点—线—面"的共生业态,充分利用长三角城市群、成渝城市群的高技术产业发展迅速的特点,以高技术产业园、软件谷、创新示范区等,汇聚相关创新资源;在重点城市构建高新技术产业链,大力发展知识密集型产业;打破行政壁垒,加快技术、知识要素的快速流动,在长江经济带的不同城市群区域,推动发展高新技术产业体系,提高整个区域的创新水平。

14.3　长江经济带创新要素及产业的协同发展驱动模式

从更高的区域战略层次上,引导资本、各类人才、技术等创新要素的聚集,协同区域创新产业发展的正向作用,发挥创新资源聚集在省域间的溢出效应,加强高度集聚地区的创新资源对外扩散,带动邻近地区高技术产业的发展。

引导长江经济带创新产业在上、中、下游的空间协同,弱化长江经济带上、中、下游的创新产业趋同,打破行政壁垒,促进长江下游高新技术产业、长江中上游资源密集型产业和劳动密集型产业的协同作用,形成创新产业链,通过产生的辐射效应,不断调整周边区域的产业结构,提升长江经济带的区域产业协同发展水平。

长江经济带高技术产业发展和创新要素集聚呈现出高-高集聚和低-低集聚的分布特征和创新特质,引导创新要素与产业的协同。发挥创新资源集聚的空间辐射效应,化解空间阻滞效应,促进长江经济带高技术产业的协同发展。

14.4　长江经济带创新生态重点城市多属性优化驱动模式

在创新生态群落的生态适应性发展上,促进创新要素聚集、推动创新成果转化、改善创新组织生态环境,使得长江经济带的生态适应性自东向西整体发展水平不断增强。发挥创新生态群落在东部沿海的长三角区域的适应性发展优势,保持创新生态群落生态适应性的高水平;促进中西部区域创新生态群落的生态适应性稳步发展,打造多增长极点的态势,突显重庆、成都、武汉、长沙等城市的增长极作用。

在创新生态群落的生态多样性发展上,促进创新生态产业结构升级和支持性创新服务机构的发展,保持创新生态多样性的快速发展态势。把握长三角区域的创新生态多样性影响,以上海、南京、杭州一带为长江下游的发展重点。针对中西部区域创新生态多样性发展相对分散的状态,推动重庆、成都一带的创新生态多样性,打造长江上游影响较大的区域创新生态多样性增长极点,推动区域创新生态多样性水平的发展。

在创新生态群落的生态持续性发展上,挖掘科技发展潜力,促进高新产业区域辐射,增强长江经济带整体的生态持续性。发挥长江下游东部沿海的长三角区域发展高水平辐射作用,打造高水平聚集态势,以上海、南京、杭州、苏州等城市为区域发展重点,兼顾江西一带的持续性发展相对迟缓的城市。改进长江中游区域的多中心发展趋势,以武汉、长沙、南昌等城市为中心,调节高低混杂的创新生态持续性发展态势。挖掘长江上游区域的科技潜力,对成都、重庆等重点城市进行增长极拉动,并对发展较慢的创新城市进行政策扶持。

14.5 长江经济带创新生态核心区域差异化驱动模式

在长江下游区域的发展上,打造长三角城市群的增长极驱动发展,发挥增长极作用,保持产业辐射,促进创新知识溢出。调节长三角城市群的竞争性的共生态势,打造长三角城市群创新生态群落间的良性竞争环境,通过环境适应、支持性组织多样性、产业辐射等方面促进长三角城市群的创新生态群落发展。通过核心要素的投入保持长三角的高水平创新发展,通过优化城市、产业-城市群、产业-经济带及产业的不同层级的发展重点,驱动经济带的创新升级发展。

在长江中游区域的发展上,引导长江中游城市群的创新要素流动,加快规模组织成长,推动产业结构升级与创新,优化长中游城市群的创新生态协同,挖掘长中游城市群的高增长潜力,调节长江中游区域的创新生态组织结构,实现群落内部正向协同、群落周边的相邻区域协同。

在长江上游区域的发展上,以成渝城市群为重点,利用创新生态群落的协同作用,发挥乘数效应,改善成渝城市群创新生态资源聚集水平,吸引创新资本的流动和投入,加强创新科技人才的培养,吸引高科技创新型企业的入驻和发展,促进城市群内城市共同发展。

14.6 长江经济带创新生态经济带一体化协同驱动模式

根据"生态优先、流域互动、集约发展"的思路,以创新环境和支持性组织的发展为重点,构建长江经济带创新生态群落的互利共生态势,形成长江经济带的"一轴、三极、多点"创新一体化发展格局。

"一轴"是以长江黄金水道为主轴,发挥上海、南京、武汉、重庆等城市的核心作用,通过核心城市带动创新资源由沿海溯江而上梯度聚集,实现长江上、中、下游协调发展。

"三极"是以长三角城市群、长江中游城市群、成渝城市群为主体,发挥辐射带动作用,构筑长江经济带的三大创新驱动增长极。按城市创新产业、城市群创新产业、经济带创新产业的不同层次,引导创新资源和创新产业的发展,发挥增长极的空间辐射作用,带动长江中下游区域发展。提升长江中游地区的产业水平、生态多样性,对接长三角城市群和长江中游城市群,协同区域发展。发展成渝城市群,提升区域的创新要素禀赋,提升创新成果在长江上游地区的成果转化水平,支撑区域产业的发展。

"多点"是以重要的沿江城市、省会城市、地区经济发展的中心城市为重点,增强自主创新能力,打造创新创业示范高地,孵化基础创新平台,集聚高技术人才优势,营造良好的创新创业生态;发挥长江三角洲地区的引领作用,推动中西部开发、开放,支持成都、重庆、武汉、长沙、南昌、合肥等内陆开放型经济高地,引导产业有序转移,推进产业结构优化、转型升级,构筑国际化核心能力竞争优势,培育和壮大战略性新兴产业,促进信息化与产业融合发展。

第 15 章
长江经济带创新驱动政策建议

15.1 长江经济带创新要素及产业发展政策建议

(1) 通过政策引导,提高长江中游及成渝城市群的创新要素集聚水平。中西部省份的创新资源较为稀缺,而创新资源的不均衡分布不利于高技术产业创新驱动的进一步深化。因此,政府应高效配置创新资源在长江经济带的空间分布,实现创新资源在区域内的自由流动,并且在中游及成渝城市群建立多元化的创新要素投入体系,通过优惠政策引导创新要素的流入;政府应大力支持中西部省份的高技术企业开展科技项目,强化企业的科技投入意识,实现由被动投入向主动投入的转变;瞄准中西部省份高技术产业的薄弱领域,集中创新资源进行重点支持,为其提供政策优惠,通过政府财政资金的引领加大企业的研发投入,优化高技术产业的技术创新环境,以促进高技术产业的技术进步。

(2) 建立完善的人才机制,驱动创新人才聚集。长江经济带还没有建立完善的人才机制,高技术产业的劳动力主要集中在长三角地区,降低了中西部省份对人力资本的吸引力,使其不仅面临着技术人才短缺的问题,还面临着严重的人才流失问题。因此,政府应积极消除障碍,深化人才流动的体制与机制改革,促进创新型人才的合理流动,加强实施中西部省份高技术产业的人才引进计划;根据经济带内各省域不同的产业发展情况引进不同的人才,合理引导各层次人才的地域分配,优化人才资源配置,引导创新人才向欠发达的中西部省份流动;中西部省份应积极推动教育体制的深化改革,加强人才培养,为创新型人才提供优质的科研氛围和生活环境,坚持创新型人才自主培养和对外引进相结合,完善长江经济带的人才机制;中西部省份应完善人才交流平台设施,加强和长三角地区优质创新人才的沟通和交流,及时传播前沿的生产技术和管理方式,以提高当地产业的研发能力,促进劳动力溢出效应的发挥,从而带动当地的产业升级。

(3) 借鉴国际流域发展经验,推动创新产业的生态经济发展。国外典型流域经济带的开发与管理大都是先污染后治理之路,如今,多数经济带已建立适合国情及流域特色的较为完整的开发模式,为经济进步、环境保护和社会福利的可持续发展提供了从整合到决策的制度和政策框架。长江经济带作为我国经济发展的重要支撑,不能走先污染后治理的道路,必须加快工业和服务业的转型和优化升级,加强自主创新能力,发展高技术制造业和知识密集型服务业,提高我国的综合竞争力。

(4) 构建技术交流平台,释放高新技术的空间溢出效应。充分利用发达地区创新资源集聚的扩散效应,加强长三角地区和中西部核心省份的辐射带动作用,带动周边地区形成良性互动,以促进长江经济带高技术产业的一体化发展;在不同省市尤其是长三角地区之间形成有效的高技术交流共享机制,减小创新技术的空间溢出壁垒;发达区域应建立高水平的创新载体,将创新载体推向整个长江经济带及全国,通过发展具有突破带动性的高技术产业,促进长三角地区和中西部地区湖北、四川等核心省份与周边地区通过"模仿效应"和"示范效应"形成良性互动,进一步发挥创新要素集聚的正向溢出效应,以培育长江经济带新的经济增长极,推动经济带内高技术产业的跨越式和一体化发展。政府应整合各省域高技术企业、科研机构、中介服务机构等主体的互补性资源,使其发挥各自的优势能力,实现优势互补;准确把握技术的生命周期,在关键时期依靠发达地区的产业升级在技术创新上实现突破,加速技术的成熟与扩散,以进一步缩小地区间高技术产业的技术差距;建立网络知识共享平台,实现经济带内创新知识的有效流动和整合,加速技术创新、产品推广和技术成果产业化,通过市场交易引进所需的技术知识;加强政策对产业发展的引导,推动重点的高技术产业在核心省市间点对点的深入发展,通过跨区域的异地合作,实现相互的优势互补;通过建立技术联盟和一体化的资源共享平台,增加企业间合作与交流的机会,促进资源的高效整合,以充分发挥技术创新的溢出效应,为创新驱动型产业体系的建成打下坚实基础。

(5) 打造区域发展中心,加快知识和技术要素流动和转移。从国家层面加强创新产业的布局与规划,引导长江经济带产业发展,形成布局合理、各具特色、协同联动的发展格局。构建现代化综合交通运输体系,促进经济增长空间从沿海向沿江内陆拓展;优化产业结构,加快城镇化步伐,推动我国经济提质增效升级;利用陆海双向的区位资源与优势,创新开放模式,建设对外开放走廊,促进优势互补,打造世界级产业集群,培育具有国际竞争力的城市群。同时,城市作为经济发展的基本单元、中心点,也是人才资源、风险资本、智力资源和信息服务等要素的集合体,其高技术制造业和知识密集型服务业的发展,不仅应满足自身城市发展需求,还应进一步加快发展,加大共生发展范围,实现城市知识密集型服务业与周边区域高技术制造业的对称性一体化共生发展,从而显著带动周边区域,真正成为区域的金融中心、研发中心、信息中心等,提高辐射能力。而上海的知识密集型服务业的发展则应满足长江经济带共生发展的需求,以进一步增强上海在长江经济带的龙头作用。

(6) 坚持高技术产业政策与区域经济政策相结合,推进区域的协调创新可持续发展。长江经济带的高技术产业以及经济发展呈现出显著的区域差异性和不均衡性,而良好的经济基础为高技术产业的发展提供了强有力的支撑;应当针对各省市高技术产业的发展优势与特点,制定并实施一些能够体现地域和产业特色的高技术产业发展政策,将产业政策与区域经济政策有机结合,使高技术产业与区域经济达到协调发展。长三角地区的高技术产业发展起步较早、规模大、层次高,创新资源集聚的扩散效应显著,对周边地区产业结构的转型升级以及高技术产业的发展有巨大的辐射带动作用。因此在长三角地区,高技术产业应坚持以技术创新为主的驱动模式,在前沿技术方面实现重大突破,以进一步优化当地的产业结构,加快形成创新驱动型的经济增长模式。云南和贵州的产业结构以资源密集型和劳动密集型产业为主,难以支撑高技术产业获得良性发展。一方面,当地政府和市场投入的创新资源较少,高技术产业发展滞后,缺乏高效配置和运用创新要素的能力;另一方面,教育水平和经济水平的落后导致技术创新型人才大量流失,难以支撑高技术产业的技术研发。因此,云南和贵州应立足产业基础,结合当地的资源优势,发展特色产业和主导产业;进一步提升承接发达地区产业转移的能力,加快传统产业中技术的改造升级,同时增强产业的自主研发能力,将高技术产业与传统产业相对接,从而带动高技术产业的发展;提升创新人才的收入水平,为其提供良好的工作氛围和生活环境,积极吸引和培养高层次人才,以多种形式引进创新型人才,从而为高技术产业的发展奠定人才基础。

15.2 长江经济带创新生态群落优化政策建议

(1) 改善地方政府绩效考核机制,在有效授权与区域分权的同时,要防止缺乏统一规划的盲目投资和重复建设,改变以往只重视 GDP 增长的评价机制,将创新生态发展水平、产业发展水平的测度引入考核指标之中。具体而言,将产业组织多样性指标所包含的高新产业、科技服务业及相关产业增长率等指标,以及创新支持性组织多样性所包含的科技孵化园区、风投机构、高等院校、科研机构等指标纳入地方政府绩效考核体系中。通过完善政府绩效考核体系,建立有效的激励机制,促进经济带的创新生态群落可持续发展。

(2) 建立有助于创新人才培育、吸引和流动的人事制度。人才作为创新活动的核心单元是发展生产力、促进创新型经济的关键。创新生态群落的区域非均衡背后是智力资本在区域禀赋上的差异,东南沿海地区的高校、人才资源多于中西部区域,需要在政策方面高度重视智力资本开发。在具体的行政措施上,短期要注意关于科技创新领军人才、科技创新拔尖人才和科技创新专业人才的制度完善,向有需要的区域供给高尖人才,在培训、交流和共享上展开合作;中长期要改进人事制度,通过优惠的房地产政策、户籍与编制管理,鼓励人才流动;而在长期规划上,要加强高尖人才培养,引导设置高等院校及科研机构,促进区域的长效发展。

(3) 根据区域特点因势利导,加强创新产业发展规划。长江经济带的上、中、下游区域具有现实的创新生态非均衡特点,创新型经济转型不能一蹴而就,需要进行多周期规划,因势利导使上、中、下流域形成产业互补和分工协作,谋求共同繁荣与发展。长江下游地区的创新生态群落发展的主要优势体现在创新要素集聚与成果转化上,要加强高新技术引进,鼓励产业创新,并强化其创新空间辐射作用,支持拥有核心技术、自主知识产权、自主品牌产品的下游企业扩大市场规模,向中西部转移加工制造业务。长江中游地区的创新生态水平一般,在创新要素与成果转化方面得到下游区域增长极点的拉动,但受产业水平限制,创新发展态势一般。因此要加强产业组织多样性发展,优化产业转移与产业合作项目。长江上游地区的创新生态处于流域经济带的低值聚集区域,从创新的细节指标上探究,创新要素禀赋差、成果转化水平低和创新相关支持性组织发展薄弱导致了区域创新的落后。因此在保证原有的资源经济稳定发展的基础上,要大力引入创新智力资本,逐步进行产业试点和结构调整。要根据长江流域资源环境承载能力和区位条件的不同,对不同主体功能区制定相应的产业扶持或限制政策,探索要素资源的生态补偿和利益协调机制,促进并引导创新生态群落的产业升级,形成优势互补、合作共赢的新格局。

(4) 打造行业龙头,支撑创新生态群落的产业链升级。根据创新生态群落的创新生态位指数与空间关联指数分析,长江经济带创新生态群落虽然总体上处于互利共生状态,但群落间的发展协同度有限。为了提升群落间的协同与互利共生,有必要强化产业链上的创新合作,而核心龙头企业的发展对区域产业链的优化升级影响重大,对创新生态群落的演化尤为重要。因此要大力发展行业龙头,通过骨干企业组建区域产业技术创新战略联盟,发挥创新辐射作用来支撑产业链升级,高效推进创新生态群落的协同发展。一方面鼓励流域经济的相关企业扩大市场规模,在国内外建厂布点,通过研发、设计、销售中心的多点布局以及供应链的分工合作,打造具有全球竞争力的核心企业网络;另一方面,依托长江黄金水道,培育产业物流体系,通过互联网和物流产业发展,从产业层面加速商品流通,促进供给与需求的循环。发挥龙头企业在产业网络和流动循环中的作用,实现创新型经济高效发展。

(5) 加大对创新相关服务产业的培育,实现创新产业生态结构的协调发展。根据长江经济带的创新生态群落空间关联指数分析,支持性组织的发展对长江经济带的创新产出促进最大,强化科技孵化服务业、风险投资与科技金融产业、高校与科研机构等,对长江经济带的创新生态演化发展具有重要意义。科技服务业可以满足创新企业的发展需求,补齐新兴产业的阶段性短板,提高创新成果的转化率,稳定产业结构,强化信息流动,帮助技术对接市场、人才对接岗位、专利对接资本,产生乘数效应,促进区域的产业化和就业,吸纳社会劳动力并转化为智力资本。因此,应该将科技服务业纳入流域经济带建设和产业布局整体规划,同时要完善相关法律体系,保护产业公平竞争、公平发展,落实各种财政补贴、税收优惠政策,通过科技金融与服务创新为创新主体开辟融资渠道、简化服务流程。建立跨省市投资银行、投资公司和企业集团等,加强物资、资金、技术、人才、信息等全方位的产业交流,形成创新生态要素高效流动的一体化市场。

(6) 要大力推动城市化发展,为长江经济带创新生态群落的增长提供保障。注意长江上游的西部乡镇城市化建设,不断完善城市市政、公共基础设施,引入相关公共服务体系,发展学校、医院和商业、金融服务业。通过长江上游区域的城市化发展,消除具有封闭性的落后产业与粗放式资源经济体系,实现创新生态群落的突破式发展,促进长江上游的创新低值区域产业结构转型升级。加强中心城市、城市群的科学规划,围绕长江沿岸的上海、南京、武汉、重庆、成都等超大城市进行适当的基础建设开发,打造区域性中心城市以及区域性的大规模城市群落,并建立城市群的区域合作机制,鼓励与支持城市群内各大都市之间的产业互动与功能区互补,使中小城市提升产业功能和吸纳能力、小城镇增强公共服务功能,增强长江流域城市群的创新生态产业集聚能力和人口承载能力。鼓励与支持创新生态群落内的特大城市、大城市联合规划建设新的产业集中区,实现产业与城市发展的相互依托、同步建设,将主城区的部分功能逐步地向外辐射、迁移,实现产城融合、产城一体。

参考文献

[1] 傅家骥. 技术创新学[M]. 北京:清华大学出版社,1998.
[2] 吴传清,孙智君,黄磊. 长江经济带产业发展报告(2017)[M]. 北京:社会科学文献出版社,2017.
[3] 熊彼特. 经济发展理论[M]. 郭武军,吕阳,译. 北京:华夏出版社,2015.
[4] 马歇尔. 经济学原理[M]. 廉运杰,译. 北京:华夏出版社,2005.
[5] 韦伯. 工业区位论[M]. 李刚剑,陈志人,张英保,译. 北京:商务印书馆,2017.
[6] 钟秀明,武雪萍. 城市化之动力[M]. 北京:中国经济出版社,2006.
[7] 藤田昌久,克鲁格曼,维纳布尔斯. 空间经济学——城市、区域与国际贸易[M]. 梁琦,主译. 北京:中国人民大学出版社,2011.
[8] 张幼文,黄仁伟. 2006 中国国际地位报告[M]. 北京:人民出版社,2006.
[9] 赵玉林. 高技术产业经济学[M]. 北京:科学出版社,2012.
[10] 孟鹰,余来文. 企业战略:基于动态战略能力的观点[M]. 北京:中国经济出版社,2010.
[11] 林毅夫. 新结构经济学文集[M]. 上海:上海人民出版社,2011.
[12] 苏东水. 产业经济学[M]. 北京:高等教育出版社,2000.
[13] 周新生. 产业兴衰论[M]. 西安:西北大学出版社,2000.
[14] 波特. 竞争战略:分析行业和竞争者的技术[M]. 姚宗明,林国龙,译. 北京:生活·读书·新知三联书店,1988.
[15] 袁纯清. 共生理论——兼论小型经济[M]. 北京:经济科学出版社,1998.
[16] 杜朝晖. 产业组织理论[M]. 北京:中国人民大学出版社,2010.
[17] 克林顿,戈尔. 科学与国家利益[M]. 曾国屏,译. 北京:科学技术文献出版社,1999.
[18] 黄鲁成. 基于生态学的技术创新行为研究[M]. 北京:科学出版社,2007.
[19] 梅(May). 理论生态学[M]. 陶毅,王百桦,译. 北京:高等教育出版社,2010.
[20] 王现丽,毛艳丽. 生态学[M]. 徐州:中国矿业大学出版社,2017.
[21] 叶义成,柯丽华,黄德育. 系统综合评价技术及其应用[M]. 北京:冶金工业出版社,2006.

[22] 国务院.国务院关于依托黄金水道推动长江经济带发展的指导意见[J].中华人民共和国国务院公报,2014(28):8-32.

[23] 史安娜,王绕娟,张鎏依.长江经济带高技术产业创新要素集聚的空间溢出效应[J].河海大学学报(哲学社会科学版),2018,20(1):62-67,91-92.

[24] 杨伟.新发展理念引领南通助推长江经济带发展[J].江南论坛,2017(2):15-17.

[25] 史安娜,胡方卉.长江经济带科技资源配置效率分析[J].河海大学学报(哲学社会科学版),2015,17(5):51-54,105.

[26] 颜鹏飞,汤正仁.新熊彼特理论述评[J].当代财经,2009(7):116-122.

[27] 洪银兴.科技创新与创新型经济[J].管理世界,2011(7):1-8.

[28] 芮明杰,李鑫,任红波.高技术企业知识创新模式研究——对野中郁次郎知识创造模型的修正与扩展[J].外国经济与管理,2004,26(5):8-12.

[29] 曾萍,蓝海林.组织学习、知识创新与动态能力:机制和路径[J].中国软科学,2009(5):135-146.

[30] 钱锡红,杨永福,徐万里.企业网络位置、吸收能力与创新绩效——一个交互效应模型[J].管理世界,2010(5):118-129.

[31] 官建成,陈凯华.我国高技术产业技术创新效率的测度[J].数量经济技术经济研究,2009(10):19-33.

[32] 洪银兴.迎接新增长周期:发展创新型经济[J].学术月刊,2010(1):67-72.

[33] 闫海洲.长三角地区产业结构高级化及影响因素[J].财经科学,2010(12):50-57.

[34] 李邃,江可申.高技术产业科技能力与产业结构优化升级[J].科研管理,2011,32(2):44-51,66.

[35] 王伟光,冯荣凯,尹博.产业创新网络中核心企业控制力能够促进知识溢出吗?[J].管理世界,2015(6):99-109.

[36] 邹艳,张雪花.企业智力资本与技术创新关系的实证研究——以吸收能力为调节变量[J].软科学,2009,23(3):71-75.

[37] 蒋天颖,王俊江.智力资本、组织学习与企业创新绩效的关系分析[J].科研管理,2009,30(4):44-50.

[38] 房汉廷.关于科技金融理论、实践与政策的思考[J].中国科技论坛,2010(11):5-10,23.

[39] 洪银兴.科技金融及其培育[J].经济学家,2011(6):22-27.

[40] 陈勇江.产业集群"市场失灵"中的政府职能定位[J].中国行政管理,2009(5):68-70.

[41] 张来武.科技创新驱动经济发展方式转变[J].中国软科学,2011(12):1-5.

[42] 王铮,武巍,吴静.中国各省区经济增长溢出分析[J].地理研究,2005,24(2):243-252.

[43] 李小建,樊新生.欠发达地区经济空间结构及其经济溢出效应的实证研究——以河

南省为例[J].地理科学,2006,26(1):1-6.
[44] 吴玉鸣.县域经济增长集聚与差异:空间计量经济实证分析[J].世界经济文汇,2007(2):37-57.
[45] 潘文卿.中国的区域关联与经济增长的空间溢出效应[J].经济研究,2012,47(1):54-65.
[46] 高新才,白丽飞.区域整合视角下中国省际经济增长溢出效应研究[J].地域研究与开发,2013,32(3):5-10.
[47] 徐盈之,朱依曦,孙剑.知识溢出与区域经济增长:基于空间计量模型的实证研究[J].科研管理,2010,31(6):105-112.
[48] 李志宏,王娜,马倩.基于空间计量的区域间创新行为知识溢出分析[J].科研管理,2013,34(6):9-16.
[49] 金刚,沈坤荣,胡汉辉.中国省际创新知识的空间溢出效应测度——基于地理距离的视角[J].经济理论与经济管理,2015(12):30-43.
[50] 白俊红,王钺,蒋伏心,等.研发要素流动、空间知识溢出与经济增长[J].经济研究,2017,52(7):109-123.
[51] 司春林.技术创新的溢出效应——知识产权保护与技术创新的政策问题[J].研究与发展管理,1995(3):1-5.
[52] 吴永林,陈钰.高技术产业技术溢出效应的实证研究[J].科技管理研究,2012,32(6):82-87.
[53] 王家庭.技术创新、空间溢出与区域工业经济增长的实证研究[J].中国科技论坛,2012(1):55-61.
[54] 刘和东.区域创新内溢、外溢与空间溢出效应的实证研究[J].科研管理,2013,34(1):28-36.
[55] 姚丽,谷国锋.区域技术创新、空间溢出与区域高技术产业水平[J].中国科技论坛,2015(1):91-95.
[56] 李文亮,许正中.考虑空间效应的高技术企业创新溢出效应研究[J].软科学,2015,29(4):1-4.
[57] 吕新军,代春霞.研发投入异质性与区域技术创新溢出效应[J].经济经纬,2017,34(4):19-24.
[58] 陈良文,杨开忠.我国区域经济差异变动的原因:一个要素流动和集聚经济的视角[J].当代经济科学,2007,29(3):35-42,124.
[59] 孙建,齐建国.中国区域知识溢出空间距离研究[J].科学学研究,2011,29(11):1643-1650.
[60] 苏方林.中国省域R&D溢出的空间模式研究[J].科学学研究,2006,24(5):696-701.
[61] 崔玉英,李程宇,李长青,等.我国省域科技创新关联与知识溢出效果的空间计量分析[J].科学管理研究,2013,31(2):35-38,46.

［62］杨凡,杜德斌,林晓.中国省域创新产出的空间格局与空间溢出效应研究[J].软科学,2016,30(10):6-10,30.

［63］何雄浪,李国平,杨继瑞.我国产业集聚原因的探讨——基于区域效应、集聚效应、空间成本的新视角[J].南开经济研究,2007(6):43-60.

［64］杨晨,周海林.创新要素向企业集聚的机理初探[J].科技进步与对策,2009,26(17):89-91.

［65］陆立军,于斌斌.产业集聚、创新网络与集群企业技术能力——基于绍兴市14262份问卷的调查与分析[J].中国科技论坛,2010(3):67-72.

［66］余泳泽.创新要素集聚、政府支持与科技创新效率——基于省域数据的空间面板计量分析[J].经济评论,2011(2):93-101.

［67］池仁勇,刘娟芳,张宓之,等.创新要素集聚与区域创新绩效研究——基于浙江中小企业的实证分析[J].浙江工业大学学报(社会科学版),2014,13(2):153-158.

［68］傅家骥,施培公.技术积累与企业技术创新[J].数量经济技术经济研究,1996(11):70-73.

［69］贾蔚文.技术创新是转变我国经济增长方式的根本途径[J].科学学与科学技术管理,1997,18(2):35-37.

［70］关士续.企业技术创新运行机制[J].自然辩证法通讯,1992,14(5):35-42.

［71］魏江,许庆瑞.企业技术能力与技术创新能力之关系研究[J].科研管理,1996(1):22-26.

［72］曹崇延,王淮学.企业技术创新能力评价指标体系研究[J].预测,1998,17(2):66-68.

［73］贺德方.创新型国家评价方法体系构建研究[J].中国软科学,2014(6):117-128.

［74］张继宏,罗玉中.国家集成创新能力评价的指标体系[J].改革,2009(10):80-84.

［75］陈冰,刘绮黎.2016上海科技创新指数[J].新民周刊,2016(50):56-57.

［76］柳卸林,胡志坚.中国区域创新能力的分布与成因[J].科学学研究,2002,20(5):550-556.

［77］甄峰,黄朝永,罗守贵.区域创新能力评价指标体系研究[J].科学管理研究,2000,18(6):5-8.

［78］方创琳,马海涛,王振波,等.中国创新型城市建设的综合评估与空间格局分异[J].地理学报,2014,69(4):459-473.

［79］蒋天颖,华明浩,许强,等.区域创新与城市化耦合发展机制及其空间分异——以浙江省为例[J].经济地理,2014,34(6):25-32.

［80］白嘉.中国区域技术创新能力的评价与比较[J].科学管理研究,2012,30(1):15-18.

［81］范斐,杜德斌,游小珺,等.基于能力结构关系模型的区域协同创新研究[J].地理科学,2015(1):66-74.

[82] 王元地,陈禹.区域"双创"能力评价指标体系研究——基于因子分析和聚类分析[J].科技进步与对策,2016,33(20):115-121.

[83] 苗红,黄鲁成.区域技术创新生态系统健康评价研究[J].科技进步与对策,2008,25(8):146-149.

[84] 黎鹏,王崇杰,林灵,等.基于生态位理论视角的城市创新能力评价研究——以广西北部湾经济区"4+2"城市为例[J].广西大学学报(哲学社会科学版),2011,33(3):10-15.

[85] 徐建中,王纯旭.基于粒子群算法的产业技术创新生态系统运行稳定性组合评价研究——以电信产业为例[J].预测,2016,35(5):30-36.

[86] 万立军,罗廷,于天军,等.资源型城市技术创新生态系统评价研究[J].科学管理研究,2016,34(3):72-75.

[87] 孙丽文,李跃.京津冀区域创新生态系统生态位适宜度评价[J].科技进步与对策,2017,34(4):47-53.

[88] 赵建吉,曾刚.创新的空间测度:数据与指标[J].经济地理,2009,29(8):1250-1255.

[89] 梁洁鸣.广东省区域创新活动空间差异分析——基于探索性空间数据分析(ESDA)[J].福建农林大学学报(哲学社会科学版),2010,13(4):58-63.

[90] 方远平,谢蔓.创新要素的空间分布及其对区域创新产出的影响——基于中国省域的 ESDA-GWR 分析[J].经济地理,2012,32(9):8-14.

[91] 王春杨,张超.地理集聚与空间依赖——中国区域创新的时空演进模式[J].科学学研究,2013,31(5):780-789.

[92] 朱辉.我国省域科技创新水平的空间分布评价[J].东南大学学报(哲学社会科学版),2015,17(S2):63-64,80.

[93] 郭泉恩,孙斌栋.中国高技术产业创新空间分布及其影响因素——基于面板数据的空间计量分析[J].地理科学进展,2016,35(10):1218-1227.

[94] 刘志迎,梁丽丽.中国高技术制造业对经济增长贡献实证研究[J].工业技术经济,2008,27(5):41-44.

[95] 李尽法,吴育华.基于 Malmquist 指数的高技术制造业研发效率变动分析[J].统计与决策,2008(12):80-82.

[96] 李艳,罗能生,谢里,等.中国高技术制造业的市场集中度的测算[J].统计与决策,2009(11):109-111.

[97] 郭晶,杨艳.经济增长、技术创新与我国高技术制造业出口复杂度研究[J].国际贸易问题,2010(12):91-96.

[98] 姜凌,卢建平.服务外包对我国制造业与服务业升级的作用机理[J].经济学家,2011(12):94-100.

[99] 喻春娇,肖德,胡小洁.武汉城市圈生产性服务业对制造业效率提升作用的实证[J].经济地理,2012,32(5):93-98.

[100] 李文,李云鹤.生产性服务业的质与量对制造业的溢出效应研究——来自 OECD 国家的随机前沿方法的分析[J].产业经济研究,2013(2):48-55.

[101] 黄伟麟,钟夏雨,冼健.高新技术制造企业生命周期划分的实证研究——基于资本市场四大板块的经验数据[J].经济问题,2014(2):85-90.

[102] 伦蕊.高技术制造业企业规模结构的演化动因[J].中国科技论坛,2015(3):93-98.

[103] 武玉英,魏国丹,何喜军.京津冀高技术制造业与要素协同度测度及实证研究[J].软科学,2016,30(5):21-25.

[104] 王正新,郑弘浩,胡稳权.高技术制造业出口贸易波动因素分解——基于恒定市场份额模型的实证分析[J].中国科技论坛,2017(9):46-55.

[105] 刘顺忠.知识密集型服务业在创新系统中作用机理研究[J].管理评论,2004,16(3):58-61,64.

[106] 魏江,沈璞.知识密集型服务业创新范式初探[J].科研管理,2006,27(1):70-74.

[107] 魏江,陶颜,翁羽飞.中国知识密集型服务业的创新障碍——来自长三角地区 KIBS 企业的数据实证[J].科研管理,2009,30(1):81-86,96.

[108] 陈劲.知识密集型服务业创新的评价指标体系[J].学术月刊,2008,40(4):66-68,75.

[109] 熊励,孙友霞,刘文.知识密集型服务业协同创新系统模型及运行机制研究[J].科技进步与对策,2011,28(18):56-59.

[110] 范钧,邱瑜,邓丰田.顾客参与对知识密集型服务业新服务开发绩效的影响研究[J].科技进步与对策,2013,30(16):71-78.

[111] 方远平,毕斗斗,谢蔓,等.知识密集型服务业空间关联特征及其动力机制分析——基于广东省 21 个地级市的实证[J].地理科学,2014,34(10):1193-1201.

[112] 周麟,沈体雁,于瀚辰,等.城市内部知识密集型服务业的时空格局研究——以保定市为例[J].城市发展研究,2016,23(11):1-6.

[113] 郑长娟,郝新蓉,程少锋,等.知识密集型服务业的空间关联性及其影响因素——以浙江省 69 个县市为例[J].经济地理,2017,37(3):121-128,173.

[114] 唐强荣,徐学军,何自力.生产性服务业与制造业共生发展模型及实证研究[J].南开管理评论,2009,12(3):20-26.

[115] 孙久文,李爱民,彭芳梅,等.长三角地区生产性服务业与制造业共生发展研究[J].南京社会科学,2010(8):1-6.

[116] 徐学军,唐强荣,樊奇.中国生产性服务业与制造业种群的共生——基于 Logistic 生长方程的实证研究[J].管理评论,2011,23(9):152-159.

[117] 梁红艳,王健.中国生产性服务业与制造业的空间关系[J].经济管理,2012,34(11):19-29.

[118] 于斌斌,胡汉辉.产业集群与城市化共生演化的机制与路径——基于制造业与服务业互动关系的视角[J].科学学与科学技术管理,2014,35(3):58-68.

[119] 陈晓峰,陈昭锋.生产性服务业与制造业协同集聚的水平及效应——来自中国东部沿海地区的经验证据[J].财贸研究,2014,25(2):49-57.

[120] 刘川.产业转型中现代服务业与先进制造业融合度研究——基于珠三角地区的实证分析[J].江西社会科学,2014,34(5):59-65.

[121] 华广敏.高技术服务业与制造业互动关系的实证研究——基于OECD跨国面板数据[J].世界经济研究,2015(4):113-120,129.

[122] 张川川.地区就业乘数:制造业就业对服务业就业的影响[J].世界经济,2015,38(6):70-87.

[123] 朱有明,刘金程.知识密集型服务业创新绩效影响因素实证研究[J].财经问题研究,2016(5):42-47.

[124] 刘沛罡,王海军.高技术产业内部结构多样化、专业化与经济增长动力——基于省域高技术产业制造业、高技术产业服务业面板数据的实证分析[J].产业经济研究,2016(6):46-56.

[125] 朱永虹,邵炜,王艳波.知识密集型服务业与高技术产业互动机理研究——以安徽省为例[J].吉林工商学院学报,2017,33(1):14-18,77.

[126] 任皓,周绍杰,胡鞍钢.知识密集型服务业与高技术制造业协同增长效应研究[J].中国软科学,2017(8):34-45.

[127] 顾新.区域创新系统的运行[J].中国软科学,2001(11):104-107.

[128] 马松尧.科技中介在国家创新系统中的功能及其体系构建[J].中国软科学,2004(1):109-113,120.

[129] 张治河,胡树华,金鑫,等.产业创新系统模型的构建与分析[J].科研管理,2006,27(2):36-39.

[130] 黄鲁成.区域技术创新系统研究:生态学的思考[J].科学学研究,2003,21(2):215-219.

[131] 张运生.高科技企业创新生态系统边界与结构解析[J].软科学,2008,22(11):95-97,102.

[132] 沈满洪.生态经济学的定义、范畴与规律[J].生态经济,2009(1):42-47,182.

[133] 冯之浚,周荣.低碳经济:中国实现绿色发展的根本途径[J].中国人口·资源与环境,2010,20(4):1-7.

[134] 张运生,邹思明.高科技企业创新生态系统治理机制研究[J].科学学研究,2010,28(5):785-792.

[135] 孙冰,周大铭.基于核心企业视角的企业技术创新生态系统构建[J].商业经济与管理,2011(11):36-43.

[136] 张长江,赵成国.生态—经济互动视角下的企业生态经济效益会计核算理论与测度方法——文献综览与研究框架[J].生态经济,2014,30(4):55-63.

[137] 梅亮,陈劲,刘洋.创新生态系统:源起、知识演进和理论框架[J].科学学研究,

2014,32(12):1771-1780.

[138] 张运生.高科技产业创新生态系统耦合战略研究[J].中国软科学,2009(1):134-143.

[139] 喻登科,涂国平,陈华.战略性新兴产业集群协同发展的路径与模式研究[J].科学学与科学技术管理,2012,33(4):114-120.

[140] 吴绍波.战略性新兴产业创新生态系统协同创新的治理机制研究[J].中国科技论坛,2013(10):5-9.

[141] 刘丹,闫长乐.协同创新网络结构与机理研究[J].管理世界,2013(12):1-4.

[142] 李煜华,武晓锋,胡瑶瑛.共生视角下战略性新兴产业创新生态系统协同创新策略分析[J].科技进步与对策,2014,31(2):47-50.

[143] 胡志坚."中国式创新"的最大短板[J].商业观察,2017(6):46-47.

[144] 我国经济社会发展成就辉煌——国家发展改革委副主任宁吉喆作首场报告[J].中国经贸导刊,2015(30):7-9.

[145] 宁吉喆.深入学习贯彻党的十九大精神 加快推进现代化经济体系建设[J].宏观经济管理,2017,408(12):4-13.

[146] 宗良,李艳.2015年中国宏观经济预测与政策取向[J].中国农村金融,2015(1):37-39.

[147] 刘俊杰,白雪冰.创新驱动区域发展:研究现状与展望[J].区域经济评论,2017(2):154-159.

[148] 李浩,刘陶.深入研究长江经济带产业经济发展问题的力作——评《长江经济带产业发展报告(2017)》[J].长江大学学报(社科版),2018,41(1):125.

[149] 曹方,何颖.长江经济带协同发展路径探索[J].瞭望,2015(14):40-41.

[150] 刘有明.流域经济区产业发展模式比较研究[J].学术研究,2011(3):83-88.

[151] 夏骥,肖永芹.密西西比河开发经验及对长江流域发展的启示[J].重庆社会科学,2006(5):22-26.

[152] 马静,邓宏兵.国外典型流域开发模式与经验对长江经济带的启示[J].区域经济评论,2016(2):145-151.

[153] 许庆瑞,郑刚,陈劲.全面创新管理:创新管理新范式初探——理论溯源与框架[J].管理学报,2006,3(2):135-142.

[154] 朱苑秋,谢富纪.长三角大都市圈创新要素整合[J].科学学与科学技术管理,2007,28(1):97-100.

[155] 吴福象,沈浩平.新型城镇化、创新要素空间集聚与城市群产业发展[J].中南财经政法大学学报,2013(4):36-42,159.

[156] 张宓之,朱学彦,梁偲,等.创新要素空间集聚模式演进机制研究——多重效应的空间较量[J].科技进步与对策,2016,33(14):10-16.

[157] 陈益升,刘鲁川.高技术概念定义的分析[J].自然辩证法通讯,1988(5):38-49.

[158] 赵西萍. 高新技术相关问题的界定研究[J]. 科技进步与对策,2002,19(9):59-60.

[159] 察志敏,肖云,骞金昌. 中国高技术产业统计分类测算研究[J]. 统计研究,2001(6):8-14.

[160] 武星星,苗维亚. 我国高技术产业特征分析[J]. 科学学研究,2006(S1):115-119.

[161] 张倩男. 谈高技术产业创新的基本特征与过程机制[J]. 商业时代,2009(19):107-108.

[162] 林毅夫. 新时代中国新发展理念解读[J]. 行政管理改革,2018(1):19-21.

[163] 冯赫. 关于战略性新兴产业发展的若干思考[J]. 经济研究参考,2010(43):62-68.

[164] 熊勇清,李世才. 战略性新兴产业与传统产业耦合发展研究[J]. 财经问题研究,2010(10):38-44.

[165] 洪银兴. 科技创新与创新型经济[J]. 管理世界,2011(7):1-8.

[166] 张明哲. 现代产业体系的特征与发展趋势研究[J]. 当代经济管理,2010,32(1):42-46.

[167] 史安娜,潘志慧. 长江经济带核心城市高技术制造业与知识密集型服务业共生发展研究[J]. 南京社会科学,2018(6):33-38,46.

[168] 黄凯南. 现代演化经济学理论研究新进展[J]. 理论学刊,2012(3):48-52.

[169] 曾国屏,苟尤钊,刘磊. 从"创新系统"到"创新生态系统"[J]. 科学学研究,2013,31(1):4-12.

[170] 李万,常静,王敏杰,等. 创新3.0与创新生态系统[J]. 科学学研究,2014,32(12):1761-1770.

[171] 刘友金,郭新. 集群式创新形成与演化机理研究[J]. 中国软科学,2003(2):91-95.

[172] 黄鲁成. 创新群落及其特征[J]. 科学管理研究,2004(4):4-6,10.

[173] 沈丽冰,戴伟辉. 科技自主创新生态群落模式及对策研究[J]. 科技进步与对策,2006,23(9):22-25.

[174] 曹如中,高长春,曹桂红. 创意产业创新生态系统演化机理研究[J]. 科技进步与对策,2010,27(21):81-85.

[175] 汪志波. 产业技术创新生态系统演化机理研究[J]. 生产力研究,2012(3):192-194.

[176] 傅羿芳,朱斌. 高科技产业集群持续创新生态体系研究[J]. 科学学研究,2004,22(S1):128-135.

[177] 栾永玉. 高科技企业跨国创新生态系统:结构、形成、特征[J]. 财经理论与实践,2007,28(5):113-116.

[178] 张贵,刘雪芹. 创新生态系统作用机理及演化研究——基于生态场视角的解释[J]. 软科学,2016,30(12):16-19,42.

[179] 陆大道. 建设经济带是经济发展布局的最佳选择——长江经济带经济发展的巨大潜力[J]. 地理科学,2014,34(7):769-772.

[180] 肖笃宁,布仁仓,李秀珍. 生态空间理论与景观异质性[J]. 生态学报,1997(5):

3-11.

[181] 雷江慧,邓旭东,徐文平.基于Logistic的创新生态系统发展模型研究[J].企业经济,2017,36(12):38-42.

[182] 李煜华,高杨.基于Logistic函数的互补关系创新产品的扩散叠加模型研究[J].管理学报,2011,8(6):925-928,948.

[183] 梁云虹,任露泉.自然生境及其仿生学初探[J].吉林大学学报(工学版),2016,46(5):1746-1756.

[184] 丁敬达,邱均平.科研评价指标体系优化方法研究——以中国高校科技创新竞争力评价为例[J].科研管理,2010,31(4):111-118.

[185] 张可云,王裕瑾,王婧.空间权重矩阵的设定方法研究[J].区域经济评论,2017(1):19-25.

[186] 李慧.长江经济带:新棋局如何打开?[N].光明日报,2014-06-05(13).

[187] 中国科学技术发展战略研究院.国家创新指数报告[EB/OL].[2017-05-10]http://www.most.gov.cn/kjbgz/201607/t20160725_126747.htm.

[188] 胡志坚."中国式创新":现状及挑战[EB/OL].[2018-09-05]清华管理评论/军民融合科技创新资讯平台. http://dy.163.com/v2/article/detail/D9TD2RBH0511DV4H.html.

[189] 汤菲.基于价值链整合的生产性服务业与制造业产业融合发展研究——以浙江省为例[D].南京:南京财经大学,2016.

[190] 陈爱雪.我国战略性新兴产业发展研究[D].长春:吉林大学,2014.

[191] 袁艳平.战略性新兴产业链构建整合研究——基于光伏产业的分析[D].成都:西南财经大学,2012.

[192] 李耀尧.创新产业集聚与中国开发区产业升级研究[D].广州:暨南大学,2011.

[193] 中华人民共和国国务院.长江经济带发展规划纲要[R].北京,2016. https://www.gov.cn/xinwen/2016-09/12/content_5107501.htm

[194] Schumpeter J A. The theory of economic development: An inquiry into profits, capital, credit, interest, and the business cycle [M]. Transaction Publishers, 1934.

[195] Scherer F M. Innovation and growth: Schumpeterian perspectives[M]. MIT Press, 1986.

[196] Schumpeter J A. Capitalism, socialism and democracy[M]. Routledge, 2010.

[197] Solow R M. Growth theory[M]. Oxford: Clarendon Press, 1970.

[198] Silverberg G, Freeman C, Nelson R, et al. Technical change and economic theory[M]. London: Pinter, 1988.

[199] Nelson Richard R. National innovation systems: a comparative analysis[M]. Oxford University Press, 1993.

[200] Swann G M P. The economics of innovation: an introduction[M]. Edward Elgar Publishing, 2014.

[201] Epstein M J. Breakthrough innovation: The critical role of management control systems[M]. Emerald Group Publishing Limited, 2016.

[202] Christensen C. The innovator's dilemma: When new technologies cause great firms to fail[M]. Harvard Business Review Press, 2013.

[203] Chesbrough H. Open business models: How to thrive in the new innovation landscape[M]. Harvard Business Press, 2013.

[204] Fujita M, Krugman P R, Venables A J, et al. The spatial economy: cities, regions and international trade[M]. Cambridge: MIT Press, 1999.

[205] Smith A. The wealth of nations: An inquiry into the nature and causes of the wealth of nations[M]. Harriman House Limited, 2010.

[206] Ricardo D. The works and correspondence of David Ricardo: Volume 10, Biographical Miscellany[M]. Cambridge University Press, 1955.

[207] Christaller W. Die zentralen Orte in Süddeutschland: eine ökonomisch-geographische Untersuchung über die Gesetzmässigkeit der Verbreitung und Entwicklung der Siedlungen mit städtischen Funktionen[M]. University Microfilms, 1933.

[208] Losch A. The economics of location[M]. Yale University Press, 1954.

[209] Carlstein T, Parkes D, Thrift N. Timing space and spacing time Ⅱ: Human activity and time geography[M]. Edward Arnold, 1978.

[210] Gershuny J. After industrial society? The emerging self-service economy[M]. Palgrave Macmillan, 1978.

[211] Tordoir P. The professional knowledge economy: The management and integration of professional services in business organizations[M]. Springer Science & Business Media, 1995.

[212] Francois J, Woerz J, Nationalbank O. Service sector linkages: The role of services in manufacturing[M]. Proceedings of OENB Workshops, 2007.

[213] Odum E P, Barrett G W. Fundamentals of ecology[M]. Philadelphia: Saunders, 1971.

[214] Nelson R R, Winter S G. An evolutionary theory of economic change[M]. Harvard University Press, 2009.

[215] Gloor P A. Swarm creativity: Competitive advantage through collaborative innovation networks[M]. Oxford University Press, 2006.

[216] Myrdal G, Sitohang P. Economic theory and under-developed regions[M]. London: Gerald Duckworth & Co., 1957.

[217] Rees J. Technology, regions, and policy[M]. Rowman & Littlefield Publishers,

1986.

[218] Voyer R. Knowledge-based industrial clustering: international comparisons [M]//Local and regional systems of innovation. Boston, Springer, 1998.

[219] Gault F. Handbook of innovation indicators and measurement[M]. Edward Elgar Publishing, 2013.

[220] Sonobe T, Otsuka K. Cluster-based industrial development: An East Asian model[M]. Springer, 2006.

[221] Alland A, Darwin C R, Darwin C R. Human nature: Darwin's view[M]. Columbia University Press, 1985.

[222] Perez C. Technological revolutions and financial capital: The dynamics of bubbles and golden ages[M]. Cheltenham: Edward Elgar, 2002.

[223] Saaty T L. Analytic hierarchy process[M]//Encyclopedia of operations research and management science. Boston: Springer, 2013.

[224] Bertil O. Interregional and international trade[M]. Cambridge: Harward University Press, 1933.

[225] Abbasi A, Sarker S, Chiang R H L. Big data research in information systems: Toward an inclusive research agenda[J]. Journal of the Association for Information Systems, 2016, 17(2): 3.

[226] Lee J, Bagheri B, Kao H A. A cyber-physical systems architecture for industry 4.0-based manufacturing systems[J]. Manufacturing Letters, 2015, 3: 18-23.

[227] Kuhn T S, Sternfeld R. Book and film reviews: Revolutionary view of the history of science: The structure of scientific revolutions[J]. The Physics Teacher, 1970, 8(2): 96-98.

[228] Ettlie J E, Bridges W P, O'keefe R D. Organization strategy and structural differences for radical versus incremental innovation[J]. Management Science, 1984, 30(6): 682-695.

[229] Bush V. Science: The endless frontier[J]. Nature, 1945, 48(3): 231-264.

[230] Holland J H. Complex adaptive systems[J]. Daedalus, 1992: 17-30.

[231] Romer P M. The origins of endogenous growth[J]. The Journal of Economic Perspectives, 1994, 8(1): 3-22.

[232] Porter M E. The competitive advantage of nations[J]. Harvard Business Review, 1990, 68(2): 73-93.

[233] Lundvall B Ä, Johnson B. The learning economy[J]. Journal of Industry Studies, 1994, 1(2): 23-42.

[234] Utterback J. The dynamics of innovation[J]. Educause Review, 2004, 39: 42-51.

[235] Teece D J. Explicating dynamic capabilities: the nature and microfoundations of (sustainable) enterprise performance[J]. Strategic Management Journal, 2010, 28(13): 1319-1350.

[236] Arora A, Nandkumar A. Cash-out or flameout! Opportunity cost and entrepreneurial strategy: Theory, and evidence from the information security industry[J]. Management Science, 2011, 57(10): 1844-1860.

[237] Egger P, Keuschnigg C. Innovation, trade, and finance[J]. American Economic Journal: Microeconomics, 2015, 7(2): 121-157.

[238] Fisher E, Mahajan R L, Mitcham C. Midstream modulation of technology: governance from within[J]. Bulletin of Science, Technology & Society, 2006, 26(6): 485-496.

[239] Delgado M, Porter M E, Stern S. Clusters and entrepreneurship[J]. Journal of Economic Geography, 2010, 10(4): 495-518.

[240] Williams J H, DeBenedictis A, Ghanadan R, et al. The technology path to deep greenhouse gas emissions cuts by 2050: the pivotal role of electricity[J]. Science, 2012, 335(6064): 53-59.

[241] Sayegh M A, Danielewicz J, Nannou T, et al. Trends of European research and development in district heating technologies[J]. Renewable and Sustainable Energy Reviews, 2017, 68: 1183-1192.

[242] Dosi G. Finance, innovation and industrial change[J]. Journal of Economic Behavior & Organization, 1990, 13(3): 299-319.

[243] Subramaniam M, Youndt M A. The influence of intellectual capital on the types of innovative capabilities[J]. Academy of Management Journal, 2005, 48(3): 450-463.

[244] Nanda R, Rhodes-Kropf M. Investment cycles and startup innovation[J]. Journal of Financial Economics, 2013, 110(2): 403-418.

[245] Scaringella L, Chanaron J J. Grenoble-GIANT territorial innovation models: Are investments in research infrastructures worthwhile? [J]. Technological Forecasting and Social Change, 2016, 112: 92-101.

[246] Mothe J, Paquet G. National innovation systems, 'real economies' and instituted processes[J]. Small Business Economics, 1998, 11(2): 101-111.

[247] Acemoglu D, Aghion P, Zilibotti F. Distance to frontier, selection, and economic growth [J]. Journal of the European Economic Association, 2006, 4(1): 37-74.

[248] Bergek A, Jacobsson S, Carlsson B, et al. Analyzing the functional dynamics of technological innovation systems: A scheme of analysis[J]. Research Policy,

2008, 37(3): 407-429.

[249] Soete L. Is innovation always good? [J]. Innovation Studies: Evolution And Future Challenges, 2013:134.

[250] Gianni R, Goujon P. Governance of responsible innovation[J]. Paris: Analytical GRID Report: Deliverabe, 2014:2.

[251] Grunwald A. The hermeneutic side of responsible research and innovation[J]. Journal of Responsible Innovation, 2014, 1(3): 274-291.

[252] Reichardt K, Negro S O, Rogge K S, et al. Analyzing interdependencies between policy mixes and technological innovation systems: the case of offshore wind in Germany[J]. Technological Forecasting and Social Change, 2016, 106: 11-21.

[253] Perroux F. Economic space: theory and applications[J]. Quarterly Journal of Economics, 1950, 64(1): 89-104.

[254] Alonso W. Location and land use: Toward a general theory of land rent[J]. Economic Geography, 1964, 42(3).

[255] Arnott R J. Optimal city size in a spatial economy[J]. Journal of Urban Economics, 1979, 6(1): 65-89.

[256] Button K J. Regional variations in the irregular economy: a study of possible trends[J]. Regional Studies, 2007, 18(5): 385-392.

[257] Krugman P. First nature, second nature, and metropolitan location[J]. Journal of Regional Science, 1991, 33(3740): 129-144.

[258] Lucas R E. On the mechanics of economic development[J]. Journal of Monetary Economics, 1988, 22(1): 3-42.

[259] Richardson H W. Growth pole spillovers: the dynamics of backwash and spread [J]. Regional Studies, 2007, 41(S1): S27-S35.

[260] Englmann F C, Walz U. Industrial centers and regional growth in the presence of local inputs[J]. Journal of Regional Science, 1995, 35(1): 3-27.

[261] Ying L G. Measuring the spillover effects: Some Chinese evidence[J]. Papers in Regional Science, 2000, 79(1): 75-89.

[262] Brun J F, Combes J L, Renard M F. Are there spillover effects between coastal and noncoastal regions in China? [J]. China Economic Review, 2002, 13(2-3): 161-169.

[263] Zhang Q, Felmingham B. The role of FDI, exports and spillover effects in the regional development of China[J]. Journal of Development Studies, 2002, 38(4): 157-178.

[264] Ramajo J, Marquez M A, Hewings G J D, et al. Spatial heterogeneity and interregional spillovers in the European Union: Do cohesion policies encourage conver-

gence across regions? [J]. European Economic Review, 2008, 52(3): 551-567.

[265] Romer P M. Increasing returns and long-run growth[J]. Journal of Political Economy, 1986, 94(5): 1002-1037.

[266] Krugman P. Increasing returns and economic geography[J]. Journal of Political Economy, 1991, 99(3): 483-499.

[267] Grossman G M, Helpman E. Trade, knowledge spillovers, and growth[J]. European Economic Review, 1991, 35(2-3): 517-526.

[268] Anselin L, Varga A, Acs Z. Local geographic spillovers between university research and high technology innovations[J]. Journal of Urban Economics, 1997, 42(3): 422-448.

[269] Audretsch D B, Feldman M P. R&D spillovers and the geography of innovation and production[J]. American Economic Review, 1996, 86(3): 630-640.

[270] Tappeiner G, Hauser C, Walde J. Regional knowledge spillovers: Fact or artifact? [J]. Research Policy, 2008, 37(5): 861-874.

[271] Morrill R L. Waves of spatial diffusion[J]. Journal of Regional Science, 1968, 8(1): 1-18.

[272] Darwent D F. Growth poles and growth centers in regional planning—a review [J]. Environment and Planning, 1969, 1(1): 5-31.

[273] Jaffe A B, Trajtenberg M, Henderson R. Geographic localization of knowledge spillovers as evidenced by patent citations[J]. Quarterly Journal of Economics, 1993, 108(3): 577-598.

[274] Cabrer-Borras B, Serrano-Domingo G. Innovation and R&D spillover effects in Spanish regions: A spatial approach[J]. Research Policy, 2007, 36(9): 1357-1371.

[275] Fornahl D, Brenner T. Geographic concentration of innovative activities in Germany[J]. Structural Change and Economic Dynamics, 2009, 20(3): 163-182.

[276] Goss E, Vozikis G S. High tech manufacturing: Firm size, industry and population density[J]. Small Business Economics, 1994, 6(4): 291-297.

[277] Amato L H, Amato C H. The impact of high tech production techniques on productivity and profitability in selected US manufacturing industries[J]. Review of Industrial Organization, 2000, 16(4): 327-342.

[278] Okamuro H. How different are the regional factors of high-tech and low-tech start-ups? Evidence from Japanese manufacturing industries[J]. International Entrepreneurship and Management Journal, 2008, 4(2): 199-215.

[279] Coad A, Rao R. The firm-level employment effects of innovations in high-tech US manufacturing industries[J]. Journal of Evolutionary Economics, 2011, 21(2): 255-283.

[280] Stigler G J. The division of labor is limited by the extent of the market[J]. Journal of Political Economy, 1951, 59(3): 185-193.

[281] Pavitt K. Sectoral patterns of technical change: towards a taxonomy and a theory [J]. Research Policy, 1984, 13(6): 343-373.

[282] Barras R. Towards a theory of innovation in services[J]. Research Policy, 1986, 15(4): 161-173.

[283] Shugan S M. Explanations for the growth of services[J]. Service Quality: New Directions in Theory and Practice, 1994: 223-240.

[284] Wirtz B W. Reconfiguration of value chains in converging media and communications markets[J]. Long Range Planning, 2001, 34(4): 489-506.

[285] Mas Verdú F, Wensley A, Alba M, et al. How much does KIBS contribute to the generation and diffusion of innovation? [J]. Service Business, 2011, 5(3): 195-212.

[286] Auzina-Emsina A. International comparison of high-technology manufacturing and knowledge-intensive services in the EU[J]. Economics and Business, 2015, 27(1): 18-22.

[287] Ciriaci D, Palma D. Structural change and blurred sectoral boundaries: assessing the extent to which knowledge-intensive business services satisfy manufacturing final demand in Western countries[J]. Economic Systems Research, 2016, 28(1): 55-77.

[288] Cohen S S, Zysman J. The myth of a postindustrial economy[J]. Technology Review, 1987, 90(2): 54.

[289] Kathawala Y, Abdou K. Supply chain evaluation in the service industry: a framework development compared to manufacturing[J]. Managerial Auditing Journal, 2003, 18(2): 140-149.

[290] Macpherson A. The contribution of external service inputs to the product development efforts of small manufacturing firms[J]. R&D Management, 1997, 27(2): 127-144.

[291] Hertog P, Bilderbeek R. Conceptualizing (service) innovation and the knowledge flow between KIBS and their clients[J]. SI4S Topical Paper, 1998: 11.

[292] Windrum P, Tomlinson M. Knowledge-intensive services and international competitiveness: a four country comparison[J]. Technology Analysis & Strategic Management, 1999, 11(3): 391-408.

[293] Eswaran M, Kotwal A. The role of the service sector in the process of industrialization [J]. Journal of Development Economics, 2002, 68(2): 401-420.

[294] Jenkins J C, Leicht K T, Jaynes A. Creating high-technology growth: high-tech

employment growth in US metropolitan areas, 1988-1998[J]. Social Science Quarterly, 2008, 89(2): 456-481.

[295] Moore J F. Predators and prey: a new ecology of competition[J]. Harvard Business Review, 1993, 71(3): 75-83.

[296] Astley W G, Fombrun C J. Organizational communities: An ecological perspective[J]. Research in the Sociology of Organizations, 1987(5): 163-185.

[297] Barnett W P, Carroll G R. Competition and mutualism among early telephone companies[J]. Administrative Science Quarterly, 1987: 400-421.

[298] Lynn L H, Reddy N M, Aram J D. Linking technology and institutions: the innovation community framework[J]. Research Policy, 1996, 25(1): 91-106.

[299] Asheim B T, Isaksen A. Location, agglomeration and innovation: towards regional innovation systems in Norway?[J]. European Planning Studies, 1997, 5(3): 299-330.

[300] Edquist C. Design of innovation policy through diagnostic analysis: identification of systemic problems (or failures)[J]. Industrial and Corporate Change, 2011, 20(6): 1725-1753.

[301] Govindarajan V, Ramamurti R. Reverse innovation, emerging markets, and global strategy[J]. Global Strategy Journal, 2011, 1(3-4SI): 191-205.

[302] Govindarajan V, Euchner J. Reverse innovation[J]. Research Technology Management, 2012, 55(6): 13-17.

[303] Lau A K W, Lo W. Regional innovation system, absorptive capacity and innovation performance: An empirical study[J]. Technological Forecasting and Social Change, 2015, 92: 99-114.

[304] Petralia S, Balland P A, Morrison A. Climbing the ladder of technological development[J]. Research Policy, 2017, 46(5): 956-969.

[305] Adner R. Match your innovation strategy to your innovation ecosystem[J]. Harvard Business Review, 2006, 84(4): 98.

[306] Zygiaris S. Smart city reference model: Assisting planners to conceptualize the building of smart city innovation ecosystems[J]. Journal of the Knowledge Economy, 2013, 4(2): 217-231.

[307] Hanelt A, Busse S, Kolbe L M. Driving business transformation toward sustainability: exploring the impact of supporting IS on the performance contribution of eco-innovations[J]. Information Systems Journal, 2017, 27(4): 463-502.

[308] Ociepa-Kubicka A, Pachura P. Eco-innovations in the functioning of companies[J]. Environmental Research, 2017, 156: 284-290.

[309] Rejeb H B, Morel-Guimarães L, Boly V. Measuring innovation best practices:

[309] Improvement of an innovation index integrating threshold and synergy effects[J]. Technovation, 2008, 28(12): 838-854.

[310] Lewin A Y, Massini S, Peeters C. Microfoundations of internal and external absorptive capacity routines[J]. Organization Science, 2011, 22(1): 81-98.

[311] Lengyel B, Leydesdorff L. Regional innovation systems in Hungary: The failing synergy at the national level[J]. Regional Studies, 2011, 45(5): 677-693.

[312] Blind K. The influence of regulations on innovation: A quantitative assessment for OECD countries[J]. Research Policy, 2012, 41(2): 391-400.

[313] Doran J, Ryan G. The importance of the diverse drivers and types of environmental innovation for firm performance [J]. Business Strategy and the Environment, 2014.

[314] Yenipazarli A. To collaborate or not to collaborate: Prompting upstream eco-efficient innovation in a supply chain[J]. European Journal of Operational Research, 2017, 260(2): 571-587.

[315] Shelton R D, Holdridge G M. The US-EU race for leadership of science and technology: Qualitative and quantitative indicators[J]. Scientometrics, 2004, 60(3): 353-363.

[316] Sternberg R. Technology policies and the growth of regions: Evidence from four countries[J]. Small Business Economics, 1996, 8(2): 75-86.

[317] Teece D J, Pisano G, Shuen A. Dynamic capabilities and strategic management [J]. Strategic Management Journal, 1997, 18(7): 509-533.

[318] Foster J E, Wolfson M C. Polarization and the decline of the middle class: Canada and the US[J]. The Journal of Economic Inequality, 2010, 8(2): 247-273.

[319] Wang Y Q, Tsui K Y. Polarization orderings and new classes of polarization indices[J]. Journal of Public Economic Theory, 2000, 2(3): 349-363.

[320] Duclos J Y, Esteban J, Ray D. Polarization: concepts, measurement, estimation [J]. Econometrica, 2004, 72(6): 1737-1772.

[321] Solow R M. Technical change and the aggregate production function[J]. The Review of Economics and Statistics, 1957: 312-320.

[322] Gereffi G. International trade and industrial upgrading in the apparel commodity chain[J]. Journal of International Economics, 1999, 48(1): 37-70.

[323] Humphrey J, Schmitz H. How does insertion in global value chains affect upgrading in industrial clusters?[J]. Regional Studies, 2002, 36(9): 1017-1027.

[324] Oulhen N, Schulz B J, Carrier T J. English translation of Heinrich Anton de Bary's 1878 speech, 'Die Erscheinung der Symbiose' ('De la symbiose')[J]. Symbiosis, 2016, 69(3): 131-139.

[325] Baptista R, Swann P. Do firms in clusters innovate more?[J]. Research Policy, 1998, 27(5): 525-540.

[326] Athreye S S. Competition, rivalry and innovative behaviour[J]. Economics of Innovation and New Technology, 2001, 10(1): 1-21.

[327] Doxiadis C A. Ekistics, the science of human settlements[J]. Ekistics, 1972: 237-247.

[328] Moll G. In search of an ecological urban landscape[J]. Shading Our Cities, 1989: 13-24.

[329] Mairesse J, Sassenou M. R&D productivity: A survey of econometric studies at the firm level[J]. NBER Working Papers, 1991.

[330] Lööf H, Heshmati A. Knowledge capital and performance heterogeneity: A firm-level innovation study[J]. International Journal of Production Economics, 2002, 76(1): 61-85.

[331] Madsen J B. Technology spillover through trade and TFP convergence: 135 years of evidence for the OECD countries[J]. Journal of International Economics, 2007, 72(2): 464-480.

[332] Bloom N, Schankerman M, Van Reenen J. Identifying technology spillovers and product market rivalry[J]. Econometrica, 2013, 81(4): 1347-1393.

[333] Alchian A A, Demsetz H. Production, information costs, and economic organization[J]. IEEE Engineering Management Review, 1975, 62(5): 21-41.

[334] Garicano L. Hierarchies and the organization of knowledge in production[J]. Journal of Political Economy, 2000, 108(5): 874-904.

[335] Olson E M, Walker Jr O C, Ruekerf R W, et al. Patterns of cooperation during new product development among marketing, operations and R&D: Implications for project performance[J]. Journal of Product Innovation Management, 2001, 18(4): 258-271.

[336] Miner J R. Pierre-François Verhulst, the discoverer of the logistic curve[J]. Human Biology, 1933, 5(4): 673.

[337] May R M. Simple mathematical models with very complicated dynamics[J]. Nature, 1976, 261(5560): 459.

[338] Silverman B S. Technological resources and the direction of corporate diversification: Toward an integration of the resource-based view and transaction cost economics[J]. Management Science, 1999, 45(8): 1109-1124.

[339] Grinnell J. The niche-relationships of the California thrasher[J]. The Auk, 1917, 34(4): 427-433.

[340] Feng S, Xu L D. Decision support for fuzzy comprehensive evaluation of urban

development[J]. Fuzzy Sets and Systems, 1999, 105(1): 1-12.

[341] Friedman J H, Tukey J W. A projection pursuit algorithm for exploratory data analysis[J]. IEEE Transactions on Computers, 1974, 100(9): 881-890.

[342] Shannon C E. Prediction and entropy of printed English[J]. Bell System Technical Journal, 1951, 30(1): 50-64.

[343] Tobler W R. A computer movie simulating urban growth in the Detroit Region [J]. Economic Geography, 1970, 46(2): 234-240.

[344] Nelder J A, Mead R. A simplex method for function minimization[J]. The Computer Journal, 1965, 7(4): 308-313.

[345] Ayres R U. Technological transformations and long waves[R]. International Institute for Applied Systems Analysis, 1989.

[346] Caragliu A, Nijkamp P. The impact of regional absorptive capacity on spatial knowledge spillovers[R]. Tinbergen Institute Discussion Paper, 2008.

[347] Wiig H, Wood M. What comprises a regional innovation system? An empirical study[R]. The STEP Group, Studies in technology, innovation and economic policy, 1995, No. 199501.

[348] Papermaster S G, Proenza L M. University-private sector research partnerships in the innovation ecosystem[R]. Executive Office of the President Washington D C, President's Council of Advisors on Science and Technology, 2008.

[349] Beckmann M J. The analysis of spatial diffusion processes[C]. Papers of the Regional Science Association. Springer-Verlag, 1970, 25(1): 108-117.

[350] European Commission. European innovation scoreboard 2016[EB/OL]. [2017-06-10]. http://ec.europa.eu/DocsRoom/documents/17822/.

[351] World Intellectual Property Organization, Cornell University. Global innovation index 2016 [EB/OL]. [2017-06-10]. http://www.wipo.int/edocs/pubdocs/en/wipo_pub_gii_2016.pdf.

[352] Klaus Schwab. World economic forum, the global competitiveness report 2016—2017[EB/OL]. [2017-06-10]. http://www3.weforum.org/docs/GCR2016-2017/05FullReport/TheGlobalCompetitivenessReport2016-2017_FINAL.pdf.

[353] International Management Development. IMD world competitiveness ranking 2016 [EB/OL]. [2017-06-10]. http://www.imd.org/wcc/news-wcy-ranking/.